古代文化常识

300 问

赵春辉 孙立权 ◎ 主编

吉林出版集团股份有限公司 | 全国百佳图书出版单位

图书在版编目（CIP）数据

古代文化常识300问 / 赵春辉, 孙立权主编. -- 长春 : 吉林出版集团股份有限公司, 2019.10

ISBN 978-7-5581-4290-1

Ⅰ.①古… Ⅱ.①赵… ②孙… Ⅲ.①中华文化 – 高中 – 升学参考资料 Ⅳ.①G634.303

中国版本图书馆CIP数据核字(2019)第217007号

GUDAI WENHUA CHANGSHI　　WEN

古代文化常识300问

主　　编：赵春辉　孙立权	责任编辑：孔庆梅　王诗剑
出版策划：孙　昶	责任校对：侯　帅
选题策划：孔庆梅	封面设计：李岩冰

出　　版：吉林出版集团股份有限公司
　　　　　（长春市福祉大路5788号，邮政编码：130118）
发　　行：吉林出版集团译文图书经营有限公司
　　　　　（http://shop34896900.taobao.com）
电　　话：总编办：0431-81629909　　营销部：0431-81629880 / 81629900
印　　刷：吉林吉达印刷有限公司

开　　本：720mm×1000mm　1/16
印　　张：18.25
字　　数：520千字
版　　次：2019年10月第1版
印　　次：2019年10月第1次印刷
印　　数：1—5 0000册
书　　号：ISBN 978-7-5581-4290-1
定　　价：45.00元

印装错误请与承印厂联系　电话：0431-81373515

编委会成员

主　　编：赵春辉　孙立权

副主编：屈　俊　康毕华　于　娜

编　　者：屈　俊　张　弛　易晓文　顾　慧　赵春辉

　　　　　孙立权　孙嘉恒　张　婷　于洋洋　贾舒羽

　　　　　吴彩芸　康毕华　张燕妮　张美巍　阎慧平

　　　　　李晓云　胡　胜　孙志鹏　尹燕宏　宁可文

　　　　　高　风　刘佳茗　亓馨茹　孙　娜

目 录

第三章 经济库

第六章　史地库

第七章 艺文库

第八章　宗教库

第九章 礼俗库

附试题库高考200题（含800知识点）

附试题库高考200题
（含800知识点）

第一组（1—10题）

1. A. 乡试　B. 御史　　C. 中国　　D. 畿内

2. A. 孤　　B. 受禅　　C. 田赋　　D. 僭

3. A. 勋阀　　B. 国公　　C. 盐引　　D. 驰驿

4. A. 占对　　B. 檄　　C. 巡抚　　D. 部曲

5. A. 太子宾客　　B. 进士　　C. 侍郎　　D. 权

6. A. 晦朔　　B. 五礼　　C.《礼记》　　D. 三公

7. A. 拾遗补阙　　B. 行在　　C. 请祠　　D. 绍兴

8. A. 字　　B. 释褐　　C. 中禁　　D. 除

9. A. 六部　　B. 陛下　　C. 工部　　D. 节

10. A. 禄山之乱　　B. 节度使　　C. 贞元、贞观之治　　D.《旧唐书》

第二组（11—20题）

11. A. 讳　　B. 翰林院　　C. 宦者　　D. 贡举

12. A.《孝经》　　B.《诗经》　　C.《老子》　　D. 木连理

13. A. 贞观　　B. 圹　　C. 迁　　D. 乞骸骨

14. A. 殿试　　B. 中书舍人、给事中、吏部尚书、政和、建炎和绍兴　　C. 补　　D. 行伍

15. A. 谒庙　　B. 稽首、顿首、空首　　C. 太守　　D. 学田

16. A. 即位　　B. 刺史　　C. 端拱　　D. 赠

17. A. 九品中正制　　B. 国子监、监生　　C. 吏部主管　　D. 天干和地支

18. A. 鳏寡孤独　　B. 台阁　　C. 功曹　　D. 桎梏

19. A. 元宵、七夕、春节　　B. 中秋、端阳、除夕　　C. 清明、元旦　　D. 重阳

20. A. 荫补　　B. 侯　　C. 谏官　　D. 宿儒

第三组（21—30题）

21. A. 社稷　　B. 五音　　C. 伯、仲、叔、季　　D. 刎颈之交、莫逆之交、布衣之交、忘年之交、车笠之交、竹马之交

22. A. 泰山、伉俪、子、夫子、师、先生　　B. 陛下、卿、爱卿、诏、敕、圣旨、谕旨、上谕、矫诏　　C. 四书、五经　　D. 六艺

23. A. 书院　　B. 公车　　C. 朔漠　　D. 科举

24. A. 太傅　　B. 春闱　　C. 名与字　　D. 败北

25. A. 关中　　B. 箕踞　　C. 锱铢　　D. 沛公

26. A. 童试　　B. 学士　　C. 史皇　　D. 牺牲

27. A. 山东　　B. 号　　C. 期颐　　D. 箜篌

28. A. 霓裳　　B. 臣　　C. 襄国县公　　D. 南京

29. A. 六合　　B. 十二个时辰　　C. 辟　　D. 社日

30. A. 崩、薨、卒　　B. 襁褓　　C. 驸马　　D. 陵寝

第四组（31—40题）

31. A. 中庶子　　B. 庐冢　　C. 嫡子　　D. 郎中

32. A. 酉　　B. 太师　　C. 校书郎　　D. 胡吹

33. A. 大司马　　B. 府库　　C. 中岳　　D. 塍

34. A. 华盖　　B. 道　　C. 惠存　　D. 走

35. A. 单于　　B. 廷杖　　C. 斋戒　　D. 乡试

36. A. 百越　　B. 鼎　　C. 士大夫　　D. 古代的纪年法

37. A. 黄金台　　B. 太牢、少牢　　C. 车裂　　D. 《阳春》《白雪》

38. A. 刺史　　B. 驾帖　　C. 令、令堂、令尊　　D. 伯乐

39. A. 左右　　B. 禁中　　C. 鼎　　D. 床

40. A. 起复　　B. 内阁　　C. 元年　　D. 漕运

第五组（41—50题）

41. A. 四鼓　　B. 祭酒　　C. 北狩　　D. 教授

42. A. 擢　　B. 嗣　　C. 嘉靖　　D. 谥

43. A. 字　　B. 诏　　C. 布衣　　D. 司徒

44. A. 冀州、九州　　B. 京兆尹　　C. 丞相　　D. 崩、卒、死

45. A. 牛酒　　B. 朝贡　　C. 素棺　　D. 觐

46. A. 六经　　B. 丁内艰、丁外艰、丁艰　　C. 正旦　　D. 枢密院

47. A. 举劾　　B. 岁贡生　　C. 有司　　D. 乞休

48. A. 西夏　　B. 路　　C. 婚姻　　D. 跸、扈跸、驻跸

49. A. 开宝　　B. 主帅、裨将　　C. 休致　　D. 乡试

50. A. 授、进、起、参　　B. 同年生　　C. 座主　　D. 谢病归

第六组（51—60题）

51. A. 五经　　B. 编户　　C. 商贾　　D. 践阼

52. A. 国学、家塾　　B. 四书　　C. 朕、寡人、孤、卿、陛下、皇上　　D. 正德、改元

53. A. 上元　　B. 《春秋》　　C. 锦衣　　D. 从弟

54. A. 宣谕　　B. 札　　C. 遗表　　D. 勤王

55. A. 楮币　　B. 给事中　　C. 突厥　　D. 廷对

56. A. 实封　　B. 劝进　　C. 藩镇　　D. 掖

57. A. 刑部　　B. 大理　　C. 弱冠　　D. 亲卫军

58. A. 家庙　　B. 密诏　　C. 典试　　D. 星变

59. A. 知　　B. 中官　　C. 临朝　　D. 大赦

60. A. 幸　　B. 职贡　　C. 四海　　D. 服阕

第七组（61—70题）

61. A. 骠骑将军　　B. 东宫　　C. 逊位　　D. 伏愿

62. A. 中贵　　B. 故事　　C. 大计　　D. 温旨

63. A. 太祖　　B. 宫禁　　C. 传　　D. 宏辞

64. A. 社稷　　B. 处士　　C. 大长公主　　D. 行省

65. A. 居父母丧　　B. 成化　　C. 翰林修撰　　D. 纲常

66. A. 宣抚　　B.《左传》　　C. 铭　　D. 东封

67. A. 下车　　B. 收考　　C. 车驾　　D. 京师

68. A. 状元　　B. 近侍　　C. 告老　　D. 江左

69. A. 菽水　　B. 三代　　C. 趋庭　　D. 契丹

70. A. 首相　　B. 建储　　C. 有司　　D. 中宫

第八组（71—80题）

71. A. 移疾　　B. 教坊司　　C. 致仕　　D. 礼部

72. A. 寿　　B. 豆蔻年华　　C. 三从四德　　D. 孟冬

73. A. 籍贯　　B. 秦晋之好　　C. 竖子　　D. 江表

74. A. 察举　　B. 优　　C. 乞巧　　D. 春秋五霸

75. A. 顿首　　B. 国风　　C. 斋戒　　D. 阴、阳

76. A. 兔罝　　B. 望、既望　　C. 三秦　　D. 流涕

77. A. 月兔　　B. 庠、序　　C. 微服　　D. 庶人

78. A. 重阳　　B. 拱　　C. 文集命名　　D. 士

79. A. 踣　　B. 蚌钟　　C. 黔首　　D. 举案齐眉

80. A. 樽　　B. 迁客　　C. 先　　D. 古代的纪时法

第九组（81—90题）

81. A. 笞刑　　B. 雍熙　　C. 待罪　　D. 行营

82. A. 少詹事　　B. 居摄　　C. 屯田　　D. 豪右

83. A. 谒者　　B. 九锡　　C. 四凶　　D. 削籍、籍

84. A. 讲筵　　B. 肉袒　　C. 驾帖　　D. 掾

85. A. 鼓吹　　B. 郡府　　C. 卷轴　　D. 军

86. A. 博士　　B. 和籴　　C. 伏阁　　D. 篆

87. A. 工部尚书　　B. 亲迎　　C. 禁闱　　D. 归老

88. A. 衔枚　　B. 行台　　C. 孔子庙　　D. 出、除

89. A. 铨选　　B. 倭贼　　C. 潜龙　　D 朕

90. A. 上巳　　B. 朋党　　C. 缙　　D. 沐浴

第十组（91—100题）

91. A. 总角　　B. 主簿　　C. 翰林学士　　D. 保伍之法

92. A. 公　　B. 退避三舍　　C. 乘舆者　　D. 浮图

93. A. 汗青　　B. 疏、章、策　　C. 潜邸　　D. 阙下

94. A. 生祠　　B. 左丞相、右丞相、行省左丞相　　C. 便宜　　D. 符

95. A. 尚主　　B. 从妹、从子、从兄　　C. 邮驿　　D. 乡贡进士

96. A. 铁券　　B. 参知政事　　C. 陛辞　　D. 黄白术

97. A. 弥旬　　B. 治　　C. 神功　　D. 耆老

98. A. 秩　　B. 笏　　C. 视事　　D. 知峨眉县

99. A. 青苗法　　B. 风、骚　　C. 闉阓　　D. 庶妻

第十一组（101—110题）

100. A. 胡　　B. 髡　　C. 四纪　　D. 括马

101. A. 上柱国　　B. 循吏　　C. 束发　　D. 讣闻

102. A. 简牍　　B. 平旦　　C. 寒食节　　D. 及笄

103. A. 补阙　　B. 禊　　C. 城隍　　D. 青衫

104. A. 望帝　　B. 六军　　C. 理学　　D. 金

105. A. 黥　　B. 藜藿　　C. 吊　　D. 鼎元

106. A. 宿卫　　B. 八股文　　C. 学政　　D. 使持节

107. A. 明法科　　B. 斛　　C. 露车　　D. 长安

108. A. 罚铜　　B. 印封　　C. 齐鲁　　D. 奏

109. A. 文渊阁　　B. 玉玺　　C. 宸翰　　D. 昆弟、义结金兰、琴瑟和鸣

110. A. 礼　　B. 甫冠　　C. 华阴子　　D. 累迁

第十二组（111—120题）

111. A. 以字行　　B. 姻亲　　C. 地支　　D. 禄

112. A. 太子　　B. 癸巳、戊戌　　C. 日讲起居注官　　D. 词科

113. A. 长老　　B. 燕见　　C. 拓本　　D. 窃、愚、鄙、屈

114. A. 班列　　B. 妃　　C. 逊位　　D. 节钺

115. A. 尊号　　B. 入阁　　C. 讽　　D. 都督

116. A. 六龙　　B. 驰传　　C. 河南　　D.《公羊传》

117. A.《易》　　B. 封事　　C. 岱宗　　D. 经学

118. A. 翰林　　B. 年号　　C. 泰山　　D. 诰命

119. A. 六官　　B. 追赠　　C. 匈奴　　D. 征辟

120. A. 皇天后土　　B. 县男　　C. 薨、失恃、失怙　　D. 忠武

第十三组（121—130题）

121. A.《春秋左传》　　B. 漕挽　　C. 赐绯　　D. 谥号

122. A. 兵部　　B. 舍人　　C. 申旦　　D. 进士、第

123. A. 放郑　　B. 大兴府　　C. 御史台　　D. 罪己诏

124. A. 进士　　B. 黄门　　C. 赋　　D. 幕府

125. A. 言官　　B. 武　　C. 师保　　D. 国本

126. A. 寰内　　B. 户部　　C.《周礼》　　D. 吐蕃

127. A. 卯、辰　　B. 石　　C. 提举　　D. 通籍

128. A. 珰　　B. 敕　　C. 世荫　　D. 东市

129. A. 对　　B. 从事　　C. 党项　　D. 再拜

130. A. 诔、奠　　B. 邸报　　C. 劾、弹劾、劾死　　D. 关西

第十四组（131—140题）

131. A. 缘坐　　B. 三族　　C. 异史氏　　D. 总兵官

132. A. 检校　　B. 酬倡　　C. 西厂　　D. 孥

133. A. 兄弟为参商　　B. 太上皇　　C. 南郊　　D. 中统三年

134. A. 鸣鼓、鸣金　　B. 孝廉　　C. 辅政　　D. 印绶

135. A. 二千石　　B. 薨　　C.《宋史》　　D. 淮东

136. A. 黜陟　　B.《唐书》　　C. 孝友　　D. 僭号

137. A. 乘传　　B. 桓、孟之德　　C. 自请以归　　D. 墓志铭

138. A. 制诰　　B. 搢绅　　C. 发策　　D. 可汗

139. A. 百户　　B. 衣冠　　C. 常侍　　D. 卿

140. A. 首实　　B. 弄　　C. 迤西　　D. 五岳

第十五组（141—150题）

141. A. 郊坛　　B. 花翎　　C. 扈从　　D. 配飨

142. A. 北面　　B. 转对　　C. 缗　　D. 编修

143. A. 学宫　　B. 兵家　　C. 留守　　D. 儒墨

144. A. 关东　　B. 中旨　　C. 会师　　D. 起居郎

145. A. 镇　　B. 黎元　　C. 宸衷　　D. 耆艾

146. A. 升斗　　B. 岁考　　C. 散骑常侍　　D. 刻石记功

147. A. 殉　　B. 甲子　　C. 水利　　D. 券

148. A. 辱　　B. 吊伐　　C. 乙夜　　D. 封泰山

149. A. 月禀　　B. 废朝　　C. 长揖　　D. 三省

150. A. 内史　　B. 文翁石室　　C. 解褐　　D. 束脩

第十六组（151—160题）

151. A. 军需　　B. 盐政　　C. 老聃　　D. 不豫

152. A. 齿发　　B. 三皇五帝　　C. 文王　　D. 廯

153. A. 三公九卿　　B. 两经及第　　C. 宗正、将作　　D. 圣节

154. A. 家　　B. 小　　C. 雅　　D. 闾阎

155. A. 诸生　　B. 归、归宁、遣归　　C. 南面　　D. 归朝

156. A. 钤辖　　B.《资治通鉴》　　C. 候卒　　D. 胄

157. A. 冬至　　B. 射　　C. 法术　　D. 炮烙

158. A. 夜漏　　B. 耆儒　　C. 鲁　　D. 后四史

159. A. 龙门　　B. 高第　　C. 员外郎　　D. 日中

160. A. 藩　　B. 晏驾　　C. 年号纪年法　　D. 判官

第十七组（161—170题）

161. A. 中堂　　B. 秘器　　C. 黔黎　　D. 恤典

162. A. 学究　　B. 主事　　C. 酋豪　　D. 杖

163. A. 九族　　B. 觐、宫、黥、刖　　C. 驷、驷介　　D. 草制、制、制书

164. A. 五代　　B. 古文　　C. 东宫三师　　D. 谱牒

165. A. 牙门、牙旗　　B.《四库全书》　　C. 润例　　D. 右迁

166. A. 阳文　　B. 金石　　C. 闲章　　D. 加

167. A. 野史　　B.《汉书》　　C. 七步之才　　D. 楷隶

168. A. 廉能　　B. 榷　　C. 都指挥使　　D. 义仓

169. A. 早春　　B. 辕门　　C. 文房四宝　　D. 秋毫

170. A. 光禄寺　　B. 宗正寺　　C. 太府寺　　D. 断肠

第十八组（171—180题）

171. A. 保甲　　B. 知贡举　　C. 逻司　　D. 干戈

172. A. 春秋三传　　B.《孔雀东南飞》　　C. 记　　D. 黄泉

173. A. 作文起稿　　B.《史记》　　C. 建安、建安文学　　D. 战国四公子

174. A. 春榜　　B. 祇候　　C.《神农本草经》　　D.《后汉书》

175. A. 日下　　B. 三尺　　C. 外　　D. 三教九流

176. A. 忽微　　B. 省　　C. 孩提　　D. 格物致知

177. A. 慎独　　B. 木讯　　C. 根　　D. 勾决

178. A. 舍利　　B. 唐宋八大家　　C. 劫火　　D. 九宾之礼

179. A. 摄尉　　B. 羽化　　C. 圣人　　D. 美人

180. A. 床　　B. 里正　　C. 韶龆　　D. 教头

第十九组（181—190题）

181. A.《别录》　　B.《六一诗化》　　C. 金经　　D.《世说新语》

182. A.《尔雅》　　B.《文心雕龙》　　C.《明儒学案》　　D. 公姆

183. A.《灵宪》　　B. 豆　　C. 皿　　D. 匕

184. A. 甑　　B. 角　　C.《下里》《巴人》　　D. 冠族

185. A. 岁寒三友　　B. 斩衰　　C. 调补　　D. 庙食

186. A. 六畜　　B. 四渎　　C. 殇　　D. 西域

187. A. 齐鲁　　B. 三都　　C.《三国志》　　D. 花朝

188. A. 伏日　　B. 腊日　　C. 高明　　D. 十二律

189. A. 金榜　　B. 明道　　C.《隋书》　　D. 稔

190. A. 绥辑　　B. 厘　　C. 寻　　D. 诏狱

第二十组（191—200题）

191. A. 比部　　B. 夺情　　C. 淮南　　D. 廉访使

192. A. 青庐　　B. 游徼　　C. 八校尉　　D. 屠苏

193. A. 文定　　B. 仞　　C. 鄂尔多斯　　D.《国语》

194. A. 圆明园　　B. 祖　　C.《贵妃醉酒》　　D. 父子三词客

195. A. 中庸之道　　B. 孔门四教　　C. 三不知　　D. 中秋

196. A. 长史　　B. 尚书省　　C. 纪事本末体　　D. 颂

197. A. 赋　　B. 比　　C. 兴　　D. 上卿

198. A. 四大名花　　B. 七庙　　C. 子书　　D. 司徒

199. A. 四大名剧　　B. 临川四梦　　C. 折腰　　D. 古人的鞋

200. A. 传注体　　B. 义疏体　　C. 集解体　　D. 鲜卑族

绪　章

这本书题为《古代文化常识300问》，显然是为弘扬优秀传统文化而编的普通读本。除绪章外，其余九章皆以"库"来命名，与中国传统文化中的著名典籍《四库全书》之命名相衔接，以见其渊源，真正体现传统特色。除试题库外，每一库又分25至35目，而每一目的文字长短不拘，长者几百言，短者几十言，总计300目。

中国传统文化源远流长，其内涵之丰富，历史之悠久，发展之强盛，曾长期居于世界文化的领先位置，尤其是以孔孟为代表的儒家学说和以老庄为代表的道家学说对中国两千多年的思想与文化发展产生了深远的影响。这其中包括大道之行、天下为公的社会理想，尚德重义、仁者爱人的道德情怀，持中贵和、收发自如的处世哲学，自强不息、厚德载物的奋斗精神，等等。历数千年，沉淀为中国传统文化的精华，代代相承，使中华民族在不同的历史进程中不断地焕发出新的生机和景象。二十世纪末期，人类开始步入经济全球化时代。今天，随着中国综合实力和世界影响力的日益提升，进入了新时代，中国传统文化的软实力更加彰显，受到世人普遍的关注与重视。因此，学习和研究中国传统文化不仅有助于我们更好、更全面地把握传统文化的内涵和本质，提高我们的人文素养和创新能力，而且有助于发扬中华文化精神，弘扬爱国主义。

1. 文化与传统文化的基本内涵

何谓"文化"？何谓"传统文化"？这是学习和研究中国传统文化首先要弄清的重要问题。

文化的本质是一套价值系统，或者叫核心价值观念。探究文化概念的著作，到目前为止，也不少于300种，可谓五花八门，令人目不暇接。有的学者从词源学的角度探寻，认为"文"的本义是指各色交错的纹理，可引申为文饰、文采、文章等意义。"化"的本义是指变化、转化，可引申为教化、培育等意义。其实这样分析虽让人容易理解，但并不完全准确，且学术性不强。《周易》是一部古老的文献，每卦均表现一种特殊性的原理。其中"贲卦"就是探究文化内涵的。《贲卦》说："刚柔交错，天文也；文明以止，人文也。观乎天文，以察时变；观乎人文，以化成天下。"意思是说，日月往来交错文饰于天，即天文也，也就是天道自然的规律；社会生活中人与人之间的纵横交织的关系，诸如君臣、父子、夫妇、兄弟、朋友等构成复杂的网络，即人文也，如果这些复杂的关系能遵从文明礼仪，那就是文化。古代中国人由自然之物的纹理，推及天地宇宙，包括天文、地文，进而扩展到人伦社会，指向人文规范，虽然与现代意义上的文化并不完全相同，但包含着一种极为普遍的价值观。

从社会学与文化人类学学科的角度，最早给"文化"概念做出现代化解释的，是十八世纪末期英国杰出的人类学家泰勒。泰勒认为："文化，或文明，就其广泛的民族学意义来说，是包括全部的知识、信仰、艺术、道德、法律、风俗以及作为社会成员的人所掌握和接受的任何其他的才能和习惯的复合体。"可以说，泰勒对文化的分析具有广泛性和基础性，因为他指明了文化是人类创造的全部才能和习惯。但也应看到不足，因为它并没有从唯物论的角度，指明文化与经济活动（即物质）的关系。马克思主义的基本原理指明文化不仅与生产关系、生活关系密切关联，也与制度形态密不可分。也就是说，首先，人类的物质生产活动体现着文化的特征，比如经济生产活动，包括农业、商业等文明；其次，人类的生活方式更直接体现着文化，比如读书、绘画、文学、艺术、音乐等；第三，建立在生产方式与生活方式基础之上的制度也是具体文化的表现，比如政治制度、思想文化制度、军事、法律，等等。

对于文化的划分，还有一种观点，分成文化的大传统与小传统，也叫作文化大体系与文化小体系。国内有些学者据此把文化分为广义文化和狭义文化。这应该具有一定的参照价值。

广义文化是指人类在社会实践过程中所创造的物质财富、精神财富的总和，指的是人类为了生存和发展所创造的一切文明成果，也就是说凡是人创造的都是文化。

狭义文化是指社会意识形态以及与之相适应的制度与组织机构。它包括社会伦理道德、政治思想、文学艺术、哲学宗教、科学技术、民情风俗、民族心理、思维方式等。换句话说，狭义文化，主要是涉及精神领域的文化现象。

目前，学界还有第三种关于文化的说法，即"深义文化"，这是非常有趣的划分。比如学者龚贤认为："深义文化就是在狭义文化的某几个不同领域，或在狭义和广义文化的某些互不相干的领域中，进一步综合、概括、集中、提炼、升华得到的一种较为普遍存在于这许多领域中的共同东西，这个东西就是深义文化。"其实，这一观点早在1987年就已提出。著名学者周一良先生在《中外文化交流史》中说："深义文化，亦即一个民族文化中最为本质或最具特征的东西。"所谓深义文化，就是核心文化与价值，也就是指一个民族文化中最本质、最具特征的心理状态、心理素质、生活情趣等，概括来说，深义文化就是核心文化观、核心价值观。由此来看，著名文化学者干春松所论儒家思想的精髓——五常文化，其持有的观点，即属于深义文化的范畴。

2. 中国传统文化的基本特征

中国传统文化历史悠久，内涵博大精深，是中华民族几千年文明的结晶，包括充满智慧的哲学宗教、完备深刻的道德伦理、独具特色的语言文字、异彩纷呈的文学艺术、经世致用的传统史学、造福世界的科技成果，等等。它们共同构成了中国传统文化的基本内容。中国传统文化概括起来主要有以下几个特征：

第一，人文性特征。中国传统文化的人文性，是中国传统文化绵延数千年而仍然充满活力的重要因素。中国传统文化的人文性，也可称人本主义，是中国传统文化的重要特色，属于古典人文主义的范畴。具体包括以下两个方面：

一是中国传统文化具有鲜明的非宗教倾向。中国历史自周代以来，神权从未占据过统治地位，王权始终高于神权。周代统治者鉴于殷商灭亡的历史教训，已经充分认识到民意的重要性，重民轻神的民本思想开始兴起，殷商时期颇为盛行的宗教意识受到很大程度的抑制。重民轻神的观念随着汉代以来儒学的勃兴又得到了进一步发展。长期居于中国传统思想主流地位的儒学，高度关注现世人生。孔子强调："敬鬼神而远之。"又说："天道远，人道迩。""未能事人，焉能事鬼？"充分肯定了现世的人与生命的价值，在人与神之间，以人为本。这种重人道、轻神道的非宗教思想倾向，很好地体现了人文性的特征。

二是中国传统文化体现在追求自我人生价值的实现。由于非宗教性的思想倾向，中国传统文化不刻意要求人们去追求灵魂的不死，而是关注现世人生，把内在的道德修养和外在的社会实践结合起来，做到从正心、诚意、修身出发，目标在于齐家、治国、平天下，努力去立德、立功、立言，从而成就为天地立心、为生民立命、为往圣继绝学、为万世开太平的理想人格。

第二，包容性特征。中国传统文化的包容性体现了中国文化具有强大的融合力和同化力。这种融合力、同化力使中国传统文化绵延不绝，至今坚韧。中国文化能够发展至今，就在于它兼容并包的品格，不同地区、不同民族的文化交汇融合，顽强生存，蓬勃发展。

英国著名历史学家汤因比曾说："在近 6000 年的人类历史上，在世界文化之林中出现过 26 种文化形态，其中包括四大文明古国的文化体系，即古代中国文化、古印度文化、古巴比伦文化、古埃及文化。这些文化形态中，只有古代中国文化这一文化体系长期延续发展而从未中断过。"无疑，汤因比的分析是正确的，也是被事实证明了的。

中国特殊的地理环境提供了中国文化相对独立和隔绝的生存状态，这是地理前提。中国境内有黄河流域的华夏文化，长江流域的巴蜀文化、楚文化和吴越文化，还有辽河流域的红山文化等。早在秦朝统一之前，不同区域文化之间就存在着联系，在双向传播中互学互补。

外域文化进入中国之后，与原有的汉族文化、中国文化融为一体，如楚文化、吴文化、巴蜀文化，以及西域文化、佛教文化等，都先后成为中国文化不可分割的有机组成部分。中国文化历经数千年而从未中断，表现了顽强的生命力，这与中国农业——宗法社会所具有的顽强的延续力有关，与半封闭的地理环境所形成的隔离机制有关，同时，中国文化本身所具有的包容性也是一个重要原因。

第三，伦理性特征。中国传统文化具有鲜明的伦理道德倾向，这种伦理价值取向在中国传统文化中长期处于核心地位。如果说中世纪的欧洲是神学统治的天下，那么古代中国则是伦理道德主宰的天下。伦理道德渗透于中国社会的方方面面。中国文化的伦理道德正是为适应家国一体的宗法社会需要而形成的。宗法制社会结构以血缘关系为宗法组织的基石，家族或宗族的存在与巩固，离不开以血缘关系为纽带的长幼尊卑秩序。传统伦理道德的一个重要功能就是维护这种尊卑秩序，以家族为本位的宗法集体主义文化是由家族走向国家，以血缘纽带维系奴隶制度或封建制度，形成一种家国同构、家国一体的体制格局。

重视道德感化是统治者重要的政治手段，是意识形态建设的重要内容。重视道德建设，是历朝的统治者用以规范社会成员思想行为的重要政治手段，他们希望以此达到稳固政权的目的。强调伦理义务，要求个人服从整体。家族本位，移孝作忠，家国一体是古代每个中国人都应遵守的伦理义务。在这个义务的规范下，个人利益要服从于家庭、宗族、国家的整体利益。中国传统伦理素有五伦之说：君臣、父子、夫妇、兄弟、朋友。这五种人际关系中，父子、夫妇、兄弟关系都属于家族关系范畴，君臣关系、朋友关系是以上三种关系的延伸与扩展，君臣如父子，朋友如兄弟。这就是著名社会学家费孝通先生所强调"差序格局"的起源。中国传统文化中不推崇个人本性的张扬，而是强调个体服务整体，个体与整体融合。在宗法制度社会中，个人的利益必须服从家庭和家族利益，宗族利益则要服从国家利益。所谓天下兴亡，匹夫有责。治国、平天下是个体人生的最高目标。将国家和民族的利益放在首位，此为仁义道德之本。

第四，和谐性特征。李泽厚先生在《中国古代思想史论》中云："以农业生产为基础的人们，长期习惯于顺天，特别是合规律性的四季气候、昼夜寒暑、风调雨顺对生产和生活的巨大作用在人们观念中留有深刻的印痕，使人们对天、地、自然怀有和产生亲切的情感和观念。"李泽厚先生的分析，很好地指明了中国传统文化注重和谐性的根源，颇具启发性。汤一介先生在《论中国传统哲学中的真善美问题》一文中，就把天人合一、知行合一、情景合一作为中国古代哲学的三个基本命题，认为天人合一是对"真"的深刻理解和追求，知行合一是对"善"的深刻理解与追求，情景合一是对"美"的深刻理解和追求。这能够给人以启发。

第五，务实性特征。这种务实精神作为一种民族性格根植于我国农耕经济的厚实土壤，可以说，其价值取向定位于立足现实、安土乐天的生活情趣，倡导惜天时、尽地力、重本务、远离玄虚、鄙夷机巧奸伪的思想观念。正是这种民族性格使中国人发展了实用经验理性的思想，而不太注重纯理论的玄思。

还有中国传统文化的务实精神，使之成为一种非宗教的注重现世的文化。人们不重视构建彼岸世界和灵魂永存的幻想，也不过分深究世界的奥妙。在西方，从柏拉图到亚里士多德都将世界分为现实世界和超越本体的精神世界即理念两部分，他们的哲学关注的是纷纭复杂的事物背后不变的原则，目的是为了追求智慧，而不是解决现实问题。中国则不同，中国传统文化走的是经世致用的路子，"用"就是参与社会生活和政治生活，学必有所用，儒家为人们提出了一条影响深远的人生公式——格物、致知、正心、诚意、修身、齐家、治国、平天下，这是学者应该走也必须走的道路。因此，中国古代的知识分子基本是入世型的。

儒家大体上是反宗教、反出世的学说，入世的精神是儒学的基本精神。中国文化不是把人生价值的实现寄托在天国或未来世界，而是建立现世人生。实用理性的发达，曾使古代中国在天文、农学、医学、数学等应用学科长期居于世界领先地位；而忽视对理性的探讨和逻辑论证，则阻碍了传统科技的进一步发展。

3. 中国传统文化的基本精神

文化的基本精神就是文化发展过程中的内在动力，也是指导民族文化不断前进的基本思想，是一个民族、国家的文化核心竞争力所在，是文化软实力所在。中国传统文化在悠久的历史发展进程中，积淀和形成了自己独特而伟大的民族性格和民族精神。这种基本精神包含了很多要素，形成一个文化共同体。

第一，天人合一。天人合一，不仅是中国人处理人与自然关系时所秉持的基本思想，也是一种关于人、人生理想的最高觉悟与境界。天人合一的基本精神作为一种历史积淀，早已渗透到每个中国人的心灵之中。《周易》强调："有天地，然后有万物，然后有男女；有男女，然后有夫妇。"这说的是人类与自然界密切统一。董仲舒说："天地人，万物之本也。天生之，地养之，人成之。天生之以孝悌，地养之以衣食，人成之以礼乐。三者相为手足，合一成体，不可一无也。"董仲舒认为人与天地万物是不可分割的整体，形成一个命运共同体。

第二，孝亲崇德。中国传统文化是农耕文化，具有伦理性的特征。中国幅员辽阔，民族众多，孝亲崇德是维系国家内部各阶层成员和谐关系的主要精神纽带。中国人的宗法血亲观念，有效地把人们固定在家庭、宗族之中，并移孝作忠，家国一体，这是宗法制度把中国政治权力统治与血亲道德制约紧密结合的表现。

孝亲的具体要求就是讲孝悌，"百善孝为先"。"孝"是"善事父母"，"悌"指"尊爱兄长"，孝悌之心可以推而广之，由尽孝而尽忠，由敬兄而敬长。家庭血缘亲情的进一步放大，可以作为社会一般成员之间和睦相处的伦理准则，这是生活伦理，并由此达到工作伦理和国家伦理的高度。"夫孝，始于事亲，中于事君，终于立身。"在中国封建社会，"孝"不仅是家的核心，同时，"孝"

与"忠"紧密联系，高度统一。在维护宗法制度方面，"家"与"国"、"孝"与"忠"看似不同层次、不同概念的两对范畴，却绝对统一起来，绝对一致。"家"是"国"的基础，有小家才有国家；"国"是"家"的延伸，国家稳固，小家才能安稳。

在中国文化中，"德"的内涵十分丰富，如仁义礼智信、温良恭俭让，礼义廉耻、忠孝节义等，皆可谓之德。《大学》云："欲治其国者，先齐其家；欲齐其家者，先修其身；欲修其身者，先正其心。"正心修身就是立德，只有道德升华，人格才能完善，才能达到"三不朽"的境界。在"三不朽"中，以"立德"最难能可贵，要建功立业，就必须加强道德修养，具备士人推崇的高风亮节。在社会利益面前，要以"舍生取义""杀身成仁"为原则，要做到"先天下之忧而忧，后天下之乐而乐""天下兴亡，匹夫有责"，立功扬名与光宗耀祖直接联系。在这种思想影响下，中国历史上涌现出了许许多多的英豪楷模。无论是唐宋八大家，还是明代的王阳明、清代的曾国藩，莫不如此。

第三，刚健自强。《周易·乾卦》云："天行健，君子以自强不息。"健，是刚健、刚强不屈的意思；自强不息，是积极向上、永不停止的意思。这可说是中国人精神最鲜明的写照。《论语》云："三军可夺帅也，匹夫不可夺志也。"王阳明云："志不立，天下无可成之事。""志"就是崇高理想，是自强不息的精神动力。没有远大理想和奋斗目标，不可能成为有作为的人。拥有高远之志后，贵在刻苦努力、坚持不懈，所谓"天将降大任于斯人也，必先苦其心志，劳其筋骨，饿其体肤，空乏其身，行拂乱其所为""锲而不舍，金石可镂；水滴石穿，绳锯木断"，都是在鞭策人们艰苦努力，自强不息。只有付出超乎常人想象的努力，才能成就非凡之事业，实现理想，达到人生的理想境界。

除以上天人合一、孝亲崇德和刚健自强外，中国文化的基本精神还表现在以民为本、德法并举、选贤授能、民胞物与等方面。这些方面，大家在阅读本书后面的文字时，都可得到启发。

4. 如何学习中国传统文化

一个民族的传统文化是这个国家发展的根本，是这个国家的根与魂。失去了它，就失去了精神命脉。因此，继承和弘扬中国优秀的传统文化，不仅是培养文化自觉，坚定文化自信的重要使命，更是建设面向现代化、面向世界、面向未来的新时代中国文化的重要内容，也是当代青年人的重要历史使命。因此，加强中国传统文化的学习与教育也就显得非常重要。那么，如何来学习与传承中国传统文化呢？

第一，学会精读经典与通读原典。

要读经典，要接触原典，而且要通读、精读，一页一页去翻看，并认真记笔记。除此之外，没有他法。正如朱熹所云，读书就要一个字一个字地往下"凿"。

钱穆自述云："余之自幼为学，最好唐宋古文，上自韩欧，下迄姚曾，寝馈梦寐，尽在是。其次则治乾嘉考据训诂，借是以辅攻读古书之用。所谓辞章、考据、训诂，余之能尽力者止是矣。"钱穆先生约略谈及了自己读书的历程，即从对唐宋经典诗文的兴趣出发，通过乾嘉考据、训诂之学，再精读史籍、十三经等经典。这应该说是一个大致的逻辑顺序，能够给有志精研传统文化者提供思路。

王国维学贯中西，会通中外，认为读书必须精熟中国传统经典，还要贯通西方之科学。王国维分析："学之义不明于天下久矣。今之言学者，有新旧之争，有中西之争，有有用之学与无用之学之争。余正告天下曰：'学无新旧矣，无中西也，无有用无用也。凡立此之名者，均不学之徒。即学焉，而未尝知学者也。'"可见，王国维的读书方法讲究的就是在精读经典和原典基础上的学贯中西、会通中外，除此以外无其他良策。

第二，建立历史思维与辩证思维。

学习中国传统文化应该坚持历史的逻辑方法，弄清其产生的时代背景，找准其渊源与流变，准确把握其思想精要。避免断章取义，不求甚解。

先秦诸子的儒家、墨家、道家、法家等思想，起源并活跃于春秋战国时期。当时诸子百家中影响较大的是儒家、道家、墨家和法家，他们各自为其代表的阶级设计了完整的治国方略。以孔子为代表的儒家思想体系，政治方面维护礼，主张为政以德，德主刑辅，讲究正名等；个人修养方面，为人应该首孝悌，次谨信，泛爱众，而亲仁；经济方面，提倡重义轻利、见利思义等。虽然其目的是维护等级秩序，但随着历史的进步，其主体思想精神依然具有强大而旺盛的生命力，可以进行创造性转化，并发挥其应有的价值。

因此，对待中国文化的每一个内容，都必须用辩证的思维、理智的眼光来看待。在历史上，传统文化推动了中国社会的发展进步，创造了领先世界的辉煌成就，成为中华民族自信心和自豪感的重要源泉。当然，学习传统文化必须坚持辩证的思想方法，不能简单肯定，也不能完全否定，要深入考察，认真探究，把握本质，汲取那些适应新时代发展需要的部分，摒弃那些不适应新时代发展需要的部分。

第三，坚定文化自信，与时代发展相结合，做到创新发展。

文化的产生、存在和发展从来就不是孤立的，而是与所处时代的政治、经济、思想、制度等社会各方面发展紧密联系。任何一种文化的发展都要适应当时社会的需要，否则就难以为继，中国传统文化也不例外。"文化是一个国家、一个民族的灵魂。文化兴，国运兴；文化强，民族强。没有高度的文化自信，没有文化的繁荣兴盛，就没有中华民族的伟大复兴。"

居于主流地位两千多年的儒家思想，也因时代的变迁而起起伏伏。春秋时，周王朝统治者以天、礼、孝思想为核心的德治被严重动摇，孔子为维护这一统治秩序，倡导仁治，即仁政，因其代表了部分统治者的意志，故儒学开始兴起。战国时期，社会急剧变革，诸侯实行富国强兵的政策，企图在争霸斗争中立于不败之地，进而一统天下。新兴地主阶级思想的代表商鞅主张变法，实行法治，帮助秦国统一天下，故法家受到重视。到西汉武帝时，封建地主阶级专政社会渐趋稳定，统治者地位已牢。为使汉家天下秩序稳定，让其传流万代，便又罢黜百家，独尊儒术，故儒学再兴。此后，儒家思想便成为居于统治地位的主流思想，一直到清朝灭亡。

中华人民共和国成立以来，改革开放以来，尤其是进入新时代以来，中国经济日益发展，现在已成为世界第二大经济体。中国文化建设，尤其是文化的软实力和国际话语权建设也越来越迫切。中国优秀传统文化不但是民族的根脉与灵魂，也是最重要的软实力，具有核心竞争力。因此，我们不但要继承弘扬优秀的传统文化，更要推陈出新，做到与当前新时代现代化强国建设相适应。这就要求做到三个结合，更好地进行创造性转化：一是与生活实践相结合，做到学以致用，理论与实践相结合；二是与人生观、世界观、价值观相结合，尤其是与社会主义核心价值观相结合；三是与世界上一切先进文化相结合，兼容并蓄，融会贯通，协调发展，共同建设人类社会美好的未来。

同时，需要声明，这是一本古代文化常识的普及读物，对学界先辈与时贤的著述、观点及成果进行了学习与借鉴，也有所采纳、吸收。因此，一定要致以真挚而热忱的谢意。

任何批评与指正都将得到最热烈的欢迎！

第一章　哲社库

1. 如何理解"百家争鸣"?

"百家争鸣"是指春秋（前 770—前 476）战国（前 475—前 221）时期，不同学派的涌现及代表各阶层利益的思想家争芳斗艳的局面和风气。在中国历史上，春秋战国是思想和文化最为辉煌灿烂、群星闪烁的时代。这一时期出现了诸子百家彼此诘难、相互争鸣的盛况，在中国思想发展史上占有重要的地位。据《汉书·艺文志》记载，数得上名字的一共有 189 家，4324 篇著作。其后的《隋书·经籍志》《四库全书总目》等书则记载"诸子百家"实有上千家，但流传较广、影响较大、较为著名的不过十家而已。西汉刘歆在《七略·诸子略》中将小说家去掉，称为"九流"。俗称的"十家九流"就是出自这里。

春秋战国之际是我国古代社会由奴隶制度向封建制度转变的时期。当时的文化知识界，就在这种经济和政治的背景下空前活跃起来。春秋以前，文化知识为奴隶主贵族所专有，贵族朝廷设有各种世袭的官职，以保藏文献资料，传授文化知识。春秋末期，随着贵族阶级的没落，一部分原先依靠"父子相传，以持王公"（《荀子》）取得食禄的士阶层，下降到平民的地位。政治制度的改革和各阶级地位的变化，使文化知识逐渐渗透到社会的不同阶层，形成了一个新兴的知识分子阶层，文化知识从"官府"走向民间，得到了更广泛的传播。面对社会各种势力的激烈竞争，一方面，各诸侯国的统治者不惜重金招募贤能之士，以寻求"治国平天下"的良策；另一方面，贤能之士竞相发表自己的见解，以遂"兼济天下"之愿，其等而下之者，则想运用自己的才智取悦各国的统治者，谋得一官半职。于是，各种思想流派相继兴起，蔚为大观。当时各种学术流派的成就，与同期古希腊文明交相辉映，以孔子、老子、墨子为代表的三大哲学体系，形成诸子百家争鸣的繁荣局面。但至汉武帝时，推行"罢黜百家，独尊儒术"的政策，于是以孔子、孟子为代表的儒家思想成为正统，统治中国思想、文化两千余年。

2. "周公制礼"是如何产生的?

"周公制礼"是指在周公的主持下，对以往的宗法传统习惯进行补充、整理，制定出的一套以维护宗法等级制度为中心的行为规范以及相应的典章制度、礼节仪式。

"周公制礼"是儒家的精神与思想之源。周公制礼是周公为了进一步巩固周朝政权而采取的重要措施，如王国维先生所说，是一种开创性的制度建设。周公所制之礼，既不是用商文化对周人传统做出简单修补后就推而广之的，也不是在接纳大邑商巫史官归附的同时，将其带入的商文化予以简单的加减便传承的，而是周公以其政治怀抱和智慧，吸收商、周文化各自之优点，在既可充分体现一个新王朝应有的政治文化特征，又能保证王朝各级行政职能平稳过渡的前提下，创造出的中国古代通权达变和体制多元的成功范例。具体而言，就是既慎终又追远，在父统的绝对权威下，承认母系的存在，在征服的前提下分封，用分封保障征服的成果。

3.《周易》中的辩证法思想是如何体现的?

《易经》也称《周易》或《易》，是中国最古老的文献之一，是中国传统文化"六经"之首，是我国古代含有哲学思想的占卜书，其中保存了我国古代朴素的辩证法思想。

《周易》的辩证法思想体现在：它把世界上千变万化、复杂纷纭的事物抽象为阴"--"、阳"—"两个基本范畴，认为世界就是由这一对具有对抗性的势力相互作用而产生变化、发展的。一切事物的变化发展又有它各自的具体过程，当发展到一定的程度，它就会发生物极必反的现象而转化到它的对立面。

《周易》体现自然观的辩证。《系辞传上》说："易有太极，是生两仪。"两仪也叫阴阳，《周易》的观念在根本上就是阴阳的对立，万事万物都是由这样的对立而产生的，并以此派生出许多对立的观念，如天地、夫妇、君臣、昼夜、进退，等等。在《周易》中可以找出不少相对立的文字，如吉凶、祸福、大小、远近、内外、出入、上下、生死、泰否、损益，等等。这个对立的概念在《周易》中是普遍存在的，另外这种对立又是变化发展的，哲学上则把它叫作对立统一或矛盾。八卦是四对相对立的事物，六十四卦又是三十二对相对立的现象。这些都说明整个宇宙是充满矛盾的。

《周易》体现社会观的辩证。《序卦》上说："有天地然后有万物，有万物然后有男女，有男女然后有夫妇，有夫妇然后有父子，有父子然后有君臣，有君臣然后有上下，有上下然后礼义有所错。"其中男女、夫妇、父子、君臣、上下分别是一对对相辅相成、对立的统一体，正是这种相互矛盾体的产生和依次递进的发展程序，才形成了整个人类社会。用矛盾变化发展之观点看待人类社会，是对人类社会的辩证认识。

《周易》论证人事方面的变化是辩证的。它记述两千多年前古人的思想，其辩证法思想主要体现在人事方面的论证。《乾卦》就论证了人与社会的联系，说明了客观条件对人类活动的重大影响。

《周易》肯定了对立面的转化是最根本的规律，并深刻地说明了变化的根源就在于对立面的相互作用，肯定了变化的普遍性、永恒性。它为我国哲学思想的发展开辟了广阔的道路。

4. 什么是"正名"?

所谓"正名"，是儒家的逻辑思想，也是儒家学说的中心问题。孔子是正名思想的开创者，他最早提出要以"名"正"实"，最后达到名实相符。荀子是正名思想的集大成者，他继承了孔子的正名思想，在《荀子·正名》《荀子·解蔽》《荀子·非十二子》等篇中围绕"名""实"展开了深入的分析和讨论，建立了一个比较完整的正名思想体系。

在孔子那里，"名"乃"名分"之意，是纯粹的政治伦理概念。他所要正的名，全是那些涉及人与人之间的各种关系的名，如君、臣、父、子等，其目的是使为君的人必然符合君的名，为臣的人必然符合臣的名。因而孔子正名思想主要是政治伦理方面的，即"正政"，用荀子的话说就是"明贵贱"。"孔孟之正名，仅从道德着想，故其正名主义，仅有伦理的兴趣。"孔子生活的春秋末期，正是西周奴隶制度走向崩溃、封建制度兴起的历史转折时期。当时的社会阶级矛盾表现得空前尖锐和激烈，王室衰微，诸侯争霸，君权旁落，"礼坏乐崩"。所谓名分制度已无法维护，周的统治地位其实早已根本动摇。孔子目睹国家的大变化，在这剧烈变革动荡的时代，他面对这些矛盾，当然不能不提出主观上要求解决的办法。所谓"正名"的主张，就是为解决这种矛盾而产生的要求。孔子说："为政必先正名。"体现了为政一定要从"正名"开始的治国方针，强调了"正名"在治理国家中的重要作用。孔子提出"正名"是为了"正政"，是为了纠正当时混乱的社会秩序和政治局面。他明确指出，如果名不能正，必然要导致事业不成，礼乐不兴，刑罚不中，致使人民无所适从，伦理必然丧失，社会必然动乱。孔子充分意识到正名对政治、伦理、刑罚等方面的社会作用，他要以周礼作为尺度去正名分，要求每个人的所作所为都能和由世袭而来的传统的政治地位、等级身份、权利义务相称，不得违礼僭越。

战国时期的荀子继承了儒家创始人孔子的正名思想，在对儒家、道家、名家、墨家的名学理论进行批判、吸收、继承的基础上，成立了他自己完整而独特的"正名"思想体系。所谓"正名"，即是通过给事物制定正确的名称或是纠正事物已有但混乱的名称，来达到"名实相符"的目的。依据"名"的不同，"正名"的内容分为正社会伦理之名与客观事物之名两个方面。与之相应，"正名"的目的就是"制名以制实，上以明贵贱，下以别同异"，但"贵贱分明"与"同异分别"又都是为了实现"齐一天下"的政治理想。把自己的逻辑构造成以正名为目的，也是以正名为中心的逻辑体系。荀子的正名思想，除了"政治正名"之外，还涉及"逻辑正名"，即"辨同异"。

由于荀子的逻辑思想也是以孔子的正名主义为宗的，所以，孔子和荀子的正名思想在很大程度上有相似性。但是，荀子的正名思想与孔子的不尽相同，在某些方面甚至相悖。由于孔子和荀子都是儒家正名思想的代表人物，他们不仅使得儒家的正名思想在先秦学术界极富影响力，也为中国逻辑思想的发展做出了巨大的贡献。

孔、荀的正名思想在社会秩序严重失衡的春秋战国时期推动了当时社会的发展，维护了社会的正常秩序，形成了被社会各阶层人们所认同的经济、政治制度和传统的伦理道德规范及礼节准则，具有重要的历史价值。

5. 何谓"仁学"？仁学与仁政有什么关联？

"仁"是孔孟学说的核心概念。在中国思想史上，孔子把仁提升为一种最高的价值原则，构建了以仁为核心的仁学思想体系。仁是孔子思想的核心，孔子的仁学是中国传统儒学发展的根基和主线。仁学以人为目的，最终是要让所有人都能够实现自我，并有尊严地活着。仁学是集伦理、政治、哲学和宗教信仰为一体的综合学说。它产生于春秋战国时期儒家致力于制度规范的重建以及对人的价值反思的过程之中，是由于"礼坏乐崩""天下无道"而产生的"忧患之学"。仁学不仅包括"爱人"的最高原则、"至善"的目的以及"忠恕"之行仁（爱人）方法，还包括培养独立道德人格以及以推行"仁政"为目的的君子之学和"内圣外王"之学，也包含涉及人的道德价值基础和来源的"性善说"和"天命观"。

仁政学说是对孔子仁学思想的继承和发展，它是由孟子首先提出来的。孟子继承了孔子的仁学思想并予以丰富、发展，建立了系统的仁学体系。他不仅为仁找到了人性论的根据，更强调了仁在政治领域的意义，提出了仁政思想。孔子主张"为政以德"的德政，孔子的仁是一种含义极广的伦理道德观念，其最基本的精神就是"爱人"。孟子从孔子的仁学思想出发，把它扩充发展成包括思想、政治、经济、文化等各个方面的施政纲领，就是仁政。仁政的基本精神是对人民有深切的同情和爱心。孟子的仁政在政治上提倡"以民为本"。孟子认为，对一个国家来说，"民为贵，社稷次之，君为轻"。他还说过，国君有过错，臣民可以规劝，规劝多次不听，就可以推翻他。孟子反对兼并战争，他认为战争太残酷，主张以仁政统一天下。在经济上，孟子主张"民有恒产"，让农民有一定的土地使用权，要减轻赋税。从纵的方面来说，孟子的政治思想是对孔子"为政以德"思想的继承与发展；从横的方面来说，孟子的政治思想是从他的人性理论发展而来，人都有不忍人之心，实行于政治方面，就是不忍人之政，即仁政，有时也称"王道""王政"等。孟子的仁政学说的理论基础是"性善论"。

6. 中庸之道究竟是一种什么思想？

中庸之道是孔子最重要的思想方法之一。中，有中正、中和、不偏不倚等义；庸，有平常、常道等义。中庸合称始于孔子，"中庸之为德也，其至矣乎！民鲜久矣"（《论语·雍也》），以中庸为最高的美德，但没有阐发。后人继承并发展了孔子的中庸思想，不仅认为中庸是一种美德，而且还是道德修养和处理事务的基本原则和方法。"舜其大知也与！舜好问而好察迩言，隐恶而扬善，执其两端，用其中于民，其斯以为舜乎"（《礼记·中庸》），意指万事万物虽皆有"两端"，如大小、厚薄之类，却可"用其中"，无过无不及，不偏不倚，言语、行动要追求折中、适中，调和、适度、恰如其分，不偏向任何极端，追求对立两端的统一和中和。中庸之道为历代众多思想家所推崇，北宋理学家程颢说："不偏之谓中，不易之谓庸。中者，天下之正道；庸者，天下之定理。"明清之际的思想家王夫之说："道之至者，人不可违也，则中庸而已。"

7.《汉书·艺文志》里有一句话："以正守国，以奇用兵。"这是评价哪部书的？它指出军事与国家有哪些关联？

《汉书·艺文志》中的"以正守国，以奇用兵"是评价《孙子兵法》的。"以正守国，以奇用兵"是指用正道、正义来守护、治理国家，以奇诈、诡秘的方法来用兵。治理守护国家，对待国民要坚持正义，使国家拥有雄厚的实力，凝聚民心，保证战场上的胜利。用兵之道与治国安邦截然不同，即用兵要奇，治国要正。在用兵时，要注意想奇法、设奇计、出奇谋，只有这样才能做到出奇制胜。"以奇用兵"实际就是要变幻莫测，神出鬼没。战争是一种不正常的现象，是国家政治制度无法正常运行时不得已而采取的下策。军事守卫国家安全，国家保障军事的胜利，二者相辅相成。

8. 老子谈论的"道"指什么？

"道""德"二字，是道家哲学思想的最高概括，它包含了以下几层含义：第一，"道"是世界的本原，即"道生万物"；第二，"道"是事物发展变化的规律，即"物得以生，谓之德"，指明事物所以生成的原理，"德者道之舍"，指明事物生成，而道又寄寓于事物之中；第三，事物发展的方向是循环的，即"反（返，回环）者道之动"；第四，道存在于自然界之先、之外，即所谓"有物混成，先天地生。寂兮寥兮，独立而不改，周行而不殆；可以为天地母，吾不知其名，强字之曰道"（《老子》）。这些观念，构成了一个客观唯心主义的哲学体系，贯穿在道家的全部学说之中。

在先秦时期的各家学派中，道家思想最富于哲学内涵、最为宏远精深，它对中国古代学术思想的发展具有深远的影响，是中国传统思想文化的哲学基础。

老子从古人那里汲取了丰富的思想遗产，尤其是古代的阴阳观念和《易经》中的辩证观点，概括出丰富的辩证法思想。在古代"天道"思想的基础上，抽象出一个新的高居于一切范畴之上的"道"，以此来说明世界的统一性。"道"在老子那里，既是一种物质，又是一种规律，而在庄子那里，则已摆脱了物化性（称为"气"），成为至高无上的哲学范畴。

9. 如何理解《管子》的"礼法并举"？

《管子》主张礼法并举、义利兼重。它从治国实践的角度阐述，要真正做到"以民为本"，对国家和百姓进行合理的控制安排，实现百姓安居和国家长治，在治国方略上就必须礼法并用，德法并举，以法来维护人民的利益，治国安邦要以法律为准绳，以礼来维护社会秩序。"义审而礼明，则伦等不逾，虽有偏卒之大夫，不敢有幸心，则上无危矣。"（《君臣下》）

《管子》一书在顺民心的前提下，主张运用法治制衡，培养民众知礼节，来进行社会的合理控制。在整个中国古代历史上，《管子》所倡导的礼法结合的社会控制手段是最有效和完善的。《管子》从治国实践的角度认为，要真正做到"以民为本"，对国家和百姓进行合理地控制安排，实现百姓安居，国家长治，在治国方略上就必须礼法并用，德法并举，一方面以法来维护人民的利益，另一方面以礼来维护社会秩序。

10. 如何理解"庄周梦蝶"？

在《庄子》的内篇《齐物论》中，对"庄周梦蝶"做了这样的描述："昔者庄周梦为蝴蝶，栩栩然蝴蝶也，自喻适志与！不知周也。俄然觉，则蘧蘧然周也。不知周之梦为蝴蝶与？蝴蝶之梦为周与？周与蝴蝶，则必有分矣。此之谓物化。"庄子梦蝶做这样的描述意指庄子梦醒之后反思，不知道一切是庄子做梦变为蝴蝶，还是蝴蝶做梦变为庄子。可见，在庄子的梦觉之时，作为认识主体的庄子与作为认识客体的蝴蝶的区分全然消失，融为一体，主体进入了一种"无我"的精神境界。

11. 古代有"性本善"说，有"性本恶"说，还有"性本无"说，如何理解？

人性善恶问题为中国传统哲学之重大命题，千载聚讼纷纷。孟子主张性善，认为人人皆可以成尧舜，所以特别重视修身育德，以仁义自持。荀子以为人性本恶，所以特别强调用礼和制度来约束、规范人的行为。

孟子的"性善论"与荀子的"性恶论"表面上对立，其实可以兼容。虽然两种学说的出发点和形式不同，但最终的目标一致，两者既对立又统一，对后世的学说及实践产生了深远的影响。二者对人性内涵的理解是不一样的，荀子将人性视为与生俱来的原始质朴的自然属性，即对物质生活的欲求，而孟子的人性则指人在他人遇到危难、横暴等事情时天生的心态，主要指精神、心理的倾向性。二者都切实有据，言之成理，但都有不合逻辑之处。"性善论"与"性恶论"实际相互补充，可整合为统一的理论。

战国时期的孟子讲人性本善，荀子讲人性本恶，西汉时期的扬雄主张人性是善恶混合，而赵国的公孙子主张人性无善无恶，即"性本无"，无所谓善和恶。

12. "和"与"合"有什么区别？后来产生的"和合学"又是怎么回事？

"和合"的内涵，就词义本身来说，"和"，有调和、和谐、平和、和顺、和平、祥和之义；"合"，有联合、集合、结合、合作、融合之义。和合思想是我国古代先哲在对世界各种复杂事物建构的认识基础上所建立的一种哲学理论，反映出一种矛盾和谐观与动态和谐观。

所谓"和合学"还不能算作一门学科，只是一种学说，具有鲜明的中国特色。和合学的特征是"和而不同"，既排斥平均化，又排斥同质化，达成整体意义上的有序和谐。和合是实现和谐的途径，和谐是和合的理想实现状态。和合思想的价值取向是追求"共通"，而不是追求"共同"。共通就蕴含包容，共同则力求等同一致。和合不是纯粹的同一、合一，而是包含有事物差异的、多样性的有序集合体，不仅强调不同事物之间的和谐、协调，而且强调吸收、汇合、并存，实际上也透显出对差别的承认和包容。因此，可以说，和合的处事原则在某种程度上和包容性发展具有相同的思想渊源，即世界万物是千差万别的。正是千差万别的万物之间的汇合、和谐相处，才造就了生机勃勃的世界，即所谓"中也者，天下之大本也；和也者，天下之达道也。致中和，天地位焉，万物育焉"（《中庸·第一章》）。中国传统文化的最高理想是"万物并育而不相害，道并行而不相悖"（《中庸·第三十章》）。"万物并育"和"道并行"是"合"，"不相害"和"不相悖"则是"和"。和是保存矛盾对立的和谐，而合则是不同因素的汇合、和睦相处。和合的本质是和而不同，汇集众长，差异互补，共生共荣。

13. 汉初统治阶级尊黄老思想为核心价值观，而汉武帝改革，尊儒家思想为核心价值观，如何理解？

黄老之学包含着"无为"，它要求统治者对百姓的生活少加干预，使其自由发展，达到"无不为"的效果。另外，黄老思想还主张，理想的政治应是权威与德化的高度统一。

汉初之所以盛行黄老学说，尊黄老思想为核心价值观，一个原因是吸取秦亡的教训，促使汉初统治者采用轻徭薄赋、劝课农桑的黄老思想；另一个原因是汉初社会经济凋敝，经过秦的暴政与秦汉之际的常年战乱，造成生灵涂炭、社会动荡，百姓的生活亟须改善。从汉初统治者的素质来看，刘邦建立的是一个平民政权。简单易行的黄老学说很符合汉初平民统治的文化水平，而且在统治者身边还有一些支持黄老思想的大臣，这多少会对汉初政治的指导思想产生一定影响。如汉景帝时的王生，史书记载其"善为黄老言，处士也"。加上汉初的诸侯国问题，更促使统治者推行黄老思想。在统一的过程中，刘邦任用了很多有才能的人，而这些人后来大多封为列侯，就此产生了对汉初影响深远的诸侯国问题。这种政权的特征之一是，统治者不得不做出一些让步，即在把持政权的基础上，先恢复社会经济，使百姓安定下来后再考虑进一步的专制。于是黄老思想在此又与统治者的心态不谋而合了。

还有汉初的东西地区文化差异原因。汉初，刘邦能够再建帝业，得益于当时的制度设计。刘邦与萧何放弃了以整齐习俗、统一文化为核心的追求，开始接收和容忍不同习俗文化，针对不同习俗采取不同政策，在秦、韩、魏等西部地区设郡县，在赵、燕、齐、楚等东部地区则立王国，从俗而治，并制定了相应的律令制度。这就形成了东西异制、郡国并行、法俗兼存、秦楚杂糅的局面。

从以上分析可以看出，只有黄老的清静无为才符合刘邦与萧何所创立的制度，而后来"萧规曹随"，一点没有改变这种治理方式。到汉武帝即位时，出于从政治上和经济上进一步强化专制主义中央集权制度的需要，主张清静无为的黄老思想变得有些不合时宜；而儒家的春秋大一统思想、仁义思想和君臣伦理观念显然与武帝时所面临的形势和任务相适应。于是，在思想领域，儒家终于取代了道家的统治地位。

经汉初统治者的提倡，儒学思想心核心价值观以经学的形式得到广泛的传播。到了汉武帝时代，封建经济已高度发展，形成了空前强大的中央集权的封建帝国。在这种情况下，以维系尊卑贵贱的宗法等级制度为宗旨，长于制礼作乐的儒家，其地位就显著上升了。经学大师董仲舒借助道家哲学，又以阴阳五行思想融入儒学，通过注解儒家经典来阐述他"三纲五常"那一套理论，宣扬"君权神授"的思想。董仲舒的理论，自然是好大喜功的汉武帝所欢迎的。这样，一度是先秦"显学"的儒家，虽然在大变革时代显得迂阔难行，到了汉代终又被捧上独尊的地位。

14. 什么是"七略"和"四库"？

"七略"是中国第一部综合性图书分类目录，全部是汉代官府藏书目录。西汉成帝河平三年（前26年）刘向等人校勘政府藏书，为每种书编撰叙录一篇，后将各书叙录汇辑成《别录》一书。刘向之子刘歆在《别录》的基础上编成《七略》。全书分为七部：辑略、六艺略、诸子略、诗赋略、兵书略、术数略和方技略。辑略是写在六略之前的一篇概括性的学术简史，所以《七略》实际上分为六大类。《七略》对其后的图书分类学、目录学的发展影响深远。

"四库"是中国古代图书分类名称，四库为经、史、子、集，也称四部，或分为经部、史部、子部和集部，或分为甲部、乙部、丙部、丁部。

15. 什么是经学中的今古文之争？

"今文""古文"是儒家经籍的不同划分，今文经学派和古文经学派也是中国历史上影响比较深远的两大学派。

今文经，指汉代学者所传述的儒家经典，用当时通行的隶书记录，大都没有先秦的古文旧本，是由战国以来学者师徒父子传授，到汉代才一一写成定本。如《尚书》出于伏生，《仪礼》出于高堂生，《春秋公羊传》出自公羊氏和胡母生（也称胡毋生）。汉武帝时为了表彰儒家经典，建立经学博士，所用的都是今文经籍。

古文经，指秦以前用古文书写而由汉代学者加以训释的儒家经典。相传出于孔子住宅壁中和民间。武帝末，鲁共王（刘余）拆建孔子住宅，意外得到古文《尚书》《礼》《论语》和《孝经》等，景帝之子刘德（河间献王）征得的先秦旧籍，也是古文。当时古文仅在民间流传，立于官学的却是今文，今文、古文的名称还没有对峙，其差异不过是文字方面、来源方面和篇数方面的不同而已，还没有引起争论。

西汉末年，刘向之子刘歆想要将《左氏春秋》及《毛诗》《逸礼》《古文尚书》都列为官学（《汉书·楚元王传》）。他一方面攻击今文经传是残缺的东西，而残缺的原因是秦始皇的焚书和禁书；另一方面则竭力宣传古文经传的可靠，它可以添补现有经传的残缺，如《古文尚书》较伏生所传多十六篇等，它又可校补现有经传的错误，较现有经传更为可信，如《左传》刘歆以为"左丘明好恶与圣人同，亲见夫子，而公羊、穀梁在七十子后，传闻之与亲见之，其详略不同"。哀帝命刘歆与五经博士讲论其义，诸博士"以《尚书》为备，谓左氏为不传《春秋》"。争论异常激烈。

这次争论虽然无疾而终，但平帝时，王莽利用政治上的权势，把《周礼》等古文经籍立为博士，古文经学也逐渐成为官学。

到了东汉光武帝即位，聚集四方学者于京师洛阳，废除王莽时所立的古文学而仍主今文。当时所立五经博士，《易》有施、孟、梁丘、京氏，《尚书》有欧阳、大小夏侯，《诗》有齐、鲁、韩，《礼》有大小戴，《春秋》有严、颜，即所谓今文十四博士，古文学虽被黜退，但仍不能遽废，且曾一度立《左氏春秋》博士，因"群议谨哗"，不久又废。

古文经出现后，在文字、师说、思想各方面，同今文博士展开了剧烈的斗争，上述《左传》立为博士而不久又废，便是一例。今古文的壁垒逐渐森严，今古文学派也随之形成，今古文的争论也从此展开。他们的争论，也就不单是文字、来源、篇章的不同，而是牵涉到经书的解释、对经书中的中心人物——孔子的评价，以及治经宗旨等一系列问题了。

古文学家认为六经都是前代的史料，孔子是"述而不作，信而好古"，将前代的史料加以整理，传授后人。

今文学家反对这种说法，认为孔子绝不仅仅是一个古代文化的保存者，五经固然有古代的史料，但经过孔子整理，就有了新的含义，有的还是孔子所作，更具深意。

古文学家以六经为古代史料，以孔子为史学家，所以尊孔子为先师；今文学家以孔子为政治家，所以尊孔子为"素王"。所谓"素王"，指有"王"之德和才而无"王"之位，孔子就是"素王"。他们同样推崇孔子，但推崇的角度不同。

今文学家注目于经书的"义"，所以注重"微言大义"，和政治的关系也较密切；古文学家在古文经书发现后即注意校勘脱简，所以治经注意名物训诂。但它的发生、发展以及争论，又和社会经济有一定的关联。

16. 什么是"谶纬"？如何理解这种思潮的出现？

"谶纬"是汉代流行的宗教迷信，"谶"是一种"诡为隐语，预决吉凶"的神秘预言。这种预言被认为发自上帝，是符合天意的，故又叫作"符"或"符命"；为显示谶书的神秘性，往往把它染上绿色，所以又称为"箓"；由于常附有图，故也称为"图谶"。"纬"是方士化的儒生用神学观点对儒家经典进行解释和比附的著作，它相对于"经"而得名。经的本义是织物上的纵丝，纬是织物上的横丝，纬书依附于经书，正如布上的纬线与经线相配一样。汉代儒学有"五经""七经"之说，而纬书也有"五纬""七纬"之称。因为纬书中也有谶语，所以后来往往把谶和纬混为一谈，通称谶纬。

战国以前，并无谶纬的说法。从秦代开始，出现利用预兆吉凶的符验现象，史称"秦谶"。从战国以来，儒生和方士，儒家和阴阳家、神仙家等逐步趋于合流，至西汉中叶，由董仲舒集大成的儒家今文经学，以阴阳五行、天人感应为理论基础，建立了一套完整的封建神学唯心主义的思想体系，从而使儒家学说神学化。它的进一步发展，便产生了统治西汉末直至东汉社会意识形态领域的谶纬神学。

谶纬神学盛行于西汉末哀（帝）、平（帝）之际，这有其社会政治根源。西汉末年是汉代社会危机大爆发的时期。土地兼并和大地主豪强势力的恶性发展，使社会矛盾日益加深，农民起义不断爆发，西汉王朝摇摇欲坠。于是封建统治者只得乞灵于宗教迷信的宣传，企图假借"天命"和神的启示来麻痹人民；统治阶级中的政治野心家也利用符命等迷信，为篡夺政权制造根据；有些官吏和知识分子不满汉王朝的腐败统治，也利用这种迷信方式，对当权的统治者不断发出警告和抗议。正是在这种情况下，谶纬神学才大肆泛滥起来。哀帝时，夏贺良曾根据谶纬劝皇帝改换年号，认为这样即可挽救社会危机；王莽为了夺取政权和托古改制，便说他在未央宫前得到"铜符帛图"，宣称他做真皇帝是承受"天命"。在西汉末年的农民战争中，刘秀和公孙述等也都竞相以谶纬作为自己取得帝位的合法依据。

17. 子书，即为诸子之书。
小说家在我国古代属于九流，也排在诸子之内，如何理解？

"诸子"是指各流派的代表人物或著作。子部，是我国古代图书四部分类法"经史子集"中的第三大类，专列诸子百家及艺术、谱录等书。小说家排在诸子之内，《四库全书总目提要·子部总叙》云："自《六经》以外，立说者皆子书也。其初亦相淆，自《七略》区而列之，名品乃定；其初亦相轧，自董仲舒别而白之，醇驳乃分。其中或佚不传，或传而后莫为继，或古无其目而今增，古各为类而今合，大都篇帙繁富。可以自为部分者，儒家之外，有兵家，有法家，有农家，有医家，有天文算法，有术数，有艺术，有谱录，有杂家，有类书，有小说家；其别教则有释家，有道家。叙而次之，凡十四类。""《诗》取'多识'，《易》称'制器'，博闻有取，利用攸资，故次以谱录。群言歧出，不名一类，总为荟萃，皆可采撷菁英，故次以杂家。隶事分类，亦杂言也，旧附于子部，今从其例，故次以类书。稗官所述，其事末矣，用广见闻，愈于博弈，故次以小说家。以上四家，皆旁资参考者也。"可见，小说家的价值体现在广见闻、旁资参考方面。子部是诸子百家及释道宗教著作，分为儒家、兵家、法家、农家、医家、天文算法、术数、艺术、谱录、杂家、类书、小说家、释家、道家十四类。

18. 诸子之书与经书有何区别？ "据子成经"是怎么回事？

经书指儒经，即儒家经典著作，是研究我国古代历史和儒家学术思想的重要资料。在《四库全书》中，经部被分为易、书、诗、礼、春秋、孝经、五经总义、四书、乐、小学十类，包括《易经》《尚书》《诗经》《周礼》《仪礼》《礼记》《大学》《中庸》《孟子》《论语》《孝经》《尔雅》《春秋左传》《春秋公羊传》《春秋榖梁传》等。

诸子之书是诸子百家及释道宗教著作，分为儒家、兵家、法家、农家、医家、天文算法、术数、艺术、谱录、杂家、类书、小说家、释家、道家十四类。

所谓的"据子成经"是指很多经书都是从诸子之书演变而来的。要更好地解读经书，离不开诸子之书。

19. 玄学的思潮是怎么产生的？ 它撼动儒学的统治地位了吗？

玄学是研究幽深玄远问题的学说，是在魏晋时期出现的一种崇尚老庄的思潮，一般特指魏晋玄学。魏晋玄学的主要代表人物有何晏、王弼、阮籍、嵇康、向秀、郭象等。

玄学是糅合儒道两家学说而形成的新的唯心主义哲学思想体系。玄即深奥、玄妙之意。当时士大夫将道家的《老子》《庄子》和儒家的《周易》称为"三玄"，并以此为根据探讨一些抽象、玄虚的问题，因此他们所谈的内容称为玄学，进行辩论的形式称为"清谈"。玄学是以老庄的"贵无"主义为理论基础，结合儒家的纲常名教，为士族门阀的根本利益进行辩护的唯心主义哲学。

玄学是当时一批知识精英跳出传统的思维方式，对宇宙、社会、人生所做的哲学反思，是在正统的儒家信仰发生严重危机后，为士大夫重新寻找精神家园。玄学思潮的出现动摇了经学思想在思想领域的权威地位，它说明魏晋时期人们关于宇宙的认识开始超越政治、伦理道德，具有更加广阔的空间。玄学思潮的出现还说明魏晋时期人们思考问题的方式发生了变化，先秦发生论和两汉宇宙论的模式开始解体，玄学思潮的出现标志着魏晋时期精神境界成为人们探索思想问题的最内在的要求。同时，玄学思想对于后世封建社会文人志士的思想、文学、艺术也都产生了较大的影响。

玄学并不是对儒教彻底的反叛，而是以质疑对儒教进行反省与思考，是第一次尝试其他思想理论，并试图找到儒家礼教与人性自然之间的关系。最重要的是，玄学这种儒道互补的包容性使此后的中国文化开始有了兼容并蓄的能力，也有了理解和接受其他文化，最后同化其他文化的可能。

20. 韩愈为什么反对佛教思想？

佛教最初作为外来宗教传入中国，因与中国传统儒家思想背道而驰，不免遭到儒学思想家的反对。韩愈恰逢佛教发展的鼎盛时期，一生经历的几代皇帝大都佞佛。于是上至朝廷，下至王公大臣，再到平民百姓，都疯狂地迷恋佛教，致使儒家传统文化被弃置一旁。作为自幼习儒、一向以儒家正统接班人自居的韩愈在致力于复兴儒学的同时，坚定地认为应当打击佛教。韩愈的反佛主张归纳起来有如下三点：

第一，佛教害道，异端不可不排。

《原道》云："周道衰，孔子没，火于秦，黄老于汉，佛于晋、魏、梁、隋之间，其言道德仁义者，不入于杨，则归于墨；不入于老，则归于佛。"韩愈指出，异端害道，后人欲求道德仁义而无所适从。韩愈认为儒学自创始以来，屡遭杨墨释老侵害而日益衰微，他痛恨异端坏道，故起而卫道，攘斥佛老。不但指斥杨墨释老，而且排击诸子百家。在国家政治主导思想上，韩愈是主张独尊儒术的。

第二，佛教乃夷狄法，不可加之于先王之教之上，必须排斥。

佛教作为外来文化形态，与华夏本土文化比较，被视为夷狄文化，而且佛学源于天竺，经西域而流传至内地，所以自然属于夷教胡法。韩愈排佛，并非仅仅是因为佛教来自异域。一方面，韩愈目睹举国崇佛给社会带来的危害；另一方面，他更担心佛学流传会危及儒教的统治地位，所以他正好凭借"贱夷狄而贵中华"的传统，詈骂成辞。诗文中每称释氏，必斥为夷狄之法。如《谏迎佛骨表》中"伏以佛者，夷狄之一法耳"，又如在《与孟尚书书》中称佛法为"夷狄之教"，均可表一斑。因此，排外观念并非韩愈排佛的根本原因，举国崇佛给国家带来的灾难性影响才是他坚决抵制佛老的核心动机。

第三，佛教蠹国害民、僭乱纲纪、伤风败俗，不可不排。

僧道不事耕织，安坐而食，盘剥百姓，使民穷而复趋于盗。《进士策问·其十》问曰："今天下谷愈多而帛愈贱，人愈困者，何也？"佛教剥削社会，帛愈丰而民益贫是一种惯常现象。但中唐社会，帛丰而民益贫，尚别有原因。自太宗以来，寺院经济一直持续发展。唐初"凡道士给田三十亩，女冠二十亩，僧民亦如之"（《大唐六典·户部》），国家以法律形式肯定了寺院经济的存在。

寺院经济主要以田产为主，受官府庇护，还能常常获到朝廷的巨额敕赐。城市寺院经济兼有商业盘剥活动，并发放所谓的"长生庚""无尽藏"等高利贷。在官府庇护下，寺院经济在唐代迅速膨胀，寺院兼并巨户，跨州越府，营造各种庄园，并享有免除租赋等特权。寺院经济的急剧膨胀，加重了国家财政负担，也使人民生活水平进一步恶化。韩愈所言正针对此而发。佛家学说译介中土，虽说后来滋殖成深若渊海的文化成果，然而当初统治阶级大力崇佛却给当时的人民群众造成深重的经济负担。韩愈从百姓利益出发，痛斥僧徒不劳而食，这在当时是有进步意义的。

21. 儒、释、道三种思潮是如何融合的？

作为中国封建社会正统思想的儒学，历经先秦儒学、两汉经学、宋明理学三种基本形态的转型。汉代经学已非儒学之原型，其以儒道互补为特征，为中国传统文化定下基本趋向。宋明理学以儒、释、道互补为格局，最终确立中国文化的传统，历史上称为"三教合一"。

产生于先秦时期的儒学，是一种知识、伦理、政治相结合的学说，它缺乏哲学的内涵，疏于思维和论证方法。因此，在战国时代的"百家争鸣"中，它并没有占得很大的优势。汉代重建中央集权的封建专制主义政权，将君主权力绝对化、神圣化成为最高统治者的内在要求；而在这方面，儒学的"民贵君轻"、重人轻天的思想显然不能合乎统治者的要求。现实的矛盾和自身存在的缺陷，推动着儒学同时向着哲学化和宗教化两个方向发展。

两汉经学的出现，是对儒学的第一次改造，它的特点是用解释儒家经典的形式，提出一套以"三纲五常"为基本法度，以道家思想为哲学基础，并附以阴阳五行说的思想体系。

两汉经学自汉武帝起取得一家独尊的地位，后世能对这种正统思想产生重大影响的，便是佛教的输入。佛教自两汉之际传入我国。作为一种外来文化，在相当长一段时期内，受到儒学的排斥和抗拒。直到唐代，仍有排佛运动发生。但是，佛教"专务清静"的宗旨，使它能借助道教这一媒介，逐渐融入儒学思想。

佛教通过对儒学、道教等汉民族传统文化的吸收，变成一种中国化的宗教。隋唐时期，佛教得到最高统治者的认可和提倡，进入鼎盛时期。宋明以后，佛教的某些思想，如"空有合一"的本体观，随同道教思想渗透到儒家思想的深层，产生了三教合一的宋明理学。

儒、释、道三种文化思想、文化体系，在中国历史上多次对抗，互相诘难、排抑，但是不管作为正统的儒学怎样抗拒，道家（后来发展成为道教），以及异域文化——佛教，毕竟融入了中国文化的母体之中，并且常常是"你中有我，我中有你"；但同时，儒、释、道三家又并未合为一家，始终保持着各自的基本特质和特征。儒、释、道三家共同构成了中国传统文化三位一体的基本框架，支撑着整个中国传统文化的大厦。

22. 如何理解"王安石变法"？

王安石变法的最初原因，是基于宋代的政治经济体制。到神宗时期，冗官冗兵问题很严重，从而使国家财政出现问题。而因官制和军制问题涉及宋朝立国之本，谁也没有信心和胆量对这个曾经能结束唐末五代动荡的祖宗之法下刀。因此，为了充盈国库，就要通过相应的政策手段，并保证不动摇国本。王安石变法就是在这种历史背景下产生的。这个背景也注定了王安石变法事实上是一场以经济为主，兼涉政治、军事的改革。

王安石在宋仁宗嘉祐三年（1058）任三司度支判官时，向仁宗上万言书，即《上仁宗皇帝言事书》，系统地提出了变法主张，要求改变北宋"积贫积弱"的局面，抑制大官僚、大地主的兼并和特权，推行富国强兵政策，但未被采纳。宋英宗治平四年（1067），神宗刚即位，就命王安石治理江宁府，接着又召为翰林学士。熙宁二年（1069）提为参知政事。从熙宁三年起，他两度任同中书门下平章事。在他任参知政事和宰相期间，取得神宗的支持，抓住"理财"和"整军"两大方面，积极推行农田水利、青苗、均输、方田、均税、免役、市易、保甲、保马等新法，史称"王安石变法"或"熙宁变法"。

这几个法规，目的都是为了增加国家收入，可谓是标准的"经济法"。其中，免役法和方田均税法在历朝历代都有一定程度的涉及，即通过土地核查和劳役整理来增加税收。但是，青苗法、均输法和市易法则在整个古代社会都是极其罕见的。借助今天的知识，我们可以看到，这实际上是让政府进入市场，通过一系列经济干预政策，加快货币的流通速度，从而增加社会财富。这就是王安石所说的"民不加赋而国用足"。在一千多年前的农业社会，王安石的这一思想无疑是非常超前的，其中涉及的经济学知识远超同时期的其他官吏，这正是其了不起的地方。另一方面，正因为其思想与周围人格格不入，所以改革阻力格外大，而王安石却知难而上，坚决贯彻自己的理念，这也是他了不起的地方。

王安石的变法对巩固宋王朝的统治、增加国家收入，起了积极的作用，但是也触犯了大地主的利益，遭到许多朝臣的反对。王安石变法，虽然归根结底是为加强皇权，巩固封建地主的统治地位，但在当时对生产力的发展和富国强兵，确实起到了推动作用，也在一定程度上减轻了人民的负担，在历史上有其进步意义。列宁曾称许："王安石是中国十一世纪时的改革家。"实不为过！

23. 何谓"北宋五子"？

北宋周敦颐、程颢、程颐、邵雍、张载号称"北宋五子"，他们既是著名的哲学家，又是著名的易学家。

周敦颐（1017—1073），北宋思想家、理学家、哲学家。原名敦实，避英宗讳改名敦颐。字茂叔，号濂溪，道州营道（今湖南道县）人，晚年定居庐山莲花峰下，以家乡营道之水名"濂溪"命名堂前的小溪和书堂，故人称濂溪先生，元公是他的谥号。周敦颐是我国理学的开山鼻祖，他的理学思想在中国哲学史上起了承前启后的作用。主要著作有《太极图说》《通书》《太极图说》等，后人编有《周子全书》，存诗28首，赋1篇，文4篇，代表作为《爱莲说》。

程颢（1032—1085），宋代理学家、教育家。字伯淳，人称明道先生，洛阳（今属河南）人。与程颐为同胞兄弟，世称"二程"。程颢提出，教育之目的乃在于培养圣人。他认为："君子之学，必至圣人而后已。不至圣人而自已者，皆弃也。""孝者所当孝，弟者所当弟，自是而推之，是亦圣人而已矣。"即认为教育最高目的是要使受教育者循天理，仁民而爱物，谨守封建伦常。

程颐（1033—1107），宋代教育家。字正叔，人称伊川先生，洛阳（今属河南）人。同程颢一样，主张教育目的在于培养圣人。他认为："圣人之志，只欲老者安之，朋友信之，少者怀之。"认为圣人以天地为心，"一切涵容复载，但处之有道"，因此，教育必须以培养圣人为职志。在教育内容上，主张以伦理道德为其根本，认为"学者须先识仁。仁者蔼然与物同体，义、智、信，皆仁也"。《宋史》称他"学本于诚，以《大学》《论语》《孟子》《中庸》为指南，而达于'六经'"。

程颢与程颐的学说后为朱熹所继承和发展，世称"程朱学派"。程颢著有《定性书》《识仁篇》

等，程颐著有《伊川易传》《伊川文集》等，后人将二人著作合编为《二程全书》。

邵雍（1011—1077），北宋哲学家。字尧夫，谥康节，生于北宋真宗四年，即公元1011年，卒于神宗十年（1077），享年67岁。他生于河北范阳，后随父移居共城，晚年隐居在洛阳。著有《皇极经世》十二卷，包括《观物内篇》《观物外篇》《渔樵问对》和《无名公传》。《内篇》为邵雍之作；《外篇》是其弟子之记述，类似语录。另有诗集《伊川击壤集》。

张载（1020—1077），北宋哲学家，理学创始人之一，也是理学支脉"关学"创始人之一。字子厚，凤翔郿县（今陕西眉县）横渠镇人，世称横渠先生。嘉祐进士，历授崇文院校书、同知太常礼院。提出"太虚即气"的学说，肯定"气"是充塞宇宙的实体，由于"气"的聚散变化，形成各种事物现象。著作有《正蒙》《经学理窟》《易说》等，后被编入《张子全书》中。张载是北宋时期一位重要的思想家，是关学的创始人，是理学的奠基者之一。其学术思想在中国思想文化发展史上占有重要地位，对以后的思想界产生了较大的影响，他的著作一直被明清两代政府视为哲学的重要著作，作为科举考试的必读之书。"为天地立心，为生民立命，为往圣继绝学，为万世开太平"这句有名的"横渠四句教"就出自张载之口。

24. 什么是"民胞物与"？

"民胞物与"语出北宋张载的《西铭》篇。原句为："民，吾同胞，物，吾与也。"意谓民为同胞，物为同类，泛指爱人和一切物类。南宋理学家朱熹在《伊洛渊源录》中将张载与周敦颐、二程、邵雍等"北宋五子"并列为理学的创始人。《西铭》篇出自《正蒙》。《正蒙》是张载哲学思想的代表作，其中又以《西铭》篇最有影响。《西铭》的核心思想就是"民胞物与"，所表达的是一种洋溢着人文关怀、合理地处理个人与社会、内在与外在关系的积极进取的人生观。张载通过对"民胞物与"思想的阐发，积极回应了时代的主题，成为宋明理学中"天人一体"信仰体系的典型范式。张载"民胞物与"思想主要是通过以下三个方面的内容来体现的，即天人关系、人物关系和人世关系，从天人关系、人物关系到人世关系层层展开，其中既有极高明的"天人合一"式的超越，又有"道中庸"的"民吾同胞"和"均死生"式的体认及践履。张载的"民胞物与"思想是儒家哲学普遍性的典型形态，彰显着"自强不息、厚德载物"的儒家性格和人文精神。

25. 如何理解朱熹的格物穷理？

朱熹提出格物穷理，主张"存天理，灭人欲"。格物，推究事物的道理；穷理，追寻事物的究竟，指穷究事物的原委、道理。朱熹强调"格物致知"，通过对外物的考察来启发人内心潜在的良知；主张多读书，多观察事物，根据经验，加以分析、综合与归纳，然后得出结论。朱熹的理学思想是宋明时期新儒学的典型代表。以朱熹为代表的宋明儒学家们站在历史的十字路口，在佛道冲击和农民起义冲击的背景下，敢于突破传统儒学框架，开始走向科学与民主的启蒙。同时，回归传统儒学，重塑儒教权威，以巩固封建专制统治。

26. 如何理解王守仁的"致良知之学"？

王守仁（1472—1529），字伯安，浙江余姚人，因其曾筑室于故乡阳明洞中，世称阳明先生。

王阳明因为在哲学、教育、政治、军事活动方面的突出成就，被誉为"明第一流人物，立德、立功、立言，皆居绝顶"。他的著作与学说集心学之大成，代表程朱之后儒家哲学发展的又一高峰，梁启超更称其学说"势极伟大""支配了全中国"。

"致良知"是王阳明晚年提出的一个思想命题，它的提出标志着王阳明心学思想体系的最终形成，也是其思想宗旨和归宿。从其心学的思想立场出发，王阳明赋予良知以多方面内涵，定义其先验性、普遍性和绝对性；认为天赋良知通过"行"由本然之知转化为明觉之知的过程，就是知行合一并进的致良知的过程。他对良知与致良知关系的规定，显现其统一先天之知与后天之致的思路，同时又构成了本体与功夫的逻辑前提。王阳明致良知的理论把心与理、知与行、道德修养与社会实践融为一体，将孟子的"良知"与《大学》的"致知"相结合，表达了宋明理学"本体与功夫"结构的基本内涵，这在当世和后世产生了广泛、深远的影响，在现代社会仍然有其积极的实践意义。

王阳明对儒家经典的诠释在中国思想史上独树一帜，是典型的主体论诠释观，断定本心或良知为世界的本体主体。在王阳明看来，良知是主客相融、亦主亦客，集本心与天理于一体。致良知就是读者运用自己的良知，去与经典文本意义中体现出来的圣人的良知相交融。从了解经典文本的符号意义，进而了解经典文本意义中的"理"，最终达到对于圣人良知的体悟，实现自己的良知。从这个意义上说，致良知就是良知致良知。

王阳明以致良知为依据，作《大学问》，坚定自己的儒家立场；编写《朱子晚年定论》，消除自己与朱子的分歧；批评佛老，弘扬儒家精神。当然，这种唯心辩证法的诠释观也有其弊端，即不注重对自然、社会规律的研究。王阳明在运用致良知诠释方法时，本来应该有经验科学成果的支持。但事实上，王阳明解释经典时，却没有获得足够经验科学成果的支持。这就极大地削弱了致良知解释历史的威力，同时也反映出致良知体系中"气"的环节的薄弱，以及对气处理的简单与粗糙，这也是心学共有的缺陷。

27. 如何理解李贽的"童心说"？

《童心说》是明末杰出思想家李贽的一篇散文。李贽在文中提出了"童心"的理念。童心就是赤子之心、"一念之本心"，实际上只是表达个体的真实感受与真实愿望的"私心"，是真心与真人得以成立的依据。李贽将认知的是非标准归结为童心，并以此说来衡量文学创作。他认为文学都必须真实坦率地表露作者内心的情感和人生的欲望。在李贽看来，要保持童心，使文学存真去假，就必须割断与道学的联系；将那些儒学经典大胆斥为与"童心之言"相对立的伪道学的根据，这在当时资本主义萌芽与个性解放的社会环境下有一定的进步性与深刻性。

由于李贽生活的时代处于社会发展史上的一个转折点，商品经济快速发展所带来的矛盾是对利润的极度渴求和坚守传统道德价值之间的冲突，此时，一些士人心理发生重大变化。面对这样的社会现实，李贽重新确立起一个崭新的文学意识形态，以"童心"作为核心思想，直指那些以宣扬道学为名，实则追求功名富贵为目的的伪君子。他崇尚把孩童之心那样纯真的心灵状态作为审美的标准，肯定人在感官上的第一感受，而不是虚伪刻意地去写什么做什么，在这里，个人的欲望得到了肯定。李贽主张"俗"的审美意识，并且自发地对通俗文学做评论，他创立的以童心说为核心的文学思想迎合了当时的需求，并因其具有鲜明的时代特征而影响巨大，为文学创作显示真正的情感内容提供了一个很好的典范，为后来的文学创作，包括"三言二拍"以及《红楼梦》等，均产生了影响。

28. 明末清初三大思想家是指谁？

明末清初三大思想家分别是王夫之、顾炎武、黄宗羲。他们在明末清初社会激烈变革之际，提出了许多人本主义论点，比如反对君主专制，提高商人地位，重实践、轻理论的实用主义。他们的思想，在后来君主集权严重的清朝并没有多少发展，但对于中国传统哲学具有重要意义。三大思想家继承了中国古代朴素唯物主义传统，植根于科学技术的进步及生产关系中资本主义的新因素，在明清之际"天崩地解"的形势下，开创了新思潮、新学风。

王夫之（1619—1692），字而农，号姜斋，湖南衡阳人。晚年隐居衡阳的石船山，世称船山先生。明亡，他在衡阳起兵抗清，败后退至广东肇庆，在南明桂王政府中任职；桂林失陷后，长期隐居在湘西地区的苗瑶山洞，自称瑶人。直到康熙八年（1669 年）才在石船山定居下来。他刻苦钻研，勤于著述，著作有一百余种，主要有《周易外传》《张子正蒙注》《思问录》《黄书》《噩梦》和《读通鉴论》等。后人集为《船山遗书》。

顾炎武（1613—1682），初名绛，字宁人，江苏昆山亭林镇人，世称亭林先生。少年时参加复社反宦官权贵斗争。清兵南下，他参加昆山、嘉定一带的抗清起义。失败后，十谒明陵，遍游华北，所至访问风俗，搜集材料，特别注重对边防和西北地理的研究。同时垦荒种地，联络同道，不忘兴复。晚年居住华阴，死于山西曲沃。他学问渊博，对国家典制、郡邑掌故、天文仪象、河漕、兵农以及经史百家、音韵训诂之学，都很有研究。他一生的著作很多，主要著作有《日知录》《天下郡国利病书》《音学五书》《顾亭林诗文集》等。

黄宗羲（1610—1695），字太冲，号南雷，人称梨洲先生，浙江余姚人，思想家、史学家。领导复社成员坚持反宦官权贵斗争。清兵南下，他招募义兵，成立"世忠营"抗清。明亡后隐居著述，屡拒清廷征召。他学问渊博，研究天文、算术、乐律、经史百家及释道之书，史学上尤有成就。著作有《宋元学案》《明儒学案》《明夷待访录》《南雷文案》等。

29. 如何理解戴震的"理存于欲"的观点？

戴震（1724—1777），字东原，安徽休宁人，是乾嘉时期著名学者和思想家。为了正人心，救风俗，利政事，针对程朱理学"存天理，灭人欲"的理欲对立观，戴震提出了"理存于欲"的理欲统一论，对后世产生巨大影响。从崇尚程朱到对程朱提出批评，戴震反理学思想的成因，很多学者都做了详细的探讨，但大多偏重于学术、思想渊源方面的探讨，如梁启超、胡适认为戴震之所以有这样的思想，与颜李学派有关系；而钱穆则认为戴震思想之变是受惠栋的影响。

但是，戴震是一个非常关注现实、了解民生疾苦的思想家，现实的社会环境和生活环境对他思想的直接影响也相当重要，不可忽视。在理欲观的重要范畴，戴震为欲正名，指出欲本身不是恶，欲是根于天、源于性的人性的重要内容，是中性的，只有当欲不被合理控制的时候才是恶的。至于理，是人、物、事本身所具有的条理、规则，它是依存于人、物、事而存在的，不是"空无依傍"的和"凿空的"。程朱理学所谓的理在心中，其实只是把自己内心的意见当成了外在世界的"理"，把自己的主观思想强加于人、强加于物，最终导致了"以理杀人"的祸患。因此，戴震认为在理欲关系上，"存天理，灭人欲"是不对的，天理体现在人欲中，没有人欲就没有所谓天理，即"理存于欲"。同时，又要注意"以理节欲"，如果对人的欲望不加节制，就会出现"人欲横流"的严重后果。戴震的理欲观里包含着他的政治理想，也就是他的"体民之情，遂民之欲"的政治主张。在戴震看来，只有使广大的普通民众都能够遂欲达情，才真正能实现古代的圣人之治，才真正符合"理"。戴震以人性论为基础，提出了理欲统一说，理存于欲，以理节欲，体民之情，遂民之欲，这在清中叶之前是前所未有的。戴震的理欲之辩奠定其在中国思想史上的重要地位。虽然由于受当时社会历史条件的影响，戴震对理欲观的诠释有不足之处，但并不能以此否认戴震理欲观的重要贡献及其时代意义。

30. 康有为为什么要托古改制？

康有为、梁启超等领导戊戌变法时，所用的"托古改制"方法是中国历史上诸多"托古改制"的承袭。

康氏"托古"的原因，从世俗心理方面来说，只有"托古"才能取得人们的敬意和信赖；变法维新面临的形势很严峻，想依托孔子这尊"护法神"来避祸。

从时代背景和动机来看，"托古改制"是面对强大的传统势力所采取的一种不得已的改革手段。首先，"托古改制"可以迎合当时崇拜圣人和经典的社会心理倾向，减小改革阻力，既披上合法的外衣，又博得舆论的支持和同情，所以它是一种带有特定功利性质的权宜之计。康有为"托古改制"的思想，主要表现在他的《孔子改制考》一书中，他用历史进化论的观点解释"公羊三世说"，用西方议会民主制比附中国上古时代的原始民主制，把孔子说成是受命改制的"素王"；把六经尤其是《春秋》及其"微言大义"，说成是孔子创造的"新王之法"，并且自命为"扫荆榛而开途径，拨云雾而览日月"的孔门真传弟子，把自己的维新变法说成是孔子改制思想的恢复和继承。当时，无论是顽固派还是洋务派，都把孔孟、程朱及其纲常名教视为神明法宝，对敢于触动理学教条和改变祖宗成法者，皆目为"名教罪人"和"大逆不道"，一般的封建士大夫也附和这种论调。在这种普遍保守沉闷的氛围中，要想推行资本主义性质的改革，就很自然地采用"托古"的形式。

其次，"托古改制"的微妙之处在于偷梁换柱，企图在"复古"的形式下推行新的社会改革计划，存有侥幸心理。由于康有为将今文经学作为改革的工具使用，所以被他纳入今文经学体系的"托古改制"理论，也必然带有主观的随意性和功利性。像他对孔子的形象进行再塑造，把孔子描绘成维新运动的祖师，面貌与古文经学派的孔子截然不同。就是说，"古文经学派的孔子是述而不作的保守主义者，而康有为的孔子是托古改制的维新主义者"。康有为认为"孔子日以进化为义，以文明为主"，以今文经学大师的身份振振有词地论证自己的学说，想侥幸地躲过顽固派的眼睛，然而他连这一点也没有做到。守旧派文人叶德辉等当时就指出："康有为之徒，煽惑人心，欲立民主，欲改时制，乃托于无凭无据之公羊家言。""隐持民主之说，煽惑人心而犹必托于孔孟。""明似推崇孔教，实则自申其改制之义。""伪六籍，灭圣经也；托改制，乱成宪也。"正如西方中世纪唯名论者说的"强迫神学来宣传唯物论"一样，康有为也企图强迫封建圣人来宣传资产阶级的思想理论。从某种意义上讲，正是这种违反历史逻辑的荒谬性决定了康有为"托古改制"的短命。

31. 梁启超认为如何才能"新民"？

梁启超是中国近代史上一位杰出的思想家，其新民思想经历了一个从封建旧学到资产阶级新学的发展过程。在这个过程中，梁启超通过对中国资产阶级维新变法的反省和对中西国民素质的对比后，认为只有对国民做启蒙工作，用资产阶级的新道德、新思想去教育他们，克服他们从旧社会带来的旧习染，使他们蜕变为具有资产阶级新道德、新思想的"新民"，这样国家才有救。正是由此出发，梁启超开始构筑其庞大的"新民"思想体系。主要表现在以下几个方面：

首先，废除科举、兴办学校。梁启超认为："八股取士，为中国锢蔽文明之一大根源，行之千年，使学者坠聪塞明，不识古今，不知五洲，其弊皆由于此。"然而要剔除这些弊病，必须以兴办学校、革新教育体制为第一要务。"欲新"应先"思变"，思变则是变教育，就要改革科举制度，废除八股取士体制。梁启超是把人作为国家的根本，把新民作为强国的根本。而新民出于学校，故国家的兴衰与学校有着密不可分的关系。所以他极力主张重点发展教育，兴办学校。

其次，新史学新民。梁启超认为历史学是非常重要的，乃至是国民新思想的根本来源。他认为："史学者，学问之最博大而最切要者也，国民之明镜也，爱国心之源泉也。""国民教育之精神，莫急于本国历史"。所以应该提倡和发展史学。

再次，译西书、广见识。梁启超指出，从西方原著的译著中可以获取西方先进的科技、法律和政经方面的知识，只有这样，才能解开西方列强走在世界前列的根本原因。同时，这也是"新民"的重要手段。

最后，通过"文学"的方式新民。第一，报刊新民。梁启超说："报馆者，国家之耳目也，喉舌也，人群之镜也，文坛之王也，将来之灯也，现在之粮也。"他把报刊的宣传放在很重要的位置，进一步指出"交换智识，实惟人生第一要件，而报馆之天职，则取万国之新思想以贡于其同胞者也"。可见，报纸在他的眼里是给国民启发新思想，开阔眼界的重要途径。第二，新小说新民。梁启超在《论小说与群治之关系》中，提出了"今日欲改良群治，必自小说界革命始，欲新民，必自新小说始"的观点，把它作为"小说界革命"的开端，把新小说作为改造国民和社会的重要手段。

第二章　政治库

32. 何谓"宗法"与"宗法制度"？

所谓"宗法"，是指一种以血缘关系为基础，尊崇共同祖先，维系亲情，在宗族内部区分尊卑长幼，规定继承秩序以及不同地位的宗族成员各自的权利和义务的法则。它源于氏族社会末期的家长制，依血缘关系分大宗和小宗，强调前者对后者的支配以及后者对前者的服从。中国君主制国家产生之后，宗法制与君主制、官僚制相结合，成为古代中国的基本体制和法律维护的主体，在历史上是西周的重要政治制度。这种宗法制以血缘关系为基础，核心是嫡长子继承制。这种制度起着维护西周政治等级制度和稳定社会秩序的作用。

对周代宗法内容比较完整的记载，主要是先秦时期的两部礼书——《仪礼》和《礼记》，并且能在先秦其他典籍中得到印证。其中《礼记》的《大传》和《丧服小记》，是了解周代宗法制度基本内容的主要来源。

周代天子或诸侯的子辈男性后裔中，除继承君位的一人外，其他人（称为群公子）都将成立以其自身为始祖的宗族，表示在血缘关系上与代表国家权力的天子或诸侯有所隔断。这些宗族以专属自己所有的氏为标志，因而在礼书中，群公子被称为"别子"。在以别子为始祖的宗族中，别子的继承人拥有对整个宗族的管辖权和统率权，是整个宗族的首领，被称为大宗或宗子。在理论上，无论经过多少世代，大宗都对别子的所有后裔拥有管辖权和处置权，以此将别子的后裔始终联结成一个具有实体性的宗族团体，故而大宗被说成是"百世不迁之宗"。

宗族的每个成员除对大宗有尊奉和服从的义务外，还对一定近亲范围内的某些亲属有尊奉和服从的义务。根据《礼记》，因非嫡长子而不能作为继承人者，须尊奉父亲的继承人为小宗，即"继祢者为小宗"（祢，意为先父）。如果其父亲也不是祖父的继承人，则尚需尊奉其祖父的继承人为小宗；如果祖父也不是曾祖父的继承人，则要尊奉其曾祖父的继承人为小宗；如果曾祖父也不是高祖父的继承人，则要尊奉高祖父的继承人为小宗。按《礼记》的记述，继承高祖父的小宗，即五世祖的继承人，是距一个人亲属关系最远的小宗。六世祖的继承人就不再被奉为小宗了。这就是所谓的"祖迁于上，宗易于下"。因为有对小宗的尊奉关系，以大宗为首的宗族又划分出许多较小且更具凝聚力的近亲集团。从礼书的这些记述中可以看出，周代宗法关系的基本内容，就是大宗或小宗对不同范围内，包括直系与旁系亲属族人的统辖和管理。若在同代亲属中，就是大宗和小宗对兄弟、从兄弟、再从兄弟等旁系亲属的统辖和管理。

33. 我国最高统治者曾经称为王，如夏、商、周时期，后来又称为皇帝。这是怎么回事？

"皇帝"是中国帝制时期最高统治者的称号。在上古三皇五帝时期，中国的最高统治者称"皇"或"帝"，如羲皇伏羲、娲皇女娲、黄帝轩辕、炎帝神农等。夏朝天子称为"后"，商朝则称"帝"，周时天子称"王"。"商纣王"是周人对其的恶称，商朝人称其为"帝辛"。战国时期诸侯大多僭越称王，王已不再是周天子专属。秦王嬴政统一中国之后，认为自己"德兼三皇、功盖五帝"，创立皇帝一词作为华夏最高统治者的正式称号。嬴政成为中国第一位皇帝，史称"始皇帝"。从此，皇帝取代了帝与王，成为两千多年来中国封建社会最高统治者（即"天子"）的称呼。皇帝简称皇或帝。

34. "百官有事早奏，无事退朝"，这句话经常会在小说、戏文中出现。我国古代皇帝是这么管理国家的吗？

小说戏文中的这一描写真假参半。其实，古代皇帝有两种朝会。一种是大会文武百官、王国诸侯和外国使臣的朝会，称为大朝。大朝是一种隆重的典礼，往往在特定的节日举行，例如元旦、冬至、皇帝生日，仅仅是一种仪式，一般不在这种场合处理国政。一种是常朝，即皇帝每天或间隔数天，于早晨会见主要政府官员，处理一些日常政务，例如宣布诏令、决定重大政治行动等。这种朝会，类似于官府中的早衙与晚衙。但这也并不是皇帝进行日常统治活动的全部，因为并非所有国家政务都是在常朝上决定的。有些怠政的皇帝常常不上早朝，如明代的万历帝就有近二十年没有上早朝。

古代皇帝所处理的政务，大致有两类。一类是日常政务。我国古代的政治体制是专制主义的中央集权，皇帝是最高的决策者与行政首脑，其下设文武百官，管理各方面的政务。各级官员的职掌，均有定制，故而有"有司"之称。皇帝只需定期进行检查就可以了。一类是非日常性的政务。这是指国家政治中出现了动乱（如外族入侵、内部叛乱）和天灾，或出现了一些下级官员依据定制无法解决的问题，需要皇帝拿出处理办法或对制度进行某些更改，在这种情况下，皇帝往往要和主要官员商议决策。百官中以丞相为"百僚之长"，辅佐皇帝管理全国政务，皇帝如何进行日常统治活动，往往和丞相的作用、地位有关。综观我国历史，大致上可分三个历史阶段。

秦汉时代是第一阶段。这一时期，皇帝制度刚刚建立，中央官制是三公九卿制，各官直接向皇帝负责，皇帝大权独揽。到了汉代，形成了以丞相为主、辅助皇帝处理政务的统治核心。汉武帝设尚书令，分去了丞相拆读、审议天下奏章的权力，结束了丞相独尊、皇帝垂拱的局面。

明以前是第二阶段。在这一阶段，政治制度几经变迁，形成了三省六部制，即以尚书省行政，下设吏户礼兵刑工六部，分管各方面国政；以中书省起草政令，实际是皇帝的秘书班子；以门下省掌出纳帝命，门下省还负有审查诏令的权力，如有不妥，有权批改、封驳。这样一来，实际上将原来丞相的权力一分为三，皇帝与三省长官商议、决策，而大量事务性的工作则由三省机构代替了。唐时，为了提高效率，中书省、门下省往往联合办公，其官署称为"政事堂"。皇帝常常在常朝之后，召见三省长官，共同讨论国政，边上还有专门的记录员记录皇帝与宰臣的谈话，然后由宰臣负责整理，作为档案收藏。宋代开始，又设枢密使一职，主要处理军事方面的事务，它与同中书门下平章事（宰相）、参知政事（副相）、三司度支使（计相）合称"宰执"，在皇帝之下分掌军政要务。枢密使的官署枢密院与中书省并称"二府"，同为最高国务机关，后来所谓的"政府"，即"政事堂"与"二府"之合称。

明清则是第三阶段。明太祖朱元璋废丞相和中书省，皇帝亲自批阅奏章，每逢处理重大政事和解决重大问题，大臣只是面奉取旨，一度回到秦代皇帝大权独揽的局面。此外，另设通政使司，负责为皇帝处理章奏文书，以六科监察六部行政，掌封驳之权。永乐以后，命以官品较低的翰林院编修、检讨等官入午门内的文渊阁当值，参与机务，称为"内阁"。皇帝常与这些亲信秘议国政，"人不得与闻"。到了明宣德年间，皇帝处理奏章的办法也有了变化，由内阁大臣先在奏章上附小纸条提出初步处理意见，称为"票拟"。皇帝认可，即由司礼监秉笔太监改用红笔批出，遇有"大事大疑"，则召阁臣当面讨论，议定之后，直接传旨处理，不再批答。明代末年，票拟之权由内阁首辅独揽，批红之权归太监执掌，皇帝的决策多受两者牵制。到了清代，又设立军机处代替内阁，凡过去内阁处理的政务，基本上改由军机处办理，军机处在宫内设有值班房，以备皇帝传唤，值班房戒备严密，非供职官员一律不得进入或在附近停留。至此，皇帝独裁已达到顶峰。

综观历史，古代皇帝的日常统治活动，基本上是通过各级上报的奏章来了解全国政务，有一个特定的统治核心帮助自己处理政务，这一特定集团，秦汉时是丞相及其僚属，秦汉以后是三省长官，明清则是内阁和军机处。此外，还设有专门的文书处理班子，以防皇帝陷于文书包围之中。历代弄权的强臣、权臣也往往出现在这两类人中，因为他们比较接近皇帝，部分参与机密要务，而皇帝的独裁程度，则随着时间的推移和封建政治体制的完善而日益增强。

35. "社稷"的本义是什么？我国帝王的祭祀制度是怎样的？

"社稷"是土神和谷神的总称。分言之，"社"为土神，"稷"为谷神。土地神和谷神是以农为本的中华民族最重要的原始崇拜物。古时君主都祭祀社稷，后来就用社稷代表国家。

在古代，国家的重要政治活动是祭祀，祭祀的是宗庙社稷。宗庙是古代帝王、诸侯、大夫、士为维护宗法制而设立的祭祀祖宗的处所，王的宗庙建立在国都的中心。社稷是土地神和谷神。可见当时祭祀的对象主要是祖先和人们赖以生存的土地和食物。所谓祭天、祭地、祭祖先，其实是包括了天、地、人，而王则贯穿于天地人之间，这就清晰地反映出统治者利用宗教为其统治服务的真正动机。

对于先代帝王祭祀，《礼记·曲礼》记载："法施于民则祀之，以死勤事则祀之，以劳定国则祀之，能御大灾则祀之，能捍大患则祀之。"对于有功于民的先王，如帝喾、尧、舜、禹、黄帝、颛顼、契、汤、文王、武王等，都要举行崇祀。后来，受祭享的先代帝王人数越来越多。秦始皇巡游天下，经过名山大川时，都要祭祀先代帝王。他到云梦，望祀虞舜于九嶷山，因为相传虞舜死后葬于九嶷。他到会稽，会稽有大禹陵墓，于是祭祀大禹。后来历代帝王出巡，多仿效秦始皇，祭祀先王。自汉代起，开始为先代帝王维修或营建陵园，分别立祠祭祀。光武帝时，皇宫中有古代圣贤帝、后画像，不过那大概还不是用于祭奠行礼的。隋代以祭祀先代帝王为常祀。在京城立有三皇五帝庙，另立庙祭祀三皇以前诸帝，并且在先代帝王始创基业的肇迹之地分别建置庙宇，以时祭祀。明洪武六年（1373），明太祖始创在京都总立历代帝王庙。嘉靖时，在北京阜成门内建历代帝王庙，祭祀先王三十六帝，择历朝名臣能始终保守节义者从祀。清代沿用此庙，初祀三皇、五帝等。后又改变原则，"凡为天下主，除亡国暨无道被弑，悉当庙祀"。对于先代帝王的陵寝，清代祀典规定祭祀三皇、五帝以下数十处，春、秋两季仲月致祭，或在陵寝筑坛而祭，或在当地享殿行礼。凡皇帝巡游，途经先代帝王陵庙，皆有祭享之礼。清朝统治者特别对明代诸帝陵墓优礼有加，这显然是出于缓和民族矛盾，巩固其统治地位的政治需要。

祭祀先圣先师也是一种重要的祭祀制度。祭祀先圣先师是立学之礼，礼经并未实举其人。汉魏以后，逐渐以周公为先圣，孔子为先师；或者以孔子为先圣，颜回为先师。唐代确定孔子为先圣，颜回为先师，从此不再变更。对于孔、颜，历代帝王益封爵，赠谥号，直至用天子之礼乐以表尊崇，祭祀典礼极为隆重。

还有籍田与享祀先农之礼。《礼记》有"天子为籍千亩""天子亲耕于南郊，以供齐盛"的记载，就是祭祀农神，祈求丰收的礼仪。籍田礼为历代帝王所遵循，而且仪式日趋繁复。籍田、祀先农是古礼之孑遗，本有重农、劝耕的良好意愿，但历代帝王的亲耕籍田，表现与宣传个人的意味较浓。

天子籍田，王后就去采桑养蚕。这就是亲桑与享祀先蚕之礼。礼经有仲春"后率外内命妇始蚕于北郊"的记载，亲桑、享先蚕之礼就是据这项活动而制定的。

36. 封建制与郡县制分别是怎样的制度？

分封制也称分封制度或封建制，即狭义的"封建"，由共主或中央王朝给宗族姻亲、功臣子弟、前朝遗民分封领地和相当的治权，属于政治制度范畴。分封制与宗法制互为表里，紧密结合，在家庭范围内为宗法制，在国家范围内为分封制。

分封制是西周的政治制度，分封的目的是为了巩固奴隶主国家政权，分封的对象和做法是把王族、功臣和先代的贵族（异姓功臣贵族、同姓王室贵族、先代帝王后代）分封到各地去做诸侯，建立诸侯国。被封诸侯的义务包括要服从周王的命令，要向周王贡献财物，要派兵跟随周王作战。周王先后分封的重要诸侯国有鲁、齐、燕、卫、宋、晋等。分封的作用是巩固西周的统治，拓展疆域。春秋时期，分封制崩溃。崩溃的原因是周王室日益衰微，大诸侯国为争夺土地、人口及对其他诸侯国的支配权，不断进行兼并战争，形成了诸侯争霸的局面。葵丘会盟，齐桓公的霸主地位得到正式承认，标志着分封制的崩溃。秦朝统一后，建立郡县制，分封制结束。

郡县制，中国古代继宗法血缘分封制度之后出现的以郡统县的两级地方行政制度。县制起源于春秋时期的楚国，由楚武王熊通设立；郡制起源于秦国，由秦穆公嬴任好设立。经过历代法家代表的改革，最终成型于秦汉时期。郡县制是古代中央集权制在地方政权上的体现，是秦汉以后的地方政治体制，直到唐乾元元年（758），改郡为州。

37.白居易在《长恨歌》中写道："后宫佳丽三千人。"这句是说皇帝后妃有三千人吗？皇帝后妃到底有多少人？后宫实行什么样的制度？

这里的"三千"是概数，意指很多。一提起皇帝的后妃数量，许多人会想起"三宫六院七十二妃"的说法。其实，"三宫六院七十二妃"只是官方规定的皇帝所拥有的后妃，而且这只是一个笼统的说法，不同的朝代，嫔妃制度不同，对后妃数量的规定也不同。据东汉蔡邕《独断》记载，周代以前的帝王所拥有的具有等级名分的后妃数为：帝喾有后妃 4 人，其中 1 人为正妃，其他 3 人为次妃；夏代增加了九嫔，一共有 13 人，其中正妃 1 人，次妃 12 人；商代除了正妃 1 人，后妃在夏代的基础上又增加了 27 个世妇，其次妃的总量达到 39 人。周代又在商代的基础上增加了 81 人，合 120 人。这说明古代的后妃数量是逐渐增加的，而且这是"法律"上规定他们所拥有的数量。

秦以后，有的皇帝后妃多不胜数，如秦始皇每消灭一个国家，就把那个国家的宫嫔全部抓到阿房宫，宫嫔总数超过万人。汉初的几个皇帝比较节俭，宫嫔数量也达到千人。汉武帝时，广征天下美女充斥宫中，以致后宫美女达数千人。晋武帝的宫嫔数量与秦始皇不相上下，多达万人。隋炀帝是历史上有名的淫奢皇帝，据《隋书·食货志》记载，他不但拥有宫嫔佳丽数千人，还三次下扬州，沿途陪同他巡幸的女人达10万人。唐代宫嫔数量最多的要数唐玄宗李隆基，杜甫说他有侍女8000人，白居易在《长恨歌》里描述他的宫嫔数量为3000人。杜甫、白居易所说的数量只是虚数，为的是说明唐玄宗宫嫔数量之多。按《新唐书》记载，唐玄宗开元天宝年间，宫嫔的数量大概有40000人。自宋代以后，宫嫔的数量就没有前代多了。

古代帝王妻妾成群，为便于管制，必须确定名分，遂有后妃制度。后妃制度又是一种特殊的婚姻家庭制度，它与普通家庭的婚姻制度有明显不同，只局限和发生在帝王之家。一般认为，后妃制度源于周代，《礼记·曲礼》中说："天子有后、有夫人、有世妇、有嫔、有妻、有妾。"《礼记·昏义》中也记载："古者天子后立六宫、三夫人、九嫔、二十七世妇、八十一御妻。"在一夫一妻多妾婚姻制度的基础上，周代确立了以帝王为中心，依照尊卑等级秩序，由帝王的正妻（后）及众姬妾（妃）组成的一套等级森严、名分职责严明的后妃制度，以后各朝代虽然姬妾的称谓或数量各有不同，然而基本制度没有大的变化。后妃制度不仅满足了皇帝的私欲，而且是培育皇位继承人，使皇权世代相传的重要保障。在这种制度下，当出现皇帝幼小昏庸、懦弱或皇嗣中断的情况时，皇后有权以监护人名义监督和选立后嗣，甚至临朝称制或垂帘听政，代行皇权。作为我国古代政治制度的重要部分，后妃制度是中国古代社会一定发展阶段的产物，集中体现了男权思想。

38. 我国古代中央政府最高辅政长官是宰相，这一官职是怎样设置的？与其他官吏如何共同治理国家？

在我国古代政治体制格局中，宰相制度长期居于核心地位，是联结政治制度各部分的中心环节。

从宰相制度的兴废看，其起源甚早，而且复杂多变。其演变大致可分为五个阶段，即萌芽期、创立期、鼎盛期、调整期、衰落期。

黄帝至西周时期为萌芽期。在史书中，这一时期已有宰相名称如"相""百揆""宰"的记载。这些职位实际已有辅助君王处理政务的职责，但尚未作为正式官称，所以也还谈不上建立宰相制度。

春秋至秦为创立期。这一时期，中国的社会政治和经济结构发生了历史性的变化，其中与政治体制密切相关的变化有：第一，世卿世禄体系被官僚体制冲击，形成了以官僚体制为主、世卿世禄为辅的政治体制；第二，血缘关系被地缘关系所冲击，乡里制度、郡县制开始建立，形成了血缘关系与地缘关系并重的体制；第三，中央集权开始形成。因为政事繁多，国君一人难以应付，就出现了以宰相为首的朝官集团。为适应这种政治体制变化的需要，春秋战国时期各诸侯国已普遍设立相职，建立起各自的宰相制度。各国招贤纳士，选贤用能，一批贤相名宰应运而生，活跃在周秦之际社会剧变的历史舞台上。到秦始皇统一天下时，完整成熟的宰相制度便水到渠成，正式创立，成为后世沿袭相承的定制。春秋时期，以世卿、士大夫执政，当时所称的相，逐渐成为一个固定官名。秦朝的宰相仍沿袭统一前的叫法，称"丞相"。秦朝开始实行一相制，也曾置左右丞相。

汉初至武帝时为鼎盛期。在秦统一中国，实行丞相制度后，相权日强。到西汉初期，丞相的权力更是迅速膨胀，并很快达到鼎盛时期。丞相在一人之下、万人之上，无所不管，与当时的皇权基本上处于平等状态。萧何、曹参等一批名相出现，在西汉的政治舞台上发挥着重要作用。但就在君相"坐而论道"之时，相权和皇权之间的矛盾开始暴露出来。由于相权的膨胀，皇权受到威胁，皇帝便想办法制约相权，宰相也很快迎来厄运。仅西汉初期到汉武帝时期的百余年间，相权虽然很大，但宰相被杀的也达三十多人。汉武帝之后，加强了皇权，抑制了相权，在宰相制度走向鼎盛的汉朝，宰相已从一相发展到三公。其演变的特点是：第一，宰相人数多变。从西汉前期的一人，到西汉后期和东汉时三公皆为宰相。第二，办事机构庞大。汉朝设丞相府（相国府），三公并相时期，宰相办公处称为"三府"——丞相府、大司马府、大司空府，最后改定为太尉府、司徒府和司空府。西汉丞相府属员达三百多人。第三，职责权限大。西汉时期宰相的职责无所不统、无所不包，几乎参与所有国家重大事务的决策，还掌握选用官吏、总领百官朝议和奏事、执行诛罚、主管郡国上计与考课、封驳与谏诤等权，还有一定的立法、司法和军事权。在两汉时期，宰相涉权之广、职权之重，是后代宰相无法比拟的。

魏晋至宋为调整期。两汉时期，由于君权与相权的矛盾迅速暴露，宰相制度调整的核心是：皇权不断集中，相权不断被分割。宰相制屡有变化，最重要的是多相并存、三省出现。比如曹魏时，凡任录尚书事、尚书令及尚书仆射者，皆为宰相，执掌政柄，但这时的三公（太尉、司徒、司空）在名义上仍不失为宰相之号。至两晋时期，中书监、令便取代了宰相的职位。宋齐梁陈并相沿袭。这时所谓宰相，除录尚书事、尚书令、尚书仆射及中书监、令外，还有侍中。唐朝是宰相制度发展的一个重要阶段，其宰相机构与宰相名称之多变均较复杂。三省制度是在魏晋南北朝和隋朝时期逐渐形成的，到唐朝才真正得以确立。在唐代的中枢机构中，真正握有实权的是尚书、中书、门下三省。尚书省是中央执行政务的总机构，下设吏、户、礼、兵、刑、工六部，其长官称尚书令，左、右仆射为之副。中书省是秉承皇帝旨意掌管国家机要大事、发布政令的机构，其长官称中书令。门下省与中书省同掌机要，并负责审查诏令，签署章奏，有封驳之权，其长官称侍中。凡朝廷有军国大事，则中书出令（决策），门下封驳（审议），尚书受而行之（执行）。所以人们也简称尚书省是执行机构，中书省是决策机构，门下省是审议机构。又因尚书省下设六部，故习称"三省六部制"。唐初右仆射加"知政事"身份，参加政事堂会议，也是宰相。中书令迁右仆射，不加"知政事"身份，亦为宰相。

元至清末为衰落期。因为宰相制度无论怎样调整，皇权与相权之间的矛盾都无法得到彻底解决，所以从元朝开始，宰相制度便进入衰亡期。金朝罢中书、门下两省，实行一省制，以尚书省总揽政务。元朝开始是一省多相制，后改为两省多相制，又以中书省取代尚书省。明朝废丞相，实行内阁制，使中国传统社会的中央官制发生了最重要的变革。明洪武元年设左、右丞相，丞相之下设左丞、右丞、参知政事等职，为其属员。洪武十三年，朱元璋以擅权挠政为名，杀中书省丞相胡惟庸，废丞相，使六部直属于皇帝。废除宰相制后，相权被分于六部，国柄则集于皇帝一身。明成祖时，在洪武年间设立殿阁的基础上正式设立内阁。阁臣权力虽比宰相权力小得多，但人们还是习惯把阁臣看成宰相。清朝从三院长官到内阁大学士，再到军机大臣、总理大臣、内阁政务大臣，文官集团权力日趋减小，皇帝集权则达到极点。

39. 府、州是怎样设置的？知府、知州如何管理地方政事？

唐代只称建都之地为府，宋代由于城市的快速发展，许多比较繁荣的州都升级为府。宋代统治者鉴于唐代地方长官坐大割据的教训，不给州府长官刺史以实权，而是以中央朝臣充任各府长官，称作"权知某府事"。"权"是暂时之义，意即暂时代理该府政事，简称知府。知州与知府的来源一样，同样是宋朝廷派朝臣临时充任各州长官，称"权知某军州事"，简称知州。军指军事，州乃指民政。如此，宋代原本以唐制而设的府州长官——刺史便被架空了，而事实上的地方长官又只是临时充任，这便加强了中央集权，避免了藩镇割据的局面。但这也导致了地方力量的弱小，以至于金攻破宋都城开封，北宋政权便轰然垮掉。知府与知州在元代成为地方的正式长官，只是其上置有由蒙古人或色目人担任的达鲁花赤（蒙古官名，为所在地方、军队或官衙的最高监治长官）；明清时期，知府与知州成为正式的地方行政长官。其中知州有直隶州、散州之别，前者直隶于省，能辖县；后者隶属于府、道，相当于知县。

40. 巡抚、布政使、按察使的官职职能是什么？是怎么设置的？

巡抚是明清时地方军政大员之一，又称抚台，是巡视各地的军政、民政大臣。清代巡抚主管一省军政、民政，以"巡行天下，抚军按民"而得名。清代，地方大员的品级情况较复杂。总督，正二品，加兵部尚书衔，兼都察院右都御史，从一品，加兵部右侍郎兼都察院右副都御史衔，正二品；巡抚，从二品，加兵部侍郎衔，正二品。总督官衔略高于巡抚，前期督权远过于抚，如两江总督按例兼辖江苏、安徽、江西三省，而清朝末期安徽、江西两抚不再听命于总督。

承宣布政使，官名。明初沿元制，于各地置行中书省。明洪武九年（1376）撤销行中书省，以后陆续分为十三个承宣布政使司，全国府、州、县分属之，每司设左、右布政使各一人，与按察使同为一省的行政长官。宣德以后因军事需要，专设总督、巡抚等官，都较布政使高。清代始正式定为督、抚的属官，专管一省的财赋和人事，与专管刑名的按察使并称两司。康熙六年（1667）后，每省设布政使一员，不分左右，均为从二品。但江南省（后分为安徽、江苏两省）、陕西省（后分为陕西、甘肃两省）和湖广省（后分为湖南、湖北两省）设有两布政使。二司的长官布政使和按察使，俗称藩台、臬台。一般省里设有三司，承宣布政使、提刑按察使、都指挥使，都指挥使负责指挥军事，很少参与地方政治，故很少提及。地位品级从二品，掌管一省的财政、民政。

按察使是中国古代的一个官名。宋仿唐初刺史制设立，主要任务是赴各道巡察，考核吏治，主管一个省范围内的刑法之事，相当于现代的省级公、检、法机关，由宋代提点刑狱演变而来。唐朝初年仿汉刺史制设立，职责是赴各道巡察、考核吏治。唐睿宗景云二年（711）分置十道按察使，成为常设官员。玄宗开元二十年（732）改称采访使，乾元元年（758）又改称观察处置使，实为各州刺史的上级，权力仅次于节度使，凡有节度使之处亦兼带观察处置使衔，有先斩后奏的权力，所以实际上是各州刺史头上的"太上皇"。宋代转运使初亦兼领提刑，后乃别设提点刑狱，为后世按察使之前身，与唐代之观察使性质不同。金承安四年（1199）改提刑使为按察使，主管一路的司法刑狱和官吏考核。元代改称肃政廉访使。明初复用原名，为各省提刑按察使司的长官，主管一省的司法，为一省司法长官，掌一省刑名按劾，与布政使、都指挥使分掌一省民政、司法、军事，合称三司，又设按察分司，分道巡察。明中叶后开始成为巡抚的属官。清代亦设按察使（通称臬台），隶属于各省总督、巡抚，为正三品官。清末改称提法使，简称臬司。

41. 总督的官职是如何设置的？职能是什么？

总督，是中国明清地方军政大员，又称总制。在名义上不是地方官，具有中央差遣的"派出"性质。

明正统六年（1441）正月，明廷用兵麓川（今云南陇川西南），兵部尚书王骥主其事，首次以总督军务入衔。总督分专务和地方两种。专务总督有总督粮储、总督河道、总督漕运等名，各以所辖专务为职，提督军务为辅。正统末至景泰初，地方亦多派总督。这些总督因事而设，事毕即撤。自成化五年（1469）两广再设总督后，其职始专，近于定制。

总督在清代为地方最高级长官，总管一省或二三省，与巡抚皆为地方军政大员，合称督抚。但总督权力较巡抚大，多数地区巡抚位于总督之下，亦有总督兼巡抚者；总督辖区较巡抚广，一般都在一省以上，明末时有管辖五省、七省者；总督级别较巡抚高，总督一般为从一品到正二品，巡抚为从二品，地方总督多从部院正官中推选。在明代政治中，总督举足轻重，入则为朝廷显官，出则为一方军政之首，故时人称"文帅第一重任"。清初总督额数及辖区并不固定，乾隆以后成为定制，全国设有八个总督：直隶总督、两江总督、陕甘总督、闽浙总督、两湖（即湖广）总督、两广总督、四川总督、云贵总督。总督一般均带兵部侍郎（或尚书）、右都御史衔，其职掌综理军民事务、统辖文武、考核官吏，为一地方军民最高级长官，世称封疆大吏。另有漕运及东河、南河总督三员。光绪三十二年（1906），东北奉天、吉林、黑龙江建行省，改将军为总督，名曰东三省总督。

42. 我国古代为什么要设官阶品级？是如何形成制度的？

品阶形成于魏晋时代，是我国古代表示官员级别高低的标志。魏晋时期，由于行九品中正制，将官分为九品，一品最高，多是大将军、三公、丞相等官，九品最低，一般是县令、关卡边塞之尉等。隋代沿用了北魏的九品制，但将一品至九品官称为流内，意为正规官员的等级，而将地方官府的胥吏通称为流外。隋唐之后，我国古代官吏以九品为等级的制度基本固定下来，并以法律形式做了规定。

随着官员品级的制度化，不同品级的官员在服色、礼仪等方面的规定也相应制度化。如唐代规定五品以上穿紫色衣服，六品以上穿朱红色衣服，七品以上穿绿色衣服，九品以上穿青色衣服。明清时除了服色规定之外，对不同品级官服上的绣纹（亦称"补子"）也有严格的规定，如文官一品绣仙鹤，二品绣锦鸡，三品绣孔雀，四品绣云雁，五品绣白鹇，六品绣鹭鸶；武官一品、二品绣狮子，三品、四品绣虎豹，五品绣熊罴，六品七品绣彪等，各不相同。

一般说来，官员品级高低，反映了政治地位高低和权力的大小，但有时也不尽然。有些官虽然品级较低，因其掌管的事情重要，故职权也大。特别是司法、监察、大理等官，往往品级低而权力大，如唐代的监察御史，品级仅正八品上，但它负责分察巡按郡县、参加尚书省会议而"监其过谬"，因其往往由皇帝直接委派，故行职时气派很大，当时有人说："御史出使，不能动摇山岳，震慑州县，为不任职。"

我国古代在职事官的品阶制之外，还有一种虚的品阶制，它表示官员享有某一等级的荣誉称号，通常称为散官官阶，如特进、光禄大夫、中散大夫等官的名称，它们只是作为领取某一级俸禄或享受某种礼遇的依据和标志，并不承担实际责任，往往由君主授予年老有病、不能正常工作的旧臣或有一定功劳的人。

宋代在神宗元丰改制以前，一度出现特殊情况，凡正式职官的名称都作为阶官的称号。元丰改制后，又恢复了唐制。宋徽宗时，重定武散官官阶名称，最高一级称太尉，其下共52阶。同时，宋代还增设内侍官官阶12阶，医官官阶14阶，都属于散官官阶性质。明代时散官与职事官已逐渐接近。到了清代，现任职务为几品，即授予几品阶官，散官官阶的名称因而废弃。

43. 我国古代为什么要给有功的大臣授予爵位？是如何形成制度的？

爵，又称爵位，是我国古君主对有血缘关系的亲族和功臣授予的一种称号，它是社会地位高低和享受物质利益多少的标志，一般多根据血缘的亲疏、功劳的大小来授予不同的爵位。我国从有文字记载的商王朝开始，一直到清朝，几千年中，封爵制度发生了不少变化。

商周时期，封爵即是分封诸侯，爵称同时也是官称。商王朝时，为了维护奴隶主国家的统治，在王畿之外，设有侯、伯等称号，分封给自己的子孙和亲族进行管理。这些爵称，实际上也是王畿之外地区的职官名称。除了同姓诸侯，为了控制边远地区，商王朝还分封异姓诸侯。西周时分封制度更加正规化，爵位一般分为诸侯、卿大夫、士三个等级。在西周鼎盛时期，周王对分封的诸侯具有极大的权威，如果诸侯不履行对周王的义务或超越周王赋予的特权，周王可以收回或削减他们的爵位，改变他们的封地和爵禄，甚至以武力消灭他们。

春秋战国时期，封爵制度变化很大，不少诸侯国改变了按血缘关系授予爵位的做法，主要是根据对国家功劳、贡献的大小来授予爵位。秦国是实行军功爵制最典型的诸侯国，其爵位共分为二十个等级，这种封爵制度把在战争中立下的军功同爵位、享受的待遇等联系起来，并且主要面向军队战士和立有战功的平民。除经济待遇外，有爵同无爵的政治待遇也不相同。秦国这种军功爵制度同春秋以前的封爵制度相比，有很大区别，一是改变了以血缘亲疏定爵位高低的做法，二是这种爵位享有的仅仅是"衣食租税"，而不掌握食邑和封地内的行政权和兵权，而且爵位不世袭。

汉代实行两种封爵制度，一种是将宗室封为王、侯两等，一种是对功臣封爵，仍沿用秦的二十等爵制。

唐代时封爵制度又稍有变化，形成了只有皇兄弟、皇子方可封为国之亲王的定制。太子男嗣可封郡王，非宗室而功业特别显著者亦可封为郡王。其余爵位为国公、郡公、县公、县侯、县伯、县子、县男，共分九等。

宋代时爵位增为十二级，为王、嗣王、郡王、国公、郡公、开国公、开国郡公、开国县公、开国侯、开国伯、开国子、开国男，凡封爵都有食邑，从一万户到两百户，共分为十四等，但宋代封爵的食邑也是虚数，只有明确食邑实封的爵位才能享受实际收益。宋代食邑实封数约占虚封数的十分之四，而食邑实封者，按实封一户每日计钱25文，随月俸向官府领取。

明代以皇子为亲王，亲王之子为郡王，皆实封。袭王位的必为嫡长，若王与正妃年过五十而无子者，始得以庶长子为继。庶子支派则封以奉国、镇国、辅国将军等虚爵。文武官员的封爵为公、侯、伯三级，各加地名为封号，但只有岁禄，并无实际的封邑。

清代宗室封爵为十等，自和硕亲王始，依次为多罗郡王、多罗贝勒、固山贝子、奉恩镇国公、奉恩辅国公、镇国将军、辅国将军、奉国将军、奉恩将军，按奉亲世系分别授予，宗室凡年满二十者均可具名题请。公以上可与议国政，这是承袭清前期八贝勒议政制度而来的规定。

我国古代封爵制度除了对皇族宗室和功臣授予爵位外，皇帝的妃嫔、女儿、姐妹、姑母，甚至有功之臣的母亲、妻子等，往往也被授予封号。

44. 官员俸禄有时发俸薪，有时发俸米，有时发俸银，这是怎么回事？

我国古代的俸禄主要有土地、实物、钱币等几种形式。各个时期、各个朝代，俸禄制度的内容和形式均有所不同。大体说来，我国古代官吏俸禄制度的发展可分为三个时期。

第一，商周时期。商朝和周朝时，官职同爵位一致，世代相袭。所谓俸禄，实际是封地内的经济收入除去应该上缴给商王和周王的部分，商周时期的俸禄是以土地的形式体现的，也就是说，封地的大小即是商周时期各级官吏的俸禄标准。

第二，春秋末期至唐初。这是以实物作为官吏俸禄主要形式的时期。春秋末年，世卿俸禄的制度逐渐瓦解，各诸侯国国君为争霸图强，纷纷选拔任用有识有能之士。对于被任用的官吏，多采取雇佣的办法，根据他们所任职务的高低，给予不等的实物——粟作为俸禄，以吸引人才。战国时期，各国普遍推行实物俸禄制度，计量单位由斗改为石，有的官员年俸即在三百石粟以上。汉代官吏的俸禄制度开始正规化，按照官吏不同的级别，给予不同的俸禄，各级官吏享受的俸禄，有十分详细的规定。东汉初年，又规定凡官吏俸禄，一半给钱币，一半给实物。魏晋时实行九品制，俸禄便同官品对应起来。规定职事繁忙的官吏，在相应的俸禄之外，可优加一成，职事闲者削减一成。

隋代俸禄又恢复以粟计算，一般一年分春、秋两次发给，俸禄的级别更加正规。唐初基本上继承隋制，但也有小的差异。一是在京城外任职的文武官吏俸禄比京官降一级，二是在主要的俸禄之外，朝廷还根据官吏的不同品级给予俸食、雇用警卫及庶仆人员等钱用，统称为俸料钱。

第三，唐代中期至清末。这是以货币为俸禄主要成分的时期。如前所述，唐代初期官吏的俸禄中除主要的实物以外，还包括一定数量的俸料钱。唐代中期，俸料钱在官吏全部俸禄中所占的比重已超过一半，同时，由于货币在税收结构中成分的增加和商品经济的发展，促使唐代官吏的俸禄制度由实物制完全向货币制转化。开元二十四年（736），唐玄宗正式改革俸禄制度，统一规定了官吏俸禄的等级和形式。

唐代以后，虽然有时候仍出现将实物乃至土地作为俸禄的现象，但综观宋元明清各朝，基本上实行的是货币为主体的俸禄制度。

俸禄作为由封建王朝政府发给各级官吏的一种报酬，既体现了封建统治阶级的利益所在，也要求享受俸禄的官吏履行一定的职责。若官吏违犯朝廷有关法令，有渎职行为，其俸禄有时候便要打折扣。早在汉代已有对官吏罚禄的记载；唐代，形成了比较系统的官吏罚俸制度；清代官吏的罚俸制度更加严密。由此可见，从某种意义上说，罚俸制度是我国古代官吏俸禄制度中的一个独特的组成部分。

45. 察举制与征辟制这两种选官制度是如何实施的？

选拔官吏，是我国古代政治生活中的一项重要内容，它关系到统治机器的正常运转，因此历来为统治阶级所重视。

汉代在选拔官吏方面有了进一步发展，开始形成明确的选拔官吏制度。当时主要推行"察举征辟"制度。所谓"察举"，是中央和地方高级官吏，如丞相、诸侯王、刺史、郡守等，向朝廷推荐经过考察的优秀人才，经过朝廷考核后授予不同的官职。所谓"征辟"，是朝廷和高级官吏选拔任用属员的一种制度。高级官吏把有声望、有才干的人推荐给朝廷，由朝廷聘任为官的称为"征"，由地方高级官吏将人才聘为自己幕僚属官的为"辟"。两汉时期的"察举征辟"制度，注重来自有声望长官的推荐，虽然有时候朝廷也进行考核，但只是荐举的辅助手段。西汉曾流行"不察廉，不胜任为，当免"的说法，可见郡国长官在察举过程中的地位和作用相当重要。

46.九品中正制是如何确立的?

魏晋南北朝时期,士族豪门为了维护自身的统治地位,竭力推行"九品中正制"的选官制度,这种制度可以说是对察举制度的改造。"九品"即将士人分为上上、上中、上下、中上、中中、中下、下上、下中、下下九个等级,在州、郡、县设"中正",由中正负责对本籍士人进行考察,评定出品级,供朝廷授官。九品中正制的核心是由中正官根据一个人的品行、能力等综合考察,分别定以九个级别中的某一级,从而成为出任官吏的资格认证。这种制度的动机是想结合察举制和"唯才是举"政策的合理因素,但由于地方上担任中正的均是有地位、有势力、有声望的士族成员,他们评定士人品级重视出身门第,不重视真才实学,严重堵塞了普通中小地主进入仕途而升迁的道路,这造成魏晋南北朝一段时间内官僚统治阶层中"上品无寒门,下品无士族"的情况。

47.古代官员任职后要实行考课,那么考课是怎样的?

中国古代统治者为了维护皇权,有效控制各级官员,提出了"明主治吏不治民"的主张;推行"申之以宪令,劝之以庆赏,振之以刑罚"的治官之道,逐步建立了相当严格的官员考核制度。古代的考核,又称为考绩,是对在职官吏的官德、政绩和功过的考核。我国古代对职官的考课制度始创于西周。战国以来,这种政绩考课制度已粗具规模,历经秦汉、唐宋、明清等朝代,逐渐形成了一套较为完整的官吏政绩考课制度。

西周时期是官员考课制度的萌芽期。《周礼》记载:"岁终,则令百官府各正其治,受其会,听其致事,而诏王废置。三岁,则大计群吏之治而诛赏之。"具体考核内容为:"一曰廉善,二曰廉能,三曰廉敬,四曰廉正,五曰廉法,六曰廉辨。"到了春秋战国时期,官员的政绩考核内容包括垦田赋税、刑罚治安、武器装备、财政支出、户籍数目、属吏治状以及监狱在押人犯等情况。秦统一全国后,制定了《课律》等法令,在《语书》《为吏之道》中明确提出良吏、恶吏的"五善""五失"的考核标准,突出规定了对官吏经管物资财产的法律检验,以杜绝贪污。汉代在继承秦制的基础上进一步完善了对官吏的考核,逐渐形成了以《上计律》《考功课吏法》为核心的考绩制度。

西汉对官吏考核相对进步与完善,分为两大系统:一是纵向的,中央考核郡、国,郡、国考核县,县考核乡、里、亭。这是上下级的层层负责制的考核,称为"上计"制度。二是横向的,是中央各部门及地方的郡、国、县的长官对所属僚佐的部门负责制的考核。隋唐时期,官吏考核制度已日臻完备。唐代对官吏的考核主要是"德""行"两个方面。"德"包括官吏的品质、道德修养以及对君主的忠、信、笃、敬等,"行"包括官吏的能力大小、守职的勤惰、政绩的好坏等。

明代的官吏考核分"考满"与"考察"两种。考满是指在官员任期内定期举行的考核。具体规定是,任满三年举行第一次考核,称初考;满六年举行第二次考核,称再考;到九年一个任期举行第三次考核,称通考。考察是不论官员的任职时间,对所有官员的定期考核,并根据考察结果做出相应处置。考察又分"京察"和"外察"。

清代基本沿袭明代的考绩法,但把考满改为一年一考,三考为满。

48.唐代考核官吏有所谓"四善二十七最",是如何执行的?

唐代考课官吏注重品德和才能两个方面的标准。"四善",即指品德方面的四项标准。据《唐六典》卷二《吏部》：一曰德义有闻，二曰清慎明著，三曰公平可称，四曰恪勤匪懈。这四项条件，是对所有参加考课官员的共同要求。"二十七最"是根据各官署职权不同在才能方面提出的具体标准。

49. 乡试取中后称举人；举人进京赴试参加会试，取中后称进士。取中进士后，是如何选官的？未中进士的举人，可以参加选官吗？

中国古代科举制度中，通过最后一级中央政府朝廷考试者，即殿试及第者，才称为进士。隋炀帝大业年间始置进士科目。唐亦设此科，凡应试者谓之举进士，中试者皆称进士。唐朝时以进士和明经两科最主要，后来诗赋成为进士科的主要考试内容。元、明、清时，进士经殿试后，及第者皆赐出身，称进士，且分为三甲：一甲三人，赐进士及第；二、三甲，分赐进士出身、同进士出身。从唐朝举行第一次科举考试开始算起，到1905年废除科举，近1300年的时间里，进士都是中国政治舞台的主角。辽、金、元时，士人经地方考试选拔后，赴京会考，经中央政府朝廷礼部试取录后，再由皇帝殿试以定名次。一甲授官六品，二甲正七品，三甲正八品。辽前期无契丹人试进士之制，后渐有应试登第者。金朝则专设女真进士科。元朝时会试落第则称乡贡进士。明清遵循前朝制度，会试取中者需经殿试取录后方称进士，否则只称会试中式举人。进士多入为翰林官。一甲第一名为状元，授修撰；第二、三名分别为榜眼、探花，授编修。二、三甲可选为庶吉士，或授给事中、主事、中书舍人、行人、太常博士、国子博士等官，或授地方府推官、府同知、县令、县丞等官。

举人有当官的资格，但不一定能当官，而且即使当上了官，其官职和未来的发展也不如进士，所以初次中举的举人一般会继续考进士。只有多年未考上进士的才会到吏部报名候选，根据空缺的职位可以获得一个官职，如部里的官员，县学、府学的学政等。有门路的也可能到某个有油水的县里任知县，但做翰林是不可能的。举人出身的官员，如果有能力有政绩，也可以升任知府乃至更大的官，但要看机遇。不做官的举人可以在乡里享受与官员相同的政治待遇，还可以从官方获得一定的经济补贴。

50. 隋唐以来的科举考试，历代都会进行改革，考试科目也有增减。那么，唐代考试的科目与后代有什么不同？唐诗的高度发达与考试有关吗？

唐代承袭了隋朝制定的人才选拔制度，并做了进一步的完善，科举制度逐渐完备起来。当时，考试的科目分常科和制科两类。每年分期举行的称"常科"，由皇帝下诏临时举行的考试称"制科"。常科的科目有秀才、明经、进士、俊士、明法、明字、明算等五十多种。其中明法、明字、明算等科，不为人重视；俊士等科不经常举行；秀才一科，在唐初要求很高，后来逐渐被废除。所以，明经、进士两科便成为唐代常科的主要科目。唐高宗以后进士科尤其被时人所重。明经、进士两科，最初都只是试策，考试的内容为经义或时务。后来两种考试的科目虽有变化，但基本精神是进士重诗赋，明经重帖经、墨义。帖经与墨义，只要熟读经传和注释就可中试，诗赋则需要具有文学才能。进士科中第很难，所以当时流传有"三十老明经，五十少进士"的说法。唐代还有武举。武举开始于武周长安二年（702），应试武举的考生来源于乡贡，由兵部主考。考试科目有马射、步射、平射、马枪、负重等。

宋代的科举，大体同唐代一样，有常科、制科和武举。相比之下，宋代常科的科目比唐代大为减少，其中进士科仍然最受重视，进士一等多数可官至宰相，所以宋人以进士科为宰相科。进士科之外，其他科目总称诸科。宋代科举，在形式和内容上都进行了重大的改革。首先，宋代的科举放宽了录取和作用的范围。其次，宋代确立了三年一次的州试、省试和殿试三级考试制度。从宋代开始，科举开始实行糊名和誊录，并建立防止徇私的新制度。唐代以诗赋为重，宋代则重策论、经义。

元代在科举上，带有明显的民族歧视。蒙古人和色目人应考容易的左榜，汉人和南人应考严格的右榜。科举内容有重大改变：第一，科举不再分科，专以进士科取士；第二，考试的指定读物有所变动。如果经义的考试内容包括四书，则以朱熹著述的《四书集注》作为主要依据。这两项改动并没有随元朝的灭亡而消亡，反而成为明、清两代八股文的基础。

明清两朝科举的基本制度和考试程序大体是一致的，其中以进士科考试最重要。进士科考试共分三级：乡试、会试和殿试。清袭明制，但也开过特制（特别科），如博学鸿词科、翻译科、经济科等。清代除了按常制举行的乡试外，每当遇到皇帝生日、登基庆典时，还额外有加科乡试，叫作恩科。有时出于军事、政治等原因，某几省乡试可能停数科不试，或一省只试数府、州、县，甚至乡试、会试在同一年举行，这些都属于变通例外之举。

唐诗的高度发达与科举考试有着密切的关联。唐代科举考试制度以考察学识为主，考试成绩是录取的最重要标准。进士科重在诗赋，虽难及第，但及第后仕途顺畅，颇易晋升，尤为士人所重。科举考试的应制诗多为点缀升平、雕字琢句之作，但以诗取士的科举制度刺激了人们发奋学诗，把大部分精力投入到诗歌创作中，这有利于诗歌艺术形式的不断完善和创作经验的广泛传播。唐代的进士科尤其重视文辞，而诗赋是最能显示士子的文学才华的。在正常情况下，诗赋的好坏对士人能否考取实际上起着颇为重要的作用。诗赋倘若突出，就容易被有司称赏，并被录取。诗歌成了科举仕进的一块极有效的敲门砖，一般士子唯有善于此道才有希望敲开仕途之门，这就必然使他们更加重视诗歌，讲求诗艺，同时也促使更多的人来关心与创作诗歌。当他们在日常研习吟咏之时，为寻求诗材与灵感，必然留意观察生活、社会与自然，优秀的诗作往往由此产生。

51. 清代的科举考试是在什么时候加入诗赋的？

从乾隆二十二年（1757年）丁丑科会试开始，在科举考试中加入了一项重要的考试内容——试律诗，这是当时清王朝在科举考试上做出的一项重大改革，成为清代科举的分水岭。在此后一百四十多年的科举考试中，试律诗都是重要的考试内容之一。此外，广义上的试律诗更是广泛地用于当时除乡、会试之外的多种国家性质的考试场合，如童试、岁科二试、优贡生的选拔考试、翰詹大考、散馆、考差及巡幸献诗等。在这些场合中的试律诗有着严格的限制，尤其是乡、会试，甚至严格到限制诗题的具体格式，而且由于在乾嘉时的会试、顺天乡试的诗题基本上由皇帝钦定，其他省份的乡试则以规定的格式为准。乾隆二十二年科举考试中加入的试律诗，虽言以唐律为准，但较之唐代的试律诗已更为严苛，从诗题、用字、用韵、用典到具体的书写格式都极为讲究，这对此后清代的普通士子而言固然是增加了难度，但若熟悉基本的规则和禁忌之后，亦产生了不少试律诗名家，如纪昀、翁方纲、王芑孙等人，他们在清代诗歌领域亦自成一家，是以在某种程度上而言，试律诗的推行对于清代诗歌的兴盛亦有一定的积极作用和影响。

52. 何谓"大三元"？何谓"小三元"？

乡试解元、全国会试会元、殿试状元合称"大三元"，为中国古代科举制度下的读书人的最高成就。在中国古代科举史上，大三元及第的文臣仅有 14 人。另有"小三元"，是指童生参加县试、府试、院试连得三案首为小三元。古代科举制度中童生参加县试、府试、院试，凡名列第一者，称为案首。一人连得三案首为小三元。

解元，指科举制度中乡试第一名，唐制，举进士者均由地方解送入京，后世相沿，乃有此名。会试是举人在京城参加的全国统一考试，考试合格者为贡士，第一名为会元。殿试是由皇帝亲自主持的进士考试，分三甲。第一甲三人第一名叫状元，第二名叫榜眼，第三名叫探花，赐进士及第。

53. 我国古代教育制度情况如何？

我国古代的教育制度是随着中国古代社会政治经济发展的需要而不断发展变化的，因为其是统治阶级培养人才，为统治阶级服务的，所以任何一个历史阶段都有其深深的阶级烙印。

进入阶级社会之后，受教育是贵族子弟的特权，奴隶和庶民一般没有接受专门教育的权利。据古代文献记载，我国在夏代已经有了正式学校，即所谓"三代之道，乡里有教，夏曰校，殷曰庠，周曰序"（《汉书·儒林传》）。"庠"是虞舜时代的学校名称。"序"是习射的场所，后成为军事教育机构。"校"与"序"相似，三者均为学校名称。西周时期，有"国学"与"乡学"两种。设在王都和诸侯国都城里的学校叫国学，是大贵族子弟的学校。各地还设有"乡学"，是一般贵族子弟的学校，它既是学习场所，也是地方议事处所。

春秋战国时代，社会发生了急剧变化。王室衰微，诸侯崛起，礼乐崩坏，教育制度也随之发生变化。过去由国家控制和垄断的教育制度瓦解了，"官学"逐渐被"私学"所取代，一个新型的阶层"士"活跃并发展起来。他们兴办学校，聚徒讲学，向诸侯献策，发表不同见解，形成不同学派。受教育的对象逐渐扩大了，私学的学校增多了，呈现出文化繁荣的景象，这是时代的进步。

魏晋南北朝时期，大批士人南渡，谈玄之风盛行，南方教育有了发展。晋武帝时期，在太学之外另设了国子学，专门招收贵族子弟入学。国子学与太学并存，受业对象有明显的贵贱士庶之分。隋唐时期是我国古代教育制度化发展的重要阶段，科举制取代了魏晋时期的九品中正制，学校逐渐成为科举取士的附庸。隋唐时期，最重要的教育机构就是"国子监"，其长官是国子监祭酒，职责是管理学校教育，这一机构一直存在至明清时期。

宋、辽、金、元教育制度虽不尽相同，但是都尊孔崇经，由于政府以科举取士，学校教育跳不出科举的藩篱。宋代除太学以外，还有律、算、书、画。元代有社学，五十家为一社。宋元教育制度最大的变化主要是书院制度的兴起。

明清教育制度相近，中央有国子监，学生称为贡生、监生。明代国子监分南北两监（北京和南京），在监读书的尚有少数民族和日本、朝鲜等国的学生。清代正式形成五贡：拔贡、优贡、副贡、恩贡、岁贡。他们都是由地方上贡举到京师读书的。明清省以下行政区域有府和州、县两级，按制都有孔庙（文庙），是祭祀孔子的地方，孔庙后面就是学宫。学生是院试进学后的生员（秀才），按进学先后和成绩优劣分别为廪生、增生、附生。明清以八股取士，学生在八股文上耗尽精力，毫无生气。

54. "京察""大计"是明清两代考核官吏的方法，那么，它是如何实行的？又是怎样发展的？

"京察"是明清两代吏部考核京官的一种制度。洪武时规定三年一考，后改为十年一考。弘治年间规定六年举行一次，清代改为三年。

明朝时，分为"京察""外察"两种。京察指对在京任职官员的考察，外察指对在外任职官员的考察，其制均始于洪武中（1368—1398）。京察每六年一次。洪武中定京官考察制度，成祖迁都北京后，南北两京官员均属京察之列，但未成定制。其后两京五品以下官员至十年始一考察，议者多以为法太宽松、简略。孝宗弘治十四年（1501），南京吏部尚书林瀚请定京官六年一察之例。十七年，吏部给事中许天锡再请六年一察南北两京五品以下官员，遂成定制。

京察于子、卯、午、酉年举行，四品以上京职官员具疏自陈，由皇帝亲定任免；五品以下京官，由吏部会同都察院考察，吏部尚书、都察院都御史会同吏部考功司郎中主持考察之事，并密托吏科都给事中、河南道掌道御史咨访，将考察结果具册奏请。

考察等级共分四等：第一，年老有疾者致仕；第二，疲软无为、素行不谨者冠带闲住；第三，贪酷并在逃者为民；第四，才力不及、浮躁浅露者降调。

清朝的制度，京察时，三品以下官员由吏部和都察院负责考核，三品以上官员及总督、巡抚等方面大员，则先自陈政事得失，最后由皇帝敕裁。经过考察后，官员按照"称职""勤职""供职"三种等级，实行奖惩。

"大计"是指考核道、府及州、县官员。一般是由各级官员依隶属关系逐级考察，做出评断，最后申之各省督抚，核其事状，注考造册，送吏部复核。大计后的官员，按"卓异"与"供职"两个等级奖惩。

清朝对官员的考绩，不论是京察还是大计，都以"四格""六法"作为考核标准。

所谓"四格"是指"才"（指才干，分长、平、短三等），"守"（指操守，分廉、平、贪三类），"政"（指政务，分勤、平、怠三类），"年"（指年龄，分青、中、老三类）。

所谓"六法"是指"不谨""疲软无为""浮躁""才力不足""年老""有疾"等六个方面的缺失。经过考核，被列入"不谨""疲软无为"者革职处分，属"浮躁""才力不足"者降职，"年老""有疾"者勒令退休。

55. 我国古代有官员休假制度吗？具体情形如何？

我国古代官员是有休假制度的。我国古代官吏的休假，同节庆、时令庆贺活动的发展有极密切的关系。在周代，人们把祭神日作为娱乐庆贺的日子，每年分两次祭神：一次为春祭，即在仲春（二月的头一天）进行，由春官占卜此年庄稼能否有好收成；一次为秋祭，即在秋收之后，庆贺经过一年的劳动而获得丰收。届时"里人尽出"，椎牛宰羊，祭罢饮食宴乐，手舞足蹈。这一天，官府不办理公事，可以说是我国古代官吏最早的休假日。

到了汉代，官吏休假制度开始正规化。朝廷规定，凡元旦、腊日、二至（夏至、冬至）日，官吏均可休假。汉代除了普遍性的国定节令假外，高级官员还可以享有例行的休假，称为"休沐"。据史书记载，汉代朝官每隔五天可以回里舍休沐一次。

唐代官吏的休假制度又有所发展。除了元旦、夏至、冬至这些传统时令节日官吏可以休假外，唐代天宝年间，朝廷还规定："每至旬节休假，中书门下文武百僚不须入朝，外官不须衙集。"唐玄宗，以自己的生日作为千秋节，诏令天下宴乐，有司休务三日。此后，唐代不少君主都予以效法，将自己的生日命名为一个节日，届时官吏休假，同百姓一起庆贺。

宋代国定的官吏休假日一年多达76天。宋代扩充了有些节令日的休假天数，如元旦、寒食、冬至节都休假七天，夏至、腊日等节各休三天；并且新增加了许多国定的休假日，如三伏天、立春、春分等时令节日也都有休假。这样，一年之中官吏的休假日便一下子增加了许多。

明清时官吏的国定休假日不像宋代那样繁多，体现了休假日和假期比较集中的趋向。明清仅以岁首、端午、中秋为主要休假日。到了端午、中秋节时，商贾歇业，百工休假，官吏同百姓一样，于节前一日衣冠楚楚，互相馈送端午粽子和中秋月饼。而岁首节时，一般官府从年底十二月二十日封印，正月二十日开印，官吏休假之期长达一个月。

56. 我国古代退休制度是从什么时候开始的？又是如何发展的？

早在周代就有关于官吏退休的规定。官吏退休，古称"致仕"，其本意是还禄于君主，也就是告老休息的意思，又称"休致"。"大夫七十而致仕"，这是史书记载的周代官吏退休的规定。汉代规定，官吏到了 70 岁，因耳目不灵，腿脚不便，精力不支，故得致仕。有功之臣退休者称"予告"，一般官吏退休称"赐告"。官吏达到一定级别，退休后可以享受原俸禄的三分之一。

至唐代，官吏退休制度开始逐渐完备起来。唐代规定，职事官 70 岁退休，但五品以上职事官，退休须上表，经皇帝批准后才行。六品以下职事宫，向吏部提奏闻即可。非职事官，文武候补官吏，六品以下，年老有病，身体状况不能承担公务者，或者是有功劳及勋绩，宁愿接受散官品阶者，可以允许提前退休。五品以上，虽然不到退休年龄，但容貌和精神很衰老者，也可以允许提前退休。对于退休官吏的待遇，规定五品以上给半禄，即可以享受在职时俸禄的一半。六品以下官吏退休，虽不享受俸禄，但额外赐给永业田，原来规定在退休四年后停止享受退休待遇，天宝九年重新规定退休待遇可以终其余年。

宋代时官吏的退休制度已相当严密。一般文官年满 70 岁，武臣年达 80 岁，都应自动申请致仕，撰写表札，通过所在州府向朝廷提出申请，获得批准，便能领到致仕告、敕，作为退休的证明文件。官吏退休后，一般都加官阶一级，享受一半俸禄，曾因立战功而升转两官以上的武臣，退休后准予领取全俸。宋代四品以上文官和六品以上武官退休时，还可以按官品授予其一到三名近亲子弟低级官衔，五品到七品文官和七品武臣，可荫补一名近亲。为鼓励官员及时退休，宋朝统治者还采取了其他措施，如仁宗时，一度对到期退休者发给全俸。对另外一些年迈体弱而不愿退休的官员，则不时由朝廷勒令致仕，或停止磨勘转官，或不准荫补子弟，或降官等，以示惩罚。

明清时官吏退休年龄从 70 岁提前到 60 岁。明朝洪武十三年令："文武官年六十以上者听致仕，给以诰敕。"退休的官吏仍名列官籍，给予原俸，并继续享有免除徭役的特权。清朝对四品以下官吏，到退休年龄而退休的，给予"原品休致"。对年老有疾，不能胜任官职又留恋职守，贻误职事者，则"勒令休致"。清朝对于原品休致官吏的待遇，或者晋秩，或者官其子孙，或者给予原来的俸禄，都出自特恩，没有固定的制度。

57. 我国古代大臣去世后，是如何赐谥与赐葬的？

在我国古代，帝王后妃、文武百官以及鸿儒耆宿，或有"忠勇义烈"行为的人死后，朝廷或私家会给其一个特殊的称号，这种称号叫作谥号。谥号要符合死者的为人，在死后由别人评定并授予。君主的谥号由礼官确定，由继位皇帝宣布。大臣的谥号是朝廷赐予的，一般由礼部（礼官）主持，在皇帝同意的情况下赐谥。谥号是对死去的帝王、大臣、贵族（包括其他地位很高的人）按其生平事迹进行评定后，给予或褒或贬或同情的称号，始于西周。周公旦和姜子牙有大功于周室，死后获谥。这是谥法之始。谥号带有评判性，相当于盖棺定论。

历代王朝赐谥的对象，除了帝王后妃和规定级别的文武百官外，其他人只有建立了奇勋或有节义行为，才可能得谥。同时，谥号又是根据死者的生平事迹，评定褒贬而给予的不同称号。谥字根据死者生前行为的美善、丑恶而分为美、平、恶三类，谥号因此有褒、怜、贬之不同。封建统治阶级重视谥法，就是为了维护封建等级制度和封建礼教。

历朝给谥居多的是文武百官，得谥的官员须有一定的资格。汉朝规定生为列侯，死后才可赐谥。唐朝则规定三品以上职事官才有得谥资格，直至清末都如此。朝廷官员死后，其子孙或佐僚都要整理出死者一生事迹的行状，提出易名要求，皇帝同意后，即有礼官拟出谥号，报经皇帝批准，再派专员参加丧礼，宣读朝廷谏策、公布谥号。明清时代，一般由翰林院拟出几个谥号，礼部讨论后转内阁大臣，再挑出其中的几个谥号呈给皇帝，由皇帝决定一个谥号。大臣的谥号一般不能与前代皇帝或自己父祖的名字相同，此为避庙讳或家讳，但不避本人名讳。大臣的谥号后来形成一些成规，如明清时进士出身者往往谥"文"，武臣有功者往往谥"武"。

谥法中还有追谥、加谥、改谥、夺谥等名目。追谥是给死了很久的人赐谥，加谥是在原有谥号上加字，改谥是改变谥号，夺谥则是撤销谥号。这些多因时局变化所致。

赐葬是古制，王公大臣死后，丧葬用费得到皇帝恩赐或遣官致祭，故名赐葬。此制始于汉代。清沿古制，凡王、公、文武大臣丧，皆按品级或战功赐葬。葬例有全葬或半葬之别。

58. 我国古代兵役制度是如何发展的?

我国兵役制度古来有之。商周规定部落成员均有从军义务，战国时期开始建立常备兵制度，但全国规模的征兵制是从秦朝开始的。汉朝规定无论贵贱，男子 20 岁登记，23 岁开始服役，直至 56 岁，可服役两次。三国时期实行"世兵制"，即父子世代为兵。北朝出现了"府兵制"，招募地主豪强从军，根据其所属家兵的众寡授予爵位。隋朝的"府兵制"有了变化，府兵从民间征调。唐朝服役年龄是 20 岁至 60 岁，适龄男子平时务农，战时出征。宋朝实行"募兵制"，军队分为四种，有禁军（皇帝的亲兵）、厢兵（只在地方政府服杂役）、蕃兵（边境守备军）、乡兵（地方防守部队）。元朝实行"部落兵制"，本部落男子 15 岁至 70 岁全部当兵，由本族人建立蒙古军为主力军，抽调汉人壮丁作为戍守当地的地方军。明朝的"卫所制"规定军队分卫、所两级，兵士应征后获得军籍，世代为军人。清朝实行"旗兵制"，旗为军政合一的组织，旗民平时为民，战时为兵。后来编成八个旗，称"八旗军"。

59. 什么叫冷兵器时代?

冷兵器时代，是指从远古时兵器发明之初，到火药发明并广泛使用于战争的这段漫长时期。

兵器起源于生产工具。在最初的原始冲突中，人们执以争斗的武器就是生产工具，其中有用于农业生产的石刀、石铲，有用于狩猎的弓箭、标枪、石矛等。进入阶级社会以后，国家设立了常备军，兵器也作为专用的战斗工具而与生产工具相分离，形成了其独特的形制。

冷兵器是相对火器（火药武器）而言的，它主要依靠武器本身的锋刃来杀伤敌人。我国从原始社会后期到唐末，战争中所用的兵器都是冷兵器。五代以后，火器开始进入实战，是为冷兵器和火器并用的时代。直到清末，冷兵器基本退出实战，让位于火器。冷兵器经历了数千年的发展与变化。从制作材料上说，夏以前是石兵器，商周春秋时代主要是铜兵器，战国以后主要是铁兵器；从类型和形制上来说，则是经历了由单一到多样，由庞杂到统一的演变发展过程。

60. 我国古代从什么时候开始使用火药武器？

火药武器是随着火药的发明而产生的。我国是世界上首先发明火药的国家，也是首先使用火药武器的国家。

唐哀宗天祐元年（904），杨行密军围攻豫章（今江西南昌），他的部将郑璠曾使用火器。据《九国志·郑璠传》记载："发机飞火，烧龙沙门。"是现在所知火药用于军事的最早文献记载。燃烧性火器的施放，大致有三种形式：一是利用射远兵器将火药包抛射到敌方阵地；二是利用动物将燃烧物带到敌方阵地；三是制成燃烧武器，让士兵执持，近距离向敌方施发。这种武器有的还和冷兵器结合，如宋元明时出现的梨花枪、飞火枪、火龙刀等武器，就是在刀枪上加上火药筒，遇敌时，先点燃火药，然后作为刀枪使用。但近战用火易伤自身，所以在实战中使用不多，用得最多的则是抛射方式。这类武器有火箭、火炮等，前者是将火药包于箭杆，用弓弩射出，是名副其实的"火箭"；后者则是借助抛石机将药包抛出。

明代以后，爆炸性火器和管型火器取代燃烧型火器。南宋初年，虞允文在采石矶大破金兵时，曾使用过一种叫霹雳炮的火器。据《诚斋集·海鳅赋》记载，这种火器是用纸筒装石灰和硫黄制成的，点着后先升空再降落爆发，石灰烟雾四散，用于眯其人马之目。到了金世宗大定二十九年（1189），阳曲（今山西太原）人铁李用装火药的陶罐猎狐，金人在此基础上，以铸铁壳代替陶罐，制成了震天雷，这是世界上最早的金属炸弹。金哀宗天兴元年（1232），在抵御蒙古军围攻金都汴京的战斗中，它曾发挥很大的威力。到了明代，这种爆炸型的火器更得到快速发展，并从地面发展到地下和水下，出现了地雷和水雷。清代对水雷和地雷均不很重视，所以明代曾高度发展的这些接近于近代水平的火器，到清代都趋于衰退、停滞状态中。

61. 甲胄在我国历史上是如何演变发展的？

甲胄是古代战争中用以防护身体的装备。甲，又叫介或函，其形类衣，用以防护人体；胄，又叫盔，秦汉以后称为兜鍪，其形如帽，用以防护人的头部。传说盔在黄帝时就有了。甲，据说是夏朝少康之子杼和东夷作战时发明的，但也有人说是蚩尤发明的。历史上甲胄出现的时间，大致和传说的时期相当。在原始部落的冲突中，人们为了防护自己，可能受了动物"孚甲以自御"的启发，开始用各种办法防护自己的身躯，于是有了甲胄。

最原始形制的甲胄，多用藤木或皮革制成，开始可能直接用兽皮披在身上防护；后来逐渐对它加以剪裁，使之更合身；再以后，就以藤木为支架，蒙上皮革。原始的甲胄已开始注意保护人体最重要的部位——头、胸和背。随着战争中进攻武器的发展，防卫手段也要相应改进，甲胄因而有了进一步的发展。

商周时代主要使用皮甲。从考古发掘的资料来看，当时的甲一般用牛或犀、兕（野牛）皮制成，甲上还涂有漆饰，甲片之间用皮条编缀，皮甲的局部可以活动，以防护身躯上可转动关节的部位。当时不仅人有护甲，连车战中的马也有皮甲防护。成书于战国时代的《考工记》记载了皮甲的制造工艺，从中可以看出，当时的皮甲制作技艺已相当成熟，为使制作的皮甲致密坚牢，穿着合体，每一道工序都有详细的注意事项和质量指标。

春秋战国之交，随着铁兵器的运用，皮甲防护开始落后于进攻武器了。生产力的发展和随之而来的社会大变革，使占据防护装备中主要位置的皮甲让位给质料更牢固的金属铠甲。

西汉的铁甲，又称"玄甲"，其专用于保护颈部的称"盆领"或"锻钲"，保护臂部的称"钎"。汉武帝发动大规模的军事行动抗击匈奴，促进了武器和防护装备的进一步发展，也正是在这一时期，铁铠开始由较简朴的札甲（甲片较大）发展为甲片精致细密的鱼鳞甲。

东汉时，随着炼钢技术的提高，铁铠的质量有明显的提高，表现在铠甲坚度增强，类型增多，防卫身体部位日益增大。蜀汉时诸葛亮督造的铠甲，甲片经过五次迭锻而成，由于这时的甲很有名，所以直到六朝时还把精坚的铠甲传为诸葛亮所造。曹魏的铠甲制作技术也很高超，在曹植的《先帝赐臣铠表》中，列举了黑光铠、明光铠、两当铠、环锁铠、马铠等名目。这些甲在当时都是很珍贵的高质量铠甲，后来则发展为军队的主要装备。其中提到的马铠是专用于防护战马的铠甲。

唐代铠甲有两个重要变化。其一，由于重装骑兵在军队中地位降低，马铠在军队装备中逐渐减少，人披甲、马具装的形象只是在皇室贵族的仪仗队中作为点缀出现，在战场上纵横驰骋的则是人披甲、马不具装的轻装骑兵；其二，随着步兵野战的需要，供步兵使用的"步兵甲"有了很大发展。

宋以后甲胄变化不大。由于火器的使用，为了加强防护力，铠甲有增厚增重的趋向，明代的一领铁甲连盔重五十七斤，如果加上兵器和其他装备，每个士兵的负重为八十八斤半，这样，行动自然大受影响。在火力和铁甲防护力的竞赛中，铁甲是注定要落后的。所以，明以后，甲胄趋于轻便化，以便士卒行动轻捷，规避炮火。明代出现了用棉布、棉花制造的甲，重量大为减轻。清代盔甲都是用绸、布、棉花和铁叶、铜钉等合制而成。胄是用绸布和棉花制成帽形，外包铁叶，贯以铜钉。火器的发达，使甲胄越来越成为累赘。清中期后，铠甲已基本上不在实战中使用，而逐渐成为检阅的装饰品了。随着火器时代的到来，甲胄逐渐走进了历史博物馆。

62. 何谓"华"？何谓"夏"？中原汉族是怎么形成的？

"华"本指花纹，"夏"本指房屋。华与夏也通用，两字同义反复，华即是夏，夏即是华。"中华"又称"中夏"。如《左传》定公十年载孔子语云："裔不谋夏，夷不乱华。"这里的华亦指夏。孔子视夏与华为同义。在甲骨文中，夏这个字的地位非常崇高。大约从春秋时代起，我国古籍上开始将华与夏连用，合称"华夏"。华夏也称"夏""诸夏"，是古代居住于中原地区的原住民的自称，以区别四夷（东夷，南蛮，西戎，北狄）。华夏起源于华胥，伏羲的母亲即为华胥氏。

在周朝时，凡遵周礼、守礼义之族人，称为夏人，姬姜诸侯国又被称为诸夏。古籍中将"华"与"夏"作为中原，"夷"与"裔"作为四方。华夏又称中华、中夏、中土、中国。

汉族是在不断吸收少数民族的优秀文化因素，融合少数民族的过程中，逐渐发展成我国人口最多，遍布全国大部分地区的主体民族。

在汉族形成史上，曾经有过三次较大的民族融合。第一次是从春秋、战国到秦统一为止，其结果是形成了华夏民族共同体，产生了以华夏族为主体的、统一的、多民族的中央集权制国家。

第二次是在魏晋南北朝时期。自东汉以来，当时北方和西北边疆地区的匈奴、鲜卑、氐、羌等少数民族陆续向内地迁徙，他们和内地居民交错杂居，生产方式和生活方式也在华夏文化影响下发生了很大变化。到了魏晋时期，关中地区已经"戎狄居半"，以致统治阶级中有些人提出"徙戎"

的主张，以使"戎晋不杂，并得其所"，但在当时民族融合的情况下，这种主张根本没有实现的可能。在经历了漫长而曲折的斗争以后，这些迁居内地的少数民族都和内地居民融合了，成了华夏民族共同体的一个组成部分。就在这一时期，"汉人"的名称出现了，这一称呼始见于北齐时代。

宋、辽、金、元时期，是我国历史上第三次民族大融合时期。这一时期，契丹、女真、蒙古族相继进入中原，建立了以本民族为主的多民族国家。这些少数民族进入中原以后，大多采取了向中原先进文化学习，吸收汉人参政的方式来巩固自己的统治。这样做的直接后果就是被汉族同化。到了元代，将境内人民划分为蒙古、色目、汉人、南人四等，汉人在这时已将契丹、西夏、女真人都包括在内了。从这三代"汉人"称呼外延的不断扩大，反映出民族融合的不断发展。

与中原地区三次民族大融合相对应的，是以华夏族为主的统一的多民族国家的版图不断扩大。对于这些新地区，中央政府往往有两种处理方式：第一，以当地占多数的民族为主，实行隶属于中央政权的民族自治；第二，迁当地居民于内地，使其与汉族杂居，虚其故地，或迁内地汉族于边，分其地为郡县等。这些措施都或多或少地使少数民族的一部或全部融合于华夏族，增加了汉族的人口数，扩大了分布地区。

明清时期，虽然没有大规模的民族融合，但汉族仍然不断增加。明初朱元璋颁布的禁止胡服、胡语、胡姓、胡俗法令，在很大程度上加速了留在内地的少数民族民众向汉族的融合过程。满族进入中原，则在汉族血统中又加入了满人血统成分。

中华民国代替了清帝国，满族和汉族的地主阶级联合专政转变为汉、满、蒙、回、藏"五族共和"。这时，汉族才正式成为汉人共同体的族称出现在史册上。其实，在这以前，汉族已经经历了漫长的发展过程，早就是一个稳定的民族共同体了。

63. 什么是"官箴"？我国古代的官箴书籍有哪些？

《官箴》是古代居官格言之类的著作。就字面来看，"官箴"是"为官的箴言"之义。从目录学的角度看，"官箴"则指教人做官为吏的文献，采用四部分类法的书目和大型丛书一般将它们归于史部职官类，有的还在此之下单列"官箴属"，《四库全书》便是如此。官箴是中国古代社会主流文化的产物之一，它的读者主要是初登科场的士子、官吏和幕僚。由于中国封建社会的官僚体制和主流思想停滞，因此，官箴所倡扬的思想也未有大变。官箴内容单一，一般不超过儒家思想的范围，偶尔也会有道家等学派的思想，如唐武后所著《臣轨》有"清静无为，则天与之时"的说法，这与李唐以老子后人自居、崇尚道家有一定关系。总体上来看，儒家以外的思想在官箴中是不占主流的。

散见于各类丛书中的官箴不下六十种。在这六十多种官箴中，现代学者认为最早的官箴文献可以追溯至《左传》中的《虞人之箴》。其后，著名的官箴有扬雄的《官箴》，唐代的《臣轨》。宋代以后，官箴书开始流行，名篇渐多，如许月卿的《百官箴》等，但其内容和形式已与前代大不相同。故清人论官箴书多以宋代为起点，其中以南宋吕本中的《官箴》最为著名。除了传世文献，出土文献中也有官箴，即1975年出土的云梦秦简《为吏之道》。就目前所见的官箴来看，大致可分为三类：第一类侧重论述吏术和官员的个人操守，如《四库全书》所收的陈襄的《州县提纲》、张养浩的《三事忠告》等；第二类重在介绍各种官职的历史沿革和职责，如扬雄的《官箴》；第三类既讲吏术，又介绍各种官职的职责，如清人郑端的《政学录》，此类官箴多为清人所作。

64. 我国古代是怎样管辖边疆和少数民族地区的？

中国古代对边疆地区的管辖，大致可分为东北、西北、西南、青藏、台湾等五个区块。

第一，东北地区。

秦朝：设辽东郡。

唐朝：唐玄宗在黑水靺鞨地区设置黑水都督府，任命其首领做都督。黑水靺鞨地区正式划入唐朝版图；玄宗册封大祚荣为渤海郡王，统辖忽汗州，加授忽汗州都督，从此，粟末靺鞨以渤海为号。渤海也正式划入唐朝版图。

元朝：设立辽阳行省，管辖包括库页岛在内的广大东北地区。

明朝：设立奴儿干都司。

清朝：设立黑龙江、吉林、盛京将军辖区。1685 年和 1686 年，康熙命令清军两次进攻盘踞在雅克萨的俄军，俄军伤亡惨重，被迫同意谈判解决中俄东端边界问题。1689 年，中俄签订第一个中俄边界条约——《尼布楚条约》，从法律上肯定了黑龙江和乌苏里江流域包括库页岛在内的广大地区都是中国的领土。

第二，西北地区。

秦朝：收复河套平原，设九原郡。

西汉：公元前60年，西汉设西域都护管理西域，保护商旅往来，标志西域开始正式归属中央政权。

东汉：汉明帝时，班超开始经营西域，西域与内地联系加强。东汉任命班超为西域都护，管辖西域。

唐朝：唐太宗置安西都护府，管辖高昌故地；唐高宗时派兵大破西突厥，西突厥灭亡；武则天时又置北庭都护府，管辖西突厥故地，后与安西都护府分治天山南北。

元朝：设岭北行省，管辖蒙古高原地区。

清朝：康熙帝镇压准噶尔部噶尔丹叛乱（乌兰布通与昭莫多战役，消灭割据势力主力）。1757 年，乾隆帝粉碎准噶尔贵族割据势力（前后七十多），统一天山北路；在乌里雅苏台设将军，在科布多设参赞大臣，直接掌管蒙古各部的军政大权；1757 年，乾隆帝镇压大小和卓叛乱；1762 年设立伊犁将军，统管包括巴尔克什湖在内的整个新疆地区；1771 年乾隆帝接待土尔扈特部回归祖国。

第三，西南地区。

秦朝：设桂林郡、象郡。

两汉时期：汉武帝以夜郎为郡，封夜郎侯为王，赐王印；滇池地区的滇王，归附汉朝，朝廷在其地设郡，汉武帝赐予"滇王之印"；西汉末年，夷人起兵反抗，东汉初，西南夷重新并入汉朝版图。两汉在西南夷地区，既任命太守、县令，又封当地部族君长为王侯、邑长，改变了各自为政的弊端，有利于当地社会的发展。

唐朝：唐玄宗册封南诏首领皮罗阁为云南王。

元朝：设立云南、四川行省进行管辖，并实行土司制。

明朝：实行土司制度，任当地少数民族首领担任土司长官，允许其世袭，但他们必须忠于朝廷，按时向朝廷交纳贡赋；永乐年间，西南两个宣慰司叛乱，明朝派兵平定后改设贵州布政使司，贵州成为省一级行政单位。

清朝：康熙帝平定"三藩之乱"；雍正帝大规模改土归流，加强了中央政府对西南少数民族地区的统治。

第四，西藏地区。

唐朝：松赞干布和文成公主完婚，金城公主与尺带珠丹结亲。唐穆宗时，长庆会盟，会盟碑至今立于拉萨大昭寺门前。

元朝：设立宣政院，统领宗教事务和管辖西藏地区。西藏地区正式成为元朝的行政区。

明朝：明称西藏地区为乌斯藏。朝廷在乌斯藏设立卫所，任用藏族人担任各级官吏，赐给印信；建立僧官制度，对各教派首领酌情封赐，各级僧官也由朝廷任免，法王是最高僧官。

清朝：顺治帝册封五世达赖为达赖喇嘛；康熙帝册封五世班禅为班禅额尔德尼，历世达赖和班禅必须经中央政府册封；雍正帝设立驻藏大臣，标志清政府对西藏的管辖加强；乾隆帝建立金瓶掣签制。

第五，台湾地区。

三国时期：230年，孙权派大将卫温、诸葛直率军浮海至夷洲，加强了台湾与大陆的经济文化联系。

隋朝：隋炀帝三次派人至流求，进一步加强台湾与大陆的联系。

元朝：设澎湖巡检司，加强对琉球的管理。

清朝：1683年，清廷命福建水师提督施琅进军台湾。澎湖一战，郑军大败，郑克塽投降，台湾纳入清朝版图。1684年，设台湾府，隶属于福建省。台湾府的设置加强了台湾同祖国大陆的联系，促进了台湾的开发，巩固了祖国的海防，维护了国家主权和统一。1885年，光绪帝时，清政府认识到东南海防的重要性，在台湾建省，始成直属中央政府管辖的地方行政区。

65.“士”是一种怎样的阶层？它在历史上的作用如何？

“士”这个称呼在我国起源很早，在先秦典籍中，它具有多种含义。我国古代往往称男子为士，故《诗经》常以士、女对称。商周时期，士既泛指包括诸侯在内的各级贵族，又专指贵族的最低等级。此外，西周春秋时的自由农民也可称为士，因为士的本义与农业生产有密切关系，士从“十”从“一”，像以物插入土中，《说文解字》中说：“士，事也。”这里的事指农事，故知士为耕作者。但在多数场合，士常指具有一定身份地位，担任一定职务的特定社会阶层，它是我国奴隶社会到封建社会初级阶段结构中的等级之一。

春秋战国时期，由于社会生产力的发展，阶级关系发生了变化，宗法制动摇，加上兼并战争的不断扩大，私学兴起，政治局势风云变幻，士也发生了新的变化，主要表现在出现了许多新的士，这些士与具有浓厚宗法关系色彩的旧士不同，他们较少受宗法关系的束缚，行动较为自由，与主人没有绝对的隶属关系。新出现的士在当时社会中最惹人注目的是四处奔走的游说之士和聚而讲学的文人学士。最典型的是纵横家苏秦、张仪。苏秦奔走于山东六国，主连横之说；张仪来回于秦楚齐，主合纵之说。他们以善辩机智和丰富的知识活跃在政治舞台上，拜相佩印，显赫一时，使游说之风大盛。游士成为影响当时政治的一个重要因素。

文学之士的出现，与私学的兴起有密切的关系，同时也与当政者大力提倡文学有关。春秋战国时诸子百家各学派的代表人物都是文士，他们的共同特点是“藏书策、习谈论、聚徒役、服文学而议说”。聚徒讲学成为当时培养文士和形成文士集团的重要途径。齐国临淄的稷下学宫就是文士聚集，讲学论辩的场所。当时聚集在稷下学宫的文士成百上千。

私学的兴起和文士集团的形成，大大改变了奴隶社会中士的含义。从此以后，士分文武两途，而笼统而言的士，主要就是指以读书求功名的文士。士的成分也逐渐复杂起来，大批庶人工商出身的人加入到士的队伍中来，大大改变了士阶层的来源，因此，进入初期封建社会的士与奴隶社会的士已不可同日而语。秦汉以后，士一方面成为读书人的代名词，另一方面又成为官僚集团的代称，处士、士人、士大夫、士族等不同称呼，表明士的内容又有进一步变化。但从总体上说，自春秋战国以来，士已成为一个独特的社会阶层或集团，它主要是指儒家化或官僚化的读书人。

作为知识分子的士阶层，在春秋战国时期社会大变动的情况下，起了推动历史前进的作用。各国诸侯在兼并战争中，竞相笼络人才，大开"礼贤下士"之风，许多卿相门下大量养士，而士也积极为各国君主出谋划策，使中原地区从诸侯林立割据的局面向统一的帝国过渡，为历史上第一个封建中央集权统一国家的形成和建立立下了汗马功劳。同时，士在春秋战国时的活跃，为中国古代思想宝库增添了许多大放异彩的精神财富，这一历史时期，士阶层中的杰出代表都是当时的知名学者。他们著书立说，提出了许多宝贵的思想，留下了许多弥足珍贵的著作，建立了各自的学术体系，奠定了中华民族优秀传统文化遗产的基础。

66. 什么是"宦官"？它在我国古代专制政体中有什么作用？

关于宦官的最早文字记载见于《诗经》和《周礼》。根据这些文献资料，我们可以知道宦官最初是那些在王宫中担任看守宫门、传达命令、侍奉起居等杂役的刑余之人。

尽管宦官地位卑微，但因为他们是君王的近侍，比一般的外臣更容易受到君王的宠信，所以能对君王施加某些影响，甚至干预政事。从春秋时期起，外臣和贵族勾结宦官以谋取权势，甚至发动宫廷政变的事，屡见于史书。

严格地说，东汉以前担任宦官职责的并非都是刑余之人，有一些士人也能任宫内之职。东汉以后，宦官全用阉人，历朝相承，遂成定制。

宦官专权虽始于秦代赵高，但由于秦代苛政主要由秦始皇造成，秦二世奉行成法，未改父道，赵高的专权也仅仅表现为统治阶级上层的争斗。

东汉自中期开始，多由幼主临朝，政权往往旁落于皇太后的亲属即外戚手里，皇帝成年后不甘心于外戚专权的局面，便依靠宦官的力量发动政变，从外戚手里夺回政权，这样，宦官们在支持皇帝反对外戚集团的斗争中，取代外戚集团而操纵政权。但是宦官集团专权以后，由于他们的统治没有任何社会基础，缺乏政治才干和政治头脑，只是一味任用亲戚、养子，飞扬跋扈，搜刮钱财，所以导致政治更加腐败，人民更加贫困，这就使得一些比较正直的文人官吏起而反对宦官专权，外戚集团里的一部分人也和文人官吏集团联合起来。宦官集团面临两个集团的反对，只得凭借皇帝的支持，加上惯用的突然发动政变的方法打垮政敌，但他们自己也与东汉政权一起灭亡了。

唐代宦官从玄宗起渐见宠用，玄宗时期的高力士和拥立肃宗有功的李辅国就是其中的代表人物。从德宗开始，宦官拥有兵权，连皇帝也任其摆布。

明代宦官自永乐时始受重用，究其原因，不仅仅因为明成祖起兵"靖难"，从建文帝手中夺取政权时多得宦官之助，主要原因在于明代的封建专制主义已达到高峰。明成祖为了强化封建专制主义政权，重用宦官，在政治、经济、军事等方面进行控制、监督，宦官的势力不断增强，给明代社会生活的各方面带来严重的影响。首先，明代的特务机构——锦衣卫和东厂、西厂全由宦官掌握，他们受命于皇帝，对官吏百姓进行侦缉刺探，使全国上下笼罩在特务横行的恐怖气氛中。其次，宦官经营皇庄、皇店，侵夺民田，敲诈勒索；出任税监，大肆搜刮；提督市舶司，控制海外贸易，贪污中饱。此外，盐、茶等国家专卖品也全由宦官控制渔利，弊病丛生。明代晚期大派宦官任矿监，其掠夺之酷烈，更为前代所无。宦官的横征暴敛，使民生凋敝，社会经济遭到严重摧残。最后，宦官监军，加速了军队的腐化，削弱了边防，动摇了明朝的统治。由于宦官在政治、经济、军事方面权势极大，所以明代宦官专权的程度和危害也更为严重。

从历史上宦官专权最为严重的东汉、唐、明三代的史实来看，我们不难发现宦官的产生与发展在于"人主之多欲"。宦官专权在政治清明之时极为罕见，它往往出现在阶级矛盾尖锐、统治阶级内部斗争激化的时期，而宦官专权的出现，又往往促使统治阶级内部各集团之间的斗争更加尖锐剧烈。随着封建专制统治走向顶峰，宦官专权的程度和危害也越来越深。但是反过来说，随着封建专制主义的加强，宦官专权的命运也越来越操纵在皇帝手中。专权的宦官集团往往是封建统治集团中最黑暗、最腐朽，也是最反动的政治势力，宦官专权往往导致或加速农民起义的爆发，使旧王朝更快地覆灭，所以人们经常把宦官专权喻为封建专制主义政体上的毒瘤，它既依附封建专制主义政体而产生并发展，又加速了封建专制主义政体的腐败和灭亡。

67. 我国古代的家族制度是一种什么样的情形？

家族由若干具有亲近的血缘关系的家庭组成。同一宗族的成员具有共同的祖先、共同的姓氏、共同的宗庙，在一定意义上又有共同的财产，同受宗法制度的约束，参加共同的祭祀，死后葬于共同的墓地，成为有血缘关系的共同体。

在中国传统社会里，以血缘关系为基础的家族组织是最基本的社会组织形式。聚族而居、累世同堂是中国社会区别于西方社会的一道独特人文景观；以宗法思想观念为核心的家族制度曾经是中国传统文化的重要组成部分，"家国同构""君父一体"等宗法思想在中国古代政治体系和社会生活中得到传承。随着家族制度自古代至近代的发展完备，家族意识、宗法思想深深植根于中国人的头脑中，并以制度规范的形式得以延续。

中国的家族制度具有悠久的历史，经历了三个不同的阶段：第一阶段，春秋以前的宗教式家族制度；第二阶段，从魏晋到唐代的世家大强式家族；第三阶段，宋以后的祠堂族长家族制度。无论在哪个阶段，家族制度都有某一些共同的特征，归纳起来就是血缘性、聚居性、等级性、礼俗性、农耕性、自给性、封闭性、稳定性等。从历史的角度看，家族不仅是社会最稳定的基层单位，同时，家族制度也是中国传统文化的重要组成部分。

第三章 经济库

68. 我国古代管理财政的机构都是什么？它们是如何管理国家财政的？

财政是指国家为实现其职能，在参与社会产品的分配和再分配的过程中形成的一种分配关系。它的产生同阶级和国家的形成一样，经历了一个长期的历史发展过程，是人类社会发展到一定阶段的产物。

对于夏商周三代的国家财政管理，由于史料缺乏，尚难做出系统回答。《孟子·滕文公》有文云："夏后氏五十而贡，殷人七十而助，周人百亩而彻。"孟子的观点表明夏商周三代是有一定规模的赋税制度的。《周礼》记载，西周时，国家财政机构分为两大系统：一是管收入的"地官司徒"系统，一是管支出的"天官冢宰"系统。地官系统的财务机构分各种职能，有大司徒、载师、闾师、县师、遂师、廪人和泉府等。天官系统的财务机构也分各种职能，有职内、司会、司书等。天官与地官总理全国土地、人口、赋役等工作，分工明确，职责清楚。

秦汉时期，实行公私财政分开的制度，即国家财政与皇室财政各设机构，分别管理。公私财政的划分，是秦汉以后财政的大致体制。西汉时，属于国家的收入，包括田租、算赋、盐铁专卖、官田屯田收入、均输、平准等，主要用于军费、俸禄、农田水利、抚恤赈济及水陆交通、教育等费用开支。皇室财政收入即"私奉养"，主要来源于口赋、山泽园地的税收、酒税、关市税、贡纳等，用以供皇室日常生活及宫廷所需。秦代管理国家财政的专职机关为治粟内史，汉初改称大农令，汉武帝时更名为大司农。

魏晋南北朝时期，中央官制发生重大变化。尚书、中书、门下三省逐渐代替秦汉时的三公九卿，成为主要的立法和行政机关。尚书省下的度支尚书取代了前代的大司农，成为管理财政的最高机关。

隋唐时期，三省六部制日趋完善，由尚书省的户部（度支部）主管全国财政的制度，一直延续到明清。唐代的户部下设户部、度支、金部、仓部四个司。

宋神宗元丰年间，王安石实行改革，财政机关有所变化。元丰前，由三司使总领天下财赋，三司使又称计省，通管盐铁、度支和户部三个部分，三司使与宰相、枢密院鼎足而立，形成了财政、民政、军政三权分立的局面。变法后，将三司使的部分财权改归宰相掌管。元丰以后，罢三司使，把三司使的职权大部分重新移归户部。

明清两代的最高财务行政机构为户部，职掌天下户部、土田簿籍，并统理一切经费的收支。户部为内阁六部之一，其长官为尚书，掌全国户口、田赋方面的政令，尚书之下，有左右侍郎掌稽核版籍、赋税征收等事，协助尚书工作。明代户部下设都转运使负责盐政，宝钞提举司负责钱钞的铸造，总督仓场负责在京及通州等处仓场粮储。

69. 我国古代的财政制度有哪些特点？

我国古代在财政管理方面，形成了颇具特色的完整制度。

确立了"量入制出"的财政原则。量入制出是古代财政制度的基本原则，传说该原则创行于夏商周三代，其基本精神是根据收入的规模来确定财政支出的数额。《礼记·王制》有文云："冢宰制国用，必于岁之杪，五谷皆入，然后制国用。用地小大，视年之丰耗，以三十年之通制国用，量入以为出。"量入制出财政原则的制定，主要是因为农业社会生产力比较低下，抵御自然灾害的能力也很弱，气候变化决定了粮食生产的丰歉，因此政府只能强力征收实物税，以此实现对财政支出的安排。当然，量入制出的原则，有时也会被量出制入的制税原则所取代，如唐代的两税法。但从总的趋势看，量入制出的财政原则贯穿于整个古代社会。

预决算和会计制度。预算决算制度，可能萌芽于夏商周三代。预算制度的最高原则即量入制出。《周礼·天官冢宰》下有"司会"一职，即为一国总会计，主天下大计，编制总预算。秦汉时亦有此制度，《汉书·翟方进传》有文云："百僚用度，各有数。"可知是有预算的。汉代的"上计"，兼具预算决算性质。上计是地方官定期向国王报告民户税收的账目，方法是把一年的税收预算数字写在木券上，一剖为二，王执右券，官吏执左券，国王根据右券在年终考核官吏，予以升降。上计不实，弄虚作假者要免官。由此，我们不难发现，汉代统治者对上计是十分重视的。唐代预算初为每年一次，开元二十四年（736），李林甫为相，将预算项目分为稳定的和不稳定的两部分，稳定的项目编入"常行旨符"，不再每年更动，不稳定的部分则每年编报。此后，宋元明清各朝都有规模不等的预决算制度。与预决算制度相关联的会计制度也发展了起来，出现了"会计录"。宋以后对会计制度十分重视，几乎每个朝代都编制了"会计录"。会计制度，不仅是了解各年财政情况的重要手段，也是朝廷监督国家支出的重要依据。

中央集权制度。中国古代封建社会，中央高度集权，所谓《诗·小雅·北山》有句云："普天之下，莫非王土，率土之滨，莫非王臣。"因此，基本上没有中央财政与地方财政的划分，一切财政理论上都属于中央，由中央的司农或户部统管。然而，实际上，地方常常不服从中央管辖，中央对地方鞭长莫及，便只好分割财权。唐代后期实行的上供、送使、留州制度，就是中央与地方分割财权的事例。这些事例一直延续至宋代。但总的来看，归中央总理还是封建财政的主流。

70. 我国古代是如何统计和控制人口户籍的？

相传，我国古代户口、土地统计始于夏，备于周。殷墟卜辞和周金文辞中，也零星可见当时的人口、土地统计资料。在甲骨文中发现了计数人数的五人、十人、卅人、百人等记载，记数最高的已达三万人。西周户籍、地籍及赋税等制度虽在《周礼》中有详细记载，但大半出于后人附会，不能完全信据。其真实性有待考证，但依然可以证明同代曾有过户口和土地的统计。据《国语·周语上》记载，西周末年曾进行过大规模的人口调查。古代有关户籍的正式记载，最早见于秦献公十年（前375），《史记·秦始皇本纪》有文云："为户籍相伍。"秦国的户籍制度，在商鞅变法时得到了进一步加强，奠定了秦以后两千多年封建社会户籍编制的基础。

唐中叶以前，人口、土地和赋税记录是登记在本子上的，当时并没有户口册、土地册和税册的区分。自汉迄唐八九百年间，户籍编制是封建王朝最重视的工作之一。唐中叶以后，均田制日趋废弛，土地私有制逐渐发展，尤其是宋代以后，土地分配日益不均，于是，地册从户籍中相继脱离，与户籍平行并立。自两税法以后，封建税收从以税人、税户为主转向以税地为主，土地调查也越来越重要，对户口的统计反倒退居次要地位了。

秦汉时期，户籍和土地的调查统计已经制度化。汉代以每年的八月作为全国普遍实行人口调查的月份，《周礼·地官小司徒》云："汉时八月案比而造籍。"造籍时，同时附带做土地调查。造籍完成以后，各地派出上计吏带着籍账上交京师，《汉书·司马迁传》有文云："天下郡国计书，先上太史公，副上丞相。"

隋唐时期，关于造籍的规定，史籍记载愈加丰富，加之敦煌、吐鲁番文书的发现，我们可以更深入地了解古代有关籍账的形式、内容和制度。唐代规定，三年修订一次户籍，起正月上旬，至三月三十日以前完成。各乡户籍一式三份，一份留县，一份送州，一份送尚书省。户籍式样，由户部统一制定，然后分发各州。造籍时，各县派员赴州依式勘造。唐代户籍的形式，基本上是按户口、赋役、田土的顺序登载的，户籍上还要注明户等。

两宋至明清，保留了前代户籍制度的基本特征，同时，地籍编制更趋严密。土地的清丈与土地质量的评估，成为封建政府日益关心的问题。肇于宋而行于明的鱼鳞图册，就是典型的例子。明朝的鱼鳞图册与当时的户籍（黄册）相为经纬，《明史·食货志》有文云："鱼鳞册为经，土田之讼质焉；黄册为纬，赋役之法定焉。"鱼鳞图册成为我国封建时代比较完整的土地记录册。

从隋唐至明清，户口和土地的调查统计工作统一由封建国家中央政府的户部管理，它关系到民政、治安、财源、徭役及兵役等事务，对封建王朝具有十分重要的意义。我国保存下来的有关土地和户口数字的统计材料，其丰富程度在世界上是首屈一指的。

71. 我国历代人口数量发展情况如何？

人力，是小农经济的主体；人丁，是封建国家各种义务（捐税、徭役等）的具体承担者。人口的多寡往往反映了小农经济社会下的治乱、国力的盛衰状况，因此，人口的控制和统计历来受统治者重视。我国古代史籍中保存了极为丰富的人口资料。

关于我国人口记录的资料，甲骨文中已零星描述。"登妇好三千，登旅一万乎伐方。"表明殷商时期的一次征兵规模已有一万三千人之多。秦以前（包括汉初）缺乏完整的人口统计资料。

真正见诸正史记载的人口资料，当从西汉平帝元始二年（2）始。这年，全国人口已达五千九百余万，反映了"文景之治"以后西汉出现的"太仓有不食之粟，都内有朽贯之钱，民众大增"的繁荣景象。

从西汉到清初，在长达一千七百余年的时间里，人口发展的峰值始终未逾六七千万的水平，人口自然增长率极低，这种现象一直持续到清康熙、乾隆年间才得以改变。乾隆中叶以后，出现了封建社会人口发展的高峰。

综观我国古代人口发展的趋势，人口的曲线呈马鞍形，人口的频率和王朝的更替相一致。一般来说，在某一王朝初期，人口往往增长很快，到了王朝的中叶，人口最盛，增长势头渐缓并趋于停滞；朝代更嬗、兵变战乱的动荡时期过后，人口往往锐减。

在军阀混战后的三国时期，人口减至一千余万，至魏、蜀、吴三国盛时，人口累计逾五千余万。西晋太康元年（280），人口又减至一千六百余万，经过南北朝经济的恢复与发展，到隋大业五年（609），人口又增为六千九百多万。在唐初武德年间（618—626），经历了隋末农民大起义后，人口又减至一千万，发展到玄宗开元之世，人口逾五千万。

可以看出，我国封建社会人口的周期性律动，并不是简单的循环，而是在剧烈的升降中呈缓慢增长之势。

需要指出的是，在认识历史上人口盛衰变化的现象时，除了政治变化、朝代更替外，还要注意以下原因：首先，在把握人口统计资料时，必须注意甄别统计尺度的变化；其次，疆域的盈缩，各朝统治范围的变化，也会影响人口统计的结果；再者，统治的深化也会使人口统计的数字猛增。

总之，人口的变化往往和政治变化密切相关，研究历史上人口的盛衰衍变，对研究中国历史上王朝的危亡兴衰有着重要的意义。

72. 我国货币制度是如何形成的？又是如何发展演变的？

货币是商品生产和交换发展的必然产物。《史记·平准书》称有"虞夏之币"，但无实物印证。据现有材料推断，我国的货币起源于殷商，因为商代社会生产力已经有了较大发展，经历了三次社会大分工，《资本论》第一卷指出："随着劳动产品转化为商品，商品就在同一程度上转化为货币。"我国最初曾用牲畜作为货币，随着商业的发展，出现了用贝做货币的现象。从我国汉字结构上看，凡与价值有关的字都从贝，如货、财、赋、贵、贱等，即是这个缘故。商代晚期，出现了象形的铜贝，这是我国也是人类最早使用的金属货币。到了周代，生产中大量使用铁器，生产水平有了较大发展，大概在春秋时期金属铸币开始流行。春秋战国时，列国割据称雄及各地经济发展呈现不平衡态势，于是形成了刀形币、布形币、圜钱币和包括爰金和蚁鼻钱在内的楚币等四大货币体系。秦统一中国后，货币统一于秦半两，从此以后，方孔圆钱成了我国铜钱的固定样式。汉代以为秦钱重而难用，改铸小钱。以上是我国古代钱币演化的第一阶段。第二阶段为五铢钱时代，从汉武帝元狩五年（前118）铸五铢钱直到唐高祖武德四年（621）止，历时七百余年，五铢钱成了中国的主要货币。第三阶段为通宝钱时期，唐高祖武德四年（621）始铸通宝钱，迄清"宣统通宝"，历时一千三百余年。自唐代后不再以重量为钱名，改以通宝、元宝等为钱名，并冠以年号、朝代或国名，实行制钱制度。第四阶段为铜圆时期，从清光绪朝起，迄二十世纪二十年代，广泛使用铜圆，制钱让位给铜圆。

我国古代形成了以铜币为主干，兼用金银、谷帛、铁钱和纸币的多元化货币制度，最后演变成近代的货币。

我国古代除了以铜、铁钱、金银、谷帛为货币外，还是世界上最早使用纸币的国家。远在公元前一百多年，汉武帝创制的白鹿皮币，就具有纸币的性质。唐代的飞钱，则是中国纸币的雏形。北宋出现了交子。金代发行的纸币叫"交钞"，纸币由定期分界发行改为永久流通。元代幅员辽阔，各地区经济发展很不平衡，币制杂乱。元世祖入主中原后，决定统一币制，于中统元年（1260）发行"中统宝钞"，规定钞为唯一合法货币。元代的纸币制度在世界币制史上占有特别重要的地位。明代初年沿用元制，用钞不用钱，洪武八年（1375）发行"大明通行宝钞"。清朝初期，统治者对发行纸币持慎重态度，近一百多年不由政府发行纸币，这种情况到了清后期则大有不同。鸦片战争前后，政府为了解决财政困难，发行钞票，于咸丰三年（1853）印发"户部官票"，又称银票、银钞。光绪二十三年（1897）设立中国通商银行，发行银两、银圆两种钞票，其性质已属新式纸币了。历代的纸币，均因发行无度，逃不出通货膨胀的通例，先后宣告失败。

73. 在我国古代经济流通中，是怎样使用金、银的？

金、银作为贵重金属，在古代社会经济生活中产生过非常重大的影响，甚至在现代社会也是如此。黄金是一种以游离状态存在而不能人工合成的天然矿物。当古人对这种黄光闪烁的金属发生兴趣时，便开始了对黄金的挖掘和采集。黄金起初被用来制成装饰品的，一直到春秋时期，黄金被用作支付货币。进入战国后，采金活动规模空前，这个时期的黄金被广泛地用作货币，并且主要用于大宗支付，黄金从这时开始发挥"国际"货币的作用，在富裕阶层流通。

黄金流通需要计量，斤、镒是借用重量单位做黄金的计量单位。秦统一中国后规定："黄金以镒名，为上币；铜钱识曰半两，重如其文，为下币。"汉承秦制，仍以黄金为上币，但改镒为斤。

从战国时起，出现黄金从称量货币向铸币转化的最初迹象。

自东汉迄唐末，铜钱作为主币流通。进入宋代以后，白银作为货币使用的范围日益扩大，但当时的物价都以钱表示，白银一般须换成钱后使用，很少直接用于日常交易。而纸币的产生和流通，阻碍了白银取代铜钱成为主要流通货币的进程。自元朝定鼎，确立了白银的货币地位，银锭正式成为"元宝"。元朝厉行不兑换纸币政策，几次禁用金、银和铜币流通，但民间仍照常使用，元朝发行的宝钞都和白银联系。明初，政府为了推行纸币制度，曾明令禁止民间用金银交易。但是，一方面，社会经济的发展需要价值更高的贵金属充当货币；另一方面，当时人们从商品交换的实践中体会到"是以金（银）之为币长也"。明英宗解除用银之禁，从此，白银正式以合法货币的身份登上经济流通舞台，为朝野上下所欢迎。入清之后，清廷规定"用银为本，用钱为末"，百物计价、交易等以银两为准。清代白银的流通主要包括"上流"和"下流"。上流是纳税人将银两上交州县，州县铸造成大锭上交各省布政司，布政司再上交国家户部银库。而下流的形式则主要是官员薪俸、皇室官府用度、军费等。商品生产者与商品消费者在交换的过程中实现了白银上下流通的过程。同时，银两持有者还直接地或间接地（以银换钱）用银两购买生活和生产资料，这就形成了白银在"平面"上的流通。"上下"与"平面"相结合，又通过比价，同铜钱的流通息息相关，以白银为主角的货币体系在明清时代就形成了一定的制度模式。

74. 票号（钱庄）是怎样建立与发展的？

票号是清代重要的信用机构，主要从事汇兑业务，又称"汇票庄"或"汇兑庄"，因多由山西人开办和经营，故亦称"山西票庄""西号"。

兑换业务在我国古代早已有之，唐之飞钱，唐宋之便换，明清之会票（汇票）即其明证。清中叶，始有专营汇兑业务的山西票号出现。到光绪年间，票号每年汇兑的款项，已达两千万两左右。

随着汇兑业务的发展，票号也进一步发展壮大，纷纷在外地设立分支机构。经营的业务也更加广泛，由专办汇兑发展为存款、汇兑和放款同时进行。票号吸收的存款主要是公款和官吏的私人存款，放款对象主要是官吏和到京参加会试的举人或已考中进士还未授官的士人，以及正在谋求升官、复职的人。

票号经营大都采取独资或合资的无限责任制，管理制度保守落后，并带有浓厚的封建性，不能适应社会经济生活的现代化。1907年后，新式银行业兴起，票号的地位大受影响。不思变革、墨守成规的票号，在银行业的冲击下，纷纷倒闭。到辛亥革命后，曾盛极一时的票号竟绝迹于金融界。

钱庄又称银号，它是从银钱兑换业发展而来的一种信用机构。

清代商品经济的发展和银两、银圆、铜钱同时流通的复杂情况，促进了钱庄业的发展。乾隆年间，钱庄已相当活跃，到嘉、道年间，更为发达。一些规模大、资本雄厚的钱庄，除经营货币的兑换外，还经营存、放款业务。与票号不同，钱庄的存款以吸收地方政府和私人企业的余款为主，而放款的主要对象则是商业行号。由于清政府对钱庄发行兑换券不加干涉，钱庄为贪图利益，往往无限增发，所以一遇到金融波动，就会发生挤兑风潮，钱庄常因无力兑现而倒闭，使持票人蒙受损失。

票号和钱庄同为旧式信用机构，但它们的经营特点有所不同。票号主汇兑，钱庄主兑换。票号代理国库、省库，钱庄包揽道、府、县库。票号多与政府和官吏往来，一般不与外商和外国银行往来，封建色彩浓重；钱庄多以一般商人为往来对象，与外商和外国银行关系密切，互相为用，买办性较突出。票号的业务范围较狭；钱庄与银行的业务项目相同，范围较广。票号的经营方法保守，跟不上客观经济形势的发展；钱庄能够随着银行的兴起，扩充经营项目，跻身新式金融业的行列。以上这些差别，决定了票号和钱庄的不同命运。

75. 我国历史上漕运的情况如何?

所谓漕运，就是中央政权在各地征收租赋后，由水道转输集散，或供宫中消耗，或充军旅粮饷，或做廒仓屯储的一种运输途径。

中国历史上长期存在的政治中心与经济重心的偏离，以及由此形成的南粮北运等局面，诱发和推进了漕运的产生和发展。自然地理上河网纵横的便利，尤其是隋以后南北大运河的贯通，无疑又为漕运的发展与兴盛提供了可能。

漕运在我国起源很早。隋朝时开凿大运河，南北蜿蜒四千余里，成了漕运的水上黄金线。唐玄宗天宝初年，通过漕运干线大运河转运的粮食，每年已有四百多万石。到了宋朝真宗、仁宗年间，漕运量已达八百万石之巨，创漕运史上的最高纪录。

元朝，漕运在原来的基础上继续得到发展。元朝时开凿挖掘了通惠河、会通河、济州河，疏通了大运河，缩短了漕程，使海河、黄河、淮河、长江和钱塘江五大水系贯通流畅。元朝的漕运始终以海运为主，年运量曾达三百五十多万石。

明清时期，对漕运的重视也达到了前所未有的地步。永乐年间，疏通整治了大运河，投入了近万艘漕船。清代，由于实行海禁，所以专门致力于河运。但运河年久失修，时时阻塞，所以清政府对漕粮的北运做了一些新的尝试，如选派所谓干员监办，举办官督商运，借助商船漕运等。海禁开放以后，清代的漕运又通过海运得到发展。

漕运对于维护封建王朝的统治意义重大，所以历来为封建统治者所重视。在长期发展演变的基础上，形成了一套比较完整的制度以及相应的管理系统。漕运用的船叫漕船，漕船装载的粮、米叫漕粮、漕米，押运漕船的军队和役夫分别叫漕军、漕丁和漕夫。各朝还特设了专司漕运的官吏，在唐有转运使，宋朝有三司使，明清两代则设有漕运总督。

76. 我国古代土地制度是如何发展的?

我国古代历史上，土地制度的发展可以分为三个阶段：一是原始社会的土地氏族公社所有制，二是奴隶社会的奴隶主贵族土地国有制，三是封建社会的封建地主土地所有制。

在原始氏族公社时期，由于农业、畜牧业的产生、陶器的发明和使用，人们的生活相对稳定。

这个时期的土地属氏族内部共有，几十户或百来户人家一起耕作，得到的劳动产品大家共同消费。后来由于生产发展，工具增多，特别是有了耒耜，挖地容易了，这样便开始以三家、五家为单位进行生产，形成家庭、家族公社。家庭公社的土地由氏族公社分配，没有所有权，每年收获后都要将土地交还，等待隔年重新分配，以此保证土地的公有性质。这就是原始社会的土地氏族公社所有制。

进入殷商奴隶制社会以后，土地所有制的形态发生了重大变化。氏族公社的土地所有制被奴隶主贵族的土地国有制取代。成汤灭夏，宣布土地为国家所有，并以国家的名义将土地分配给各级奴隶主贵族使用。这种土地制度是和当时的生产力水平相适应的。

周代继续推行土地国有制，周王将土地连同土地上的奴隶赏赐给诸侯和臣下，诸侯也将土地和奴隶分赐给下级的卿、大夫、士。每个奴隶主都有相应等级的土地和奴隶。他们得到的领地可以世代相传，自由支配，但不准买卖。周天子有权随时将这些土地和奴隶收回，转赐他人。周朝还沿袭和发展了殷商的井田制，使之有了相当明确的亩制和灌溉、道路系统。

春秋战国之际，中国的土地制度再度发生重大变革。铁器的使用标志着生产力的发展，生产力的发展促进了生产关系的变化。奴隶们的逃亡和怠工致使公田荒芜，奴隶主不得不将土地分配到个体农民手中，收取地租和劳役。不少奴隶主就这样转化为新兴的封建地主，以土地国有制为基础的井田制就此瓦解。

秦汉时期，皇帝是全国最大的地主，土地所有权和政权在他身上是统一的。三国以后，实行了几种形式的授田法。唐朝对均田制做了新规定。唐中叶以后，均田制被剧烈的土地兼并和繁重的赋税摧毁。到了北宋，国家所直接控制的土地数量已很有限，官田在整个土地占有形式中不占重要地位，最主要的是官僚和豪强大姓占有的庄园。明清之际，大规模的土地兼并有过之而无不及，上至皇帝、贵族，下至文武官僚，都凭借政治势力和既有经济力量，大量兼并土地。

77. 我国古代赋税制度是如何演变的?

关于夏商周三代的赋税制度，《孟子·滕文公上》记载，为"夏后氏五十而贡，殷人七十而助，周人百亩而彻"。贡、助、彻都是赋税制度，其税率为百分之十，即什一税。但贡、助、彻的具体内容则付之阙如。

春秋战国时期，社会经济发生剧烈变动，赋税制度也随之发生变革，出现了"履亩而税"的新税法。据史籍，鲁宣公十五年实行初税亩，承认土地私有制，按照土地面积向田主征收地税，这标志着我国田赋的正式出现。

秦朝专制主义中央集权国家的建立，结束了战国以来赋税制度混乱的局面。汉承秦制，形成了一套较完整的封建赋役制度，主要包括口赋、算赋、更赋、户赋、献费、田租。

魏晋南北朝时期战乱频繁，人口数量变动较大，政府推行的占田制和均田制使得征收人头税的难度加大，所以政府在赋税方面进行了改革，开始实行租调制度。西晋的赋税制度称为户调式。北魏的赋税，在孝文帝改革以前，也包括田租与户调，至孝文帝改革，推行均田制。

唐代的赋税，在唐中叶以前，主要是以丁为征发单位的租庸调制。到唐中叶以后，由于均田制的破坏和户口的流散，租庸调制已经难以推行下去了，所以，到唐德宗建中元年（780）下令废除租庸调制，实行两税法。两税法在中国赋税史上是一次重大的变革，它确定了以土地、财产为纳税主体的地位，同时规定以钱为纳税计算单位，为以后的赋税制度打下了基础。

宋代仍实行两税法，但当时的两税均指土地税，已不包括唐代两税中的户税。宋代在两税之外，还有许多杂税，名目繁多。

明代的赋役制度，初期尚简明，后期屡有变动，十分混乱。明神宗万历九年（1518），张居正主持推行一条鞭法。一条鞭法又称条编法，即本州本县将应征的田赋与力役全部折合成银两，计算出总数，然后按田亩分摊，由田主交纳。其特点是赋役合一，按亩计税，以银交纳。它的意义在于改变了历代赋与役平行征收的形式，封建税制从赋役制走向租税制，从实物税走向货币税，促进了商品经济进一步发展。因而，一条鞭法的产生，在中国赋税史上的影响是非常深远的。

清朝前期承袭明制，实行一条鞭法。但在实际推行的过程中，出现了税制混乱的现象。康熙时期，为了促进人口增长，康熙宣布开始实行"丁银摊入地亩"的税收政策。该政定以康熙五十年所报人丁数为准，以后"滋生人丁，永不加赋"，这就意味着丁口固定，丁银也因之固定。到了雍正年间，全国已基本实行了"丁银摊入地亩"的做法。这种地丁合一，丁银和田赋都按亩征收的税收制度，史称"摊丁入亩"。摊丁入亩是一条鞭法的继续和发展，施行较为彻底，在客观上有利于无田或少田的农民。

78. 我国古代的经济重心是如何变迁的？

我国古代经济重心早期在黄河中下游平原，后期移到江南。这一地域性的转变，是经过一个长期发展过程的，其转折点则在五代、北宋时期。

先秦时期，黄河中下游地区经济发展在全国遥遥领先。农业普遍实行牛耕，土地基本上得到了开发。特别是秦国所在的关中地区和齐国所在的山东半岛一带，经济非常发达。随着农业的发展，手工业也发展到相当的规模，出现了一大批手工业中心和商业都会。

先秦时期，黄河中下游地区经济继续高速发展。据统计，西汉元始二年，全国户口、垦田中的绝大多数都集中分布于黄河中下游地区。粮食生产有了明显的增长，个别农业部门开始走向商品化，城市更加繁荣，手工业也有了新的发展。

但魏晋以后，黄河中下游地区的经济水平逐渐衰退，江南地区日渐得到开发。到了五代、北宋时期，江南地区终于取代黄河中下游地区而发展为全国的经济重心。

五代时期，江南诸国为了维护自己的统治，积极发展生产，大量农田得到开垦。在丝织手工业和商业方面，江南地区亦明显优于黄河中下游地区。随着农业、手工业和商业的发展，江南大批城镇相继兴起，苏、杭、常、湖、洪、江、饶、福等名都大州，在唐代基础上更加繁荣。

我国古代经济重心之所以由黄河中下游地区移到江南，是自然环境与社会生产力辩证发展的必然结果。就自然环境来说，黄河流域地居温带，四季显著，而平原广阔，土质疏松；江南地区则气候湿润，雨量丰沛，而地多丘陵，土质坚实。我国古代经济主要是农业，上古时期，由于生产力水平十分低下，农业种植在黄河流域比起江南地区不仅来得容易，而且更为必要，所以黄河中下游地区首先成为我国古代的经济重心。但自秦汉以后，随着整个社会生产力水平的不断提高，加上魏晋至隋唐时期黄河中下游地区战争频繁，当地经济受到破坏，而江南地区相对处于比较安定的环境，导致人口大量南移，从而使江南地区的开发比起黄河中下游地区具备了更为有利的条件。统治阶级为了保证自己的国用，也不得不采取一些促进生产的措施，这也在客观上促进了江南经济的发展。所以到五代、北宋时期，江南地区的经济发展终于超过黄河中下游地区，从而成为全国的经济重心。

79. 我国古代尺度是怎样产生和变化的？量器与量值又是怎样发展的？

我国古代，人们最初是以身体某一部位为尺度来衡量物体的，后来逐渐形成了尺度制度。《大戴礼记·主言》指出："布指知寸，布手知尺。"大约距今六七千年前的母系氏族社会，人们在生产活动中，已经有了多少、大小、长短、方圆的概念。随着交换的发展，人们对尺度的要求也逐渐由粗糙而渐趋精确。进入阶级社会之后，统治阶级往往明令颁布标准量度。

我国现存最早的古尺，是相传出土于安阳殷墟的商代骨尺，刻十寸，寸下不再刻分，寸的长度亦不相等。可见，当时的长度计量虽已采用了先进的十进制，但还是相当粗糙的。

到了周代，制造的尺有铜尺、牙尺、骨尺等。

春秋战国时期，列国纷争，度量情况较复杂，除了有私家和公家的不同标准外，各国还各有自己的尺度，这种情况给产品交换带来很大的不便。

秦始皇统一中国后，以法律形式统一了全国的度量衡制度，制作了大批标准计量器具。

汉代尺的量值与秦制近似，十尺为丈，十丈为引。

三国魏晋时期，尺度开始持续增长，其增长率是历史上最高的。这一时期尺度的急剧增长，主要和统治者不断加大对民众的剥削力度有关。但同时也带来了一个尖锐的矛盾，即制造业和专业测量方面的尺度如果也随之波动，必将带来制度上的紊乱。因此，隋唐之际，统治阶级把度量衡制分为大小两种。

明清时期，对度量衡进行过一番整理和统一工作。清代规定，由工部颁布"营造尺"以统一尺度，但实际上并没有完全改变尺度方面的紊乱现象。这一时期的这些措施为我国古代长度量值标准的制定和校订，积累了丰富的经验。

我国历代使用的容量计量单位的量值，随着年代的推移逐渐由小变大。从西汉末年的新莽时期开始，量的增率逐渐变大，因为量器是封建社会用以计量米粟，来剥削农民的主要工具。

秦代的量器，设斛、斗、升、合、龠五量，其中前四量为十进制，最小的容量单位龠等于二分之一合。汉代基本沿用秦制容量单位，但量器种类增多，标准器有新莽铜嘉量、方斗、圆升、龠撮等。汉代单位量值演变不大。魏晋南北朝时期，量器的单位量值增长最快。唐宋时期，斛这个量器已变得很大，使用很不方便。宋代将原来十斗为一斛改为五斗为一斛，于是斛这个量器就改小、改轻了。明代的量器，从洪武元年起，曾多次由国家铸造铁斛、斗、升作为标准量器，用于校验地方上使用的木质斛、斗、升。清代量器沿袭明制，铁铸的斛、斗、升为标准器，木质的为常用器。清末光绪年间，民间使用的量器除了升和斗以外，还增加了合、勺两种。

80. 我国古代是如何计算重量的？权衡器具是如何发展的？

我国古代衡器的产生和人类交换活动的发展有着紧密的关系。特别是货币出现以后，牲畜、禽蛋、果品、贵金属、药材等商品的交换，需要计算重量。金属货币本身就是按重量作为价值尺度的，由此推断，计重应该早于金属货币，至少是同时出现的。在商代后期，已出现金属货币，因此，重量计量在我国至少已有近三千年的历史了。

最原始的衡器是"衡"，在它的一端挂上石头，另一端挂上重物，在衡的中点系一提纽，通过调换石头的大小使衡保持水平，从而测定重物的重量，挂在一端的石头称"权"。随着交换的兴旺，衡器的制作也日趋精细科学。《墨经·经说下》中有关于杠杆原理的科学概括，说天平的一端加重必定要下垂，须加力于另一端，使两端的重力相当，才能恢复平衡，否则，就必须加大锤纽之间的距离，用秤锤来调整使之平衡，证明当时人们已掌握天平和杆秤的力学原理。春秋晚期至战国中期的天平砝码制造已达到相当精密的程度。

秦汉时，一斤重量是以一立方寸黄金为标准的。两千多年以前，人们已能利用金属比重导出重量的标准，这是一项重大的科学发现。秦始皇在统一度量衡的过程中，制造了大量大小不等的铜权、铁权，颁发各地，作为标准权量。

魏晋南北朝时期权衡器的单位量值迅速增长，为汉代的两倍多。隋朝时期发明了秤。大约从春秋战国开始，天平就逐步向杆秤过渡。三国时，天平中间的提纽从衡杆中心移到一端，并刻斤两之数于衡杆之上，出现了提纽杆秤的雏形。直到北魏、北朝和北齐时，才有了带秤锤（铜秤锤和铁秤锤）的杆秤，秤锤呈瓜形或葫芦形，与后代秤砣形制相同。

唐代铸开元钱，改变前代以铢名钱之制。宋代废铢不用，以钱、分、厘、毫、丝为两以下的分划单位，相次以十递进。宋朝在衡器制造上的一大成就是发明了小型精密戥秤。元代的一斤量值为637.5克，与宋代相近。明代权衡器比前代划分得更清楚，有秤、戥、天平、砝码四种，并出现了集装式砝码。清代的衡器也有天平、砝码、戥、秤四种。

我国古代的衡器大多是铜制的，其制造工艺也极为精细，先对金属进行提纯，求出铜和锡各自的比例，再分别称重，然后将定量的铜、锡铸造入模型中。成型后还要修凿校量，因此做出来的量值比较准确一致。公元前221年，秦始皇统一度量衡，颁发了大批标准权，定期验证检定。现在重校它们的量值，大多数比较准确，反映了我国古代在衡器制造方面的高超工艺水平。

81. 我国古代商业发展状况如何？城市中的市场是如何管理的？

我国在原始社会后期产生了畜牧业与农业、农业与手工业的分工，产品有了剩余，各部落间为了互通有无，便用以物易物的形式交换产品，这就是最原始的商业活动。

到商代，开始出现专门经营商品买卖的商人，但当时的商业活动主要为奴隶主服务，活动范围不大，所以对整个社会经济起到的作用不大。

西周时期，商业由国家垄断，并设有专门的职官来管理市场。"质人"就是管理市场的经纪人，凡成交的商品都要由质人立书契券约。

春秋时期，由于经济的发展，产品流入市场增多，民间独立的商人应运而生。战国时，商业有了进一步发展，以往作为统治中心的城邑，此时多成为商业城市，商人日益增多。秦始皇统一中国后，统一了货币、度量衡，并修筑了驰道，促进了商业的发展。

西汉张骞通西域后，开辟了"丝绸之路"，中外贸易大规模发展起来。首都长安及洛阳、邯郸、临淄等大城市都是当时著名的商业中心，各中等城市也都设有市。官府对市井管理很严，开市和闭市由击鼓来通知，闭市后禁止营业。凡在市井营业的商人，须向市井官署登记，交纳市租。魏晋南北朝时，商业仍然很活跃，北方与南方的贸易增多，和外国的商业往来也比较密切。隋朝统一中国后，开凿了大运河，出现了"商旅往来，船乘不绝"的繁盛景象。

唐代由于农业、手工业和交通业有了很大的发展，因此商业出现了繁荣局面。全国县以上的城镇都有市，长安和洛阳的市最大。首都长安是国内外贸易的中心，城内有东西对称的商业区——东市和西市。唐代对商业的管理也很严格，商业区与居民区分开，市有市令，负责管理、征收商税。市场活动有时间限制。

北宋时期商业更为发达，首都开封城的街巷中，商铺邸店、酒楼饭馆等随处可见。各大城市的商业活动，已突破了唐代住宅区和市的界限，也突破了白昼和夜晚的界限，繁盛的夜市在开封、洛阳、扬州、成都等城市相继出现。在各地农村，也出现了定期的集市贸易。随着商业的发展，北宋市场上开始出现卖货时不用现钱的信用交易——"赊卖"，出现了世界上最早的纸币——"交子"。

元朝也很重视商业，当时的大都、杭州、泉州都是闻名于世的大商业都市。

明代随着农业和手工业生产的发展，地区性分工出现，分工门类也增多了，因此投入市场的商品品种和数量大为增加，商品以人民生活和生产的必需品为主。明代商品交换的繁荣促进了商业的快速发展，商业资本逐渐进入生产领域。还有一部分商业资本直接进入手工工场，手工工场中雇佣关系的出现，标志资本主义萌芽的产生。

到清代，除原有的城市商业继续保持繁荣外，在西北、西南地区也出现了许多商业城市，如乌鲁木齐、呼和浩特等，内地的商人也相继来到西北、西南。北京是全国贸易的中心。清代资本主义萌芽进一步发展，但受封建制度束缚，发展极为缓慢。在全国范围内，自然经济仍居统治地位。

82. 我国古代的行会组织情况是怎样的?

古代商业行会是商品经济发展到一定历史阶段的产物。我国汉代已在都邑中设市，有了经常开设的店铺。后来，市内出售同类货物的店铺一般都集中在同一个区域内，组成"行"，行有"行头"。行最初主要是封建地方官府为向商人征税而组织起来的，后来由于商业活动日趋扩大，经营分工日益变细，需要进行组织和管理，于是商业行会逐渐普遍起来。我国古代商业行会的起源时代虽难确考，但到唐代则显然已经产生了。

唐代的商业行会即是同业商人的组织，其首领称为"行头""行首"，负责内外一切事务，各成员的地位在名义上是平等的。行的作用是保护同行商人的利益，应付官府征课之事。而地方官府则通过行会征购货物，征收税役。唐代的商行多是区域性的组织。

商业行会在宋代有了空前的发展，其组织、职能比唐代更为明确。行头有时也称"行老"，行老的权力很大，是商行的操纵者，控制着各个成员，商户很难脱离商行独立经营。商行有着共同遵守的规约，例如划分会员营业的范围，规定会员的权利和义务，规定货物的价格等。宋代的商行还打破了区域组织的框框，联系面更广。宋代的商业行会有三个方面的作用：第一，避免同业竞争，共同经营，利益均沾；第二，保证本地同行业人员的利益，抵制业外和外来人员；第三，为官府服务，也抵制官府过分剥削，保障本业人员的利益。宋代的商行直接受封建政府控制，具有浓重的封建性。

到明代中叶，商人的行会组织向"会馆"发展。明代工商业更为发达，交通也更加便利，经商的人越来越多，这就需要建立一种乡土性的行会组织，于是商业会馆出现了。会馆内按行业分成"帮"，组成商业行帮，这些会馆行帮组织为了保护自身利益，共同协商价格，相互借贷，调剂资金，合力对外。当然，它仍被豪商富贾所操纵，一般中小商人只能唯命是从。

在清代，商业会馆、行帮的组织和机构更为普遍，还出现了"公所"。商业行帮是组织，会馆、公所是机构，它的作用和明代基本相同，其性质仍然是封建性的。清代由于地方分工的加强，在各城市里，各地的商业行帮往往独占一种行业，形成地方特色。随着商业活动范围的扩大，商人足迹不仅遍布全国，甚至走向海外。清代商业行帮的作用和过去相比有所不同，它不再完全为封建统治者服务，主要侧重于保卫同行或同乡人的利益，有时还抵抗官府对商人的侵害。商业会馆、行帮的组织，到近代则演变为商会组织。

83. 我国古代的对外贸易是如何发展的？

秦和朝鲜半岛有着直接的贸易关系，中国的丝绸、漆器那时已输入该地区。秦代和印度的贸易也很密切，而中原铁器等很早就传入越南了。

汉代在通西域前，中国的"蜀布"等已运销于大夏（今阿富汗北部一带）。张骞通西域后，中国出产的大量丝绸源源不断地从长安往西，经新疆到安息，再转运到西亚和欧洲的大秦（罗马）。这条商旅要道后来被誉为"丝绸之路"。丝绸之路的开通加强了西域与汉朝的商业往来。西方的物产经由丝绸之路传入我国，大大丰富了我国的物质文化生活。东汉时，班超再次出使西域，保证了丝绸之路的畅通。汉代海上贸易多从广东徐闻出海，官营贸易由官府出资派商使和民间征来的应募者一起出海，私商经官府批准也可以出海贸易，来中国南海一带贸易的有印度人和罗马人。

魏晋南北朝时期，南到越南、缅甸、暹罗、印度，东到朝鲜、日本，北到蒙古高原，西至西域，远及罗马，都与中国有商业往来。

隋朝统一中国后，派裴矩驻在张掖，主掌通商事务，派常骏、王君政等开辟南洋贸易。隋朝还曾以洛阳东市为贸易中心，邀集外商和使节来参观和互市。

到唐代，对外贸易空前发展起来。外贸以海上为盛，阿拉伯、波斯、印度、南洋诸国的商船云集广州，中国也有巨大的商船载着丝织品、瓷器和其他手工业产品到这些国家去。中日商船的西去东来也极为频繁。

宋代航海已开始使用指南针，海上交通更发达。商船航行远达非洲海岸，因此海外贸易比唐代更盛。

元朝是我国历史上开设对外口岸最多的王朝，同近百个国家和地区有贸易关系。元朝对进口货物征百分之七至百分之十的低税，以鼓励外商来华贸易。

明初一度实行海禁，开禁后在宁波、泉州、广州设置了市舶司，还专门建造宾馆接待外商。明朝前期国力强盛，出现了郑和下西洋的壮举。郑和下西洋开拓了海外市场，许多中国商人随着郑和舰队，循着这条海路，远航通商。在西北边境一带，明代对蒙古的贸易很频繁。明代中后期，由于倭寇的侵扰，欧洲殖民者的相继东来，与明朝摩擦不断，影响了对外贸易的正常开展。

清初统治者为了巩固其统治地位，也实行海禁，直到康熙二十三年（1684）才废止海禁政策。次年宣布广州、漳州、宁波和云台山（连云港）四处为对外贸易口岸，分别设置粤海关、闽海关、浙海关和江海关。从此，长达千年的市舶制度结束了，开始了设置海关的历史。清朝政府对外贸的限制虽然有所放松，但总的来说，清朝实行的还是限制对外贸易的政策。乾隆二十二年（1757），清政府取消了闽、浙、江三处海关，限定广州为单一对外口岸，并逐渐实行封建性垄断贸易，以广州十三行为代表的行商操纵、垄断进出口贸易，这种局面一直维持到鸦片战争爆发前夕。

84. 我国古代典当制度的起源和发展情况如何？

古代典当业起源于南朝佛寺。南朝时，统治者尊崇佛教，各地佛寺多不胜数，大量的资产和劳动力流入寺院。寺院地主和僧官驱使投奔寺院的贫苦农民耕田、经商，还向他们放高利贷。当时，一般平民百姓多有衣食不足者，而寺院多财富，于是就开设伙房，以粮食、衣物等做质押，向借款人贷放现款。若到期无钱赎当，典当行即没收其质押品，这种盘剥是很严酷的。寺院受质放债，古代典当业由此开端。

到唐代，由于生产力发展，商业极为繁荣，商人的财力大增，受质放债的行业遂主要由商人经营。唐代的当铺叫"柜坊"，柜坊所藏物品主要是钱帛、粟麦，一部分是柜坊自备的经营资金，一部分是顾客的存款，因柜坊资金雄厚，比较保险，有钱人愿意将钱财寄存在那里，所以柜坊又兼似后世的钱店。柜坊所藏帛、粟、麦、衣物等，是贫民借钱的抵押品，柜坊盘剥的主要对象仍是农民和城市的贫困户。

北宋时，当铺多称"质库"，它比唐代有了进一步的发展。而到北宋，质库开始独立经营，又称为"解库"。在各地的城市中，都有商人经营质库，其经营活动比唐代更盛。北宋大寺院也开质库谋利，称为"长生库"，寺院因此获得巨额财富。

在元代，典铺除称"解库"外，还称为"解典铺""解典库"。

"当铺""典铺""典当"的名称正式出现于明代。从事典当行业的山陕商人以及皖南徽商，各名都大邑都有他们经营的典肆，有的商人专以典质为业而致富。这些商人经营的范围也日益扩大，不仅是一般的贫民受其盘剥，甚至有的富有之家也因典当而濒临破产。明代的当铺数量也比前代多。在乡镇中还出现了小当铺领用城市大当铺的资本、将抵押物品转押给城市大当铺的"代当"。

清代经营典当业的当铺数量极多。乾隆时期，北京城内外就有当铺六七百家。当铺对人民的剥削仍然很严酷，贫穷的百姓用自己仅有的破旧衣物去押当，取得的质钱是有限的，因此剥削也最重。清代有很多贵族大官僚也经营典当，如和珅拥有当铺七十五家，资本银三千万两。清代的大当铺资本雄厚，有的广设分店，分店所收贵重质品要交总店保管，借款人取赎时要经过转手手续，叫作"本代"。还有些大当铺借钱给小户，经营小押，也有地方官僚以公款放给小押。

85. 我国古代旅店制度是如何发展的？

我国是世界上最早出现旅店的国家。旅店承担着为官吏或商旅游客提供膳食住宿的任务，并在发展的过程中呈现出不同的特点。

驿站是我国古代最早的一种官方住宿设施。在古代，没有完备的通信工具，政府的政令和公文传递，以及各地区间书信的往来，全凭专人步行或骑马递送。无论是骑马飞报机务或步行递送文书的信使，途中都需要食宿和换用交通工具，于是就出现了驿站。根据史料考证，我国殷商时已有驿站，想必当时有一定数量的驿道。周代已有平坦的驿道，"周道如砥，其直如矢"，大致反映了当时的情况。到了春秋战国时期，交通驿道有了相当的规模。秦始皇统一六国后，即治驰道，通于天下。同时，秦朝还以都城咸阳为中心，在全国各地沿驿道设立驿站，并制定了邮驿法令。汉代以后，随着中央集权的加强，边疆地区的驿道也进一步发展。到了元代，西藏也与内地有驿道相通，沿道并设驿站。驿站的名称也在演变着：周代称为"庐""路室""候馆"，汉代称"传舍""邮亭"，唐代称"驿馆"，到了宋代称"邮铺"，"站赤"之名出于元代，由明入清，始称驿站。

我国古代的驿站由政府设置并监督使用，政府具有直接管理权。唐代属工部，元明清则归兵部。政府明文规定，过往人员投宿驿站必须持有官方颁发的旅行凭证。行旅在出示凭证的同时，驿站管理人员还要执行簿记制度。驿站配备了很多厨师和差役，配备了各种用膳器具，以保证对出差人员的饮食供应。驿站对于投宿人员的房屋安排、食物供应和交通工具的供给，根据来客的身份和官品，各有等差，体现出封建社会的等级制度。驿站这种官方住宿设施从殷商中期开始，到清代光绪朝"大清邮政"兴办为止，延续了三千多年。

在古代，旅行者可在寺院中投宿进餐，这是早期的寺院旅舍。最初，寺院接待的食宿对象是外邦僧人和国内游方僧，后来一些豪门贵族参佛祷祝后也留宿寺舍，虔诚的香客和远行的旅人自然也以投宿寺舍为便利之途。

寺院旅舍与其他旅舍相比，有其特色。寺院多处环境清幽之地，房舍雅洁，便成了官宦和士子争相寄宿的理想住所。寺院旅舍亦无固定的食宿价格，全凭施主根据财力随意施舍香火银钱，算是对佛祖的供奉。清代以后，寺院行使旅舍功能的范围日渐缩小，只有名山大寺的旅舍仰仗地理位置之优势保留了下来。

86. 我国古代的车是怎样发展演变的？

最原始的车轮可能是用粗大圆木锯成的，既不坚固，又很笨重，继而形成了用木板、木条装配成的车轮。

从商代的甲骨文中，我们可大略了解当时的车制。随着考古学的不断发展，我国考古工作者在河南、陕西等地成功地剥离出商周战车夯土印迹。

古车更多是作为运输工具之用。人有贵贱之分，车也有高低之别。皇帝、士大夫、平民百姓乘坐的车各不相同，体现了封建社会严苛的等级制度。

随着社会经济的发展和制作工艺的进步，车子的类型逐渐增多。汉末出现了独轮车，可以通行于山间和丘陵地区。三国时诸葛亮等人所创木牛流马实际上就是一种经过改制的独轮车。汉代还出现了四轮大型运输车，每车用十几头牲畜来拉，载重量可达四五千斤。此外，还有三轮、六轮、八轮的车子，车轮最多的达二十个。

古车主要以牛马和驴驾驶，也有羊车。由于羊比较温顺，羊车可供帝后乘坐，通行于后宫。此外，西晋皇帝的仪仗队中还有用象驾的车子。

先秦时期，车被广泛地运用于战争，周灭商即使用了登城的云梯及冲撞城墙的冲车，春秋时出现了侦察的巢车，东汉末年出现了投掷石块的炮车，此外还有填壕车、纵火的火车等。

我国古代还有许多种特殊用途的车子。例如，帝王将相仪仗队中就有指南车、记里车、斧车、鼓吹车、鸾旗车等，不过其中大多数车子只具有威严的外观，而指南车、记里鼓车内部则有复杂的齿轮转动系统。另外，从汉代砖石刻上还看到当时有一种杂技车，人在车上进行惊险的杂技表演，十分精彩。同时，晋代还曾出现过在行车时可以自动磨面的磨车和春车，车内应有巧妙的转动系统。

87. 我国古代的轿子是怎样起源与发展演变的？

轿，古称"肩舆"，轿的名称约在宋代出现，是我国古代的一种重要的交通工具。一般认为它是在车的基础上，除去轮子，由人力肩舁（通舆）车厢而产生的。据史书记载，夏代初年就已出现。《尚书·益稷》记载大禹"予乘四载，随山刊木"，"山乘樏"的"樏"字，有人考证这就是后来轿子的滥觞。1978 年出土的春秋战国之际的三乘肩舆制作颇精巧。

从先秦到两晋，上层贵族中盛行乘车，因此史书上并没有留下多少"肩舆"的记载。据说西汉成帝曾与班婕妤同辇，东汉外戚欲效仿，但受到讥讽，说明这种"役人"的代步方式，在中原地区并不为人们所接受，所以肩舆只有皇室贵族上层的一小部分人使用。但在南方交通不便的山区，它还是一种使用较多的代步工具。

到了唐代，除了帝王，妇女和老弱有疾的官员也可使用肩舆，常人则多骑马坐车。轿的普遍化是在宋代。北宋初年，轿子的使用仍同唐代。南宋时，轿子的使用进一步推广。明初，对乘轿仍有种种限制，如于慎行《谷山笔麈》载："国朝文武大臣皆乘马，自景泰以后，三品文臣例许用轿。勋戚一品，惟年老宠优者方敢陈请，他不许也。"明中后期，才普遍流行乘轿，以至"人人皆小肩舆，无一骑马者"。轿子遂成为人们普遍使用的重要代步工具。

古代的轿子大致有两种形制，一种是不上帷子的亮轿（亦称凉轿、显轿），一种是上帷子的暖轿（亦称暗轿）。不同官品，在轿子形制、帷子的用料上有严格的区分。轿子随其用途的不同，有种种不同的名称。皇家所用称舆轿，官员所用称官轿，娶亲用轿称花轿。抬轿一般二至八人，民间多为二抬便轿，官员所乘有四抬、八抬之分，皇室贵戚所乘之轿，有多至十余人乃至三十多人抬的。

抬轿子讲究抬得稳，走得快，所以当时抬轿的轿夫是一个专门的职业，尤其是四抬、八抬的官轿，抬后杠的轿夫看不到前方，全靠低头看路面而行，要抬稳轿子确实不容易。官员外放走长途的轿子，光有一班轿夫不够，须由两班轿夫轮流抬轿。当时大僚坐轿出门，用人很多。途中换下来的轿夫，一般是坐大车或骑马跟着轿跑，这样开支就相当大，所以当时有些官品虽高但俸禄不多的京官，无钱蓄轿班，只能乘车。民间用轿，多是到专门出租轿子的铺子去租赁。

封建制度被推翻后，除了在传统婚礼中继续使用花轿外，这种役使人力代步的落后交通工具逐渐为时代所淘汰。

88. 我国古代水陆交通运输怎样？京杭大运河是如何形成的？

我国古代交通，早在三千多年前的商代已肇其端。根据甲骨文、金文、古书记载和出土实物的证明，商代不仅有了"车马""步辇"和"舟"等交通工具，而且开始建立"驿传制度"，其中以马传送叫驿，以车传送叫传。

春秋战国时代的交通，已具备相当的规模。中原各国陆路纵横交错，水路交通不仅利用自然河道，还开凿运河。

全国性的交通网则始现于秦代。秦始皇统一中国后，把过去错综复杂的交通路线加以整修和连接，建成遍及全国的驰道。汉代建立后，在秦朝原有的交通线路的基础上，继续扩建延伸，构成了以京师为中心，向四面辐射的交通网。秦汉在交通要路上，设置了亭、传、邮、驿，以利交通。

隋唐时，我国水陆交通进入一个新的历史时期。隋开广通渠、通济渠、永济渠，形成了西抵长安，北达涿郡，南至余杭的南北大运河，加强了全国的水陆交通。

元朝在全国水陆通道上，遍设站赤，构成以大都为中心的稠密驿路交通网。

明清经行的交通，亦是驿路，自首都北京至各省以至辽远的边区，都有驿路通达。清末至民国初期，近代交通工具火车、轮船、汽车的相继兴起，铁路、航线、公路的不断开辟，使古代的驿路交通组织趋于废弃。

我国的南北大运河是举世闻名的伟大工程。它是我国古代经济、文化纵向发展的媒介，是中华民族古老文明的见证，同时也在人类改造自然的历史上写下了光辉的篇章。

经济文化发展到一定阶段，必然会产生南北交流的要求。当时沟通南北最简便的交通方式是水运，但我们缺少一条南北流向的河流，所以，为了弥补地理上的缺陷，在天然河流之间开挖运河成了必然选择。

我国最早的运河大约起源于公元前六世纪的楚国。当时为利用汉水航道沟通黄河中游地区，在郢都引江水开凿一条名为扬水的运河。公元前486年，吴王夫差为了争霸中原，在今江苏扬州、淮安间开凿了沟通江淮的邗沟，即京杭大运河中最早出现的一段。战国时期，在水运史上影响最大的是公元前360年魏惠王开凿的鸿沟。秦统一后，开凿了沟通湘、漓二水的灵渠。从此，黄、淮、江、珠四大水系都有运河相接，黄河流域的船只可由水路直达岭南。汉武帝又开凿了从长安至潼关入河的漕渠，运河的西端又延伸到了关中平原。总之，经过春秋至魏晋近千年的经营，我国运河的分布已经很广，全国的水运交通网初步形成，为隋代南北大运河的兴建提供了基础。

隋开皇四年（584），为解决首都大兴城（今西安）的漕运问题，首先修复了广通渠。隋炀帝即位，更大规模兴修运河。大业元年开通济渠，大业四年开永济渠，大业六年开江南河，从开皇四年至大业六年的二十六年内，开通了南北大运河。京杭大运河沟通了海河、黄河、淮河、长江、钱塘江五大水系，形成了以长安、洛阳为轴心，向东北、西南辐射的水运网，规划严密，布局合理，在世界水运史上也是一个伟大的工程。唐代建都关中，其漕运路线基本与隋相同，故无大规模运河的兴建。元朝时，开凿了济州河、会通河、通惠河，至此，京杭大运河全线贯通。京杭大运河的修成，大大加强了我国古代南北的经济文化交流。

89. 我国古代的邮递制度是怎样的？

古代先民在没有发明文字和使用交通工具以前，就已经能够在一定范围内互相传递一些简单的信息了，大概是采取以物示意的方法来传递信息。

烽火台是我国古代有组织地传递军事警报的设施，两千七百多年前的周幽王时就有了利用烽火传递信息的方法。据史书记载，边境和通往边境的路上，每隔一段距离，就筑有一座烽火台，接连不断。烽火台中有戍卒守卫，且里面备有柴草，一旦遇到战事或突发状况，便有戍卒点起烽火报警，诸侯马上率军前来御敌。以后，历代王朝相沿不废。举放烽火的方法昼夜不同，白天举烟，夜晚放火，能起到很好的报警效果。这种军事通信的方法，直到明清时期，许多地方还在使用。

举烽火只能起到进行公开的军事报警的作用，还不能达到秘密通信的目的。周初，著名军事家姜子牙望发明了通过传送"阴符"和"阴书"而秘密传送军事信息的方法。后来，军队又在这套阴符的基础上，创造出各种不同用途的虎符、兵符、令箭、金牌、符节等，使之能表达出更丰富的内容。这些通信方法，一直到清末才为近代通信手段所替代。阴书传递信息采取"一合而再离，三发而一知"的方法，用这种方法传递军事信息，安全性高，不会泄露机密。

宋朝，曾公亮在总结前人秘密通信经验的基础上，创制了一份军事密码本。用军事密码本传递信息是一种很可靠的保密传递方法。

除传递军事信息的方法以外，朝廷政令的下达、各级官府间公文的递送及各地方人们的书信往来都靠专人步行或骑马递送，这种递送方式就是邮驿通信。我国历朝历代都沿袭这种制度。

驿传制度起源于周朝。当时的诸侯都自成国家，他们出于政治和军事上的需要，都在大道上设有驿马和邮车，往返传送官方文书。为了方便信使和邮卒换用马匹和住宿，在通往京城的驿道上相隔一定的距离设有驿站。春秋时的邮驿通信已很完备。到了唐朝，邮驿通信盛极一时。邮驿通信这种古老的传递信息的方式，直到清朝中叶以后，才为近代邮政所淘汰。

驿站是官方的通信组织，只准传递官府文书。民间通信只能托人捎带，辗转传递，诸多不便。

随着社会经济的发展，人们的交往日益频繁，旅居外地的人员也需要与家人通信，尤其是各地商人亟须交流商贸信息，于是民间传递信件的业务就应时而生了。唐代，在长安和洛阳就有了主要为商人服务的"驿驴"。到了明代，先在东南沿海，接着在内地出现了专为民间传递信件的民信局。清朝道光、咸丰、同治年间是民信局发展的鼎盛时期。

除了通过驿站递送公文、信件之外，古代还曾用信鸽、风筝传递消息，只不过不是经常使用的方法。

90. 我国服饰制度是如何形成与演变的？

所谓服饰，从狭义上来理解，就是平常所说的服装；广义来说，它还包括头、手、颈、脚、胸等佩戴的各种饰物。在衣、食、住、行四项中，"衣"被列为首位，可见它在人类生活中占有非常重要的地位，而且"衣"在人类生活中有护体、御寒、标识、装饰等各方面的作用。

不少人类学家认为原始人使用服饰的最初动机是装饰，这是很有道理的。虽然服装的保护作用和遮羞作用在现代人眼里似乎是最基本的，但对原始人来说，却并不是第一需要。在原始部落中发现过不少不穿衣服的原始民族，却从来没有发现过没有装饰品的原始民族，这就是一个明证。原始人对身体的装饰，除了佩戴饰物外，还有涂绘和毁形两种。

在人类原始时期，曾经出现过几次冰河时期，气候有过很大的变化。由于气候变冷，衣服的保护作用突出起来。衣服有了御寒的实用价值后，装饰的作用仍然被原始民族所重视。在现存的原始民族中，居住在北极的因纽特人的衣服是最完整的。遮羞的观念产生得更晚，恐怕要到私有制产生后才有，原始社会的人并不会像后人那样，因赤身裸体而感到羞耻。

进入阶级社会后，服装的保护、遮羞和装饰这三种功能已同时具备，前两种目的是比较容易达到的，人们却并不会因此而满足，总是要在装饰和美观方面继续发展。人类历史上，服装的演变，与政治、经济、军事、思想、文化以及宗教信仰、生活习俗等都有密切的关系，相互间有着一定的影响。

各地区的气候、地形不尽相同，服装也有很大区别。我国北方的衣服比较紧窄，南方的衣服比较宽松，这与南北方的气候不同有关。但是，一个地区的地形、气候的变化是十分缓慢的，而服装制作的材料和样式却千变万化，可见，引起服装变化的原因主要在于社会条件。

社会条件对服装的影响是多方面的，首先表现在生产力的发展上。畜牧、种植、纺织、印染等行业的生产水平直接影响着服装的材料、式样和色彩。其次是社会制度的影响。我国古代森严的等级制度，反映在服饰方面，就是穿戴上的等级差别，在式样、纹饰、质料等方面都有等级限制。服装还受宗教礼节的影响。世界上各宗教的神职人员都有其独特的服装，在宗教思想影响下，婚、丧、诞、寿等礼节也往往要求有特别的服饰。

在一定经济基础上形成的社会意识形态会影响当时的社会风尚、衣冠服饰等，各个时代思想意识的变迁，也会直接或间接地反映在衣冠服饰上。

服装与民族也密切相关，正如各民族都有自己的风俗习惯一样，世界上各个民族都有自己传统的民族服饰。在各民族的正常交往中，服饰上也有互相影响的情况，如日本的和服是受我国唐代服装的影响的。

服饰不仅是人类文明的标志，同时也代表着一定时期的文化。服饰的演变，是我国文化史上不可分割的组成部分。

91. 何谓"冠制"？何谓"官服"？它们的各自发展演变情况如何？

"冠制"是我国服饰制度中的一个重要组成部分。随着衣服的产生，头上戴的冠帽也产生了。束发习俗形成后，又从束发器的形式中产生了冠，考古资料中所见的商代冠形还比较简单，它的基本形制与早期的束发器相同。冠与帽有严格的区别，冠只罩住发髻，帽则覆盖整个头顶。冠与帽代表了严格的等级，贫贱无身份的人是不准戴冠的。

周代冠的形制有冕、弁两种，冕的基本形制是冠上加一木板，前后有垂旒，等级差别决定垂旒的数目。周代以后，这种冕一直为历代所沿用，作为正式的礼服，直至清末。弁仅次于冕，其形如覆杯，自天子至士都得戴，在一般性的正式场合使用。

汉代的冠式，都做前高后低，倾斜向前形，其中最主要的有两种：一种是文官所戴的进贤冠，一种是武官所戴的武弁大冠。汉冠制度对后代影响颇大，一直沿用到明代。

魏晋南北朝时，正式官服多袭汉冠制度，但人们戴冠帽的习惯却有了一些重要变化。一是便于脱戴的帽在日常生活中流行起来，一是巾帻在妇女之间流行。隋唐时期，幞头开始流行，妇女则开始普遍戴帷帽，到了宋代，这种妇女戴的帷帽便演变为以方幅紫罗遮蔽上半身，俗称为盖头，后世新娘的盖头即由此演变而来。

宋代的礼服中仍用冠冕，而一般公服则多戴幞头，帽形平直，幞脚平展很长，是当时的主要首服。当时还有一种方顶垂檐的帽子比较流行，称"东坡巾"。明代官员戴的乌纱帽，是从前代的幞头演变过来的，其形制是前低后高，通体皆圆，帽内另以网巾束发。清代的冠帽，民间大体沿用明的旧制而稍有变更，官服之帽则废明代旧制，皇帝和官员夏天戴敞沿的凉帽，冬天戴折沿的暖帽。

我国古代的官服大致分为两类：一类是礼服，用于祭祀、大典礼等；一类是常服，用于一般性的正式场合。为了显示封建等级，这两类服装都依身份、官品的不同而有所差异。

从西周初年开始，官员就以冕服为朝服，即头戴垂旒的冕，身穿绘绣十二章纹的衣裳，腰束革带，依身份的不同，服装的质料和色彩都有所不同。汉代的朝服是冠服，头戴冠，身穿深衣，下穿履，不同身份的官员戴不同的冠。唐代官员的常服是穿圆领袍、裹幞头、穿长靴，这是在魏晋南北朝时少数民族服饰影响下形成的一种服制。

宋、明两代基本沿用了唐代的常服制度，明代又增加了以补服区分官品的方法。清代的官服基本上用满族的特色服装，即头戴凉帽和暖帽，身穿带有马蹄袖的圆领袍，挂以朝珠。

总之，官服渗透了等级尊卑的观念，历代都对官品的服饰有严格的规定，这是对封建等级制度的集中反映。

92. 我国古代妇女的服装如何？她们是怎样化妆和插戴首饰的？

妇女服装向来是服装中变化较多的部分，这是受古代妇女的生活、习俗所决定的。古代妇女的服装分礼服和日常服饰两大类型，前者随丈夫的品级不同而各有等差。

上古三代，妇女的服装与男子的服装形制基本相同，上衣下裳或深衣，仅在质料、花纹上有所区别。汉代妇女的礼服是深衣，日常服饰则是上衣下裙。裙与裳形制相似，因女子所着故称为裙。

魏晋南北朝时期，由于受北方少数民族习俗的影响，这个时期的妇女服饰也有不同程度的变化，比较明显的现象是服装样式由上长下短变为"上俭下丰"。

唐代的女装主要由裙、衫、帔组成。唐代前期，中原一带的妇女还喜欢穿西域装。以纱罗作为女服的衣料，是唐代妇女服饰的一个特色，这和当时的思想开放有密切的关系。宋代妇女逐渐不戴帔帛，大多穿小袖对襟式上衣，盖在下裙之外。

明代妇女的装束基本上仍是上衣下裙，衣裙的长短随时有变易。明代品官女眷的礼服，主要是凤冠霞帔，明代妇女的冬服有披风、帽兜等。清代满族妇女的服饰，一般是穿上下连裳的旗袍，罩马甲，梳有如意头、一字头等，穿高跟在足心的花盆底鞋，初期比较朴素，至中叶以后就较为繁饰。清代后期，满汉装束相互影响，各自都有明显变化。清朝中晚期的女装中，花边运用很广泛。到辛亥革命后的二十世纪二三十年代，由于封建统治被推翻，服饰上的种种禁例被解除，西式服装及装饰方法传入，妇女服装才产生了新的、更大的变化。

妇女的化妆与插戴首饰是民俗学中观赏性习俗的一部分。爱美之心人皆有之，也自古有之，只是时代更迭，风俗交替，使这部分习俗在具有一定的传承性之外，又有着很大的变异性。

古代妇女的基本化妆品是眉黛、粉、胭脂、口脂及花钿。眉黛又称黛，供画眉之用，有史料记载，早在春秋战国时期，就已有女子画眉，如《诗经》中有"螓首蛾眉"。唐代盛行"阔眉"，亦称桂叶眉，把眉毛画得又短又阔。

古代妇女施脂粉也很讲究色彩。古代的粉最初是用米碾成粉做成的，或加之以红色，可以敷面，也可做胭脂。至夏商周时，出现了以铅为原料的白粉和以红蓝花、苏木等原料做的胭脂。胭脂，古又称燕脂、燕支、焉支。古时把胭脂做成膏汁、粉类，还涂于纸上，做成胭脂纸和胭脂绵，以便涂抹。

口脂也称唇脂，唇脂点法很多，颜色各异，唐宋时的妇女喜欢用浅绛的檀色来点唇。古时甚至用唇丹来点痣，颊上左右对称，也就是后来的"面靥"。

花钿又称花子、媚子等，一般用金箔、纸、鱼鳃骨、蜻蜓翅膀等做成，色彩缤纷，以红、黄、绿三色为主，做工精巧，形状可爱，古时妇女将它贴于额间、鬓角、两颊及嘴角。

古时所谓的首饰只是指"首"上所插之饰，主要有簪、钗、珠翠花朵及梳。除头上所插之饰外，还在耳上、臂上、指上分别戴饰物，分别称珥珰、钏镯、指环。在阶级社会里，首饰是地位的标志。

93. 我国古代的饮食制度是怎样的？主要有哪些特点？

我国汉民族的传统饮食以植物性食料为主，主食是五谷，辅食是蔬菜，外加少量的肉食，形成这一习俗的主要原因是中原地区以农业生产为主的经济生产方式。以畜牧业为主的少数民族则是以肉食为主。

而以热食、熟食为主，也是我国饮食习俗的一大特点。《吕氏春秋·本味》已将熟食、热食作为调制食品的指导思想，这和我国文明开化较早，烹调技术发达有关。我国是一个有悠久历史和古老文明的伟大国家，我国的饮食历来因为食谱广泛、烹调精致而闻名于世。

在饮食方式上，我国也有自己的特点，就是聚食制。聚食制的起源很早，从许多地下文化遗存的发掘中可见，古代炊间和聚食地方是统一的。这种聚食古俗一直传于后世，这在今天西南少数民族中还有遗留，如贵州乡间的吃火锅。今天中国城市居民的就食，实质上也是聚食制的衍变，与西方社会的分食制不同。聚食制的长期流传，与我国原始社会解体后村社共同体的长期延续有关，是重视血缘亲族关系和家族、家庭观念在饮食方式上的反映。

我国的饮食方式又从聚食制中衍化出筵宴，它已不纯粹是饮食的方式问题了，而是融合了许多"礼"的内容而形成的就餐方式。各地区、各民族都有自己独特的筵席形式，我国古代的筵席讲究礼让，宴会前往往有"安席"仪式。在较隆重的场合，赴宴者拘于礼节，饮食反而降到了次要的地位。筵宴上食品配制与进食次序也往往异于平时，食品的品种数量也比往常要丰富得多。从进食次序上说，上菜、敬酒、点心顺序严格。

在食具方面，我国饮食习俗的一大特点是使用筷子。筷子，古代叫箸，一般用竹制成，一双在手，运用自如，既简单方便，又很经济。我们的祖先发明筷子，是对人类文明的一大贡献。

94. 我国的传统菜系有哪些？它们是怎样形成的？

我国菜肴举世驰名，品种之繁多，口味之精美，可居世界之最，有闽菜、川菜、京菜、湘菜等不同的菜系。不少菜系都融合了不同地方、不同民族的菜肴特色，一个主要的菜系往往又派生出几个分支，如粤菜即有广州、潮州、东江等几种地方菜。

菜肴的不同类型，受到多方面条件的影响。一是原料生产的地方特色。黄土高原不产蛇和田鸡，自然难出"龙虎斗"；蒙古草原难得鸭鹅，不可能生产"烤鸭"。二是受各民族、各地方生产生活的需要和口味所制约。在我国，许多喜食辣味地区的食俗多与种植水田有关，如东北朝鲜族和四川、湖南等地多喜食辣味。三是各地方、各民族的调制方法。配料、刀工、火候、调味、烹调等技术的不同要求，是形成菜肴类型的重要因素。

我国的各大菜系都有很悠久的历史，都是从各地方、各民族的民间风味发展而来的。以粤菜为例，粤菜在海内外久负盛名，它的显著特色是用料广泛。粤菜中的著名菜肴是"蛇餐"，广东地方食蛇至少已有两千年以上的历史。《淮南子》中记载："越人得蚺蛇，以为上肴。"

又如苏菜，也是声誉卓著的菜系，它的历史可以上溯到两千四百多年前。在《史记》《吴越春秋》等古典文献中，就有了多种烹调鱼菜的方法。

湖北菜中的名菜"武昌鱼"，早在《诗经》中就有了这种鲂鱼的食俗记录："岂其食鱼，必河之鲂？"

安徽菜中的珍馐"马蹄鳖"是著名的甲鱼菜肴。安徽境内多河流湖淖，盛产鱼鳖，这道名菜也有很悠久的历史。

再如闽菜系中的福州菜，它的突出特色是"糟法"。这种烹制法，就是在民间经过长期发展才形成的。其法是先将糯米、红米用酒药泡制，封藏一年后，便成了玫瑰红色、带有香甜酸味的"红糟"，然后用它烹调菜肴。

山东菜中的名肴糖醋鱼，本源于胶东菜。胶东近海，历来以善烹海鲜著称，这味名菜，也是民间饮食文化长期发展的结晶。

至于北京菜，更是集历代发展之大成。北京地处华北中心，近八百年来更是全国政治中心，为元、明、清等历代都城。各地名厨云集于此，引进各地菜肴类型，构成独具特色的京菜新类型。北京菜融合北方各民族的菜系，形成"全羊席"式的著名佳肴，有"爆羊肚儿"式的小吃，有"烤羊肉""涮羊肉"式的大餐。这些菜式共同形成了闻名遐迩的京菜。又如著名的北京烤鸭，大约是一百五十年前从南菜中移入的；锅塌和酱爆的菜，则大多是从山东菜移入的，再加以改进和创新。

我国众多的菜系和丰富的饮食，犹如百花园中的奇葩，把一部古代文化史装点得分外艳丽，是值得我们引以为豪的。

95. 茶在我国古代是如何发展的？

茶是世界上最受人们欢迎的饮料之一。我国是茶的故乡，种茶、制茶、饮茶都起源于我国。在我国古代的文献和传说中，许多地方都讲到茶，这些文献和传说指出茶与人们的身体健康密切相关。由此可见，茶在很早之前就受到我国人民的关注与重视。

茶成为我国的一种普遍的饮料，经过了一段漫长的岁月。在远古时代，人们仅把茶叶当作一种药材，称之为荼。当时，从野生茶树上采下鲜叶，直接煮成羹汤而饮，其味苦涩如药，所以最初也称茶为"苦荼"。以后，在长期的医药实践中，人们认识到茶叶不仅可以治病，而且可以止热解渴，味清香浓，是一种很好的饮料。于是人们开始大量种植、采制茶叶，饮茶也成为人们的日常生活习惯。

茶作为饮料起源于何时，古今学者历来观点不一。茶作为饮料的可靠记载，始见于距今两千多年前的西汉。公元前59年，王褒的《僮约》中提到家僮在家里煮茶，要去武阳买茶，这是我国最早、最有价值的关于茶叶的记载，反映了当时茶叶的饮用、买卖的情景。秦汉时期，饮茶方法也有改进，采来的鲜叶被制成茶饼，饮用时，捣碎放入壶中，注入沸水冲泡，外加葱、姜、橘子等调味。

三国两晋时期，饮茶的风气渐盛。东吴最后一个皇帝孙皓密赐给大臣韦曜茶，允许其以茶代酒，也就在这一时期，文人以茶待客渐成风气，甚至在妇女中饮茶也已很普遍。

到了南北朝，随着佛教的盛行，和尚坐禅枯坐，茶发挥了很大功效。这一时期，饮茶风在各大小寺庙流传开来。

唐朝时，饮茶之风更为盛行。唐朝初年，饮茶仅在南方流行，北方有些地方则认为是奇风异俗。在长期的饮茶实践中，人们发现饮茶可以提高人的思维能力，茶叶便受到文人学士的青睐，他们开始提倡饮茶，并把茶作为吟诗作赋的题材。陆羽的《茶经》也在此时问世，书中对茶的起源、历史、栽培、采制等做了精湛的论述，这是我国茶史上一部重要著作，也是世界上出现的第一部茶书，陆羽因此被誉为"茶神"。

唐朝中叶，北方饮茶普及，南方大批茶叶运往华北。城镇乡村的茶馆随处可见，茶叶不再是贵族和士大夫阶层特有的享受品，而成为普通百姓的日常饮料。

在宋代，人们重视品味茶叶的香味、颜色、制作茶叶的技术显著提高，饮茶风气愈盛，嗜茶的人更加普遍。这一时期的好茶品类很多，有龙凤团茶、蒙顶茶、临江玉津等。

元朝开放西北茶市，饮茶风气在边疆少数民族中进一步形成，边茶大量生产。

明朝随着制茶技术的提高和茶叶质量的改进，烹饮方法及泡茶器皿等也越来越讲究，有很多茶叶专著问世，这些茶叶专著对茶的饮用和生产有过很大的影响。

到清代，饮茶盛况空前。人们应酬、交际、送礼都离不开茶。茶叶在人们的日常生活中占据了重要地位，已成为每家开门七件事之一。

96. 我国古代都有哪些洗涤剂？

先秦至秦汉使用的洗涤剂主要有粮食作物的浸泡液、灰水等。

粮食作物的浸泡液，也叫潘汁，即今日的淘米水，就是一种粮食作物的浸泡液。据《史记·外戚世家》记载，汉文帝皇后的弟弟窦安国年幼时被人贩子买去，分别时窦氏为他乞讨米潘洗头。可见，直到秦汉时，这类液汁还用于洗头洗脸。

灰水，即草木灰的水浸液。草木灰水中含有碳酸钾，所以能去污，在当时的条件下，这确是一种易于取用的洗涤剂。直到近代，农村中仍有用草木灰水洗涤衣物的，它是我国古代使用最久的一种洗涤剂。

此外，还有一种混合洗涤剂。贝壳灰中含有氢氧化钙，它与"栏木灰"作用，可以生成氢氧化钾，用它的水溶液洗涤丝织品时，与表面附着的油脂作用，可以生成钾肥皂，能把丝织品洗得格外干净。

魏晋隋唐时新出现的洗涤剂主要有皂角和澡豆。皂角是豆科植物皂荚树所结的果实，其水溶液能生成肥皂样泡沫，有去垢性能。南朝萧齐时，社会上已出现了经售皂荚的店铺，可见，皂角是当时重要的洗涤材料。澡豆这种洗涤剂大约出现在魏晋时期，据唐代孙思邈的《千金要方》和《千金翼方》所载的"澡豆方"可知，它是用洗净污血及撕除脂肪的猪胰腺研磨成糊状，与豆粉、香料等均匀混合，经自然干燥而成。澡豆洗涤能力较强，且能滋养皮肤，是一种比较优质的洗涤剂。由于猪胰腺这一原料难以大量取得，所以澡豆没能广泛普及，只在少数上层贵族中使用。后来，人们又改进了澡豆的制作工艺，制成了球状或块状的"胰子"。胰子在化学组成上和今天的香皂极为相似，据记载，当时有桂花胰子、玫瑰胰子等，广泛用于我国华北和东北，清末仅北京一地就有胰子店七十多家，是近代肥皂工业兴起前的主要洗涤用品。

此外，我国古代曾用的洗涤剂还有碱和茶麸。碱是碳酸钠晶体，中国古代所用的天然碱，其碳酸钠纯度不高。茶麸是油茶籽榨油后的副产品，将其捣烂用水浸出的液汁含有皂素，也可以去垢。这两种洗涤剂最早使用的年代不详，至晚在明、清时已广泛运用，时至近代仍沿用不息。

近代的肥皂工业约在19世纪70年代产生，清康熙时就在宫中设立专门的作坊仿造"西洋胰子"，但生产规模很小，主要供帝后妃子使用。当时英商美查在上海创办美查肥皂厂，19世纪90年代，我国近代化学启蒙者徐寿的儿子徐华封也在上海开办皂厂。1903年，宋则久等人在天津成立造胰公司。这些制皂厂虽然有的仍沿用我国的传统名称——胰子，但技术都是从外国引进的，两者并无联系。

97. 我国古代人们的起居习惯和日常清洁卫生情况如何？

原始人睡觉几乎不讲究场所，倒地便睡，经过一段相当长的时间之后，人们开始睡到高于地面的板床上。随着社会的发展，人们对礼仪的要求越来越高，睡觉也有了一定的规矩。"寝不言""寝不尸"便是其中最主要的两条。睡觉时所盖的被，最早就是衣服，俗语所谓"日当衣衫夜当被"可能确实是上古的实情。古代的被是长方形的，早在唐代已出现。

一日三餐似乎是必然之理，其实并非自古如此。较早的原始部落仅在早、晚食两餐而已，三餐制形成后很长一段时间，农村仍在农闲时食两餐，不过这也主要出于对节约粮食的考虑了。古代三餐的名称与现在不同，早餐在古代被称为"朝食"，午饭被称为"昼食"，晚饭被称为"晚食"，除这三顿正餐之外的"小食"则一律被称为"点心"。

古代人也很注意个人清洁卫生。大约在先秦时，便已形成了三日一洗头、五日一沐浴、天天洗脚洗脸的习惯了。元代时，今日所用的排毛牙刷也已有了。古人洗头如此之勤是有原因的，古代无论男女均束发覆巾，容易积累尘腻，所以必须勤洗头。官府也每五日给假一天，让职吏们返家洗头沐浴，谓之"休沐"。那时还没有公共浴室，大约在宋元时，城市中出现了"混堂"，其得名恐怕是入浴之人不分高低贵贱，"混"而洗之之意。晚至清初，扬州一带的浴池也与今日几乎完全一样，如大池中分隔为数格，为顾客设有贮衣之柜，并有了专门按摩、擦背的服务人员等。

厕所也是起源颇早的。厕，即侧的意思，也就是说，它是建在建筑物较偏僻之处。秦汉时代的厕所，往往和猪圈相连，这主要是出于积肥的考虑，直至近代，农村中尚有连属猪圈的茅厕。厕下有猪圈，用以排粪的池坎就很深，所以先秦时常有人不慎跌入厕中身亡的例子。比如《左传·成公十年》："晋侯将食，张，如厕，陷而卒。"魏晋时代，贵族多在室内设有豪华的厕所，厕内有奴仆服侍。古人多穿长衣，上厕所很不便，所以如厕前必须除去长衣，因而，上厕所就有了"更衣"的雅称。大便之后的拭秽之物，开始是用竹片，用毕后用水洗涤以备下次再用。纸张发明后，由于价格较昂贵，兼有"敬惜字纸"的礼教，所以仍用竹片。直到元时，正史中才有以纸拭秽的记载，至于其最早何时出现，已不可详考了。

98. 我国古代的家具都有哪些？

在远古时代，社会生产力非常低下，人们吃饭、休息都坐在地上，当然没有家具可言。倘若睡觉，也只是将兽皮、树叶等铺在地上。后来，人们在实践中逐渐掌握了编织技术，将树叶等原料编织成席子铺在地上，作为铺垫。席子，也许是人们最古老、最原始的家具。

铺在地上的席子随着时间的推移演变成了后来的床。《诗经·豳风·七月》中有："十月蟋蟀，入我床下。"这说明床的历史至少有三千多年了。1957年在河南信阳长台关一处的战国楚墓里，出土了一张保存完好的、最早的漆木床。

这种床一直沿袭到汉朝。《史记·陈丞相世家》记载："万年尝病，召其子咸教戒于床下。"这种记载足以证明那时候人们写字、读书、饮食基本都在床上进行。正因为如此，床是当时室内陈放的主要家具，一些别的家具都是围绕着床而陈设的。这种现象一直持续到床被高型家具代替为止。

战国时代还出现了专门装衣物的箱子，湖北随县曾侯乙墓出土的五件漆木长方形长箱的实物可以为证。榻在当时也已出现。早在周代时已出现的屏风，在汉代得到广泛的运用，并常与床榻合并使用，它不仅可以避风寒，同时也能分隔室内空间，为起居、会客制造肃静的背景。屏风上还可以挂器物，是当时一种多用途的家具。

汉代后期，北方少数民族的"胡床"传入中原，影响颇大。这种胡床，很可能开了日后椅子的先河。

魏晋南北朝以后，由于生产技术的进步，房屋也不断增高，人们生活的室内空间日益扩大，家具当然也起了变化，不仅种类增多了，而且高度也相应增加。床的增高，使人们不仅可跪坐在床上，还可垂足坐于床沿。这一时期，还输入了一些如椅子、方凳、圆凳等高坐具，对人们起居习惯的改变及其他家具的变化产生了重大影响。

隋唐时代家具的一个显著变化是桌子和椅子的广泛使用。桌椅的广泛使用，不仅改变了多年来形成的席地而坐的习惯，而且也引起了人们其他生活习惯的改变。

宋代是高型家具广泛普及的时代。当时的家具种类更加繁多，有床、桌、椅、凳、长案、柜、衣架等，宋代的家具在制作工艺上也产生了不少变化。这些都为后来家具的发展奠定了基础。

明代的家具，造型大方，比例适度，结构科学，选料讲究，在造型和工艺技术上都表现了浓厚的中国传统气派，达到了世界最高水平。清代早期家具基本上继承明代风格，变化不大，到了清乾隆年间，广泛吸收了多种工艺美术手法，再加上统治阶级的欣赏趣味，家具风格为之一变，奠定了清式家具的风格。

家具是我国传统文化的一种重要表现形式，它的发展经历了一个漫长的过程。我国古代的家具与建筑和古代社会风格相互渗透影响，形成了我国独具特色的家具式样和风格。宋元以来，特别是明清时代，由于对外通商和文化交流，我国家具对西方家具产生了重要影响。

99. 我国古代的铜镜是如何制作与使用的?

铜镜古称"鉴",古代铜镜一般呈圆形,镜面打磨光亮用来照容,镜背大多铸有钮和花纹。

铜镜的起源,据文献记载可追溯到古史的传说时代。传说当然不足为信,但有趣的是,前些年在属于齐家文化的甘肃广河齐家坪墓和青海贵南尕马台25号墓出土了两面铜镜,齐家文化距今约四千年,正相当于传说中的黄帝时代。这两面铜镜都是圆形,一面为素镜,一面为七角星纹镜,形制原始,但已具备后期铜镜的特点,这是目前所见我国最早的铜镜。

战国时代,铜镜开始盛行。战国铜镜薄而轻巧,多呈圆形,也有少数方形铜镜,镜钮细小。

西汉铜镜逐渐厚重,流行半球形钮,一般都在镜背铸有吉祥内容的铭文,如"常富贵,乐未央;长相思,不相忘"。西汉晚期,出现了一种铸有铭文的规矩纹镜,形制大而精美。

东汉至魏晋南北朝,出现了一些新的镜形,从内容到表现手法都不同以往。在表现技法上采用了浮雕手法,一反以前线条式构成法,主纹隆起突出,立体感强。

唐代铜镜富丽堂皇,较厚重,由于铜镜中铅的成分增加,表面多呈银白色,形式上突破了圆形、方形传统,出现了八棱形、葵花形、带柄手镜等新镜形。唐代铸镜业受当时社会风尚的影响,发展很快。

宋代铜镜一般重实用而不尚花纹,但在镜形上却极力翻新,棱花、葵花形、带柄手镜广泛流行,还出现了长方形、鸡心形、盾形等新形式。南宋盛行在镜背铸有商标字号的铜镜,如成都镜、湖州镜,特别是湖州镜,在宋代铸镜业中声誉极高。

元代铜镜基本沿袭前朝,然纹饰已渐趋粗略简陋。明清时期仍制作铜镜,较多在素背上铸有纪年铭,出现了专供殉葬之用的"冥镜",质为黄铜,制作粗劣。到清朝乾隆时期,铜镜终于被玻璃镜子代替。

古人用镜,早期多用手执,或安放在形似蜡烛台的镜台上,当时人多跪坐,所以,这类镜台都较低矮。晋著名画家顾恺之的《女史箴图》就描绘了当时人们用镜的情况。宋以后,由于坐具增高,镜台也相应提高,出现了高镜台,式样和近代的梳妆台相似。

据战国时代的《考工记》记载,铜镜的合金成分是"金锡半",即铜、锡各占一半。但据化验出土铜镜的成分来看,汉代及汉以前的铜镜,含铜量一般在百分之七十三以上,此外还含锡、铅等成分。这些成分的加入,主要是为了使液态金属与陶范保持密合的接触面,以利于提高铸造质量。唐镜铜分减少,锡分增加,镜色泛白。宋镜又增添了约百分之五的锌,镜色泛黄。但无论哪一种铜镜,当新铸时,必须进行研磨抛光,方可照人。铜镜使用日久,镜面氧化而昏暗,需要加以磨光。因此,古时磨镜人变成了一种专门的职业,时至二十世纪二三十年代,一些古城的街头仍有走街串巷的磨镜人。

历代铜镜,不仅反映了古代社会的习俗风尚,也是我国古代工艺美术的瑰宝。

100. 我国古代扇子的使用情况如何?

扇子在我国有着悠久的历史,关于其创制年代主要有两种说法。一说扇子源于黄帝,一说扇子源于舜时。其见于史传的最早名称为"五明扇",相传是舜为广开视听求贤自辅所做。

扇的本义是指苇编的门,从这可以推测,早期的扇子可能是长方形的苇编物。有一种扇是用鸟的羽翎编织而成的,这种扇子起源很早,往往被用作统治者礼仪之具。以后历代统治者及显贵均备有此种仪具,而且在使用的数量、规格和质地上均有严格的等级之分,一般人是不能僭用的。到了明清二代,此种仪具逐渐形同虚设,仅仅起装饰作用。

当然，扇子最广泛的用途是逐暑致凉。旧俗，端午前两日专门有扇市，这是因为寒食节过后天气渐暖，扇子逐渐成为居行必备的用品。端午节又有以服玩相赠的习俗，扇子也成为不可或缺的礼物，以后端午赐扇成了历代相传的习俗。

秦汉以前的扇子称作单门扇，形状类似早期的仪扇，大多是竹制的，以后形制主要有方、圆、六角等形。汉时，一般士大夫用的只是竹扇，此种扇又称为"便面""障面"，可能是因为当时士大夫外出时常以之遮面的缘故。后来女子新婚，用罗扇遮面，可能从此俗衍化而来。还有一种只有宫娥和臣卿使用的昂贵绢制团扇。羽毛扇是当时颇受人欢迎的招凉用具，流行于汉末至魏晋时期，较之一般的扇子，羽扇更具风雅。隋唐两代，盛行于世的主要是纨扇和羽扇，此时也有纸质扇子问世。宋以后，折扇渐渐流行起来。

折扇，公元九世纪发明于日本，因其形状模仿蝙蝠，故称为蝙蝠扇，后又称为撒扇、聚头扇等，统称作倭扇。宋太宗时，日僧曾有进献，但数量不多。与此同时，朝鲜也有大批折扇涌入中土，但其制作工艺不如日本精巧。南宋时，杭州出现了售卖折扇的店铺，这表明当时已有折扇制作，但由于士大夫顽固守旧，认为折扇形制轻佻，故而忽略它，所以当时市面上流行的主要是团扇。一直到明初，折扇才开始普及起来。故宫博物院收藏有明宣德帝御笔描画的一把大折扇，这是我国现存最早的带有完整扇骨的折扇。在折扇扇面上题字作画从成化年间开始盛行，成为一种独特的艺术形式，受到人们的欢迎。此外，扇坠也从宋以后盛行起来。至此，执扇与否，执何等扇成为人们身份、地位的一种标志。

明清时期，苏州、四川等地盛产折扇。苏扇以"泥金扇"著称，明代中期以后，苏扇又讲究扇骨的精美。四川的制扇业兴起于南宋，四川一直是朝廷用扇的主要产地，明代每年都要献贡上万把精致川扇，直至清道光年间才一度下令免征川扇。到了清代中后期，江浙、闽广生产的各类扇子在出口贸易中均占很大数额，可以说，明清时代的制扇业在世界上是最发达的。

我国的制扇技艺不但历史悠久，而且从明代开始传至欧洲。

101. 我国古代是怎样使用香料的？

所谓"香料"，是指在常温下能发出芳香的有机物质，天然香料一般从动物或植物体中取得。香料在日常生活中应用广泛，除用于医药保健外，还用于烹调和化妆等许多方面，在宫廷典礼和宗教活动中，香料更是不可缺少的常物。

我国幅员辽阔，香料资源很丰富，特别是南方各省，出产多种香料。我国先秦时香料的使用就很广泛了，当时的典籍中已有多种香料见诸记载。自汉唐以来，我国从陆路和海上与域外交通频繁，东南亚和阿拉伯地区的香料不断输入中国，大大丰富了我国香料的品种。我国古代在日常生活中使用的主要香料品种中，往往以植物香料为主。

沉香是一种常绿乔木，产于广东省及南亚诸国。沉香木做香料用，须将截成小段的水料埋入土中，任其腐败。除去腐烂部分，取坚实的残余木材为香料，以形大和入水即沉者为贵。沉香从汉朝以来就被视为名贵香料。

檀香产于南方各省和南洋诸岛，汉朝时即被取用，是大家所熟悉的一种香料。佛教、道教的宗教活动常常使用此香。

丁香，常绿乔木，它的花蕾和果实经干燥后做香料用。汉朝时，大臣上朝奏事，常口含丁香，以掩口臭。丁香还可用于烹调和药用，它正式载入药典，约始于宋朝的《开宝本草》。

苏合香产于小亚细亚南部，我国的广西也有栽培。做香料用的是其树脂，约在汉朝时从陆路输入中国，被视为名贵香料。

乳香是一种树香，产乳香的树是矮小的灌木，主要分布于红海沿岸和土耳其、利比亚等国，用其树脂为香料。

龙脑香也是一种树香，其树亦为常绿乔木，产于南洋，一般用其树脂或木片，经蒸馏法，然后分离油分，其结晶而出者即为成品香料。它大约在唐时盛行，宫禁中称之为"瑞龙脑"。

我国古代使用的香料也有动物性香料。

麝香系雄麝香腺囊中的分泌物。我国很早就使用此香，汉代的《神农本草经》更将之列为"上品药"。麝香是人的嗅觉最敏感的香料，浓厚时气味不太好，一旦稀释则成为极幽雅的桂香。因耐久不失，这种香自古以来便被人们重视。

龙涎香系抹香鲸肠中分泌物的干品，此香一般通过猎获抹香鲸取得，其香味幽雅，所以受人珍视，价值之高为香中第一。

至于香料的使用方法，最早是直接将芳香部分挂于衣间房中，使其自然挥发。稍晚一点，是用火焚，就是靠温度把芳香蒸送于空气中，叫作"熏香"，我国至晚在汉朝时已用此法。古代还以各种香屑混合，制成香物，有的用于佩戴，有的用于含吮，更有以香屑和以泥土用于屋舍装饰者。到宋代，我国已知道通过水汽蒸馏，把香料中的挥发油提取出来使用的方法，这比熏香又进了一步。

第四章　法制库

102. "法"与"律"的含义分别是什么？

"法"是国家的产物，是指统治者为了实现统治和管理国家的目的，经过一定的立法程序，所颁布的一切规范的总称。古代文献中将法称为刑，刑和法往往通用。如夏有禹刑、商有汤刑、周有吕刑，春秋战国时期有刑书、刑鼎、竹刑。魏相李悝集诸国刑典，造《法经》六篇，改刑为法。古人说："刑，常也，法也。"又说："法，刑也。"这两句中的刑，原为俐，出于井田，含有模范、秩序之意。因此，以刑释法，表明模范遵守法律、秩序。刑，又指刑罚。《盐铁论》中有："法者，刑罚也，所以禁暴止奸也。"

古代中国，法又往往与律通用。《唐律疏义》有文云："律之与法，文虽有殊，其义不也。"据史籍记载，商鞅变法，改法为律，从此"律"字广泛使用，其频率高于法。中国古代法典大都称为律，如秦律、汉律、魏律、晋律、隋律、唐律、明律、清律，只有宋代称刑统，元朝称典章。《说文解字》里说："律，均布也。"段玉裁注疏说："律者，所以范天下之不一而归于一，故曰均布也。"管子说："律也，定分止争也。"律原为音乐之音律，音乐只有遵守音律，才能和谐，否则杂乱无章。均布是古代调整音律的工具，以正六音，木制，长七尺。

律后来引申为规则、秩序。"范天下之不一而归于一"成为当时规范所有人的行为准则，即规范天下千差万别的所有人、所有事而趋于整齐划一。《史记·律书》说："王者制事立法，物度有轨，一于六律，六律为万事之根本焉。"丘浚在《大学衍义补》中说："臣按律之名……凡度之长短、衡之轻重、量之多寡，莫不于此取止，律以着法，所以裁判群情，断定诸罪。"

最早把"法""律"二字连在一起使用的是春秋时期的管仲，他说："法律政令者，吏民规矩绳墨也。"又据《史记·始皇本纪》记载，秦始皇灭六国，"法令由一统"，二世用赵高，"更为法律"。后来汉代晁错说："今法律贱商人，商人已富贵矣；尊农夫，农夫已贫贱矣。"《后汉书》有"皋陶造法律"等说法。总的说来，"法""律"两字起初主要是分开使用的，且持续时间较长，直到清末民初，"法律"二字连用才广泛出现。

103. 我国历史上第一部成文法典是什么？

《法经》是我国古代历史上第一部比较系统的成文法典，成为以后历代法典的蓝本。它的制定者是战国时期著名的改革家李悝。

战国时期，魏国李悝总结春秋以来各诸侯国的立法经验，著《法经》。这是中国历史上第一部完整、系统的封建法律。《法经》共有六篇，即《盗》《贼》《囚》《捕》《杂》《具》。其主要内容是惩办盗贼，以保护地主阶级的人身和财产安全，维护封建统治秩序。其基本特点是维护地主阶级的利益，维护君主专制制度和封建统治秩序，"一断于法"，打破"刑不上大夫"的传统，体现法家"重刑轻罪"的思想。总之，《法经》是新兴地主阶级意志和利益的集中体现，是封建地主阶级镇压农民反抗的暴力工具。

《法经》失传已久，《晋书·刑法志》只保留了篇目。根据董说《七国考》的片段记载，《法经》的内容包括正律、杂律、减律三个部分。

《法经》对我国历代的封建立法都产生了深远影响。《法经》初步确立了封建法典的体例和基本原则，是中国古代第一部比较系统的封建法典，标志着中国古代的立法已开始走向成熟，成为后世立法的滥觞；有利于司法的统一，便于司法官准确适用法律和定罪量刑；有利于立法的系统化，使立法活动科学地进行，避免重复和抵牾；将实体法和程序法大致区分开来，有利于按客观规律指导法律实践活动；有利于法律文献的整理、修订、解释和研究。

104. 我国古代讲究德治为主、法治为辅。可见，我国古代也是重视法治的。那么，在夏商周三代是如何实施的呢？

夏朝的法律制度已经比较完备。第一，"夏有乱政，而作禹刑"。禹刑是以禹命名的夏朝奴隶制刑法的总称，其具体内容已无从查证。据后人追述，夏朝已有"五刑"，共三千条。第二，"威侮五行，怠弃三正"。这是夏启在准备讨伐有扈氏时发布的战争令，即军令。第三，"昏、墨、贼，杀"。其中的昏、墨、贼是夏朝的三个罪名，杀是刑名。"己恶而掠美为昏""贪以败官为墨""杀人不忌为贼"。第四，"吕命穆王，训夏赎刑"。夏朝已经有了赎刑，当时用青铜来赎罪。

夏朝的监狱叫"圜土"。圜土是为了监禁罪犯、防止罪犯逃跑的监牢，一般是在地下挖成圆形的土牢或者在地上围成圆形土墙。夏朝监狱的名称还有"均台""夏台"。

商朝的法律制度又进了一步。第一，刑事立法的指导思想是神权思想。商朝继续沿用夏朝的立法指导思想，具体表现为"天命""天罚"，意思是说一切服从上天的安排。夏启在讨伐有扈氏时，商汤讨伐夏桀时，都是假借上天的名义，把自己说成是上天安排解救人民的。第二，法律形式除了沿用夏朝的法律，又颁布了命、诰、誓。第三，立法概况方面，"商有乱政，而作汤刑"。"汤刑"并非汤所作，而是商朝刑法的总称。盘庚迁殷时，对"汤刑"做了调整，增加了制裁大臣不遵守法纪的内容。如"祖甲二十四年，重作汤刑"。第四，法律内容有刑法等。

自有了刑法后，便出现了不少刑法名称，即刑名。历史上有"刑名从商"的说法，是指商朝的刑事立法较夏朝有了发展，并较为发达，为中国奴隶制法制，尤其是刑法奠定了一定的基础。死刑分为斩、戮、炮烙，让有罪的人在浇了油，底下烧炭火的铜柱上走；醢，把人剁成肉酱，历史上有"醢九侯"的案件；脯，把人晒成肉干，历史上有"脯鄂侯"的案件；劓殄，即族诛。肉刑分为：墨刑，脸上刻字，涂以黑墨；劓刑，割掉鼻子；刖刑，砍断脚踝；宫刑，即"丈夫割其势，女子闭于宫"。徒刑拘系做苦役。

商朝时，商王掌握最高的立法权和司法权，只有商王能制定法律，负责占卜的官吏也具有一定的司法权。商朝的监狱被称作"圜土""羑里""囹圄"。

西周的统治者吸取了商王朝灭亡的教训，感到神权思想岌岌可危，因此提出了"明德慎罚"的刑事立法指导思想。所谓明德慎罚，就是谨慎地使用刑罚，提倡德教，对罪犯采取宽缓的政策。周朝定罪量刑要依据一定的原则。一是耄耋之年有罪不加刑，八九十岁以上的人犯罪，不处以刑罚。这一原则的确立标志着我国刑法中有关刑事责任年龄的原则已初步确立。二是区分眚、非眚、非终、惟终，即故意或一贯犯罪从重处罚，过失或偶然犯罪从轻处罚的原则。三是"慎测浅深之量以别之"，依据罪行轻重量刑。四是罪疑从赦，即对于定罪有一定的根据、不定罪也有一定理由的案件从轻处罚或赦免的原则。这一原则在西周以前已产生，周朝使疑罪从轻从赦原则定型化。

105. 商鞅在秦国变法，厘定刑、法，划一称律，统称为秦律十八种。内容分别是什么？

一是《田律》。1975 年 12 月湖北云梦睡虎地出土秦简包括《田律》六条。田律，主要是有关管理农田生产的法律，其中也包括分配土地的内容。受灾农田要求迅速以书面报告灾情，并详细规定文书传递的方式，显示秦国重农的一面。此外，律文中对于生态的保护颇为重视。关于《田律》是世界上第一部有关环境保护的法律一说流传颇广。

二是《厩苑律》。睡虎地出土秦简（云梦秦简）包括《厩苑律》三条。《厩苑律》是管理饲养牲畜的厩圈与苑囿的法律。

三是《仓律》。睡虎地出土秦简包括《仓律》二十六条。律文中包括了谷物入仓、发放的登记及管理，规定十分烦琐、严格，在谷物登记及管理的过程中，甚至要求主事的官吏不能换人，需要向县廷上报出入状况，如有疑问，则需在县廷派来的官员监督下重新清点并做记录、上报。不同品种的稻谷应分开统计、储积，并制作领取口粮的名册。不同品种的谷物每亩应发放多少种子、能舂出多少米都有严格规定。外出办公领取食粮的官吏，回来后要扣除已领取的部分。

四是《金布律》。睡虎地出土秦简包括《金布律》十五条，是关于货币、财物方面的法律。

五是《关市律》。睡虎地出土秦简包括《关市律》一条，是关于关市职务的法律。

六是《工律》。是关于官营手工业管理的法律。

七是《工人程》。睡虎地出土秦简包括《工人程》三条，《工人程》即是有关冬季劳动时放宽标准、三天收取相当于夏季两天生产定额的规定；此外，还有各种隶妾劳动标准的换算。

八是《均工律》。是关于调度手工业劳动者的法律规定，其中对新工、故工（熟练工）的训练期限和奖惩有具体规定。

九是《徭律》。睡虎地出土秦简包括《徭律》一条，是秦代关于徭役的法律。徭役是封建国家强迫民众从事无偿劳役的一种重要剥削形式。

十是《司空律》。睡虎地出土秦简包括《司空律》十三条，是秦代关于徭役、工程兴建、刑徒监督的法律。

十一是《军爵律》。睡虎地出土秦简包括《军爵律》两条。军爵律是秦代关于军功爵的法律。

十二是《置吏律》。睡虎地出土秦简包括《置吏律》三条，是秦代关于任用官员的法律。

十三是《效律》。是秦代关于核验官府物资财产的法律。《效律》详细规定了核验官府物资账目的一系列制度。对于在军事上有重要意义的物品如兵器、铠甲及皮革等，规定尤为详尽，特别是对于度量衡器，律文明确规定了误差的限度，这是贯彻统一度量衡政策的法律保证，对巩固国家经济有很重要的作用。

十四是《传食律》。睡虎地出土秦简包括《传食律》三条，主要是针对有关驿传应依据官员身份供给饭食的法律规定。

十五是《行书律》。睡虎地出土秦简包括《行书律》两条，主要是秦代关于传送文书的法律规定。

十六是《内史杂》。睡虎地出土秦简包括《内史杂》十一条，是关于掌治京师的内史职务的各种法律规定。

十七是《尉杂》。睡虎地出土秦简包括《尉杂》两条，主要是关于廷尉职务的各种法律规定，廷尉是秦代司法审判机关的长官。

十八是《属邦律》。睡虎地出土秦简包括《属邦律》一条，是关于属邦职务的法律。律文记载了当时各道官府输送隶臣妾或被收捕的人在发给衣食等方面需要注意的事项。

106. 何谓"礼法互补"？

"礼法互补"是始于周朝的一种古代法律制度，即礼与刑之间既有联系又有区别。一方面，礼是刑的基础和渊源。礼最先是以祭祀等形式出现的，是西周习惯法的基础。"律出于礼"说的就是这个道理；另一方面，礼是广义上的法，周礼是由国家制定的，是以国家强制力做后盾的，这就让礼具有了严肃性和强制性。所以，礼是与法并用的，也具有规范的性质，可以视为法。但是，礼与法又是有区别的。礼的规范重在预防，"礼禁未然之前"，而刑主要是事后惩罚，"法施已然之后""出礼则入刑"。礼需要刑的保证才能得以实施，刑贯彻的就是礼的精神，先礼后刑，德主刑辅。由于"刑不上大夫，礼不下庶人"的原则，所以礼和刑的适用对象是不同的。总之，在奴隶制时期，礼和刑在法律意义上是结合应用的，因此也可以称为"礼法结合"。

传统中国法律文化的礼法结合从汉代开始，一直到清末，已有近两千年历史。德主刑辅、内儒外法是其最主要的特点。春秋战国时期为礼法融合的萌芽期。秦汉时期是礼法融合确立方向和奠定时期，董仲舒天人感应的理论模式的构建及著名的"春秋决狱"是其标志。三国两晋南北朝时期，引礼入律，为礼法融合的初步发展阶段。隋唐时期为礼法融合的完成时期，宋元明清时期是礼法融合进一步发展并高度发达的时期。

儒法之争的历史同时又是礼法融合的历史。一部"一准乎礼"的《唐律疏议》的问世宣告了礼法融合的完成。在唐代，凡是律无明文的行为都可以参考律疏处理，律疏以礼为基础，是中国古代法理学、刑法学和诉讼法学的集大成者，也是礼法结合的重要结晶。近代以来，礼法融合逐渐崩解。随着社会的发展，我国当代建立了超越礼法融合原则的新法律。

107. 我国古代是如何打官司的？

古代想打官司，先要击鼓喊冤。古代的县衙外都设有鸣冤鼓，是专供告状人喊冤用的。不过，如没有人命案或大冤屈，告状人是不能随便击鼓喊冤的；如果有人击了鼓，知县就必须立即升堂审案。当然，如果不是大案件，也很少有人会告到官府；鸡毛蒜皮的小纠纷，一般由专门掌管教化的乡官负责调解。

大案件由知县受理之后就要审案。审案时，堂役会击堂鼓三声，三班衙役便手持粗大的水火棍在两边伺立，知县则身穿朝服从暖阁东门进来，坐上大堂。然后，就是这样的场面：知县一拍惊堂木，喊"升堂"，众人回应"威——武——"，然后原告、被告被带上来，分别在大堂的原告石和被告石上跪下。这些审案时的威仪，是用来震慑人心、树立堂威的。接下来，知县便开始审问案情。

明清时期，民事案件和刑事案件是分开审理的。知县审理刑事案件的地方是大堂，大堂中央有一暖阁，内有三尺公案，上面放着惊堂木、文房四宝以及红绿头案签。红头签是下令动刑的刑签，绿头签是下令捕人的捕签。暖阁的上方，挂着"明镜高悬"的匾，正面的屏风上则绘着海水朝日图，寓意是为官要清似海水，明如日月。暖阁外，两侧分别摆放着堂鼓、仪仗和刑具。审案时，知县坐在暖阁内，暖阁前的地上有两块青石板，东为原告石，西为被告石，原告和被告都要跪在石头上面。

大堂之后是二堂，是处理民事案件的地方。在二堂断案时，知县通常是给原告、被告讲一些三纲五常之类的道理，从而达到化解纠纷的目的，一般很少动用刑罚，但若当事人执迷不悟、顽固不化，那就只好用刑了。

古代审案，用刑是合法的，所以，在古代的衙门打官司，还得做好受皮肉之苦的心理准备。

县衙上常用的刑罚，一是杖刑，即用荆条或大竹板打人。二是夹棍刑，即用刑具夹犯人的脚。三是拶子刑，即用刑具夹犯人的手指，这种刑罚多用于女犯人，很容易导致双手残废。

这几种刑罚都比较残酷，受刑者往往不堪忍受，屈打成招，冤案就这样发生了。要是碰上昏庸无能的知县，草菅人命也不足为奇。

罪犯招供后，知县凭借罪犯的口供，便可当堂定罪。三日之后，知县会再次审讯罪犯，看罪犯的供词是否相同，复审以后就可以进行判决了，并向被告宣读判词，叫"读鞫"。判决后，允许犯人请求复讯，即"乞鞫"，期限为三个月。审讯结束后，要求犯人当堂画押作为判决的依据。

审判后，被定了罪的犯人就被投入监牢，根据案情戴枷或钳等刑具。

108. 我国古代制裁罪犯有流放刑。那么何谓流放刑？具体情形如何？

流放刑是中国古代五刑之一，所谓五刑指笞、杖、徒、流、死。流放在五刑中仅次于死刑，流放就是将有罪者放逐鄙野，并限制其自由的刑罚。它介乎于死刑和有期徒刑之间，有限制死刑滥用的功效。自古以来，人们的宗族意识浓厚，安土重迁，不愿远离他乡，就算是死了也要落叶归根，葬入故土。因而，流放有它滋生的土壤，是统治阶级治理国家的重要手段。

流放在我国起源很早，《尚书·尧典》中有"流宥五刑"的记载："宥，宽也，以流放之法宽五刑。"就是本族成员犯罪本应处以墨、劓、宫、大辟等刑，为了以示宽大处理，改用流放作为宽宥。

先秦时代，刑罚体系以肉刑和死刑为主，但流放之刑也经常被使用，《史记·殷本纪》："太甲既立，三年，不明，暴虐，不尊汤法，乱德，于是伊尹放之于桐宫。"此应为信史，是流放刑的最早记载。周厉王实行严刑峻法，欺虐百姓，"国人莫敢言，三年，乃流亡于彘"。西周流放刑已发展为一种固定的刑种了，而不是单纯地用于惩罚敌对分子的放逐报复。

进入秦汉，流放又得到了进一步的发展。秦始皇在当代基础上制定了迁徙刑。在秦朝，对于威胁统治的人除了斩杀就是将其迁徙到偏远地区。迁徙刑在秦代已经成为相对独立的刑种，但是仍然与传统意义上的流放刑有一定的区别。两汉时期，大一统国家政治局面趋于稳定，迁徙刑得到进一步发展，但仍是一种权宜之策，并未纳入正式的刑罚体系。与秦代相比，此时的流放刑逐渐接近于后来的流刑，成为仅次于死刑的刑罚。

流刑正式进入法典是在北朝时期，北朝的统治者总结了秦汉的迁徙刑的经验，把"赦死从流"确定为量刑的基本原则，流刑的制度在此时正式形成，成为五刑中仅次于死刑的常刑。这是中国法制史上具有重大意义的一刻，标志着肉刑被彻底废除，表明了刑罚从重到轻的发展规律。

唐朝是中华民族最辉煌的朝代，它所建立的法律制度也成为中华法系的精髓，这一时期的流放刑基本成为后世流放刑的典范。唐律将流放刑分为三等，分别是两千里、两千五百里、三千里，称为三流，以距离家乡的远近来确定刑罚的轻重。

在宋代及其以后历代流刑表现出加重的特点，宋代创设了折杖法和刺配法。折杖法是五刑中各主刑的转换方法，用杖刑来代替其他主刑。

元朝流刑最大的特点是"南人北发，北人南发"，是一种新流刑，这与元朝幅员辽阔有关。

明清效仿元朝的流放制度，流放线路也错综复杂，是一张复杂的网状图。可以看出其规律就是从比较发达的地区流放到相对落后的地区，而有的省份则成为主要的流放地。

109. 我国古代刑罚制度是如何演变的？

中国古代法律体系以刑法为主，刑法规定了我国古代的刑罚不仅适用于刑事犯罪，而且适用于民事方面逆礼违法的行为。在我国古代，儒家以"礼"治国，法家以"法"治国，他们对于刑罚的观点却殊途同归，只是在适用范围和方法上有所不同。儒家主张"刑不上大夫""德主刑辅"，法家主张"刑无等级""法不阿贵""弃礼义，尚刑罚"。

刑罚有一定的名称，并在不同朝代有所变化。

夏、商、周三代刑法中的刑罚有：第一，墨刑，在罪犯面部或额上刺刻后涂以墨，后世亦称黥刑；第二，劓刑，割鼻之刑；第三，剕刑，亦称刖，断足之刑；第四，宫刑，男去势，女幽闭之刑；第五，大辟，即死刑。

秦代刑罚庞杂，秦法中还有连坐的处罚。汉统治者鉴于秦代用刑太苛，于是改革刑罚。三国曹魏时，依古义制五刑。两晋南北朝的刑制大致相同，出现了除名、免官等名誉刑。隋采取北朝之制，正式确立封建制五刑死、流、徒、杖、笞，分二十等。唐沿隋制，其法定刑罚也定为五刑。唐代以后的历代刑罚制度，基本沿袭唐制而略加变化。

以死刑言，五代动乱之世，有法外酷刑"凌迟"，辽代正式定为刑名而入律。两宋常见此刑，元代也将凌迟列为死刑之一，《大明律》明确规定凌迟为死刑之一。凌迟行刑为三日，刀数有4700刀或3600刀。

以流刑言，唐末有"决杖流配"，宋代加刺面，称为"刺配"。明代五刑规定流外，有"安置""充军"等。清朝的流刑沿袭明制。

徒刑方面，唐徒刑不加杖，宋徒刑不居作，加脊杖。辽徒刑分三等，最重者终身，为无期徒刑之始，次者五年，最轻者一年半。明代徒刑五等，加杖。清代徒刑仍为五等，存附加杖刑。

笞杖刑方面，唐代笞刑用荆，专以杖腿者，称笞杖。杖刑，初死罪皆先决杖，为附加刑。一般杖刑专杖背者，称脊杖；专杖臀者，称臀杖，概为法外杖，另有重杖和痛杖。

至清末法制改革，1910年4月颁布的《大清现行刑律》，以罚金、徒刑、流刑、遣刑、死刑取代了封建五刑，废除了凌迟、戮尸等酷刑。继之，《大清新刑律》又三改刑制，定主刑为死刑、无期徒刑、有期徒刑（分五等）、拘役、罚金，从刑有褫公权、没收等。

110. 我国古代审犯人为什么都要"秋审"？

秋审制度源确立于清代，而源于明朝。明朝有一项重要的刑事诉讼制度——朝审，即由朝廷派官员会审在押重囚。明朝政府派官员到各省审决死囚，并将审决名单奏明皇帝。清朝的秋审制度遵循了明朝朝审的一些旧制，可视为是明朝朝审制度的继续，具体做法与明朝大体相同。

清朝的秋审制度始于清初。自古以来,对死刑犯的处决多在秋冬,因为春天是天地生养万物之时,不能轻动萧杀,而秋天万物萧条,故刑以秋冬。除了一些大逆十恶之死囚立决外,其余皆在秋后处决。这一传统始自先秦,据《左传·襄公二十六年》记载:"古之治民者,劝赏而畏刑,恤民不倦。赏以春夏,刑以秋冬。"清朝著名法学家沈家本在论述刑以秋冬缘由时指出:"《月令》刑杀皆在秋令,始是三代旧典。西汉以冬月为断,即《左传》所谓刑以秋冬,亦古义也。章帝改为初冬十月,实取三正之义。陈宠论之可谓详矣。今世决囚,在冬至以前,殆权舆于此。"可见,秋冬处决犯人既符合古制,也符合节令的阴阳调顺,一直为中国古代历朝所沿用。到明清之际,一方面为了继承了传统的刑以秋冬的旧制,另一方面,为了尽可能地减少无辜的死亡,于是开创了死刑复审制度,即秋审制度。

明朝只有朝审,清朝则秋审、朝审并存。秋审、朝审的程序时间基本一致,唯一区别在于对象不同,朝审针对的是京师地区的死刑犯,秋审针对的是各省的死刑犯。值得注意的是,朝审、秋审并不是在秋天处决死刑犯,而是"秋审再定"。自此,秋审制度成为一种特别的司法审判制度。

秋审开始执行于顺治十五年(1658),首先要求各省的督抚将自己省内所有被判处斩和斩监候(相当于现代的死缓)的案件和布政使、按察使会通复审,分别提出处理意见:一是情实。罪情属实,罪名恰当,奏请执行死刑。二是缓决。案情虽然属实,但危害性不大者,可减为流三千里,或减发烟瘴极边充军,或在押监候办。三是可矜。案情属实,但有可矜或可疑之处,可免死刑,一般减为徒、流。四是可疑。指案情尚未完全明了的,驳回原省再审。五是留养承祀。案情属实,罪名恰当,但有亲老单丁情形,合乎申请留养者,按留养案奏请皇帝裁决,然后将有关案件的情况汇总报送刑部,而囚犯则集中到省城关押。在每年的八月,中央各部院长官会审后,提出处理意见,报皇帝审批。如果确认了情实,到秋后就要处决。缓决如果连续了三次,就可以免死罪,减轻发落。如果是可矜,也可以免死减等发落。可疑的则退回各省重新审理。

秋审制度最主要的目的是加强中央集权,将人犯的生杀大权集中到中央政府乃至皇帝本人手中。其次,秋审也是一种皇权的表现形式,通过最高级别的会审和皇帝亲自勾决等仪式,体现了皇权的至上性,大大加强了皇权的威严。再次,秋审体现了对死刑的重视,因为人死不可复生,判决的正确与否直接影响到朝廷和皇帝的威信。

111. 何谓"春秋决狱"?

"春秋决狱"指汉代判案的一种原则和制度,又称"经义决狱"。在审理案件时,如果法律没有明文规定,则可以直接引用《春秋》为代表的儒家经典的经义内容作为判断案件的法律依据,从而定罪量刑,这是儒家经典法律化的表现。春秋决狱是西汉中期儒家代表人物董仲舒提出来的,主要用孔子的思想来对犯罪事实进行分析、定罪。即除了用法律外,可以用《诗》《书》《礼》《易》《乐》《春秋》六经中的思想来作为判决案件的依据。

春秋决狱的精神,必须研究人的行为动机,凡是动机邪恶的,不论既遂与否,都要受到惩罚。强调考察人的主观动机的同时,还强调要区分首犯和重犯,既遂和未遂。这种原则实质上是"论心定罪",动机的好坏主要就是看其是否符合儒家经典的标准。

西汉中期儒家思想取得正统地位后,董仲舒等人提倡以《春秋》大义作为司法裁判的指导思想,凡是法律中没有规定的,司法官就以儒家经义作为裁判的依据;凡是法律条文与儒家经义相违背的,则儒家经义具有高于现行法律的效力。

112. 何谓"三堂会审"?

"三堂会审"也叫"三司会审",是明朝的一种审理制度。明朝中央司法机关有"三法司",即刑部、大理寺和都察院。刑部负责审判工作,大理寺负责复核和驳正,它们都要受到都察院的监督,然后奏报皇帝。都察院不仅监督法律执行,还可以参加审判。凡是在遇见重大或疑难案件时,三法司都会联合审理案件,因此叫作"三堂会审"。"三堂会审"最初的模型是唐朝的"三司推事"。尽管三法司有如此重要的地位,会审的最后裁决权和批准权还是属于皇帝。

"三司"是中国古代三个主要的中央司法机关,源于战国时期的太尉、司空、司徒三法官,后世也称三法司。汉代的三法司是廷尉、御史中丞和司隶校尉,唐代以刑部尚书、御史大夫、大理卿为三司使,明清两代以刑部、大理寺、都察院为三法司。

汉代以来,凡遇重大案件,由主管刑狱的机关会同监察机关、司法机关共同审理。隋朝由刑部、御史台会同大理寺实行三法司会审。唐代则实行"三司推事"制度,遇有呈报中央的申冤案件,由门下省给事中、中书省中书舍人、御史台御史等小三司审理;重大案件由大理寺卿、刑部尚书、御史中丞共同审判;对于地方上未决或不便解决的重大案件,则派监察御史、刑部员外郎、大理评事充任"三司使",前往当地审理。

明代时定制,由大理寺、刑部、都察院三机关组成三法司,会审重大案件;遇有特大案件,则由三法司会同各部尚书、通政使进行"圆审";皇帝亲自交办的案件,由三法司会同锦衣卫审理。

清朝继承了三司会审制度,并增设热审、秋审、朝审制度。三者职权有所不同,"刑部受天下刑名,都察院纠察,大理寺驳正"。刑部为中央司法审判机关,以尚书和侍郎为正副长官,下设十三清吏司等,受理地方上诉案件,审核地方重案及审理中央百官和京师地区的案件,可处决流刑以下案件,但定罪后须经大理寺复核。大理寺为复核机关,以大理寺卿为长官,凡刑部、都察院审理的案件均须经其复核。都察院是中央监察机关,有权监督刑部的审判和大理寺的复核。

113. 我国古代也有法医吗? 他们是如何工作的?

法医检验是运用医学与自然科学的理论和技术,解决司法实践中有关死伤等医学问题的科学,它是在医学与法律制度协调发展的基础上产生和发展的。

中国古代法医检验制度起源很早。早在春秋时期,我国已出现了法医检验制度。战国时期,随着社会经济的发展,百家争鸣局面的出现,推动了科学技术和法律制度的协调发展。这一时期,法医检验制度也取得了惊人的成就。在湖北云梦睡虎地出土的《秦律》中,有一篇《封诊式》,这是世界上最早的有关刑事侦查的文献,它除了系统地介绍有关审讯、取证、现场勘验等方法外,还通过一些实例,专门就法医检验的问题做了阐述。同时,在检验文书体例上,也出现了统一的标准格式。这些都表明这一时期的检验制度已趋于规范化。

封建法律发展至《唐律》,达到了一个顶峰。集中国古代法律之大成的《唐律疏议》中,充分吸收了秦汉以来医学发展的成就,从法律上进一步完善了法医检验制度。其突出的表现,便是在法典中明确规定了检验制度。《唐律疏议》中规定实行检验的对象有三种,即尸体、伤害及诈病者,相当于现今的尸体检验和活体检查。凡检验不实的,要给予刑事处罚。《唐律疏议》中还专门规定了"伤"的标准,并提出了诊断各种程度损伤的标准及其处罚。《唐律疏议》的这些规定被历代法典所遵用,奠定了法医检验制度的基础。

两宋时期，在唐代法律制度和医学发展的基础上，古代法医检验制度走向发展的高峰，其突出表现在两个方面：一是法律上系统的检验制度的确立，二是系统的法医学著作——《洗冤集录》的诞生。两宋时期法医检验制度在法律上的确立，标志着我国古代法医检验制度的发展和完善，为近代与现代法医检验制度的确立奠定了基础。

宋代以后，又相继出现了《无冤录》《洗冤捷录》等著作。与此同时，在法律制度上，法医检验的内容和形式也进一步完备，《大明律》及《大清律例》中皆规定了检验的程序和责任。

中国古代法医检验制度在法律上、理论上和司法实践三方面的协调发展中，取得了重大成就，成为当时世界上最先进、最完备的检验制度，也成为我国古代民族文化的重要组成部分。

114. 我国古代的监狱是怎样的？如何管理？

监狱是国家机器的一个重要组成部分，是阶级专政的工具之一。传说夏代的监狱称为"夏台"，它的具体情况目前尚无法考知。《易·坎卦》载"系用徽纆，置于丛棘"，反映了古代拘禁俘虏和罪犯的最原始的情况。我们从商代甲骨卜辞中可以看到商王很重视对监狱的建造，甚至建造监狱就是当时商王频繁占卜的目的之一。殷墟还曾发掘出地牢的遗迹。周代的监狱称"圜土""囹圄"，当时在大司寇属下已经有了管理监狱的司圜、掌囚等专职官吏，并且有了狱规，对私自从监狱逃出的罪犯格杀勿论。夏商两代的监狱较为原始。《说文解字》考释"狱"字的意思是用两只狗守住犯人，这大概是最古老的监狱了吧。西周时的监狱也还是白天强迫犯人服劳役，夜里给犯人戴上狱具锁禁在巨石上，这就是古人所说的"画地为牢"。直到春秋之际，监狱才粗具规模。

秦汉时期，封建统治阶级利用监狱对全国人民实行残酷的压迫。秦始皇末年，监狱遍布天下，泛滥成灾。汉代监狱同样繁多，许多政府部门都附设监狱。元帝、成帝之际，天下之狱竟达到两千余所。

魏晋以后，监狱逐渐归司法部门集中管理。唐代州县均设监狱，京兆河南狱负责关押京城罪犯，各设典狱官管理。政府官员犯罪和执金吾逮捕的重要犯人则送大理狱收押，大理寺下设狱丞、狱吏负责管理大理狱。宋初，大理寺不设监狱，一切犯人或送开封府狱，或关押在御史台。元丰年间，御史台和开封府狱人满为患，一时审理不及，以致监狱中疾病流行，很多囚犯死在狱中，于是又恢复了大理狱。后来由于各地农民反抗斗争蜂起，流放犯人愈来愈多，又产生了类似近代集中营、苦役营形式的监狱。自元代开始，由刑部掌管中央监狱，地方各级行政机构也都设置监狱。明代在刑部和地方监狱之外，锦衣卫和东西厂等特务机关也都设有监狱。清代的监狱有内外监、女监之分，死刑犯禁内监，流刑以下禁外监，妇女犯罪别置女监，这时的监狱设置已经逐渐接近近代监狱的格局了。

古代的监狱和现代的监狱在性质上还是有区别的。古代监狱是对有罪未决或者决而未执行的罪犯暂时收押监禁的场所，而现代监狱主要是对已经判决的罪犯执行刑罚的场所。为防备犯人越狱，往往对他们施以狱具。周代的狱具分为"桎"和"梏"，都是木制的，可以说是近代手铐脚镣的始祖。

封建王朝的历代统治者在对贫苦人民实行血腥统治的同时又施以"仁政"，所以历朝历代的监狱制度中都有一些"恤狱"政策。如唐代规定，对病囚应发给衣食医药，允许家属探望，并脱去狱具。宋代要求各级官吏督责狱卒每隔五天打扫牢房一次，同时洗涤狱具，医治病囚等，并且制定了对狱吏的奖惩办法，一年中没有犯人病死狱中的可以升官一级，反之给予降职处分。明清两代不但规定对虐待犯人的狱吏要给予处分，而且连其他官吏知情不报的也要问罪。这些"恤狱"措施在一定程度上约束了狱吏的胡作非为，改善了犯人待遇，但是不可能完全掩盖历代监狱制度的残酷。我国古代历代的监狱从本质上说是一种摧残犯人肉体和精神，借以维护封建统治的场所。

115. 我国古代的司法机构都有哪些?

司法制度是法制的重要组成部分,主要包括司法审判组织和诉讼制度。

自秦至清,地方多无专门的司法审判组织,主要由行政机关兼理行使审判权。乡、里是最基层的地方组织,具有一定的司法权,但不是一级司法审判机关。刑事案件由县直接审理,县是春秋以后地方行政区划名称。秦朝时,县开始成为一级司法审判机关,审判权由县行政长官掌握。历朝历代县行政长官所掌握的审判权限不尽相同,秦汉县令可不必亲自问案,但有权判决死刑。唐代县令有权断决杖罪以下的案件,徒罪以上案件经审讯后,移送上级机关复决。宋代规定县令必须亲自审案,其职沿袭唐制。明清时的县行政长官称为知县,狱讼必须由知县自己办理,对徒罪以上刑案,审讯后附以拟判意见,由上级决定终审结果。

秦汉以后历代,县以上的行政区划各有不同,县以上司法审判机关的设置也有变更,故审级也随之变化。秦汉县以上置郡,由郡守兼行审判权。隋唐县以上为州,由州刺史掌审判权。宋代县以上是州,由知州与通判掌审判权。明清县以上设府,由知府掌审判权。府之上为省,设按察使司,明代省之最高长官称布政使,清代改为总督、巡抚,既是一省最高行政长官,又是一省最高司法审判官。

自秦至清,中央都设有专门的司法审判官和机关,也就是中央司法审判组织,负责承办"诏狱",接受越诉案,审理、复核重大疑难案件,但须由中央行政长官共同参与。明代重大疑狱,由"九卿"审判,清称"九卿会审",但最后均由皇帝裁决。

秦汉时期的中央审判官是廷尉,九卿之一。负责审理皇帝交办的"诏狱"和地方移送的疑难案件,并由丞相、太尉、御史参与,不能决断的,奏请皇帝裁定。

隋朝时期中央审判权由刑部掌管,属尚书省。唐袭隋制,刑部仍为中央司法行政机关。其长官为刑部尚书,职掌"天下刑法及徒隶、勾复、关禁之政令",有审判权,负责复核大理寺判决的流刑以下案件。

大理寺也是中央司法审判机关。西汉景帝把廷尉改为大理,历经变更,至北齐,始定大理寺名。隋唐沿其制,为中央司法审判机关。其长官为大理寺卿,职掌"邦国折狱详刑之事",负责审理中央百官犯罪及京师徒罪以上案件,流刑判决后送刑部复核,死刑判决后奏报皇帝批复。

西汉御史大夫治事处称府,东汉则改称台,为"宪台"。御史大夫专主纠察。唐御史台为中央监察机关,兼理审判,其长官为御史大夫。

此外,唐代的推事院,宋代的审刑院和皇帝临时指定的"制勘院",中书省指定的"推勘院",明清的宗人府和清代的理藩院、内务府等,均兼有一定的司法审判权。至于明代的官宦和厂卫左右司法审判,是封建专制制度发展到晚期的特殊现象。后来,户部成为民事诉讼的终审机关,也是民事方面的立法机关,此实为中国古代司法制度史上的一项创新。

116. 何谓"满门抄斩"? 何谓"株连九族"?

在我国古代封建社会发展的过程中,很早就出现了"满门抄斩,诛灭九族"的说法。

"满门抄斩"是封建社会的一种野蛮律令。一人犯罪,全家受牵连,财产没收,老幼杀绝。鲁迅在《呐喊·药》中写道:"夏三爷真是乖角儿,要是他不告官,连他满门抄斩。"吴组缃在《山洪》中写道:"还说要出连环保呢,出了毛病的话,就满门抄斩。"

株连九族,指的是一人犯死罪,家族成员与其共同承担刑事责任的刑罚制度,称为"族",故族者，意味着由一个人的死罪扩展为家族成员的共同死罪。这一违背人性、情理的暴虐刑制在中国古代长期实行。

族刑的概念在古代有多种解释，主要有三族、九族之分。三族者，一说为"父母、兄弟、妻子"，一说为"父族、母族、妻族"，到底何者为是，古人对之也有歧见。现在一般认为前者较为准确。其实，在这个问题上，大可不必细究。因为古代的所谓"夷三族"，本身便是一种极具任意性的滥刑。这种任意性一方面表现在对象方面，到底什么样的犯罪适用族刑，很难有统一的标准。统治者也不愿制订出统一的适用标准，而是由兴所致、心血来潮地临事议行。只要最高统治者认为罪大恶极的罪犯，就有可能成为族刑的目标。任意性的另一方面，则表现在范围上。以族刑惩治重罪，意在斩草除根，以儆他人，法律上不预先划定范围，可以迎合统治者针对不同案件，因事因人而做出不同选择。从这个意义上说，三族既可能是"父母、兄弟、妻子"，也可能是"父族、母族、妻族"。至于"九族"，也有异说，或谓"上自高祖，下至元孙，凡九族"，或谓"九族者，父族四、母族三、妻族二"，这可参见沈家本所著的《历代刑法考》。其实，九族应为虚称。在中国文化中，"九"是最高数，所以九族恐怕并不是实指，只是概括有亲缘关系的所有宗支族系。在古代，九族之诛往往施之于重大政治犯罪，一旦大狱炼成，只要与犯罪人沾亲带故，都将受到无辜株连。

族刑连坐制的废除，是清末法律变革运动的成果之一，这与当时修律大臣沈家本、任廷芳的努力是分不开的。在他们的大力倡导下，清廷终于在1905年正式宣布废除连坐制。至此，族刑连坐制正式在法律上被废止了。

117. 什么是"大赦天下"？这一制度是如何制定的？

中国古代封建帝王常以施恩为名，赦免犯人。在皇帝登基、更换年号、立皇后、立太子等情况下，常颁布赦令。一般在新皇帝登基或者皇宫有重大喜庆事件时，通常会赦免罪犯，即"大赦天下"。

商周时期赦免制度已有所发展，《周礼·秋官·司刺》上曾记载"一赦曰幼弱，再赦曰老耄，三赦曰蠢愚"，即国家可以对幼弱、年老、智力有缺陷的罪犯实行赦免。显然此时的赦免仅仅是法制的进步，与所谓的大赦天下并不相同。

恩赦必须具备一定的客观条件，首先是专制皇权的形成，其次是赦宥思想的萌生。

例如战国之际的秦国即会时不时地赦放罪犯，比如昭襄王曾经四度赦免罪人，孝文王以及庄襄王在即位时都赦免过罪人，可是这种做法在秦始皇即位后发生了极大的转变。秦始皇奉法家思想为治国正宗，制度以严苛为主，甚至三十多年从未出现过赦免。但秦二世登基之后就发生了中国历史上真正意义的"大赦天下"。秦二世元年（公元前209年）十月，天下大乱，陈胜起义后派兵数十万逼近首都咸阳，秦二世只好接受了大臣们的建议，宣布大赦天下。

汉朝统治者吸取秦灭亡的教训，在其统治期间，多次施行赦免政策，赦宥的应用空前兴盛。汉高祖在位期间共赦免过九次，汉景帝五次，汉武帝则赦免了十八次之多。即便是到了西汉末期，汉昭帝登基之初就大赦天下，在位的十三年间也赦免了七次，而汉元帝和汉哀帝赦免也有十次和四次。东汉时光武帝赦免次数竟然达到了十九次，东汉末年时，时局动荡，赦令几乎是一年一次。汉朝的赦免制度分为大赦、特赦、减赎三大类。

魏晋南北朝时期，为了维护统治，赦免制度经常被推出来，甚至到了泛滥的地步。司马炎在位的二十六年间，前后大小赦免就有十四起，而"八王之乱"时，晋惠帝短短十七年间，进行了大小赦免二十八次，最多一年颁布了七次赦令。

隋朝时，国家的政治局面逐渐稳定下来，君王实行赦免的次数逐渐减少，大多数统治者对于赦免对象也开始审慎起来。

宋朝时，太祖赵匡胤笃信儒家治国之道，欲以仁政治天下，自他在位起，宋朝形成每三年在十一月进行大赦的传统。除此之外，由于有宋一代内忧外患，社会矛盾尖锐，统治者也经常进行赦免来缓和矛盾。值得注意的是，在唐宋期间，即便大赦次数很多，有时甚至会赦免死刑，但贪官不在被赦免之列。

元朝时的赦免更加频繁，除了人们所熟知的新帝登基、重大庆典、出现天灾异象，还会在招安时使用赦免制度。

明朝司法制度严苛，滥赦之事鲜有发生。明朝皇帝大多推行"重典治乱世"，认为赦免是"法外之仁"，只有遇到重大庆典或者天灾疫情时才会实行赦免，赦与不赦更多地取决于皇帝的政治目的。

明朝这种慎用赦免的思想也影响到了入关后的清朝统治者，清朝关于赦免的条例也更加完备。清朝的赦免多而不滥，在制定赦免的条款程序上要求更为严格。

118. 何谓"丹书铁券"？何谓"免死金牌"？何谓"铁帽子王"？

"丹书铁券"俗称"丹书铁契"，是指古代帝王赐给功臣享受优遇或免罪的凭证，为了取信和防止假冒，将铁契从中剖开，朝廷和诸侯各存一半。

丹书铁契始于汉高祖，后代沿之。南北朝以后，丹书铁契始终具有免罪免死的功用。西魏还密赐予欲归附者，作为归附后享有特权的保证，并世相传袭。唐朝在制度上做了明文规定。形制历代不一，后世基本上仿唐制。金朝铁券状如卷瓦，刻字画栏，以金填之，半予功臣，半留内府，以御宝为合。

"免死金牌"实际上就是我们所说的丹书铁券，它是由统治者赐予的优遇或免罪的凭证。免死金牌是民间的说法，它在古代的正规名称是"金书铁券"。

"铁帽子王"是对清代世袭罔替的王爵的俗称，有清一代共有十二家"铁帽子王"。清王朝建立后，建立了一整套封爵制度，皇族爵位即是这个制度的组成部分之一。清朝共有十二位承袭爵位无须降等的"铁帽子王"，其中八位是在清朝开国之初立下战功的皇亲宗室，因为他们功勋卓绝，所以获得世袭罔替的永久封爵，同时还享有配享太庙的殊荣。另外四位属于恩封，他们是因在清朝中后期稳固江山中立功而受封的。

清王朝分封皇室爵位共有功封、恩封、袭封和考封四种形式，分为十二等爵，其中辅国将军以上还分世袭罔替和世袭递降两类。一般情况下，因功封王爵者多属世袭罔替，也就是俗话说的铁帽子王。恩封爵位者则多属世袭递降，递降到辅国将军这一爵位时便不再递降。获得亲王、郡王、贝勒、贝子等爵位的宗室并不能世袭，每世递降一等。无爵位的宗室叫"闲散宗室"，用四品顶戴。唯有十二大铁帽子王因为其祖先功勋卓著，被赐世袭不降封典。

铁帽子王是好是坏，需要将其置于中国历史和清代历史的具体环境中去分析。首先，这一制度彻底结束裂土分封制度，可有效维护大一统局面。其次，就清代历史而言，世袭罔替的宗室分封制度，是树立中央权威、消除旗主政治的结果。清朝对宗室管理之规范与严格大大超过以往历代。然而，这种封爵制度毕竟是以保证满洲宗室贵族世袭特权为目的的，其落后性不言而喻。

119. 何谓明末三大奇案?

明朝后期,内廷有三个著名的奇怪案件发生,即梃击案、红丸案和移宫案。

梃击案。"梃"就是木棍,"梃击"就是以木棍打人,因为打的这个人不是普通人,而是皇太子,所以影响巨大,成为一桩奇案。这位皇太子是万历皇帝的长子,叫朱常洛。万历皇帝在立太子时,在常洛与常洵之间摇摆不定,犹豫不决。万历皇帝想违背"立嗣立长"的祖训,遭到朝中大臣和东林党人的反对,形成了所谓的"国本之争"。这个梃击案,其实就是储位之争的极端表现。万历四十三年(1615年)五月初四,发生了梃击东宫太子朱常洛事件。这天傍晚,蓟州男子张差,手持枣木棍,实为郑贵妃指使,从东华门直奔内廷,打伤守门太监,闯进太子朱常洛居住的慈庆宫,直到前殿屋檐下才被捉拿。梃击案斗争的焦点,从表面上看是郑贵妃意欲谋害太子朱常洛而未得逞,好像是皇帝的家事,但实质上是国事,反映出朝廷中东林党与其他派系的政治斗争。

红丸案。万历四十八年(1620)七月,朱常洛即位,为泰昌元年(1620年)。不久,泰昌帝病重,鸿胪寺丞李可灼进献红丸,自称仙丹。泰昌帝服仙丹后病势稍缓,后再服一丸,当晚竟暴病死去。有人怀疑是郑贵妃唆使下毒,随即展开了一系列的追查元凶的举动。其间,党争与私仇夹杂其中,连坐罪死者众矣。泰昌帝继承皇位整一个月。在案发当天,首辅方从哲兽拟旨赏进献红丸的李可灼。这件因"红丸"引发的宫廷案件,史称"红丸案"。

移宫案。朱常洛继位后,其宠妃李选侍为照顾皇长子朱由校迁入乾清宫。不到一个月,朱常洛死于红丸案,朱由校被立为帝,年号天启,庙号为明熹宗。朱常洛虽死,但朱由校年幼,李选侍还想继续侍奉熹宗。当时,郑贵妃、李选侍、魏忠贤来往甚密。魏忠贤想利用熹宗年幼之机,把持朝政大权。为防备魏忠贤等人干预朝事,大臣们逼迫李选侍移驾到仁寿殿哕鸾宫居住。此一事件史称"移宫案"。由于此案议论颇多,后来便成为派系斗争的代名词。李选侍虽被迫移到仁寿殿哕鸾宫,但党派之争并未结束。移宫数日,哕鸾宫失火,经奋力抢救,才将李选侍母女救出。反对移宫的官员散播谣言,指责朱由校违背孝悌之道。朱由校在杨涟等人的支持下批驳了这些谣言,表示"朕令停选侍封号,以慰圣母在天之灵。厚养选侍及皇八妹,以遵皇考之意。尔诸臣可以仰体朕心矣"。至此,移宫风波才算暂告结束。

120. 如何理解古代官员回避规则?

官员回避制度的具体内容在不同朝代、不同时期不大一样,总体来说,一是地理回避,即官员的籍贯与就任地区不得相同或接邻。二是亲属回避,即有直接血缘关系和姻亲关系的人员应该避免在同一衙门或有上下级关系的衙门任职,也不应该在互相监察的单位任职。后一种回避制度至今仍然存在,大家也比较熟悉,可是前一种至今仍然沿袭的范围有限。经过仔细研究,地区回避制度似乎对于遏制腐败,尤其是防止地方保护主义有一定的积极作用。三是用人回避、科场回避、诉讼回避等其他方面的回避。

诉讼回避,在古代称为"换推制"。《唐六典》载:"凡鞫狱管与被鞫狱人有亲属仇嫌者,皆听更之。"其中的亲属,指负责办案的官员与被告有五服内的亲属关系,大功以上姻亲,或者是被告授业师长。诉讼回避发展到宋朝范围更广,规定也更加细致。法官与被告为科考的同年、同门、同科目关系的,审判官本身就是被告人或被告人上司的,涉及上下级隶属关系的,甚至同一案件的前后两任法官有"亲属仇嫌"关系的,都必须回避。南宋时期,诉讼回避有了法律的保护,当时的法律规定有回避情形而未回避的要处以杖刑。在当时，杖刑是一种较重的刑罚，可见统治者对诉讼回避的重视。

中国古代诉讼回避制度是比较完备的，有突出的特点。第一，回避人员广泛。包括一切主要的办案人员以及为确保案件顺利进行而介入诉讼的技术人员。第二，回避原因多样。既包括审判官吏与被审者之间存在血亲、姻亲、师生、告发与被告发等关系，又包括审判官吏之间存在上下级关系，还包括审判官吏有收受贿赂、判案不公的情形。第三，回避方式齐全。在强调自行回避的基础上，也有命令回避和申请回避的形式。第四，回避责任明确。对不回避的审判官吏规定了具体的刑罚，对因不回避而导致断案有误的审判官吏专门立了一项罪名，即"故意出入人罪"。中国古代诉讼回避制度也有不科学和残忍的一面，如元代在回避责任上关于"反坐"的规定。

中国古代诉讼回避制度毕竟受制于封建专制社会，因此，尽管它有好的目的，立法技术也臻于完善，但始终摆脱不了固有的历史局限性。例如，封建统治者一方面对违背回避规定的行为给予严惩，一方面又在法律中明确肯定"亲亲相隐"。

121. 何谓"十恶不赦"？

"十恶不赦"出自《唐律疏议》，源于《北齐律》的"重罪十条"，在隋朝定型，并为后世的唐、宋、明、清各代所沿袭。唐律规定"十恶"是"常赦所不原"的重罪，即犯十恶者，不仅会受到严厉的惩罚，还不得享有法律规定的赦免、议、请、减、赎等优遇。《北齐律》确立了封建统治者认为的危害国家根本利益的十种罪，称重罪十条。隋朝的《开皇律》吸收了北齐的重罪十条，经过修改后，正式定为十恶罪，以图更好地维护统治阶级的利益。

关于十恶，《隋书·刑法志》中有详细记载："一曰谋反，二曰谋大逆，三曰谋叛，四曰恶逆，五曰不道，六曰大不敬，七曰不孝，八曰不睦，九曰不义，十曰内乱。犯十恶及故杀人狱成者，虽会赦，犹除名。"唐律沿袭了此规定。

十恶最初是佛教用语，指十种当招致地狱、饿鬼和畜生这"三恶道"苦报的恶业，行十恶而程度严重的，据说要受大苦报。我国古代的封建刑法制度中亦有十恶之名，它是在西汉的"大逆不道不敬"罪的基础上发展起来的。"十"在语境中表示最多、全了、满了。十恶不赦，就是恶贯满盈。十恶不赦常用来形容罪大恶极、不可宽恕的人。古人往往给敌人列上十大罪名，以便师出有名。隋、唐把这十条大罪的内容略加增删，正式定名为十恶，写在法典的最前面，以示严重。

由于十恶之罪直接危害了封建专制制度的核心——君权、父权、神权和夫权，所以自隋唐确立十恶之罪后，历代封建法典皆将之作为不赦之重罪。

122. 文字狱的真实情况如何？

文字狱是指封建社会统治者迫害知识分子的一种冤狱。

在我国古代历史上，封建统治者往往禁锢思想，压制舆论，从文人作品中摘取字句，构成冤狱，从而维护自己的统治。因为思想和文字而招来罪过的大案和重案时有发生，秦始皇时期的"焚书坑儒"就是中国古代历史上的第一次文字狱。明太祖时也有文字狱，当时皇权高度发展，讲求"重典治世"，文字狱就是当时政治背景下的产物。

清朝是文字狱最猖獗的时期，受清朝高度集权封建思想的压制，反对封建主义的启蒙民主思想同反清思想结合在一起，形成一股社会思潮。清政府竭力压制这种"异端邪说"，并任意苛责言论，吹毛求疵，一不小心，一言一语都可能招来杀身之祸，而且亲属还要受到株连。仅康熙、雍正、乾隆三朝，就发生一百多起文字狱，其中，乾隆时期最激烈，有八十多件。当时著名的案件很多，比如康熙二年（1663）的庄氏史案，康熙五十年（1711）的南山集案，雍正六年（1728）的吕留良案，乾隆四十二年（1777）的王锡侯案等。清代的文字狱甚至到了荒唐的地步，如徐骏因诗集中出现"清风不识字，何故乱翻书"而遭到杀害；又如查嗣庭出任江西考官时，以《诗经》中"维民所止"句为科举试题，被诬告为影射当朝皇帝"雍正无头"；内阁学士胡中藻诗作中有"一世无日月""一把心肠论浊清"，浙江举人徐述夔的诗作中有"明朝期振翮，一举去清都"，均被诬告为诋毁清朝统治而被杀。

清朝时期的文字狱是空前绝后的，而且随着统治的稳固而加深，越是统治稳定的时期，文字狱就越是登峰造极，至乾隆时期，已是无以复加的强化，中国的传统文化也因此而扭曲变形。

123. 金圣叹"哭庙案"是怎么回事？

"哭庙案"即发生于清朝顺治十八年（1661）的苏州"抗粮哭庙"事件。明末清初作家金圣叹参与并死于这次事件。哭庙案反映了当时江南突出的社会矛盾，也反映了清初苏州一带文人疾恶如仇、舍生取义的大无畏精神。

哭庙案本是吴县诸生为声讨吴县县令任维初的贪酷而组织的一次地方性请愿活动。顺治十七年，苏州吴县新任县令任维初到任。一面以严刑催交赋税，杖毙一人，一面大举盗卖官米，中饱私囊，吴中百姓不堪其苦。顺治十八年，适值顺治帝去世。以金圣叹为首的几个秀才，因同情农民的遭遇，便写了"揭帖"，到哭灵场所控告县官。秀才们无力造反，只能到文庙中的先圣牌位面前痛哭流涕，发泄自己的怨恨与牢骚。然而，刚坐江山不久的清朝统治者无法容忍这种行为，包括金圣叹在内的诸生因此被捕，"纠党千人，倡乱评告，拟不分首从斩决"。据史书记载，金圣叹在临刑前泰然自若地向监斩官索酒，酣然畅饮，边酌边说："割头，痛事也；饮酒，快事也；割头而先饮酒，痛快痛快！"

124. 孔子为什么反对铸刑鼎？

春秋时期，曾发生过一场著名的且至今仍不乏现实意义的大讨论：是否需要把法律公之于众。率先把提倡法律公开这个理念付诸实践的著名人物是子产。子产是孔子的门生、郑国的贵族，公元前543年至前522年执掌郑国的国政。子产尊奉周礼，但是倡导改革，在礼和法之间折中，是法家思想的代表之一。他主张制定和颁布成文法，并且用公开的法律来治理国家。公元前536年，他把自己所制定的刑书铸在铁鼎上，公布于天下，开创了公布成文法的先例。这一举动掀起了轩然大波，当时就遭到了叔向等旧贵族的反对。此后不久，晋顷公十三年（前513），晋国赵鞅"铸刑鼎""著范宣子所为《刑书》"。孔子作为儒家思想的代表，反对这种靠成文法来治理国家的做法，他认为应当提倡"人治"。铸刑鼎表明主张以法律作为治国的基本方针，凡事"一断于法"，强调"法"在治理国家方面起决定作用，而这种做法严重地破坏了等级制度。因此，风闻于此的孔子痛心疾首，认为晋国失去了原来的尊卑贵贱的等级制度就有亡国的可能："晋其亡乎！其失度矣……今弃是度也，而为刑鼎，民在鼎矣，何以尊贵？贵何业之守？贵贱无序，何以为国？且夫宣子之刑，夷之蒐也，晋国之乱制也，若之何以为法？"（《左传·昭公二十九年》）因此，铸刑鼎的做法遭到了孔子的质疑和反对。

按照《左传》的记载，子产是那个时代杰出而理智的政治家，在郑国的政治舞台上享有举足轻重的地位。子产在日常生活中遵循各种礼仪，而且很有德行，受到孔子的高度赞赏。但是，作为政治人物，子产心中还有一个隐忧，那就是郑国的生存危机。在相互倾轧的列国环境里，郑国虽然历史悠久，却地域狭小，实力不足，始终处于强大的邻邦楚国与秦国的威胁之下，危如累卵。身为郑国政界的中流砥柱，子产的第一要务，就是要保障郑国的生存权。然而，当时的郑国与其他国家一样，都处于礼崩乐坏的大潮中：上层的肉食者们相互谋杀，离心离德，冲突不断；下层民众也因而像一群无头苍蝇，漫无目标，一片混乱。在这样的国内形势下，郑国的国力日渐衰败，社会生产力急剧下降。为了扭转这种趋势，子产出台了多项政治改革措施，其中之一就是铸刑鼎——把法律刻在铜鼎上，向所有人公开，根本目标就是以统一的法律来重建基本的社会生活秩序，实现由乱而治的转向。

子产此举，开启了中国古代公布成文法的先例。春秋时期，社会生产力有很大发展，宗法贵族逐渐走向没落，地主阶层兴起，社会政治、经济条件都发生了巨大变化，铸刑鼎这一重大措施符合当时社会发展的新需要。

可是孔子认为这样做不对。在晋国公布了法律之后，孔子说，晋国大概因此要灭亡了，人民知道了法律，只看鼎上的条文，不看贵族的脸色，怎么能显出贵族的尊贵？孔子一向最重视礼，不看重法律，他甚至认为法律是有害的。是否铸刑鼎，表面上看，是一个单纯的法律问题，实际上却反映了早期法家与早期儒家关于法律和国家治理的不同立场。

125. 何谓"刀笔吏"？

"吏"在中国古代经常是世袭的，他们一般不接受系统的儒家教育，而只是接受技能教育。对于吏来说，"从政"是一种工作，他们的职责是按照既定的规章和条例完成日常、程序性的事务。"刀笔吏"，顾名思义就是指拿刀、笔工作的文职官吏。"刀笔吏"一词要追溯到春秋战国时期，更详细一点则要追溯到青铜时代的一种器物——"削"。在我国历史上，较早的正式书写都是写在竹或木制成的简片上的，所以一旦出现书写错误需要修改的时候，人们就是用一种被称为削的青铜利器削去一层后重写。古时的读书人及政客常常随身带着刀和笔，以便随时修改错误，刀笔并用，因此历代的文职官吏也被称作刀笔吏。在古代，人们往往特将讼师、幕僚称为刀笔吏，即文笔犀利，用笔如刀。

126. 何谓"绍兴师爷"？

古代将帅带兵出征，治无常处，以幕为府，故称"幕府"。以后相沿成习，幕府即成为各级军政官署之代称。同时，军政大员所延揽帮办各类事务的文人学士，也就获得幕僚、幕宾、幕友等相应称谓。自清朝起，民间一概称此类幕僚为"师爷"。师爷在幕府中为幕主或出谋划策，参与机要；或起草文告，代拟奏疏；或处理案卷，裁行批复；或奉命出使，联络官场。

绍兴师爷，顾名思义，是指浙江绍兴一带的幕僚。绍兴师爷作为一个"现象"，出现于明朝，盛行于清朝。绍兴师爷是中国封建官衙幕僚阶层的重要组成部分，是封建专制统治的重要工具，但是，它不是官职。从事师爷的一般是不能取仕之士，做师爷要先经过三年的"幕学"，学习研究策略，提供计谋和撰写官方文件。绍兴师爷一般包括负责起草奏书的折奏师爷，专理刑事和民事案件的刑名师爷，专门办理财政和税务的钱名师爷，负责撰写官方文书、处理信函的书启师爷，负责稽查和考证田赋的征比师爷，还有代理主官批答文件的挂号师爷等。绍兴师爷作为清朝地方政府的幕僚群体，是靠学缘、地缘和某种亲缘来维系的，反过来，这种维系又进一步巩固了该群体的专业性和地域性。师爷的策略往往具有左右行政首脑的效果，因此，他们的地位在当时是举足轻重的。

127. 司马昭杀嵇康的依据是什么？

三国时期，思想家嵇康对当时执政的司马昭不满，采取不合作态度，所以引起司马昭的愤恨。嵇康的朋友吕安被哥哥诬告不孝，嵇康为他辩护，于是钟会劝司马昭趁机除掉嵇康。当时太学生三千人要求赦免嵇康，愿拜嵇康为师，司马昭不允。后来将嵇康处死，其年四十岁。司马昭加于嵇康的罪名不是"不事王侯""不为物用"，而是"言论放荡，非毁典谟""害时乱教""负才乱群惑众"，所以钟会才会说"今不诛康，无以清洁王道"，而这才是嵇康之死的根本原因和要害所在。嵇康"越名教而任自然"的思想，"非汤武而薄周孔""轻贱唐虞而笑大禹"的言论是导致其被杀的主要原因，因为这些思想不利于司马昭篡位。实际上，嵇康在当时是反名教的一面旗帜，他的言论已经触及了司马昭统治的根基，所以，他的死成了一种必然。

128. 孔子为什么诛少正卯？

少正卯，春秋时代鲁国大夫，少正是氏，卯是名。少正卯和孔丘都开办私学，招收学生。少正卯的课堂多次把孔丘的学生都吸引过去听讲，只有颜回没有去。少正卯成为鲁国的著名人物，被称为"闻人"。

鲁定公十四年，孔丘任鲁国大司寇，上任后七日就把少正卯杀死在两观的东观之下，暴尸三日。孔丘的弟子都不明白为何要杀他，子贡忍不住向孔丘提出自己的疑问，孔丘回答说：少正卯有五种恶劣品性，一是心达而险，知识通达而心怀险恶；二是行僻而坚，行为邪僻而不知悔改；三是言伪而辩，言语不合正道而善于狡辩煽动；四是记丑而博，博闻强识，宣扬邪恶的思想；五是训非而泽，赞赏错误的观点，加以文饰。人的品性只要有这"五恶"中的一种，就不能不施加"君子之诛"，而少正卯是身兼"五恶"的"小人之桀雄"。他的居所足以聚集门徒成群，他的言论足以掩饰邪恶，蛊惑人心，他的刚强足以与正确的见解分庭抗礼，有着惑众造反的能力，他和历史上被杀的华士等人是"异世同心"，不可不杀。

司马昭杀嵇康时，听信了钟会的馋言，将少正卯的罪名加于嵇康身上，认为嵇康言论放荡、诋毁经典、祸害时局、扰乱名教，帝王不应该容忍，嵇康被诛于市。这就属于滥用孔子的理论，两个事件性质不同，是不可同日而语的。

129. 汉代法律是如何改革的？

公元前206年，刘邦攻入咸阳，宣布废秦苛法，与百姓"约法三章"：杀人者死，伤人及盗抵罪，余悉除去秦法。这是西汉立法的开端。建立西汉王朝以后，面对新的形势，刘邦感到"三章之法不足以御奸"，于是命丞相萧何参照秦律制定汉律。

西汉初年，由于统治者贯彻了"无为而治"的方针，法律相对较为省简，也比较稳定。经过汉初几十年的休养生息，社会经济得到长足发展，统治阶级逐渐完成了思想上的更换，由黄老"无为而治"转变为"德刑并用""德主刑辅"。汉武帝即位以后，连年发动战争，从而使社会矛盾与阶级矛盾日益激化，为了加强司法镇压，开始大规模增修法律。汉武帝命张汤制定了《越宫律》27篇，这是有关宫廷警卫方面的专门法律；又命赵禹制定了《朝律》6篇，这是有关朝贺制度的专门法律。这两部法规连同《九章律》《旁章律》总计60篇，后人统称为汉律。自汉武帝以后，直到西汉灭亡，西汉的法律基本上无大变化。后因"律令繁多"，典者不能遍睹，元帝、成帝等朝曾有约简法律之举，但也只是稍加删节，没有大的变化。

西汉末年，王莽建立新朝，托古改制，全面废除了西汉的法律，但并没有改变法律的烦苛状况。

刘秀建立东汉王朝以后，废止王莽政权的法律，恢复了西汉的旧律，所谓"解王莽之繁密，还汉世之轻法"。同时发布了许多释奴法令和弛刑诏书，想以此缓和社会矛盾。东汉末年，董卓之乱使旧律湮灭。应劭于建安六年对汉律进行了一次较大的整理与修订，但具体内容，无从考察。

汉代的法律形式主要有律、令、科、比。上述律有《九章律》九篇和《越宫律》《朝律》《金布律》等，皆为高祖至武帝时所著。另外，还有多种以律为名的单行法规，如《田律》《钱律》等。令，"天子之言曰令"，令分类编纂，有"令甲""令乙""令丙"等。从内容上看，令多数为典章制度的规定，也有刑案方面的和"教民""导民"方面的指令性规定。科就是事条，汉时科条无限，造成"一律两科，失省刑之意"。汉比又称"决事比"，有关专门审断死刑旧制的比，称"死罪决事比"，武帝时盛行比附定罪。

130. 唐代法律是如何改革的?

唐朝继承发展了封建社会"礼法并用"的法律思想，强调社会风气需要礼教与刑罚相结合的原则，突出礼教对法律的指导作用。

唐代建立以《唐律》为核心的刑法体系。现存《唐律》最完整的版本就是唐高宗永徽年间，在长孙无忌主持下，经注释、疏解的《律疏》，现称《唐律疏议》。唐代的刑法，就是以该法为核心，以格、敕、例等为补充形式所形成的有机整体。

唐朝法律体系的核心《唐律疏议》完全以儒家礼教纲常作为法律的指导思想，它大量援引儒家经典的内容，被认为是中国法制史立法之典范。《唐律疏议》的内容遵循礼的精神和要求，是我国古代礼法结合的产物。由于礼与法在《唐律疏议》中的完美结合，汉代肇始之"春秋决狱"的方法至此终结。

《唐律疏议》是一部综合性的封建法典，其将律文与疏议有机地结合为一体，反映了唐代律学的统一和发达。唐律共十二篇，篇目结构比较简单。律令简约也是唐朝统治者的立法原则之一，各篇律条的排序有着内在的逻辑性，分别是名例、卫禁、职制、户婚、厩库、擅兴、贼盗、斗讼、诈伪、杂律、捕亡和断狱等篇（律）；记载了大量有关唐代政治、社会经济的资料，是研究唐代阶级关系、等级关系以及官制、兵制、田制、赋役制的重要依据。

唐代的另一部重要的法典是《唐六典》，是封建国家行政制度的一部重要文献，这部文献与《唐律疏议》一样，对后世封建社会的政治法律制度产生巨大影响。它是中国现存最古老的一部行政法典，它的编纂在中国封建立法史上具有重要意义。它的制定，不仅是唐文化的珍品，对唐朝政治的稳定、国家机构职能的正常发挥起到了重要保障作用，而且对后世各朝代的政治、法律制度，经济与文化的发展，都产生了深远的影响，使我国古代封建行政体制超乎寻常地、稳定地延续千余年。《唐六典》把具有行政性质的立法汇集在一起，经精心编纂，与律令格式相辅而成，使得行政法典成为与封建刑律并行的两大基本体系，这不仅是我国封建立法史上的创举，也是中国行政法制走向成熟完备的标志之一，在世界中世纪法律制度史上也具有不容忽视的重要地位。

唐前期，以修订律、令、格、式作为立法活动的主要内容。其中律居首位，律即刑法典，是用于定罪的。令就是国家的制度和政令。格就是对文武百官的职责范围的规定，用作考核官员的依据。式是尚书各部和诸寺、监、十六卫的工作章程。到了唐后期，"编敕"成了唐后期立法活动的主要内容，成为根据形势需要调整法律的主要形式。唐后期的法制，既是唐前期法制的继续，又非前期法制的照搬。在唐后期，敕的地位日益重要，它不仅跻身正式法典，而且法律效力和适用范围也远远超过律、令、格、式。

131. 宋代法律是如何改革的?

宋代的立法活动始于宋太祖建隆三年，当时工部尚书兼判大理寺卿窦仪等人奏请朝廷修订法律，得到朝廷同意后，由窦仪等人主持修律之事。次年编成《宋建隆重详定刑统》，简称《宋刑统》，这是中国历史上首部刊版印行的封建法典。其以《唐律疏议》的内容为蓝本，律文部分大体相似，《宋刑统》还收录了五代时通行的部分敕、令、格、式，形成一部律令合编的法典结构。另外，《宋刑统》删去了《唐律疏议》每篇前的历史渊源部分。

后来又有了编敕，编敕实质上就是对《宋刑统》的重大修改。由于《宋刑统》大体沿袭唐律，不能完全满足宋朝形势发展的需要，所以皇帝要随时发布敕令来解决新出现的问题。敕是沿袭唐代皇帝发布政令时采用的一种公文形式，一般用于下达处理日常政务。在宋代，敕书应用极为广泛，而且经常使用敕书来处断案件，从而使敕逐渐成为一种重要的法律规范，编敕也随之出现。编敕是宋代最主要、最经常的立法活动，律敕是宋代立法的重要特点。

到了南宋时期，又出现一种新型的，也是当时盛行的法律形式和立法活动——编例。编例是将原本临时性的、对审判有指导意义的断例，上升为具有普遍效力的法律形式。

宋代加重了伪造官文书的罪罚。宋代法律以对盗窃罪处刑严厉著称，如宋律规定盗窃罪其赃款赃物满五贯者处死，不满五贯者也处脊杖二十，配役三年。在刑法的制定上，宋代也推陈出新，宋太祖建隆四年制定了折杖法和刺配法。刺配法是奴隶制中国酷刑黥刑的变相，是沿袭隋唐以来实行的五刑之外增加的一个新型的刑种，这样的刑罚，相当于一种罪受到多种刑罚的折磨，比唐律要严酷得多。

宋代，中国封建社会由盛转衰。为了维护当时社会生产关系的发展，改变当时政治黑暗、官僚腐败的封建统治秩序，宋代的立法和法律制度都高度发展，封建专制主义也进一步强化。由此可见，宋代并非"立法无建树"，恰恰相反，宋代在立法方面取得了突破创新和长足发展，对之后的元明清的法律制定和编纂也有重要的借鉴意义。

132. 明代法律是如何改革的?

明朝是我国封建社会后期的一个重要王朝，也是高度发展的君主专制中央集权国家。它继承发展唐宋时期的立法成就，建立起一套更为完善的法制体系，直接或间接地影响着清朝以及周边东南亚诸国的法制发展。明朝的法制发展继唐朝之后达到高峰，明朝是中国法制发展史上的又一重要发展时期。

明初立法指导思想为：第一，肃正纲纪，重典治国。重典治国首先表现在重典治吏方面。朱元璋认为，元朝之所以灭亡，就是由于中央集权统治削弱，吏治腐败。特别是随着宋元以来商品货币经济的发展,地主豪绅、贪官污吏的盘剥和掠夺达到了疯狂的程度,这也是激起农民起义的重要根源。因此,朱元璋试图通过重典治吏达到强化中央集权统治的目的。第二,明礼导民,明刑弼教。朱元璋强调将礼的预防犯罪职能与刑的镇压犯罪职能有机结合起来,以法律手段推行德礼教化,这是对西汉以来形成的"德主刑辅"思想的进一步发展。第三,法贵简当,使人易晓。朱元璋要求立法简单明了,便于实施,反对法律"条绪繁多,或一事两端,可轻可重",以防止贪官污吏出入人罪。

《大明律》是明朝基本法典,它"草创于吴元年,更定于洪武六年,整齐于洪武二十二年,至洪武三十年始颁示于天下",前后经过四个阶段,共历时三十年。《大明律》历经三十年的反复修改补充,重新确立了中华法系的立法传统,成为我国君主专制社会后期一部具有代表性的成文法典。

在制定《大明律》的同时,朱元璋还亲自编纂并先后颁布了四编《大诰》。明《大诰》的主要内容是惩治贪赃官吏和害民豪强,最大的特点是法外用刑。

《大明会典》是仿照《唐六典》体例编纂的一部行政法律汇编。英宗时期,为了统一典章制度,使各衙门办事有所依据,开始仿照《唐六典》的体例编修《大明会典》。《大明会典》取材于官藏档案史册,以各部、院、寺、监职官为纲,分别记述其衙门编制员额、职掌、隶属、历年事例及遵守的准则等典章制度和行政法规。

对于礼教风化方面的违法行为,明律都比唐律的处刑要轻。明律仍规定五刑制度,但徒刑五等分别附加杖六十至一百,流刑三等分别附加杖一百。此外,又增加凌迟、充军、枷号等律外酷刑。明朝还重典整饬吏治,严禁奸党交结,严治官吏赃罪,严惩失职渎职,严设廷杖酷刑。

明代前期较为重视法制建设,以《大明律》为代表的主要法规曾不同程度地得到实施。明朝初期以严刑打击贪官污吏、消灭豪强地主的一系列措施,对于强化封建中央集权、减轻人民负担和缓和阶级矛盾有一定的作用。明中后期,朝政日渐腐败,律文名存实亡,加之官吏随意量刑,封建法制受到破坏。

133. 清初法律是如何改革的?

清代是中国末代封建王朝。清代法规继承了封建法律发展的源流,有些是沿用明律而重加修订,有些是在满族旧律基础上的补充发展。

清世祖1644年入关以后,基于统治全国的需要,于顺治二年(1645年)设置律例馆,进行全面的立法活动。清代法规的主要形式是律例、则例、会典、适用少数民族地区的单行法,以及后来仿照资产阶级法律体系制定的部门法。

从康熙时起,清朝为加强对国家机关的管理,以充分发挥其职能,陆续制定了各部院则例。

康熙时,仿照《明会典》制定《康熙会典》,其后,雍正、乾隆、嘉庆、光绪四朝均续加修订。清会典是以行政法为主要内容的法典,记述了清代从开国至光绪朝有关内阁、六部、院、寺、府、监等机构的职掌、事例和活动原则,是研究清代典章制度的基本史料。

清初法律有鲜明的阶级特征。第一,严刑峻法维护高压统治,对"十恶"重罪特别是侵犯皇权的犯罪加重处罚;扩大了谋反、大逆罪的范围;对危害治安及财产的犯罪也加重处刑;严惩思想异端,大兴文字狱,震慑知识分子。第二,旗人特权法律化,确保满族贵族在政权中的优越地位,赋予旗人以法律尤其是司法上的特权;保护旗地旗产,禁止"旗民交产";旗人触犯法律有特殊的审判机构处理。第三,重法扼制资本主义经济因素的发展,颁布"禁海令",阻挠海上贸易的发展;限制采矿业的发展;重征商税抑制民间商业;严行官营制度。第四,对少数民族地区实行有效的法律控制。因族制宜，因俗立法，对少数民族进行有效的司法管辖和审判，制订适用于少数民族的法律并使用它。第五，刑罚适用原则的发展。具体表现为"自首"的原则、共犯的处理原则、公罪私罪区别对待原则、依法定刑与有限类推并存、"化外人犯罪"的处理原则。

清朝仍沿用隋唐以来笞、杖、徒、流、死的五刑制度，但具体适用往往有一些改变。清朝除以上法定五刑外，还增加了一些法外酷刑，主要有充军、发遣、迁徙、枷号、刺字以及凌迟、枭首、戮尸等。为了维护君主专制统治，压制知识分子的反清情绪，极力推行重刑高压政策。大兴文字狱，以语言文字定罪，对知识分子进行思想控制。

134. 我国古代中央司法机构是什么样的？

我国古代自战国开始就设立了专掌司法审判及刑狱诉讼的官职，如秦国的廷尉、楚国的廷理，齐国的大理等。秦朝建立以后，通过统一法度等措施，确立了一套统一集权的司法机关体系。秦朝中央设置廷尉，为最高司法机关。其职责有二：一是负责审理皇帝交办的案件，二是负责审办各地移送上报的案件或审核各郡的重大疑难案件。

汉朝沿袭秦朝的司法机关体制，分为中央和地方两个系统。皇帝之下，在中央设专职司法官廷尉，负责审理皇帝交办的案件，以及地方移送的重大案件和疑难案件。廷尉设有监狱，称为廷尉狱，系最重要的中央监狱之一。

三国两晋南北朝是处于长期分裂、战乱、割据的时代，但为了维护各自的专制统治，各个政权仍很重视司法制度的建设。这一时期司法机关的设置基本承袭汉制，中央大都仍以廷尉为最高审判机构。

东汉以后，三省制渐渐形成，尚书台脱离少府而成为中央最高行政机构。

隋朝中央常设司法机关，主要包括大理寺、刑部、御史台三大司法机构。大理寺"掌决正刑狱"，主要职责是审理中央百官的犯罪案件和京师地区徒、流刑以上重大案件。刑部属于中央司法行政机关，除负责中央的司法行政事务外，还兼掌徒流刑案件的复核工作。御史台仍为中央最高监察机关，主要职责是监察文武百官并纠举、弹劾其违法犯罪行为，同时负有审查监督大理寺、刑部等机关司法活动的责任。

唐朝的司法机关体系，基本沿袭隋朝。中央常设司法机关，仍设大理寺、刑部、御史台三大法司。大理寺是中央最高司法审判机关，职责与唐朝大理寺无异。刑部是中央司法行政机关，除负责中央司法行政事务外，还负责各州县上报的案件，同时负责全国的狱政等司法行政事务。御史台是中央行政监察和司法监督机关，主要是监督大理寺的审判活动和刑部的复核活动，遇有重大疑难案件，往往也直接参与审理审判活动。

两宋的司法机构包括各级审判机构、复核机构以及司法监察机构。宋代审判机构及其职权基本上承袭唐制。宋初设大理寺为中央最高审判机构，设御史台为监察机构，但是在刑事监察职能外，御史台还拥有重大疑难案件以及诏狱的审判权，同时也是法定的上诉机关。

元代中央不设大理寺，刑部作为司法行政机关，除掌管刑名律令的拟议、刑具狱政的管理等外，还负责死刑案件的复核、冤讼疑罪的审辨、系押囚徒的谳录等诉讼审判事务。

明朝的中央司法机关是刑部、大理寺、都察院，合称三法司。三法司互相合作、互相制约，共同对皇帝负责。明朝的刑部职能发生变化，由唐宋时期的案件复核机关变成了审判机关。

清前中期沿袭明制，中央司法机关仍为"三法司"。刑部是中央最高审判机关，为六部之一。刑部长官是尚书，副官是左右侍郎，满汉各一人。下设十七省区清吏司和督捕清吏司之郎中、员外郎、主事等属官。刑部尚书主掌"折狱审刑，简核法律"。大理寺是最高的案件复核机关。都察院是中央最高监察机关，主掌监察，亦参加重大案件的审判。

135. 我国古代地方司法机构是什么样的？

我国古代地方司法机构始于战国时期的郡县制度。战国时期，随着社会的进一步发展，各地人口迅速增多，各国相继推行郡县制度。郡守、县令或县长作为地方郡县行政长官，同时兼理司法审判事务。县令或县长以下分设县丞、县尉、御史等官吏，协助处理民政、军事、司法等事务。这种地方行政机关兼掌诉讼审判职能的司法制度，在此后的中国沿用了两千多年，一直到清末法制改革后才宣告结束。

秦朝沿袭战国以来确立的地方行政长官兼理司法的传统，实行行政机关与司法职能合一的制度，各地不另设专门的司法机构。秦朝实行郡县两级制，郡守、县令或县长兼理司法。各地的一般案件由郡县官府自行审理判决；死刑或重大疑难案件，则上报廷尉审核裁决。

汉初，郡县制与分封制并存。分封制下的封国拥有相对独立的审判权，由其内史负责司法。汉景帝时，封国的权力逐渐被削弱，诸侯王不得再治理封国，封国的审判权被剥夺。

西汉时，地方仍实行行政长官兼理司法的制度，其行政司法机关有郡、县（道）两级。东汉时地方司法机关，划为州、郡、县（道）三级。州由州牧审理郡、县的上诉案件。郡由郡守兼理司法，并设决曹掾及决曹史专理司法。县由县令兼理司法，并设县丞专理司法。

三国两晋南北朝时期地方仍沿汉代旧制，实行行政与司法不分、行政机关兼理司法审判事务的体制。从东汉末年起，州由原来中央划定的地方监察区域变为一级正式的地方行政机构，地方司法审级增加为州、郡、县三级。

隋朝地方仍实行行政长官兼管司法的传统体制，不设立专门的司法审判机关。隋朝初年，曾一度沿袭三国两晋南北朝时期的州、郡、县三级制。开皇三年，"罢天下诸郡"，各地改行州、县两级制。大业三年，"改州为郡"，各地又实行郡县两级制。

唐朝地方行政机关为州、县两级，其司法审判事务仍由行政机关兼理。各州设刺史，一人为长官，下设法曹参军或司法参军受理刑事案件，司户参军受理民事案件。各县也设司法佐、史，协助县令处理司法事务。

宋代地方由路、州、县三级行政机关兼理司法。审判机构主要有州和县两级。路作为中央向地方派出的一级机构，并不是一级司法审级。太宗时始设诸路提点刑狱司，真宗时改称提点刑狱公事，神宗时又改称提刑司，主要负责监督地方州县的司法审判活动，复核各州县的重大案件，监察劾奏州县长官的违法行为，并可直接上报皇帝。因此，它是皇帝控制地方集权中央的一个代理机构。

元代地方设行中书省，作为中央的派出机构。省下分设路、府、州、县，各路设有推官，专掌刑狱之事。府、州、县则仍由行政长官兼理司法。路以下的地方司法机关，主要审理笞、杖刑案件。徒、流刑以上案件，要申奏刑部。

明朝的地方司法机关分省、府、县三级。省设提刑按察使，掌一省刑名按劾之事；府由行政长官知府兼理司法；县由行政长官知县兼理司法。县以下各乡设有申明亭。

清朝前期、中期的地方司法机关有督抚、按察使司、府、州县四级。司法审判基本上由各级行政长官兼理。清朝规定重大刑事案件于事发之州、县告理，若审断不公，可向府、省呈告，若再不公方准到京呈诉；民事案件和轻微刑事案件，则于事发之州、县告理。中国古代地方司法机构司法与行政不分，形成了独具特色的司法与行政合一的体制。

第五章　科技库

136. 我国古代是如何认识宇宙的？

　　面对浩瀚的天空，先民们凭借观测到的天象，利用神话形式对天地关系、宇宙结构等问题做出了种种推测，盘古开天辟地、女娲补天、后羿射日等，都反映了人们对天体的一些观念。

　　在古代中国，天体学说有所谓论天六家：盖天说、浑天说、宣夜说、昕天说、穹天说、安天说。其中，盖天说、浑天说、宣夜说三家是主体，昕天说基本上属于盖天说体系，穹天说是盖天说的翻版，安天说则是宣夜说的发展。

　　盖天说出现于殷末周初，是中国古代最早的一种宇宙结构学说。这一学说认为，天是圆形的，像一把张开的大伞覆盖在地上；地是方形的，像一个棋盘；日月星辰像爬虫一样过往天空，因此这一学说又被称为"天圆地方说"。南北朝时期，敕勒族将领斛律金的《敕勒歌》中就有"天似穹庐，笼盖四野"两句词，这是对盖天说的形象化说明。

　　浑天说主张大地是个球形，外裹着一个球形的天穹，地球浮于天表内的水上。汉代天文学家张衡在其《浑天仪图注》中说："浑天如鸡子，天体圆如弹丸，地如鸡子中黄，孤居于天内，天大而地小。天表里有水天之包地，犹壳之裹黄。天地各乘气而立，载水而浮……天转如车毂之运也，周旋无端。其形浑浑，故曰浑天。"

　　宣夜说认为天并没有一个固定的天穹，只不过是一个无边无涯的气体，日月星辰就在气体中漂浮游动。宣夜说是中国最有卓见的宇宙无限论思想。宣夜说自然观的基础是"元气"学说。战国时代的宋尹学派，把宇宙万物的本原归结为"气"，这气上为日月星辰，下为山川草木，在这方面，宣夜说有了重大发展。

　　我国古代观测天象所使用的仪器大致可以分为两类：一类是表，形制是一根直立的竿子，人们通过太阳光照射下表的投影方向和长度的变化来观测天象，表是起源最早的天文仪器，它是古人在长期的生产和生活实践中，观察太阳投影的变化而发明的。古人通过利用表以达到定方向、定节气、定时刻的目的。另一类是"浑仪"，浑仪是中国古代科学家发明的一种天文观测仪器，是以浑天说为理论基础制造的、由相应天球坐标系各基本圈的环规及瞄准器构成的古代测量天体的仪器。浑仪在天象观测中具有重要的作用，依靠浑仪，古人很早就能测出一些重要的恒星座，如二十八星宿和日、月运动坐标，且在数值上达到了很精确的程度。

137. 我国古代是如何认识天象的?

我国古代对天象的观测很早,且记录翔实。记录天象最原始的方式是将看到的天文现象反映在生活器皿上。例如在河南郑州大河村仰韶文化遗迹(距今约4500年左右)出土的彩陶片中,有一片上的花纹是一个红色的圆圈,旁边有用褐彩描绘的光芒,很明显它象征着太阳。有人认为它可能是象形文字"旦"字的起源。

根据《夏小正》的记载,大约在四千多年前,人们已经察觉到,随着季节的变化,北斗星黄昏后和黎明前斗柄的方向也起着变化,于是就将斗柄旋转现象记录下来用作历法的内容。农业生产逐渐发展以后,曾设置官员,在黄昏时观测南方正中央天空具有明显标志色彩的星星,用以划分季节,确定农时,于是记录天象就成为官方的一项重要工作了。

长期以来,各类天象大量地被记录在史书和各种著作中,其时代之早,数量之多,范围之广,以及记录方式之详细,在世界上都可称得上是首屈一指。

明确的天象记录最早见于殷代武丁时期的甲骨卜辞,已发现三片甲骨片记明"月有食",并干支记日;另两片记月名,例:"乙酉夕月有食……八月";甲骨文亦记有日食,部分注干支记日,部分则未记;另有甲骨文一片记"七日己巳夕□,□有新大星并火"。商人对天象构成的观测精细可见一斑。

记录天象的文献首推《尚书》。《尚书·胤征》中记载:"乃季秋月朔,辰弗集于房,瞽奏鼓,啬夫驰,遮人走。"它描写的是在九月初一发生日食时,人们惊慌奔走和击鼓的情状。虽然不能完全肯定发生在夏朝,但这是世所公认的最早的日食记录。另外一则《诗经·小雅·十月之交》所记载的日食:"十月之交,朔日辛卯,日有食之。"由于记载得比较完整,大致已定为周幽王六年(前776)九月六日的日全食,它比古巴比伦最早的日食记事要早13年。自春秋以后,日食就被记录在史书内。从春秋到乾隆年间,日食记录共有一千次之多。

古代民间把彗星叫作扫帚星,史书上则称彗星或孛星,亦有称扫星的。彗星是罕见的天象,不论在中国或外国,古代人总是带着恐惧的态度看待彗星的出现。我国《春秋》内所记鲁文公十四年(前611)秋七月,"有星孛于北斗",是世界上对哈雷彗星最早的记录,连同以后自秦始皇七年(前240)到宣统二年(1910)的连续性记载,我国总共有三十次哈雷彗星的完整记录。

流星是夜间常见的,如果落到地上就是陨石。成群结队的流星在天空出现,似乎从一个辐射点飞射出来,就是流星雨。《春秋》记鲁庄公七年(前687)"夜中星陨如雨",是世界上最早的天琴座流星雨的记录。从可靠的文献中统计,共有一百八十次左右的流星雨记录。

我国古代对天象的记录可谓不可胜数,是现代天文学研究的一大宝库。

138. 什么是《月令》?

《月令》是先秦典籍《礼记》中的一篇,全名为《礼记·月令第六》。月令本是上古的一种文章体裁,按照十二个月的时令,记述政府的祭祀礼仪、职务、法令、禁令等。《礼记·月令》是按阴历十二个月,依序记载每个月的日月星辰运行、节候气温变化、动植物生态以及国家根据时节、物候的具体情况,相应下达的关于生产安排和月中行事的政令。《礼记·月令》曾说明这种政令的制作过程:"(季冬之月)天子乃与公卿大夫共饬国典,论时令,以待来岁之宜。"这里的"时令",指每月依照时节发布的政令,亦即月令。例如《礼记·月令·孟春之月》说:孟春之月,太阳运行到二十八宿的室宿，黄昏时参宿位于南中天，黎明时尾宿出现于南中天。这时，东风和暖，冰消雪融，蛰伏的小动物苏醒后开始活动。君王命令准备春耕，因地制宜，播种五谷。在这个月内，禁止砍伐树木，禁止捣覆鸟巢，保证树木和幼鸟生长。为集中精力进行农业生产，不聚集众人，不兴兵打仗。

根据《月令》内容，在古代，人们为了把握时节、指导生产，很早就已对动植物伴随时间推移而产生的生态变化（即物候）进行了细致的观察和研究。产生于先秦时代的《夏小正》和《月令》堪称我国古代最早的物候著作。与《月令》同时期及之后，出现了不少类似的著作。月令这个名词也就渐渐带有表示时间物候的意味了。

139. 我国古代对物候的研究怎样？

"物候"一词，南朝梁简文帝《晚春赋》曾使用，其文云："嗟时序之回斡，叹物候之推移。"我们的祖先对物候的观测研究，是从人类社会到农牧业生产时期开始的。由于古天文学当时还没有建立，而农业的播种收获、牲畜的繁衍生息又与时令紧密相关，在这样的情况下，观测和研究物候，就自然成为古人把握时令的主要手段。

古代献资料显示，我国古代先民对物候的观测和研究经历了一个由零碎到系统的漫长发展过程。最早的文字资料殷墟甲骨卜辞中已有其例，其中最典型的是"年"这个时间概念的获得。甲骨文的"年"字像一个侧面的人头上有一把禾，意思是稻谷成熟后，人把它举在头顶上，因此"年"的本义是指庄稼成熟。卜辞有"受年"的说法，指从老天爷那里获得好收成，我国古代有"祈年"的祭祀活动，亦是祈求好的收成。《说文解字》释"年"为"谷熟"，谷熟一次，就是一年。因此，年这个实际上由地球绕太阳公转造成的时间单位，首先是从稻谷成熟即物候变化的周期得到的。

先秦古书中有不少关于物候的记载。《尚书·尧典》记载了鸟兽毛革一年四季的变化；仲春鸟兽交配，仲夏鸟兽脱毛，仲秋鸟兽毛革逐渐丰盛，仲冬鸟兽身上长出了细毛来御寒保温。在《诗经》《吕氏春秋》和《淮南子》等书籍中都有大量关于物候的记录和描绘。

古人对物候研究的成果主要运用于历法的编纂和指导农业生产，元代王祯的《农书》还列有一张"授时指掌活法图"，把一年四季、十二个月、二十四节气、七十二候与农事活动对照起来，组成了一张圆盘图，使人们能够根据季节物候安排农事，实用性很强。由此可见，古人对物候的观测研究已经达到了相当细致、全面的程度。

140. 我国古代历法和记时的情形如何？

我国古代的历法是阴阳合历，阳历即太阳历，是以地球绕太阳公转的运动周期为基础制定的历法。现在通用的公历就是阳历。阴历则以月亮运动为依据，以月亮从合朔（月亮位于地球和太阳的正中间）到下一次合朔为一个月。十二个朔望月共有 354 天，比一个回归年少 11.2 天。我国古代以回归年为一年，朔望月为一月，其日子的相差数隔若干年添加一个闰月来弥补。阳历的年和阴历的月相结合，叫作阴阳历。

大致从商代开始，我国就已实行阴阳历了。据文献记载，秦代的颛顼历到太平天国的天历，我国历代用过的历法共有 66 种，其中，较著名的有十余种。

古代的历法，主要需要安排好年、月、日的配合，必须正确地定出冬至的时刻，使每月的初一都是朔日，安排闰月用以调整各个回归年中相差的日子，安排好一年中的二十四节气，还要预报日食、月食的来临，等等。

中国较早的历法是秦始皇的颛顼历（前221）和汉武帝的太初历（前104）。颛顼历采取十九年七闰法，是古六历的一种，在秦始皇统一中国后普遍应用，至西汉太初历制定后始弃。太初历于汉武帝太初元年颁布使用，是中国古代第一个比较完整的历法，也是当时世界上最先进的历法。太初历规定一回归年为一年，一朔望日为一月，以夏历的正月为岁首，以设有中气得月份为闰月，首次记录五星运行的周期。它首先记出了日食、月食的周期，它所记叙的五星（金、木、水、火、土）运动，在西汉末年刘歆改编的三统历内更加详细地提出了推算五大行星位置的方法，这种方法一直沿用了六百多年。

授时历是古历法中最优良的历法，数据同用现代方法计算所得出的结果相差无几。它废除了古代用分数来表示小数的办法，个位数下用百进位，实际上创用了十进位小数。对日、月运动的计算创造了三次差的内插法，比欧洲要早四个世纪。明代的大统历实际上就是授时历，清代才改用西洋历法。

我国古代的"记时"，指对一天内具体时刻的记录，是古人把握和驾驭时间、合理安排生产和生活的依据。在殷商甲骨卜辞中，即有记时材料，以后的几千年历史中，古代对于时刻的确定和记录，更是日趋精确严密。

古人的记时，首先是从运用较为笼统模糊的时刻概念开始的，在人类社会的早期，天文学和数学尚不发达，人们还不能对一天之内的小时段做定量分析，记录时刻就只能依据在日常生活中常见的天象（如"日上三竿""月挂树梢"）、行事（如吃午饭时称为"晌"、一天两餐制晚上那顿称为"晡"）、物候（如"鸡叫三遍"）等来标记时间。这些粗略的计时法并不能精确地记录时间，只能概略地标记某一时间段，但是，在古代漫长的历史长河中，它们发挥了重要作用。

随着生产力的发展，社会生活水平的提高，笼统计时已不能满足人们的生活需求，在这种情况下，精确计算时间的计时器应运而生。

中国古代的计时器，据宋代王应麟《小学绀珠》介绍，主要有铜壶（漏刻）、圭表、香篆、辊弹四种。除了这四种计时器外，古代还有盂漏计时、燃烛计时、机械计时等。在诸多计时器中，产生最早、影响最大的是漏壶和圭表。《史记·司马穰苴列传》曾记载，司马穰苴任齐国主帅时，与监军庄贾相约在第二天午时三刻到军营受命，为把握时刻而"立表、下漏"的做法。可见，春秋时期已经同时使用圭表和漏刻两种计时器了。

计时器的发明还使一些原先笼统的记时专名也逐渐趋向定量化，例如"昏"和"旦"的含义逐渐规定化，秦汉时规定日出前三刻为"旦"，日落后三刻为"昏"，秦汉以后三刻改为两刻半。很少有人知道，这平凡的时间名词背后竟有那么悠久的历史。

141. 我国古代的气象学是如何发展的？

气象是一种自然现象，我国对于气象现象的观察、记载、认识，可追溯到殷商时代。

春秋战国以来，儒家学派把四季更迭、晴阴寒暖看作是上帝爱乐严哀的结果。如西汉董仲舒提出"阴阳灾异说"，他认为："春气暖者，天之所以爱而生之；秋气清者，天之所以严而成之；夏气温者，天之所以乐而养之；冬气寒者，天之所以哀而藏之。"由于"阴阳灾异说"的影响，我国古代史书中虽然常常列有天气灾害的专著，如《五行志》《祥瑞志》《灾异志》等，但内容大多充满迷信色彩。

与儒家相对立的是具有朴素唯物主义思想的代表人物屈原和荀子。

屈原在他的著名长诗《天问》中对"天""神"等提出了一百七十多个问题。屈原对一些气象现象虽然知其然，但不知其所以然，于是提出了疑问："日安不到，烛龙何照？羲和之未扬，若华何光？何所冬暖？何所夏寒？"屈原提出的这些问题，虽然无明确回答，但实质上是对"天""神"的批判。

战国末期的荀子在其《天论》中对儒家思想做了批判："天行有常，不为尧存，不为桀亡。""天不为人之恶寒也辍冬。"他指出了自然界有其自己运行的规律，水旱、寒暑、风雨等一切现象与人事毫无关系。他又说："大天而思之，孰与物畜而制之？从天而颂之，孰与制天命而用之？望时而待之，孰与应时而使之？因物而多之，孰与骋能而化之？思物而物之，孰与理物而勿失之也？"他认为，人不是天的奴隶，应该是大自然的主人，人们应该相信自己的力量，去认识自然，改造自然。虽然荀子并没有对一些自然现象做出更多的解释，但他提出的"天人相分"的影响是很大的。

随着生产力的不断发展，人们对于自然现象的认识也逐步提高，对某些天气现象能够给予合理的解释。我国古代，对天气现象做出比较合理解释的、有代表性的思想家是王充和沈括等人，他们在气象现象的研究中做出了非凡的贡献，这也是我们应该注意到的。

142. 什么是筹算？古代是怎样用筹算进行运算的？

筹算是中国古代以筹为工具来记数、列式和进行各种数与式的演算的一种方法。筹，又称为策，即筹策，后来又称为算子，即算筹。筹，最初是小竹棍一类的自然物，以后逐渐发展为专门的计算工具，大约在三千年前的西周就已经开始使用了。到春秋战国以后，这种计算工具已经很普遍了。在《老子》《荀子》等著作中已经出现了"算""筹"等字样，在《九章算术》和《周髀算经》中已经出现了"置""列"等筹算术语。唐宋时期，我国虽然已经出现了更加先进的计算工具——算盘，筹算仍然是计算的重要方式之一。筹算有十分明显的缺点，在运算时不仅需要用一大把算筹，而且还要占很大的面积，因此受环境和条件的限制比较大，并且还会由于算筹摆弄不正而造成错误。因此，到了元代之后，算筹便被使用更方便的算盘完全替代了。

算筹是用竹、木、骨、玉、牙、铁等材料制作成的一种外形很整齐的小圆棍，到后来还出现了刻有数字的算筹。负数出现以后，算筹分为红、黑两种，红筹表示正数，黑筹表示负数。现在，对先秦以前的算筹形状、大小已无从考察。从《汉书·律历志》可知，秦汉时的算筹长六寸（13.86厘米），直径一分（0.23厘米），这是目前我们能够见到的有关算筹形制的最早文字记载。

对数字，算筹有纵式和横式两种表示方法，为了使初学者能够很快学会算筹记数，《孙子算经》《夏侯阳算经》编有押韵的顺口溜。《孙子算经》编的顺口溜是："凡算之法，先识其位，一纵十横，百立千僵，千十相望，万百相当。"个位数用纵式，十位数用横式，百位、万位数都是纵式，十位、千位数都是横式，以此类推，交替使用纵横两式即可。《夏侯阳算经》又在《孙子算经》的顺口溜后面加了四句："满六已上，五在上方，六不积算，五不单张。"当时用算筹记数，五或小于五的数，用几根算筹就可以表示了；记六、七、八、九，用一根算筹当五，放在其他算筹的上边。《夏侯阳算经》后续的四句，明确了以一当五算筹的用法，既不允许并排六根算筹记六，也不允许单独用一根算筹以一当五。算筹的计算方法不仅采取十进制，而且严格地按位置分别表示不同的单位，和现代阿拉伯数字的十进制记数法完全相同。对于"零"，算筹用留足的空位加以表示，这一表示方法，直接导致了后来"0"的产生和运用。同时，算筹可以一面摆成数字，一面进行计算，它的运算程序和珠算运算程序十分相似，其加减法运算也都是从左边一位开始的，算筹的乘除法是简化的加减法，在算筹的加减法的基础上，我国很早就出现了算筹的乘除法。

我国使用算筹的历史将近 3000 年，是各种计算工具中存在历史最长的一种。算筹还流传到日本和朝鲜等国。

143. 我国什么时候开始使用算盘？

中国是算盘的故乡，然而，算盘起源于何时，是由谁发明的，至今仍是众说纷纭，莫衷一是。但大致归纳起来有三种看法：

第一种是清代数学家梅启照等主张的东汉、南北朝说。主要根据是，东汉的数学家徐岳曾经撰写过一部叫作《数术记遗》的数学专著，书中有"珠算，控带四时，经纬三才"之说，被认为是最早的关于珠算的记载。

第二种是清代著名学者钱大昕等主张的元明说。持此说的学者认为算盘出现在元朝中叶，到元末明初已经普遍使用了。钱大昕在《十驾斋养新录》中称："古人布算以筹，今用算盘。以木为珠，不知何人所造，亦未审起于何代。陶南村《辍耕录》有走盘珠、算盘珠之喻，则元代已有之矣。"

第三种是唐宋说。有学者根据新发现的史料，认为串档算盘应源于唐朝，到宋朝已经流行。宋代画家张择端的名画《清明上河图》中的一家药铺柜台上有一架算盘。《清明上河图》是描绘北宋京都汴梁（今河南开封）繁华景况的大型风俗画，画的最左端有一家被称作"赵太丞家"的药铺，门前两侧挂着传统的招牌，药店正面柜台上赫然放着一架算盘。1921 年，河北巨鹿县出土了一颗宋人故宅的木制算盘珠。刘因是宋末元初人，他的算盘诗与其说是描写元代的事物，还不如说是对宋代事物的反映。此外，宋代的算盘从形制上看已经成熟。可见，在宋朝，算盘已经比较流行了。

144. 我国古代在几何、代数方面有什么杰出的贡献？

几何学在我国历史悠久，从考古资料看，十万年前的"河套人"已经在骨器上刻出菱形花纹。石器时代的各种工具都有一定的几何形状，陶器的器形和纹饰中也出现了多种几何图形，并且已经注意到圆形的对称、圆弧的等分问题。

我国现存最古老的关于几何学的著作首推墨翟和其弟子所著的《墨经》，它成书于公元前五世纪。从《墨经》中可以看出，当时的人们已经有点、线、面、方、圆等几何概念，并且得出了基本正确的定义。例如，《墨经》中有"平，同高也"。这就是说两条平行线之间的距离处处相等，就叫平行。"中，同长也"，也就是说，圆心到圆周的任何一点都等长。这与西方《几何原本》中的有关定义如出一辙，但《几何原本》要比《墨经》晚一个多世纪成书。战国时期的《考工记》中已经有了多种角度的名称，因此在制造车、磬等器具时，不同的部位要求不同的角度，于是就产生了一些衡量这些角度大小的专有名词，如矩是 90 度，等等。

研究直角三角形两条直角边和一条协变关系的勾股定理，是平面几何中一个重要的原理，它的发现，也是我国古代几何学上的一项重要成就。《周髀算经》中对这个问题做了详细的探讨，书中的勾股术已经展示了勾平方加股平方等于弦平方的公式。勾股定理大约在周初就已经被我国数学家发现了，这要比古希腊数学家毕达哥拉斯早五百年左右，比欧氏《几何原本》的出现更早。

我国古代数学家很早就知道相似直角三角形的性质，并用于测量。《周髀算经》记载："偃矩以望高，覆矩以测深，卧矩以知远。"意思是把直角尺竖直放可以测量高度，倒过来可以测量深度，水平放可以测量远近，其原理就是相似直角三角形的性质。

圆周率是一个使古代数学家伤透脑筋的问题。一位德国数学家曾说过："历史上一个国家所得到的圆周率的精确程度，可以作为衡量这个国家当时数学发展水平的一个标志。"我国古代早就有"径一周三"的圆周率近似值。东汉张衡进一步以根号10为圆周率值。刘徽对推算圆周率近似值进行了理论研究，创造了"割圆法"。刘徽之后，数学家祖冲之把圆周率计算又向前推进了一大步，准确计算出圆周率在3.1415926与3.1415927之间。

在代数方面，我国同样有着十分悠久的历史，在《周髀算经》和《九章算术》中就有许多关于代数的问题。西方代数数学出现比较晚，公元三世纪的古希腊数学家丢番图的著作中虽然有代数问题的相关研究，但在中世纪初期西方科学衰退时，丢番图的代数学被遗忘了。公元830年，阿拉伯数学家阿尔·花剌子米从印度回国，撰写了一部代数学著作，书名为《花剌子米算数》，这部著作传到欧洲，西方才有了代数学。在十六世纪以前，我国的代数学在世界上是遥遥领先的，因此，清代数学家梅珏成以及现代数学家钱宝琮等认为，代数学在中国出现要比印度早，西方代数学很可能是从中国传至印度乃至欧洲的。

我国古代在代数学方面为世界做出了卓越的贡献，包括首次提出"正负术"、对方程的求解、系统地提出一次联立方程组的"直除"解法、二次方程与高次方程都有所涉及等。

145. 明清学者是如何吸收西方数学知识的？

十六世纪末到十七世纪初，有一批具有一定科学知识的传教士来华传教，其中比较著名的有利玛窦、汤若望、南怀仁、艾儒略等人。他们为了在中国站稳脚跟，实现传教的目的，结识了许多的士大夫，如徐光启、李之藻等人，并向他们传授西方近代科学知识，合作翻译西方科学著作。利玛窦与徐光启合作翻译了《几何原本》，这是正式传入中国的第一本西方数学著作。《几何原本》是利玛窦的老师、德国数学家克拉维斯的注解本，全书共十五卷，但他俩只翻译了六卷。直到清末，我国数学家李善兰和英国人伟烈亚力将未翻译完的九卷译出，才有了完整的《几何原本》中译本。尽管徐光启和利玛窦合译的《几何原本》不是全本，但是它对当时我国的数学界产生了巨大的影响。明代许多数学家都曾经研读过它，并且撰写了多种研究《几何原本》的数学专著，如方中通的《几何约》、李子金的《几何易简集》、杜知耕的《几何论约》、梅文鼎的《几何通解》等。清代学者阮元在《畴人传》中说，西方传入的数学著述，"当以《几何原本》为最，以其不言数而颇能言数之理也。如云'自有而分，不免为有。两无不能并为一有'。非熟精度数之理，不能作此造微之论也"。

另外，李之藻、利玛窦还合作编译了《同文算指》，这是第一本介绍欧洲笔算的译作。当时欧洲的笔算同现今的笔算已经十分相似，这本译作传入的笔算方法对我国以后的算术发展有很大的影响。经过清代学者的改进，笔算的应用在我国日益普。此外，他俩还合译了《圜容较义》和《测量法义》两书，前者是几何著作，后者是测量方面的书籍。

清雍正以后，清政府开始驱逐传教士，耶稣会也被罗马教皇解散，西方的科学知识停止向中国传入。

146. 我国古代物理学方面都有哪些成就？

在漫长的两千多年历史中，中国古代物理学在世界上一直处于领先地位。到了明清时期，由于欧洲近代物理学的兴起，它才显得落后了，明清时期可以称为衰落时期。从五四运动开始，中国物理学汇合于世界物理学，呈现出不同于古代物理学的新面目。

先秦时期的伟大哲学家墨翟（约前468—前376）及墨家学派，在他们的论著《墨经》中记述了大量的物理知识，这是春秋战国时期物理学成就最大的学派。《墨经》自然科学方面的主要成就表现在对力学和光学的研究上。它探讨了力的定义，叙述了惯性运动，研究了杠杆、滑轮、轮轴、斜面等装置省力的原因；指出了光的直线传播和反射规律以及小孔、平面镜、凹凸镜的成像情况；观察了温度与火色的关系。同时期的《考工记》是应用力学和声学方面的书籍，记载了滚动摩擦、斜面运动、惯性现象、抛物轨道等物理知识。

汉代王充（约27—约97）的《论衡》是中国中古时期的百科全书。在力学方面，《论衡》指出外力能改变物体的运动状态，而内力不能改变。同时，《论衡》还讨论了相对运动，在声学方面研究了声音的产生、传播和衰退，并用水波做了生动的比喻。在热学方面，其研究了热的平衡、传导以及物态变化。

在唐代，第一次进行子午线的实际测量；唐人还将风力分为八个等级，了解到共鸣的道理并应用于音乐中，指出了雷与电的关系。

宋代沈括（1031—1095）的《梦溪笔谈》一书具有很高的科学价值，被称为"中国科学史上的坐标"，其主要成就是在声学、光学、磁学方面。他研究了声音的共振现象、针孔成像与凹凸镜成像规律，形象地说明了焦点、焦距、正倒像等问题；研究了人工磁化方法，指出了磁场的磁偏角，讨论了指南针的装置方法，为航海用指南针的制造奠定了基础。沈括还研究了大气中的光、电现象。

在明清时期，朱载堉（1536—1610）在其《乐律全书》中，用精密方法首次阐明了音乐的十二平均律。方以智（1611—1671）兼取古今中外知识精华，在其《物理小识》中涉及了力学、光学、磁学、热学等方面的知识，研究了比重、浓度、表面张力及杠杆原理、螺旋原理，研究了光的反射、折射、光学仪器，进行了分光实验来解释虹，还研究了磁偏角随地域的变化以及金属导热问题。

在物理世界观或宇宙观方面，中国古代物理学也有独到之处。在先秦时期，墨家、惠施提出过类似原子论的思想，他们认为物质可以分类，但分到最后存在着不可再分割的"端"。端是物质的最小单位，类似于原子，但是这种类似原子论思想在以后并未得到发展。

147. 我国瓷器是怎样起源与发展的?

中国是瓷器的故乡，瓷器是汉族劳动人民的一个重要的创造，瓷器的发明是中国对世界文明的伟大贡献。

早在新石器时代晚期，我们的祖先就能用陶土做原料，烧制出种种精美的陶器，为日后瓷器的发展打下了基础。到了殷商时代，发明了玻璃质釉。

两汉时期青瓷生产粗具规模。考古调查发现，今浙江上虞一带发现的几十处烧窑遗址，大多数是汉代的。进入魏晋南北朝时期，瓷器生产发展迅速。首先是制瓷区域的扩大，由南向北发展，北魏的关中窑（今陕西西安）、洛京窑（今河南洛阳）出土了很多精美的瓷器。其次是白瓷技术的出现，烧制白瓷比青瓷困难很多，必须是白胎白釉。因为瓷土中普遍含有铁成分，铁成分呈色性极强，含量超过百分之一，烧出来的瓷器就呈灰白色。所以在烧制过程中，要将铁的成分控制在百分之一以下，这绝非易事。

隋唐时期是我国瓷器生产的繁荣阶段，制瓷业逐渐成为独立的生产部门，窑场在全国分布很广，瓷器品种更加丰富精美。唐朝越窑的瓷器声誉最高，胎质细薄，釉色晶莹，深受人们喜爱。陆羽在《茶经》中称赞说："越瓷类玉、类冰，瓷色青而茶色绿。"唐朝白瓷的制作达到了相当高的水平，江西景德镇和四川大邑白瓷轻薄、坚实、洁白、清韵。

经过长期的探索与研究，宋时瓷器制作积累了极其丰富的经验，各地名窑纷现。它们在胎质、釉色、花纹、式样等方面，很有自己的特色，互相争艳。景德镇的成品质薄光润，以影青为主，刻画的花纹上涂以青白釉色，反映出奇妙的青色花纹。河北定窑的瓷器胎薄质细，釉色莹白，所刻花纹极富美感。除此之外，还有河南的均窑、浙江的龙泉窑等，均享誉世界。

明清时期制瓷技术又有新的突破，过去使用竹刀镟胎，明代改用陶车镟刀，并以吹釉取代了以前的蘸釉。明代大量地烧出了青花、釉里红以及斗彩等多彩瓷器。清代的瓷器达到了更高水平，由于清代统治者的特别提倡和制瓷工匠的不懈努力，制瓷技术日新月异。当时的仿古器皿，几乎可以达到以假乱真的地步。如康熙时所仿宣成两窑器，釉水色泽，乃至款识都非常相似。各种日常饮食用具、玩好陈设等，都做得惟妙惟肖。珐琅彩瓷器更堪称杰作，这种瓷器为皇家专用，民间绝少流传。

我国瓷器早在汉唐时期就已经流传海外，深受各国人民的喜爱。

148. 我国是从什么时候开始制造和使用玻璃器皿的？

玻璃器皿在我国有过几种不同的名称：一种是不透明、少光泽的玻璃饰件，叫"料器"；一种是半透明、有玻璃光泽的饰件，如珠、管、璧等，叫"琉璃"；一种是透明的、与近代玻璃相近的玻璃器，叫"玻璃"。此外还有一些名称，如药玉、罐玉、罐子玉、烧料等。现在为了避免名称的混淆，经过科学测定，凡是质地由铅、钡、硅、钙、锡、镁等元素组成的，一律称作玻璃。

从目前出土的玻璃器皿来看，当时已具备了制造这些玻璃器皿的技术条件，表明我国的玻璃器皿制造在商代已萌芽。1965年，河南郑州出土了一件商代青釉印纹尊，在口部和肩部除施上薄釉外并有深绿色、厚而透明的玻璃釉五块。1972年，河南洛阳庄淳沟西周早期墓葬中出土的穿孔白色料珠。1975年，在宝鸡茹家庄的西周早、中期墓葬里出土了上千件琉璃管、珠，经过有关单位的化验，确证管、珠的原料是玻璃。玻璃制造与陶瓷、冶金的关系是十分密切的，冶金生产在我国殷商时代已经十分发达，当时已经能够制作十分精美、形体甚大的青铜器。据有关单位测定，出土的殷商青铜器的锻造温度高达一千二百摄氏度左右，春秋时期的铁器熔化温度高达一千三百多摄氏度，以此断定，商周时期已经出现了高温窑炉，也就是说，当时已经具备了制造玻璃的技术条件。

西方制造玻璃比我国早，埃及是发明玻璃制造技术最早的国家之一，公元前二十至十八世纪，古代埃及的劳动人民就已经能够制作玻璃，后来，这种技术还流传到了地中海的一些国家。所以，长期以来，许多人都认为我国古代的玻璃器皿也是从海外传入的。这种看法是错误的，前面已经说过我国在汉代之前已经能够制造玻璃器皿了。我国早期出土的玻璃制品，经过化验表明，成分和西方所制造的玻璃不同，我国古代的玻璃属于铅钡玻璃，而西方的属于钠钙玻璃。从汉代以后，我国和西方的通商贸易往来日益频繁，西方玻璃通过贸易交往而流传到中国。近年来，在广州南越王赵昧墓出土了玻璃片，赵昧和汉武帝是同时期的人，南越国又处于当时商队和西方贸易往来的必经之路，所以赵昧享用这些玻璃制品是近水楼台先得月。清代李调元《南越笔记》中也说："玻璃，来自海舶……昔武帝使人入海市琉璃者，此也。"此后，我国古代自制玻璃和外来玻璃并存。

总的来说，我国玻璃器皿一直没有得到较大的发展，是因为我国古代铜器、漆、瓷器大量生产，同时玻璃的质地较差，但我国依然对世界玻璃器皿的产生与发展做出了巨大的贡献。

149. 我国古代制盐和盐政情况如何?

盐是人们日常生活的必需品。我国的制盐业有着悠久的历史,盐的来源多样,产地广泛,产量也十分丰富。盐因其产地不同,分为海盐、池盐、井盐和岩盐四种。

海盐是在海滨地区以海水灌注盐田,然后晒干或用铁锅煎煮海水而成。我国沿海的辽宁、河北、山东、浙江、福建和广东等省均盛产海盐。《周礼·职方》说:"东北曰幽州,其利渔盐。"《管子·轻重甲》说:"齐有渠展之盐,燕有辽东之煮。"《史记·齐太公世家》说:"太公封于营丘(周武王封吕尚于齐,建都于营丘,在今山东淄博市临淄北),以齐地泻卤,乃通渔盐之利,而人民多归齐。"可知辽宁、河北、山东在周代已经有盐产,并和人民的日常生活有着紧密的联系。

池盐是将盐池中捞取的卤水经过铁锅煎煮或摊晒制成的。山西、陕西、甘肃、青海、新疆、西藏、内蒙古以及宁夏等地均有出产,最为著名的是山西解池和甘肃盐池县的花马池。

井盐在有卤源之地凿井取卤,或于天然咸水井汲取煎煮而成,产于四川、云南等地。《华阳国志》记载了战国时期秦孝文王委任李冰守巴蜀地,李冰考察地脉,知道有咸的泉水,因而在广都等县穿凿盐井。云南的井盐区,在汉代已经设盐官管理了。

岩盐是地壳沉积成层的盐,是古代的海水或湖水干涸后形成,也叫石盐、矿盐。岩盐产于新疆、云南、西藏。

我国古代盐法起源很早,内容复杂,演变多端。封建政府颁布的管理盐的法令和条例历代皆不同。

周代的盐政,据《周礼》记载有掌盐政之官,叫"盐人"。春秋时期,齐国实行了食盐局部专卖政策,战国时期各国一般都设官征税。

盐税名称始见于《后汉书·百官志》,比较完备的食盐专卖制度则始于西汉武帝时期。据《史记》所载,武帝实行食盐专卖法,就是招募劳动人民,由官家给予煎煮之锅,自费制盐,盐制成后,由官家定价收买。

东汉改行征税,不再实行食盐专卖。三国时期又恢复专卖。吴、蜀均设有司盐校尉。东晋再改征税。

隋统一南北,始罢盐税。自隋文帝开皇三年(583)到唐玄宗开元前期(722年前)大约140年间,听民采盐卖盐,没有明文征税的规定。唐开元十一年(723)左右规定征收盐税。五代时实行官商分销制,并行计口授盐之法——蚕盐。宋、元、明各代,盐制虽然名目繁多,但实质上仍然是上承唐代专卖制度。有所不同的是,盐引和专商制度逐渐形成和成熟。

明代继承宋、元之法,但有所变动。洪武三年(1370),明政府实行鼓励商人输送米粮等至边塞而给予食盐运销权的制度——开中法。明末,盐引法名存实亡,封建政府把食盐收购运销权都归于商人,并规定盐商可以世袭,由此,食盐成为专商垄断经营。清代盐法,主要推行明末这种商引专卖制度。此后,由于贪官污吏营私舞弊,盐法大坏,道光十一年(1831)后,盐法为票法所取代,允许自卖食盐,政府发给官票,酌量收税。

150. 我国古代造船情况怎样?

我国古代造船术的发展起步于新石器时代。从"伏羲始乘桴"和"伏羲氏刳木为舟"等传说来看,最早的船只——筏和独木舟当时已经问世。筏的制造较易,只需捆扎几根木头即可制成;独木舟则是选定一根树干,留下要挖空的部分,在其余表面涂上湿泥,以火烧烤待挖部分,再用石斧将因无湿泥涂抹而被烧焦的部分挖去,这样,在火和石斧的轮番作用下,最后造出浑然一体的原始船只——

独木舟。

我国木板船的制造始于商代。为改善航行性能和增大装载量，人们开始在独木舟周围向上延伸的方向加装木板，这样，作为船底的独木舟渐渐演变成底部通连首尾的主要纵材，即"龙骨"，木板船由此诞生。除了单体木船外，人们还受筏的制造原理的启发，造出由两艘船连接而成的舫。舫的出现增加了船的宽度和稳定性，装载量也因而扩大。舫的建造在晋代达到鼎盛，但到唐宋时，并舟而成的舫已消失，这是因为它的发展不仅受单体船本身发展水平的制约，也要受到船体间连接强度的局限。船舶的大型化主要还得靠单体船的发展。

春秋战国时期，我国的南方如吴、越等国就有建造战船的造船工场，各国中尤以吴国造船业最负盛名，吴国就是凭借水军力量先后在汉水和太湖大败楚越两国。越国也以"善于造舟"著称，当时濒临渤海的齐国也已能造出航海的船只。

秦汉以后，我国木板船的制造经历了秦汉、唐宋、明代三个发展时期。据史书记载，秦始皇在第五次巡行时，由内河游弋到海上航行，历时数月，如无一支航行设备齐全和船舶性能较好的大型船队，是难以完成这一长时间的通江达海之举的，这从侧面印证了当时造船业的发达。汉代时出现了著名的楼船，楼船的建造和发展标志着汉代造船技术的发达。秦汉造船业的发达，为后世造船术的进步奠定了坚固的基石。

唐宋时期为我国古代造船史上的第二个高峰。唐舟宋船有如下特点：第一，船体大，结构合理；第二，造船数量多；第三，工艺先进。宋代造船、修船都已开始使用船坞，比欧洲早了五百年。宋代工匠还能根据船的性能和用途的不同要求，先制造出船模，进而能依据画出来的船图施工，这比欧洲十六世纪出现的简单船图早了三四百年。宋代还发展了始于南朝的车船制造工艺。这时的车船，实际上是世界上最早的明轮船。

明代我国造船业的发展达到新的高峰。明代造船工厂分布之广，规模之大，配套之齐全，达到了我国古代造船史上的最高水平。当时对造船材料的验收、船只的修造和交付等有一套严格的管理制度。正是有了雄厚的造船工业基础，才会有明初郑和下西洋的远航壮举。

151. 我国古代制糖的情况如何？

我国的制糖业历史悠久。糖作为人们的日常生活用品，具有重要地位，是我国劳动人民长期经验积累的结果。

我国最早制造的糖是麦芽糖，在古代又名"饧""饴"。植物种子在发芽过程中产生的淀粉酶可以把淀粉水解成麦芽糖。中国早在三千年前就知道用麦芽来制作麦芽糖了。战国时期，我国人民已经用糖调味制作饼食了。

古代的麦芽糖是如何制作的呢？刘熙《释名》曰："饴，煮米消烂。"可知在汉末，麦芽糖是用米、麦芽煎煮调化而成的。到北魏时期，制作麦芽糖的工序从发芽、浸米、蒸米化糖，到过滤、煮饴、搅拌加工，已经与现在的制饴过程大致相同。贾思勰的《齐民要术》详细记载了制作饧的方法。当时制饧的工艺已相当成熟，都是利用麦芽糖化淀粉，煎煮滤去米渣的糖化液汁而成，并无太多创新。

到明代，人们已经能够巧妙地用各种方法把麦芽糖做成美味的食物，多到难以一一列举。同时明代出现了更详细的制饧的记载。宋应星的《天工开物》中就详细地介绍了制饴的过程，还提到了一种麦芽糖的加工品"一窝丝"，它表面白而发亮、里边松而多孔、酥甜可口，是有名的饴加工食品，留传至今。

我国用甘蔗制糖的历史也是非常悠久的。甘蔗产于南方，我国从战国开始，已经种植甘蔗，并喝其浆汁了。西汉《郊祀歌》里有"泰尊柘浆"，"柘浆"即甘蔗汁。从懂得食用蔗浆到用甘蔗制作白砂糖、冰糖，其间经历了漫长的岁月。

汉朝，人们已经能够用蔗浆熬制糖膏塑成各种动物的形状，虽然产品仍然比较低级，但已是很大的进步。南北朝时期，蔗糖制作技术日渐成熟，其间已经能够制作固体蔗糖，并有详细的文字记载。从东汉到唐初，我国蔗糖的质量并不好，于是唐太宗派使者赴印度学习制糖技术，引进新的熬糖法。从此，我国蔗糖的生产进入了一个新阶段。

唐大历年间，我国制糖技术发展迅速，这一时期开始生产冰糖。相传邹和尚在四川涪江流域遂宁一带传授制造冰糖的技术，并给这种新的品种取名为"糖霜"。因其透明如冰，被称为冰糖。

元朝时马可·波罗曾到福建龙溪，看到当地制糖情况。他说，元朝征服这一地区后，曾请来外国人传授用树木灰提炼净糖的技术，还说朝廷里消费的糖都是龙溪所提供的。如果其所言不虚，那么制作白糖的技术在当时已经首先传入福建了。

明朝的制糖技术超越了以往任何朝代。宋应星的《天工开物》卷六详细总结了种蔗、制糖的经验及其生产原理，有些至今仍然适用。清朝末年，我国东北地区开始用甜菜制糖，在这之前，甜菜虽然在我国有种植，但仅仅作为药材使用。

152. 我国古代矿物知识是怎样积累和发展的？

我国古代没有"矿物"这个名词，但是随着社会生活的发展以及生产实践的需要，有关矿物质的知识逐渐得到积累，并沿着古代五行元素自然观的脉络发展。进入阶级社会以后，矿物知识的积累和发展不仅取决于生产的发展，还取决于剥削阶级生活的需要。

原始社会，人类为了生存学会了与自然做斗争，学会了用火，发明了石器。制作石器的材料本身就是矿物岩石，原始人类用兽骨和砾石做的装饰品，有些涂上红色的赤铁矿粉，死者的尸体上也撒有赤铁矿粉等。有人统计，旧石器时代原始人类已经认识了十多种矿物岩石。

随着社会的发展，夏代晚期进入青铜时代。青铜是铜锡合金，其原料主要是含铜量较高的孔雀石，还有锡和少量铅。锡的加入，既可以降低熔点，便于冶炼，还增强了合金的强度，所制器物比纯铜的坚实耐用。商代用青铜制造各种兵器、礼器和用具。河南安阳武官村出土的大型青铜礼器"后母戊鼎"，重827公斤，是世界上罕见的青铜文物。据分析，其成分为铜84.77%、锡11.64%、铅2.77%，配比十分讲究，反映出当时人们的金属矿物知识水平很高。

春秋时代已经有了铸铁，铁器推广到各个领域，尤其是农业生产中。社会需要铁，各种铁矿物如来自天上的"雨金"（陨铁）、采自地下的铁、有磁性的铁等逐渐被人们发现、认识并加以区别。先秦时期，矿产已被政府统一管理，铁得到普遍应用，铁器的坚固和锐利程度也远远超过了石器或其他已被知道的金属工具。

秦汉以后，全国统一，生产发展，采矿业和冶金业更加发达。司马迁《史记·货殖列传》记载了铁比铜贱的事实，还说冶铁致富者"与王者埒富"。汉武帝推行铸钱、煮盐、冶铁官营政策，全国分设铁官四十九处。唐宪宗元和年间（806—820），官营铁产量为每年207万斤；武则天用铜铁铸天枢、九鼎；唐代铜器、金银器巧夺天工，数量惊人，西安南郊何家村出土金银器多达二百七十件。社会需要各种各样的矿产，同时人们也在长期的生产生活实践中不断丰富着矿物知识，并加以利用。

值得注意的是，历代医学专著从医疗保健功效的角度记述了大量矿物的形状、特征、性质和产地。现存最早的药物学著作《神农本草经》记载了三百六十五种药物，其中矿物药四十六种，并涉及产地、特征、采取知识。虽然我国古代矿物知识内容丰富，但记载比较分散，缺乏系统性，这也是我国在矿物领域难以重大突破的重要原因。

153. 我国什么时候开始使用煤、石油和天然气的？

先秦古籍中有关于煤的记载，即"石涅"，或"石墨""石炭"。《山海经》中有："女床之山，其阳多赤铜，其阴多石涅。""女几之山，其上多石涅。""风雨之山，其上多白金，其下多石涅。"《山海经》中所指的三处石涅产地，在今四川成都地区和陕西凤翔地区，这说明早在先秦时期，我国一些地区的煤层露头已被发现。

考古发掘基本上可以证明西汉时期已经利用煤来炼铁，在河南巩义铁生沟西汉冶铁遗迹曾经发现燃烧过的煤块。有些学者认为西汉已把煤作为炼铁的燃料；广东新会发掘的南宋咸淳六年（1270）前后的炼铁遗址，除发现炉渣、石灰石、矿石之外，还有焦炭。焦炭的发明和使用，对冶铁是一项重大的贡献。

关于石油和天然气的使用，后者要比前者早，至迟不过公元前一世纪中期。天然气井古时叫"火井"。陕西北部神木县西南邻接内蒙古自治区的鸿门火井，是我国最早发现的天然气苗之一。火井的开发利用与盐业的兴盛有关，四川井盐的开发比较早，人们穿凿盐井时，凿透了天然气储气层，发现了天然气，并利用天然气熬煮盐卤制作食盐。学者考证，四川临邛火井是西汉中叶穿凿盐井时创建的。东晋常璩《华阳国志》卷三《蜀志》对临邛火井有过生动的描绘，如"井火煮之，一斛水得五斗盐，家火煮之，得无几也"。临邛以火井煮盐，从东汉一直延续到后世。

我国"石油"一词的定名，始于沈括。他看到森林资源的萎缩，认为石油"后必大行于世也"，这是高明的见识。石油又名"石漆""石脂水"。据记载，今陕西延安油田的油苗是我国石油开发史上最早的。唐李吉甫《元和郡县图志》卷四十"肃州玉门县"条下有："石脂水在县东南一百八十里，泉有苔如肥肉，燃之极明。水上有黑脂，人以草荻取用，涂鸱夷酒囊及膏车。"同时记载了南北朝时期，北周武帝宣政（578）中，突厥围酒泉，守城者取石脂水燃之，这是我国古代在实战中使用石油的最早记录。而在隋唐五代，石油用于军事方面的例子就更多了，如把石油装在罐子里点燃，投掷到敌阵中，颇似现在的燃烧弹。

154. 我国古代是如何治理江河水患的？我国有哪些水利灌溉工程？

在我国广袤的大地上，纵横交错地分布着大大小小、数以千计的河流，水资源异常丰富，为人们的生产生活提供了必要的自然前提，哺育着我们伟大的中华民族。但随之而来的水患也一直威胁着人们的生产生活，给人民带来了深重的灾难。长江水灾从汉代起就有简略的记载，据统计，自唐朝至清朝的一千三百余年间，长江共发生水灾 223 次。黄河流域是我国灌溉农业最早的发源地，黄河是我国的最大平原——华北平原的主要塑造者。但黄河下游河道的决口泛滥和改道迁徙也是最频繁的。据统计，仅宋代而言，黄河及其支流共泛滥 154 次，平均每年约 0.92 次。在数千年社会发展的进程中，我们祖先为征服自然，保护生命财产的安全，曾经和江河水患进行了不懈的斗争，在治理江河，消除水害方面积累了丰富的经验，取得了辉煌的成就。

利用修筑沿河大堤治理水患，是我国古代人民同江河水患做斗争沿袭下来的手段。但长期以来，堤防只是一种消极的防洪挡水的工程，及至明末著名治河专家潘季驯"束水攻沙"理论提出和应用后，堤防变为积极的冲刷淤沙的工程，尤其使黄河大堤迅速得到了完善和发展。潘季驯吸收前人对河流泥沙运动规律的认识成果，结合自己的治河经验，明确提出"以河治河，以水攻沙"的治理方案。这是我国古代河流水文学的光辉成就，在世界水文学历史上也占有重要的地位。

我国人口众多，农业自古以来具有举足轻重的地位，农业在国民经济的发展中具有决定性意义，而水利是农业的生命。早在原始社会末期，我国已经出现了水利设施，商代和西周则实行井田制，引水灌溉。到春秋战国时期，原有的井田制度被废弃，从而提出了新建较大规模的渠系来适应农业灌溉的需要。大型灌溉工程的修建发端于春秋末期，盛于战国，主要有四大著名水利灌溉工程：芍陂、漳水十二渠、都江堰和郑国渠。

芍陂是我国古代兴修较早的一座大型蓄水灌溉工程，它位于今安徽寿县南面，是一个大似湖泊的水塘，可以灌溉万顷农田。

黄河流域出现较早的灌溉工程，是邺地有名的漳水十二渠。邺地是魏国的军事要地，雨季时河水宣泄不通，水势暴涨，时常泛滥成灾。魏文侯时，西门豹带领百姓开凿了十二条大渠道，终于使原来的水害变为水利。

都江堰是可谓最著名的中国古代水利工程，秦昭襄王五十一年（前256），李冰出任蜀郡太守，他针对岷江水域的水患特点，主持修建了防旱排涝工程——都江堰，都江堰主要包括三个部分，即鱼嘴、飞沙堰和宝瓶口。

郑国渠的兴建稍晚于漳水十二渠，是秦国于公元前246年修建的又一大型灌溉工程，它是由韩国的水工郑国设计开凿的。据实地考察得知，郑国渠干渠故道宽24.5米，渠堤高3米，深约1.2米，极为壮观。

155. 我国古代学者在生物学方面有哪些重大成就和贡献？

远在原始社会时期，初民在从事最简单的采集、渔猎的生产过程中，就已经开始学会分辨一些有用的和有害的动物和植物。随着农牧业生产的发展，人类在实践活动中经过不断观察、分析、比较和认识，逐渐产生了要把自己周围的各种生物加以分类的想法，并逐步形成了我国古代的动植物分类体系。

甲骨文是我国现存最早的文字资料，其中就有对动植物名称的记载。例如，犬和狼都从犬形，表示它们同属于犬类；麋和鹿都从鹿形，表示它们都属于鹿类。至于甲骨文中的植物名称，既有同从禾形的禾、麦、黍等，又有同从木形的杜、柏、桑、栎等，这表示那时的人们已把植物分为禾类和木类，即草本植物和木本植物。

后来，这种分类思想比较完整地表达在我国最早的词书《尔雅》里。《尔雅》大概从战国时起，就已经开始汇集，到西汉时才告完成。书中关于动物的有《释鸟》《释兽》《释畜》《释虫》《释鱼》；关于植物的有《释草》《释木》，专门解释动植物的名称。从《尔雅》所包含的具体内容来看，当时人们对生物分类的认识是相当明确的。

这一古老的分类认识，一直是我国古代分类学的基础。明代李时珍在《本草纲目》中，把动物药类按虫、鳞、介、禽、兽、人的次序分类叙述，基本上还是承袭了《尔雅》中的分类方式。

在我国古代，以"志""记"为名的动植物文献，主要有三种类型：

第一，在泛述、综述中，部分涉及动植物的，如西晋张华的《博物志》和郭义恭的《广志》。《广志》多达 260 多条，绝大部分与动植物有关，描述的内容包括名称、产地、形态、生态等，都较为翔实切用。

第二，专述或者兼述地区性动植物的，如后汉杨孚的《异物志》中，有南方动物五十多条，植物四十多条。当时还有专述植物的《南方草木状》，记有草、木、果、竹四类植物八十种。

第三，专述一类或一种动植物的"专谱"。如最迟在西汉出现的品鉴家畜外形的《相六畜》，以及分别以某种家畜如马、牛、鸡、鸭等为对象的"相书"。在植物方面，有南朝宋戴凯之的《竹谱》。此书记载了作者调查的七十多种南方竹子，有韵语撮其要，有注文记其详，观察细密，所记载的品种和特征多与现代相符，是一部值得注意的科学文献。

156. 我国古代有哪些主要的医学流派？它们的代表人物与学说如何？

《黄帝内经》是我国现存最早的医学理论著作。书中认为，人之所以生病，是外来的"邪气"与人体的抵御力低下造成的。由此，许多医学家依据自身经验，分别对这两种原因进行了研究与分析，形成了许多不同的医学流派。其中在外感热性病上，主要有伤寒学派和温病学派。

伤寒学派的创始人是东汉末年的张仲景，他经过数十年的"勤求古训、博采众方"，积累了治疗急性热病的丰富经验，著成了《伤寒论》一书，奠定了中医学辨证论治的基础。他创造性地把外感热病错综复杂的症候及其演变加以总结，提出了比较完整的六经辨证体系。六经指的是太阳、少阳、阳明、太阴、少阴、厥阴六种症候的类型，即疾病的六个阶段。由于六经之间通过经络脏腑互为关联，而疾病又在不断变化之中，所以六经的病症能够互相传变。因此，在治疗时，除针对各经的病变采取相应的治疗措施，还强调要注意它们之间的互相传变关系，这样就能够掌握治疗的主动权。张仲景的伤寒学说对后世医学的发展起到了至关重要的作用。明清时期出现的温病学派，就是在此基础上形成的。

温病学派的主要代表人物是明代的吴又可，清代的叶天士、薛生白、吴鞠通等。他们对外感热病的治疗规律进行了大胆探索，提出了温疫病机和温病学说，取得了很大成就。明代医学家吴又可于 1642 年著成的《温疫论》，是医学史上第一部温病学专著。他对温病（急性热病的一种）的病因、发病过程和治疗方法提出了独特的见解。在病因方面，他认为温病并非是因为风、寒、暑、热等六气所致，而是感染了自然界中一种特殊的致病物质——戾气（又称"异气""杂气"）。这是对温病致病因素特异性的深刻认识。在流行特点方面，提出以驱邪为第一要义。此外，吴又可还把伤寒同温病在病因、侵入途径、症候、治疗等方面进行了比较与区别。这些都为清代医学家对温病学说的进一步深入研究提供了条件。清代叶天士的《温热论》，被视为温病学说理论的奠基之作。其中详细阐述了温病的病因、病机感染途径、侵入部位、传变规律和治疗之法。

除此之外，还有很多医学流派，如寒凉学派、易水学派、攻邪学派、补土学派等。但在学术上形成争鸣局面的只有温病与伤寒两大流派。

157. 我国古代对解剖学的认识和研究的情况如何？

《黄帝内经》有关于人体解剖的记载。如《灵枢·经水》中说："若夫八尺之士……其死可解剖而视之。"两千多年前的中国医人，已经开始探索解剖学。以《内经》为例，其中就记述了不少人体解剖知识，记有心、肝、脾、胃、肾、胆、大肠、小肠、膀胱、子宫、肌、筋、脉等近百个解剖学名词，其中有些到现代还在运用，对人体头面、颈项、胸背、四肢等各部位骨骼的长短、大小、宽窄也都进行了论述；提出了颅骨、椎骨、胸骨、股骨、耻骨、髌骨等内容，并对椎骨系统有具体的记载，认为从第一胸椎到尾骶骨共21节，椎管之间上下相通，内有脊髓。假如由于针刺或者其他原因致使脊髓受伤，则将造成终身瘫痪的严重后果。这不仅与现代解剖知识很接近，而且正确阐述了脊髓的功能。《内经》对于一些局部解剖也有一定研究。经过计算，《内经》所记载食道与肠道的比例是1：35.5，而在二十世纪初，经解剖学家测得的比例为1：37，与《内经》记载的结果几乎相同。由此证实，《内经》对人体解剖，尤其在局部解剖和表面解剖方面已经有了相当大的建树。

《内经》之后，解剖学又有了新发展。如西汉的《难经》，记载了有关五脏六腑的解剖知识，认为心重十二两，不是一个密闭的实体，其中有多个孔窍与其他器官相连；肾有两枚，重一斤一两；脾重二斤三两，是一个形如镰刀的扁广器官等。唐代孙思邈的《千金方》中也略有记载。到了宋代，解剖学得到了进一步发展，不但积累了更多的尸体解剖经验，而且开始根据实物描绘成图。

宋代的解剖学图著有两部。其一是《欧希范五脏图》，这是宋仁宗庆历年间（1041—1048），吴简根据被政府处决的广西起义领袖欧希范等五十六人尸体的解剖，请画工宋景绘成图谱，并做了一定论述。该图虽早已亡佚，但从当时或稍后的他人著作中仍然可见其内容。由于种种原因，宋代以后解剖学的发展十分缓慢。直到1830年，清代医学家王清任《医林改错》一书的刊行，才表明中国古代解剖学在一定程度上的进步与发展。王清任在长期的行医过程中，发现前人医学著作中关于人体内脏结构的记载存在不少错误，深感医家掌握正确人体脏器解剖知识的重要性。为此，他经过42年的努力，通过数次到刑场实地观察尸体，到坟地仔细察看许多被犬食残遗而"破肚露脏"的病死小儿尸体，并进行了动物解剖，终于将所了解到的人体内脏结构绘成《亲见改正脏腑图》，连同自己的医学论述一并写成《医林改错》一书。王清任把古人画错的和他自己改正的图谱进行了对比。他纠正了古人认为肝有7叶，肺下有24行气孔和气管直入心脏的错误说法，对解剖学的发展做出了巨大贡献。

值得指出的是，中国古代解剖虽然发端很早，但是由于封建礼教的"身体发肤，受之父母，不敢毁伤"的道德观念的阻碍，使它不能正常、健康发展。历史上不乏因解剖尸体而被判刑的例子，古代律刑明确规定，不准解剖尸体验病，对于王清任的医学实践，有人更蔑之为"教人于腌脍堆中，杀人场上学医道"。对比之下，西方自十六世纪以后，日益重视解剖手段，认为是医学研究必要的、不可缺少的手段和方法，因而后来居上，超过了我国古代解剖学水平。这一历史现象，是值得我们深思的。

158. 我国古代的三大铸造技术是什么？

泥范、铁范和熔模铸造，被称为古代三大铸造技术。

泥范铸造的历史在我国源远流长。夏代铸造铜器采用石范，由于加工成型不易，又不耐高温，后改用泥范。泥范制成后需进行焙烧，以增加强度，故也称为陶范。在近代采用砂型铸造以前，它一直是我国最主要的铸造方法。

泥范铸造大体的工艺过程包括制模、塑出花纹、翻制泥范、经高温焙烤、浇注金属液体、加工修整，最后得到成品。制作泥范需要精选质地纯净、耐火度较高的沙泥，经过水淘洗之后得到细洁的澄泥，使其具有很好的塑性和强度，从而使翻出的铸范有很高的清晰度和准确度。泥范有单合范、双合范、三合范等，造型简单的器物如刀、戈等长条状和平板状铸件用单合范或双合范；造型复杂的如鼎、壶等不规则铸体，则用三块以上的多块范组合成形。在造型工艺上采用分铸法作为基本原则，或者先铸器身，再在其上合范浇注附件，或者先铸附件，再在浇注器身时铸接成一体。

金属范的发明是冶铸技术进步的重要标志之一。它是将金属熔炼成符合一定要求的液体并浇进铸型里，经冷却凝固、清理后，得到有预定性状、尺寸和性能的铸件的工艺过程。由于泥范往往只能使用一次，极大地影响了器物成形效率，因而社会迫切需要发明一种较为经久难用的铸范。铁范的产生则在较大程度上满足了这种需求。与泥范相比，铁范的优点是可以重复使用数百次，从而大大提高了成形效率，而且生产出来的铸件规格齐整。由于铁范冷却速度快，易于得到白口铁组织，也便于铸铁柔化处理，因而它一经产生，便在当时制造农具、手工工具方面发挥了重要的作用。

熔模铸造在古代称为失蜡法或拔蜡法，它是冶铸史上又一项重大发明，失蜡法大体的工艺流程是先用蜡、松香、油脂等配制成蜡料，根据需要制作成不同的形状、纹饰的蜡模，再以马粪泥或地浆泥刮涂成形，阴干后加热把蜡化去，形成铸形空腔，浇铸成器。关于我国熔模铸造起源于何时，争议颇多，但1978年湖北随州战国早期曾侯乙墓出土的尊和尊盘，其颈部透空附饰已经用失蜡法铸造，这表明失蜡法的出现当在战国以前。从这些附饰铸件来看，表层有蟠虺纹和蟠螭纹内外两层纹饰，和中间铜梗分层连接，剔透镂空，说明熔模铸造技术已经达到了相当高的水平。

从汉代至唐代，失蜡法铸造陆续有所发展，唐初铸钱也使用蜡模。宋代赵希鹄在《洞天清禄集》中，具体记述了失蜡法铸造小器件的工艺过程。明代宋应星的《天工开物》更加详细记载了用失蜡法铸造大型铸件"万钧钟"的工艺。清代内务府造办处也以失蜡法制作复杂工艺铸件，现存故宫博物院和颐和园的铜狮、铜象、铜鹤等，都是有代表性的艺术价值很高的失蜡铸件。

159. 我国古代建筑是怎样发展与演变的？

商代已有成熟的夯土技术，原始时期建筑简单的木构架经过商周以来的不断改进，已成为中国建筑的主要结构方式，在建筑总体结构上，后世所谓"四合院"的雏形也经出现。先秦时期，建筑上不仅强烈地表现了阶级对立，而且还表现为等级制度，这一表现后来一直存在于整个阶级社会的建筑之中。

春秋战国时期，我国社会由奴隶社会向封建社会过渡。铁工具的普遍使用，对木、石材料的加工日益精细，建筑技术得到了迅速发展。当时建筑上的突出成就，一是夯土技术和木构建筑相结合的高台建筑，一是以宫室为中心，围以夯土城壁的城市。比如河南偃师二里头早期商都城遗址，还有许多王城和都城，这些城市规模庞大，形成了古代建筑的雏形。当时我国最早的工程技术专著《考工记》，对这两方面的成就做了初步的总结，它在规划思想和建筑制度上对后世建筑有很大影响。

秦汉时期，由于国家统一，不同地区的建筑技术得以交流。为了巩固统一封建国家的需要，统治阶级不惜民力，营造了许多规模空前的建筑。就目前已经发现的资料显示，该时期最高的宫殿已达五层。它标志着木结构技术的重大发展，奠定了后世木构高层建筑技术的基础。如杜牧笔下的《阿房宫赋》描绘："六王毕，四海一，蜀山兀，阿房出，覆压三百余里，隔离天日。"由此可见其规模的庞大。

隋唐时期是我国古代封建社会的繁盛时期，外来建筑的影响被进一步吸收、融合，其构件的基本形式、用料标准已有定型，在加工上也表现出统一的手法，这说明木构建筑作为一种体系逐渐走向定型化。当时的都城建设有详密的规划，布局严整，区划分明，在设计中不仅使用图样，而且还有木制模型，这在我国建筑技术上是一大突破。无论从布局还是造型来看，唐代的建筑水平已经相当成熟了。

宋代的建筑风格一改唐代的庄重朴实而渐趋柔和绚丽，在布局上也打破了完全对称的单调格局，出现了多样的平面和立面，在建筑类型、使用材料和装饰手法上都出现了多样化的倾向。另一方面，建筑构件的标准化又在唐代的基础上不断进步，各建筑工种的操作方法和工料的估算都有了较为严密的规定，并出现了总结这些经验的若干建筑学专著，其中以北宋李诫的《营造法式》最为著名。

宋代以后，我国封建社会逐渐停滞并走向解体。反映在建筑上，一方面在建筑技术上有程度不等的创造和发展，如在建筑构件的构造方法上有由繁趋简的倾向，在建筑的类型、布局和外形方面也有一定变化。在建筑材料上，由于明清以来制砖手工业的发展，除了重要城市以外，中小县城的城墙也多用砖包砌，民间建筑也多用砖瓦。这一时期，由于地方经济的发展，建筑的地区特色逐渐显著，并开始走向程式化，走向明清建筑的拘谨和烦琐，尽管如此，这一时期还是给我们留下了许多优秀的建筑作品，如北京故宫，避暑山庄，外八庙，山海关，还有江南园林，规模宏大，建筑精巧，将景与物融为一体，可谓我国封建社会建筑的最后一个高潮了。

我国古代建筑的发展历程，体现了我国古代建筑事业在技术上和艺术上的高度成就，它不仅是中国古代文化，也是人类建筑宝库中的一份珍贵遗产。

160. 我国是从什么时候开始种植棉花的？我国古代棉纺织技术的发展情况如何？

我国的棉花是从国外传入的，传入边疆地区较早，传入中原很迟。《后汉书·南蛮传》载："武帝末，珠崖太守会稽孙幸调广幅布献之。"珠崖即今海南岛东北部，广幅布就是棉布。由此可知，秦汉时海南岛已经开始种植棉花、生产棉布了。

我国古代的棉纺织技术十分发达。在宋末元初，轧棉机就问世了，这是棉花初加工技术的重大突破，极大地提高了轧棉的生产效率。

轧去棉籽的棉花，古代称之为"净棉"。在用于手工纺纱或做絮棉之前，净棉需经过弹松，这就是弹棉。弹弓和弹椎是弹棉的工具，最初人们使用的是一尺多长的线弦小竹子弓。这种小弓弹力极微，用手指拨弹。十四世纪初，出现了四尺多长的绳弦竹弧大弓，用弹椎敲击绳弦。此后，线弦改用蜡线，又进一步提高了弹棉花的效果。

在秦汉以前，纺车就已经出现了，这是我国手工机器纺纱的开始。早期的纺车是手摇的，一千多年前，人们根据偏心和摆轴等机械原理创造了脚踏纺车，使我国的纺纱技术又进入了一个新的阶段。最初，这种纺车是用来纺丝和麻的。十三世纪末，棉花开始普及到江南时，黄道婆改进了纺车，制成了三锭脚踏棉纺车，使棉纱产量得到最大幅度的提高。

后来，人们在织布过程中，又逐渐创造了脚踏提综的斜织机。江苏泗洪曹庄出土的汉代画像石，给我们留下了有关斜织机形象的最早记录。这种斜织机已经有了一个机架，经面和水平的机座成五六十度的倾角。因而，操作者可以坐着织造，一目了然地看到开口后经面上的经线张力是否均匀，经线有无断头。更重要的是，斜织机可手脚并用，用双脚踏代替手提综的繁重劳动，极大地提高了工作效率。

此后，纺织机又不断得到改进和发展。1966年，浙江兰溪宋墓出土的一条本色棉毯，长2.51米，宽 1.16 米。它经纬条线一致，双面拉毛，细密厚实，此棉毯是迄今为止已发现的最早和最完整的毯子，它有力地证明了宋朝江南地区已经比较普遍地使用棉织品的事实，反映出当时的纺织机和纺织技术已经取得了较大发展。

明代是我国手工棉纺织业最兴盛的时期。当时棉布已经普及，人们的衣着原料舍丝麻而取给于棉。棉纺织业已成为传统手工业中的重要组成部分，棉织品不仅流行于国内，而且远销国外。清嘉庆二十四年（1819），我国从广州向欧美出口的南京布，是松江棉布和江浙一带紫花布，达到了330 多万匹。由此可见，我国棉纺织品在畅销世界的同时，也深深地影响着世界人民的生活。

161. 我国古代养蚕和丝绸技术的情况怎样？

我国是世界上最早养殖桑蚕的国家。河南安阳和山东青州等地的商代墓中，都发现形态逼真的玉蚕，许多传世的商代青铜器物，还附有丝织物的痕迹或绢丝断片。从殷商时代算起，我国养蚕织绸已有三千年的历史了。

从先秦文献中，我们还可以看到关于养蚕的直接记载。《夏小正》行事历中有"三月摄桑，妾子始蚕"的记载。

到了周代，栽桑养蚕已经遍及我国南北，养蚕织丝已经成为妇女的主要生产活动。根据《诗经》《左传》《仪礼》等古籍记载，当时蚕不仅已养在家里，而且已有专门的蚕室和养蚕器物了。汉代人曾经提到过我国古代有《蚕法》《蚕书》等记述栽桑养蚕技术的著作，可惜已经失传了。好在汉代以来仍留传下来不少有关蚕桑的古籍，如《氾胜之书》秦观的《蚕书》《广蚕桑说》等，它记下了我国历代劳动人民栽桑养蚕的丰富经验。

为了发展蚕丝生产，我国古代不仅饲养春蚕，还饲养夏蚕和秋蚕。为了一年能够饲养更多蚕，古人除了利用多化性自然传种外，在一千六百多年前，还利用低温抑制蚕卵，使之延长孵化时间。这样，一种蚕就可以在一年里连续孵化几代，为一年中多批养蚕创造了有利条件，这是我国古代养蚕技术的一项重大创举。

早在公元前四世纪，我国就以"丝国"之称闻名于世，中国古代劳动人民首先发明并大规模生产使用丝绸，其制作的丝绸制品更是开始了世界历史上第一次东西方大规模的商贸交流，史称"丝绸之路"。丝绸的发明与应用，大大丰富了人们的物质文化生活，它是我国古代对人类文明的伟大贡献之一。缫丝，又称为抽丝，是将蚕做茧的丝牵引出来的加工工艺技术。我国利用蚕丝历史悠久，1977 年冬，浙江余姚河姆渡新石器时代遗迹就出土了许多有关纺织的纺砖、织机零件、合股的麻线等实物。该遗迹中出土的骨制盅上刻制了四条形态逼真的蚕纹，蚕的头部和身体的横节纹历历在目。

古代缫制了良好的蚕丝，就可以编织成丝绳和丝带，经纬交织成丝绸，以供服饰之用。关于编织的起源，很可能是从编筐和结网开始的，在河姆渡遗址里就出土了踞织机的织机零件。原始的丝绸织造是将缫好的丝缕排列分布在竹辊上，先是"手经指挂"，后又将两脚抵住绕经辊，经丝片幅按照单数和双数片纱穿入分绞棒，用夹布辊将织成的布缠在操作者腰间，张紧经纱，一手提综开口，另一手将挑经刀竖直形成织口，然后运送纬管，再用打纬木刀扣紧纬纱，依次循环织绸。

汉代是封建王朝的兴盛时代，对于丝绸的需求量日益增加。由于多综多蹑机难以胜任组织更加复杂、花纹循环数更大的纹样要求，故又逐步发展出一种花楼式束综提花机。后经两晋至隋唐改进，又有所发展。到了宋代，提花机更趋完善，南宋《耕织图》中绘有一台多花本、大花楼，双经轴的提花机。元代《梓人遗制》、明代《天工开物》中均有它的结构图，并配有具体说明。在出土的和传世的宋式锦、织金锦、妆花缎等名贵丝绸上得到了佐证。我国独创了用花本控制的提综程序原理，是世界上最先进的手工程序控制机构，经一千多年的流传，到十八世纪后半叶，被法国工匠嘉卡消化吸收，改进为机械式的嘉卡提花机，从而开创了产业革命丝织大工业生产新时代。

162. 我国古代印染工艺的发展情况如何？

我国古代劳动人民很早就利用矿、植物对纺织物进行染色，并在长期的生产实践中，掌握了各类染料的提取、染色等工艺技术，生产出五彩缤纷的纺织品。古代的印染织物主要有丝织物，其次是毛、麻、棉布，还有混纺和交织物，不同的纺织原料的印染，要用不同的颜料（石染）和染料（草染）。由于印染加工的工艺技术的发展，不断创制了凸版印花、镂空版印花、印金等新型显花技术，使被装点的服饰绚丽多姿，雍容华贵。

古代的染色是指在蚕丝、纱线、羽毛，以及织物上染色彩的工艺技术。周代染丝、染羽、染毛、染帛已经很普遍，并由官府设"染人，掌染丝帛""钟氏染羽"等专门官职来管理。染丝，即先染彩，后织锦，或作为绣线，锦绣是周代最高贵的服饰。染羽，是采集羽毛染色，是为了装饰旌旗和王后的车舆（辆）。钟氏染羽亦包括将锦鸡彩羽和染羽，粘覆在丝帛上，作为郊祀祭服之用。

版印是按设计的花纹制作型版，在上面涂刷色浆，然后按定位在布帛上印制规整的花纹，故称为型版印花法。春秋战国时期，由于彩印技艺要求高，且功效低，不能满足帝王对花色的需求量，于是新型的凸版（阳纹）和镂空版（阴纹）就逐步创制和发展起来了。最早的板型印花实物，在江西贵溪的战国仙岩墓葬船棺内发现。印制在布上的不规则的块面纹，具有敷彩的特征。湖南长沙马王堆汉墓出土的泥金银印花纱，已经发展到三块凸版三套色印花；同墓出土的印花敷彩纱上的枝蔓底纹是用镂空版印制而成的，其花纹线条比凸版更精细美观。

宋代的型版印花发展用镂空版套印复杂的动物花纹，如狮子戏球、凤穿牡丹、蝶恋百花等，西南地区的瑶族人民还创制了具有民族特色的"瑶斑布"。明代的杭州地区用坚木刻版，十分精致，印花产品运销全国，以至远销日本和东南亚各国。

印金是在丝织物上用金银粉末和极薄的金箔、银箔等粘敷印制出特有的金银闪光花纹的工艺技术。在宋代，由于朝廷每年要与北方的辽、西夏等进行丝绸贸易及馈赠礼物，并适应女真族、回族、蒙古族、维吾尔族、藏族等少数民族酷爱金银镶边服饰的风俗需要，印金工艺得以全面发展。根据《东京梦华录》记载：各地的销金铺、印金铺、染印铺以及作坊极为兴旺。福建福州南宋黄昇墓出土了大量的纺织品和服饰三百余件，其中衣袍的领子、袖口等部位，普遍镶嵌有夺目的印金花边，从 79 件衣袍服饰实物分析，其印金工艺比较齐全，有泥金、描金、贴金和撒金印花等，有的还与敷彩工艺相结合，各类品种琳琅满目，金碧辉煌。

金元时期，金银镶边服饰流行，印花、印金类服饰制品被广泛使用，成为尊卑等级的象征。如在内蒙古地区元代集宁路遗址出土了一批贴金印花衣物，其花纹是以大块团花和连枝花为多，在技艺风格上，具有金光灿烂、富丽堂皇的特殊效果。但印金花纹不耐摩擦，牢度不如拈金线和片金线制成的织金锦、妆花缎。因此，至明清时期，织物上的印金工艺技术，逐渐转移至漆器等日用品上。

163. 我国古代的书籍是什么样子的？
我国印刷术发明和发展的情况怎么样？

书籍的产生，约在殷商晚期和西周时期。

最初的书籍，是以竹简、方版以及缣帛作为书写材料的。竹简十分笨重，而缣帛较为轻便，且篇幅宽长，可根据书写内容随意剪裁和舒卷，但其缺点是造价过于昂贵，因此使用范围不是很广。帛书的题记方式多与竹简相同，但是以折叠的形式编订成册。

西汉发明了纸；南北朝时期，纸质书逐渐取代了竹书和帛书；隋唐时期，写本达到了极盛时期。从敦煌发现的大量唐写本来看，写本书也呈卷子形式。由于卷子收展均感不便，唐代末期，书籍由卷轴形式逐渐转变为册页形式，即把一幅长卷一正一反地折叠起来，成为长方形的折子，前后用硬纸做封面，称为梵夹装或经折装。人们认为，这种形式是受印度贝叶经的影响，因为印度佛经用贝叶做纸，上下用木板夹起来，称作贝编。明代中叶以后，又出现了线装，它是用两张纸作为外封面，在书脊处打孔装订，这种形式一直沿用到现在。

印刷术是我国著名的四大发明之一，是中国人民对世界文明的伟大贡献。印刷术发明之前，文化的传播主要靠手抄的书籍。手抄费时、费事，又容易抄错、抄漏，既阻碍了文化的发展，又给文化传播带来了损失。印刷术灵活，省时，省力，是一项重大科技突破。

世界上现存最早的印刷品是1966年在韩国东南部庆州佛国寺释迦塔内发现的汉字译经《无垢净光大陀罗尼经》，从经卷字体、寺塔本身的情况推断，它是公元八世纪中期的文物。专家们认为，这种印刷术正是从中国流传过去的。这说明，真正印刷术的产生，是在中唐时期。敦煌石窟中发现的唐咸通九年（868）刊刻的《金刚经》也是一件有名的早期印刷品，它刀法细腻，人物逼真，表明那时的印刷术已经达到了相当高的水平。当时采用的都是雕版印刷，和刻碑、拓碑非常相似，简单来说，就是在相当普通线装书两页大小的木板上涂上糨糊，把誊写在透明纸上的原稿反贴在木板上，用刀把字刻出来。然后在刻成的版上加墨，盖上纸，用刷子轻匀地揩拭，版上的文字就被印到纸上去了。这种方法极其简便，因此得到了迅速发展。

活字印刷术的发明是印刷史上一次伟大的技术革命。据沈括《梦溪笔谈》记载，北宋庆历年间（1041—1048），毕昇发明了活字印刷术，而到了明朝中叶，造字材料也由之前的胶泥和木发展到了铅、锡、铜，地区也广至浙江、福建、四川、云南等省，而以苏南最多。

164. 我国古代城市的布局方式与特点是什么？

我国古代城市布局，构成了中华文化独有的景观。早在春秋战国时代，就初步形成了一套较为完整的有独特风格的城市布局理论，这一理论自古至今一直影响着中国城市的布局形式和布局规划。其最典型特征如《周礼·考工记》所说："匠人营国，方九里，旁三门；国中九经九纬，经涂九轨，左祖右社，面朝后市。"大意是说，匠人营建都城，九里见方，每边三门。都城中有九条南北大道、九条东西大道，每条大道可容九辆车并行，左边是宗庙，右边是社稷坛；前面是朝，后面是市。虽然这仅仅是一个设计构想，但对我国之后的城市布局影响很大。通过对这一城市布局理论特征的分析，可以较为清楚地看到我国古代城市布局发展的阶段性。

从原始社会末期到夏朝，是我国城市发展的初期阶段，这时的城堡政治、军事功能突出，有人把这一阶段的城市称为"有围墙的农村"。如河南登封王城岗、淮阳平粮台等城址，规模小，边长一二百米左右，城邑设施简陋，布局随意性较大。而到了春秋战国时期，天下纷争，筑城是国家大事，城市遂如雨后春笋般地兴起了。在城市布局上，棋盘式的格局初步形成，奠定了中国几千年城市发展的基础。

三国至隋朝数百年间战火不断，城市经济衰落，只有少数城市如邺城、建康、洛阳等得到较大发展，从简单的棋盘形格局发展到对称轴线封闭式棋盘格局，河北曹魏邺城就是粗具这种特征的城市之一。隋唐时，随着中央集权的加强，城市则以严谨的封闭式棋盘格局出现。唐长安城面积达84平方公里，主要宫殿区居于全城北部中央，因大明宫和兴庆宫是后修建的，故分别在城东北和靠东城墙。经南门明德门、朱雀门的一条大街为中轴线，全部纵横街道形成十分整齐的棋盘形网格。中晚唐以后，商品经济逐渐侵蚀着封闭式的城市生活，出现了"昼夜喧呼，灯火不绝"的景象。

宋代以降，商品经济得到进一步发展，城市中的中小手工业者与商人数量急剧增长，随之出现的是对城市生活的更高要求，于是"城市革命"出现了。主要表现是原来封闭式的里坊制度和市场制度被开放式的街巷制度取代，北宋中叶汴梁拆除坊墙可以视为封闭式的坊市制度被打破的发端。自此，大街小巷到处可以开设店铺，形成了居民住宅与商业店铺交互错杂的局面，从而构成了我国封建社会后期城市布局的基础格局。宋代以后的元大都仍然是以宫城、皇城为中心布置的，城郭近于方形，以丽正门、灵星门、崇天门为中心轴，全城道路分为干道和胡同两类。

纵观中国古代城市布局，最符合《考工记》设想的当属元大都，甚至街道也和《考工记》中九条之数相符。明代的北京是利用元大都原有的城市改建的，清代的北京在规模上改变不大，只是多修了宫殿和苑圃。明清北京城的布局以皇宫为中心，宫城又以皇城为中心，按传统礼法，左建太庙，右建社稷坛，并在内城外四周南设天坛，北设地坛，东修日坛，西筑月坛，使其成为中国古代城市规划的杰出典范，受到举世称赞。

从总体上来说，我国古代城市布局强烈地反映了统治阶级的意志和需求，这也是封建集权专制的必然产物，当然，也因此具有鲜明的时代和民族特征。

165. 我国何时开始建造佛寺？古代佛寺建筑情况如何？

中国的寺院是随着佛教的传入而出现的。相传公元一世纪东汉明帝时代，西域高僧迦叶摩腾和竺法兰被请到洛阳，朝廷让他们住在鸿胪寺。鸿胪寺是当时专门接待外宾的官署。因为鸿胪寺不便久住，后来就在当时的洛阳西门外另造一所房屋，让这两位高僧居住和安放佛像经卷，并且以为他们驮运经卷来到中国的白马命名其为"白马寺"，这是我国最早建立的一座佛寺。

自南北朝到唐代，随着佛教的发展，寺院已经遍布全国，它的布局也基本定型了。由于最初的佛寺是按照汉朝的官署布局建造的，同时还有许多达官贵人施舍现成的住宅为寺，因此，佛寺建筑中融入了府邸和住宅的建筑形式。由于这些历史原因，中国汉族地区佛寺的布局，基本上是采取了中国传统的院落形式，形成了特有的民族风格，这种院落式的佛寺，今天在全国各地都可以看到。一般从寺院正门起，在一条南北中轴线上，每隔一定的距离就布置一座殿堂，周围有廊屋或楼阁围绕。

寺院的正门，一般都是三门并立，中间一大门，两旁各有一个小门，以象征"三解脱门"，即空门、无相门、无作门，所以称为三门，也有写作山门的。三门内的第一重殿是天王殿，中间供弥勒菩萨，弥勒菩萨后供护法神——韦驮菩萨，面向北方。东西两旁供四大天王像，世俗把四大天王称为四大金刚，其实是误传，金刚与天王是不可混淆的。天王殿前，一般有钟鼓两楼对峙。

大雄宝殿在佛教寺院中是正殿，是整座寺院的核心建筑，也是僧众朝暮集中修持的地方。大雄是古印度佛教对释迦牟尼的尊称，意为"像大勇士一样，一切无畏"。有的大殿中只供奉一尊释迦牟尼佛像，主要姿势有坐像和立像两种。释迦牟尼佛像两旁有比丘尼像，这是佛的两位弟子，年老的叫"迦叶"，中年的名叫"阿难"。有的大殿中不是一尊佛像，而是三尊，这是根据大乘教理表示释迦牟尼佛的三种不同的化身。一种说法是，当中一尊是法身佛比卢遮那，左边一尊是报身佛卢舍那，右边一尊是应身佛释迦牟尼。另一种说法是，三尊佛代表中、东、西三方不同世界中的佛，中间一尊是我们这个世界的释迦牟尼佛，左边是东方净琉璃世界的药师琉璃佛，右边是西方极乐世界的阿弥陀佛。

中国现存最古老的佛寺建筑是五台山的南禅寺，建于782年；还有佛光寺，建于867年。南禅寺距今已有一千两百多年，寺内主要建设有观音殿、东西配殿、大殿，组成一个四合院式的建筑，它是我国现存最早的木构建筑。佛光寺大殿是一座七开间的佛殿，殿中有三十九尊唐代佛像，梁柱间有唐代题字，壁山有唐代壁画。可以说，唐代四种艺术形式集中保存在这里。中国南方的寺院多半依山布局。在建置上、风格上与北方寺院不同，院落虽比较局促，但寺外有茂林、峰峦，气象显得非常开阔，如峨眉山山麓的报国寺、半山的万年寺、山顶的接引殿都是如此。在十四五世纪时，中国佛寺建筑上出现一种拱券式砖结构殿堂，通称为"无梁殿"，如山西五台山显通寺、南京灵谷寺、宝华山隆昌寺中都有此种殿堂建筑。

佛寺是我国封建社会宗教信仰的产物，也是古代劳动人民智慧的结晶。今天那些具有历史艺术价值的古代佛寺已经成为研究我国建筑史的珍贵文物。

166. 我国古代为什么要造塔？现有哪些著名的塔？

塔在中国很常见，是有着特定形式和风格的传统建筑。塔最早起源于印度，是佛教徒供奉佛祖"舍利子"的地方，后来用于供奉佛经或经卷，也有保存高僧遗物的。公元一世纪前后，这一宗教建筑形式随同佛教一起传入了中国。中国早期的佛寺建筑，即沿袭印度样式，以塔为中心建筑。随着佛教的中国化，塔结合了中国建筑传统，形成了具有中国特色的塔文化。

早期中国的佛塔塔身，平面呈正方形，是仿木结构楼阁式砖塔。它是印度古建筑形式和我国秦汉时期高层楼阁建筑形式结合的产物。这种塔都建于相当高大的台基或须弥座上，塔身自上而下，逐层减窄减低，塔的层数多为奇数，如七、九、十一级等，最常见的是七级佛塔，代表着七级浮屠。塔刹的高度约占塔高的四分之一至三分之一。

南北朝时期又出现了密檐式塔，它也是多层塔，与阁楼式塔不同的是，它的第一层特别高大，后世常在这种塔内的第一层内供奉佛像，以上各级之间距离低而密集，不像阁楼式塔那样逐渐减低。塔檐紧密相接，好似重檐楼阁。

隋唐时期是佛教进一步中国化，并广泛传播的时期。这一时期的佛塔除阁楼式、密檐式外，还出现了单层的阁楼式塔，这是印度窣堵波与中国传统建筑亭台楼阁相结合的产物。唐代僧尼的墓塔多为此种形式。

宋代是我国砖石佛塔发展的高峰，当时，南方多楼阁式塔，形式也多样，北方则多密檐式塔，多为实心，不能登临，构造与造型比较整齐划一。

元代的佛塔建筑中出现了喇嘛塔这一新形式，喇嘛教是佛教的一支，主要传播于西藏、内蒙古等地区，约在十二世纪时开始兴盛。喇嘛教建造佛塔，基本模仿印度窣堵波式塔，因此世称"喇嘛塔"。明清时期，喇嘛教继续盛行，所以这类佛塔也被大量建造。此外，佛教徒还仿其形状雕制成小型经塔，作为供奉，称为"和尚坟"。

屹立在祖国大地上各种形式的塔有数千座，它是我们祖先劳动智慧创造的成果和传统文明历史的代表，其中比较著名的有：

嵩岳寺塔。位于河南登封市，始建于北魏孝明帝正光四年（523）。此塔为密檐式，平面最下层是十二边形，塔身上段则改为正八角形，是我国现存最早的一座砖塔，也是唯一的一座十二边形平面塔。

四门塔。位于山东历城县，建于隋大业七年（611），是一座用青石筑成的平面方形单层塔。东、南、西、北四面各有一个拱门，它是现存唯一的一座隋代佛塔。

慈恩寺塔。俗称大雁塔，位于西安市，始建于唐永徽三年（652）。这是一座七层楼阁式砖塔，因唐代高僧玄奘取经回国后，曾长期居住在此处，使这座古塔名声大噪。不过，现存的大雁塔经明代重修，已非原来的形象了。

云岩寺塔。俗称虎丘塔，位于苏州虎丘山上，始建于隋仁寿六年（601）。原塔早已毁坏，现存的塔是后周所建，塔身已有倾斜，但长期以来倾斜不倒，是中国现在倾斜度最大的古塔。

我们的祖先给我们留下了众多丰富多彩的建筑遗产，其中古塔自成一家，它在我国古代建筑史以及世界建筑史上，都占有相当重要的地位。

167. 我国古代碑和华表的形制是怎样形成的？

碑，多指墓碑和追述功德的纪念性刻石。《说文解字》记载："碑，竖石也。"。在西周和春秋时，宫廷和宗庙的门庭中都竖有这样的石柱，用于牵拴供祭祀用的牲畜，并用来观察日影，推断时间。早在先秦时期，人们就有在石块上刻石纪事、铭功的做法，但当时并不以碑相称。自从墓碑刻文兴起后，才称"刻石"为碑。"树碑立传"的做法约始于两汉时期。东汉时，尤其是顺帝之后，树立墓碑的风气盛行，不仅达官贵人都树立墓碑，就是没有官职的庶民乃至幼童也多树立墓碑。

墓碑一般由碑首、碑身和碑座三部分组成。碑的上端称碑首，亦称为碑额，大体有尖形、半圆形和方形三种。碑首形状不同的碑称呼也有不同，方形的称为"碑"，圆形的称为"碣"，尖形的，称之为"笏头碣"。碑额上刻有碑题，字体为篆书的称"篆额"，字体为隶书的称"题额"。此外，后世还有以楷书、行书作为碑题的字体。专为纪事铭功而立的碑，碑首之上通常加以屋形盖。碑身通常为长方形，高一般为六尺左右，正面刻碑文，反面刻些辅助性的文字，一般是刻立石之人的姓名，也有刻相关文字的。因其他用途而建立的碑，碑身也有制成多面体的，如唐代的《石台孝经》，其碑身便近方形，四面刻字。

碑座有方形和基座等形制，方形的碑座常绕雕花纹，龟形碑座约在南北朝时出现。明清时，基座的头部做得似龙非龙，或称"赑屃"，或称"霸下"，据说它是龙的儿子，因不成龙形，又好负重，所以用作碑座。

华表亦称桓表或和表，华、桓、和三字，古时音同通用，是古代宫殿、陵墓等大型建筑物前面做装饰用的巨大石柱，相传是部落时代的一种图腾。两汉时曾盛极一时，也被用于交通大道和神庙的神道上，以作标识。它是一木制或石制的高柱，在靠近柱顶处，或贯以十字交叉的横木，"状若花也"；或装一斜木，"形似桔槔"。正因为如此，东汉华表还有"交午柱""四柱木"的别称。

汉代以后，不同场合中运用的华表形制各有不同，用于标识道路的华表多为木制，直到宋代还有做成顶端十字交叉形状的华表，但是到金代时已经有类似明清宫殿门前石柱形式的华表了。

明清时代，华表主要用于宫殿、帝陵等主要建筑物前，其形制也和前代有所不同。除了柱顶仍然有大于柱径的圆盘，立兽变成名为犼的怪兽之外，柱身改为遍体雕饰的盘龙、云纹的圆柱，柱身上部还有一块雕有云朵的云板，是由汉代华表顶部的交午横木演变过来的。这种形制的华表最早见于卢沟桥畔的金代华表。

168. 我国古代墨、毛笔和砚的制造与发展演变如何？

墨起源很早，商代甲骨上已有墨书文字，经化验其墨迹为黑色碳素。早期的墨尚不能制成墨块，而是零碎的小片，使用时撒在砚上，用研石压住，磨成墨汁。关于块状墨的记载最初见于东汉应劭的《汉官仪》，这类墨的实物曾在今河南三门峡市陕州区刘家渠东汉墓出土。汉以后出现了一些名墨，起初是由书法家监制的，如魏韦诞之墨"一点如漆"，南朝刘宋张永之墨"色如点漆"。到唐代已有专门制墨的著名墨工，如祖敏、奚鼐、奚鼎等人。宋代著名墨工更多，可考者达一百数十人，如盛匡道、王迪、潘谷、常和、蒲大韶等。元代则有朱万初、潘云谷、吴善、吴良国、沈学翁等。上述各代名家所制之墨，尚未见到实物。

明清两代制墨工艺较前代发达，名家辈出，实物留传亦较多。有关明代制墨家的记载有明末麻三衡《墨志·系氏》一章里所记的 110 余家，明末万寿祺《墨表》记载的 30 余家。清初张仁熙的《雪堂墨品》（1670）、宋荦撰的《漫堂墨品》（1684）和《漫堂续墨品》（1710）记载了约 200 家。清代造墨家多于明代，但文字记录没有明代多。

毛笔是古代中国独具特色的书写、绘画工具。自元代以来，浙江省湖州市善琏镇生产的毛笔非常著名，称作"湖毛"，具有尖、齐、圆、健的特点。毛笔在历代都有不同的称呼。春秋战国时期，吴国（今江苏）叫"不律"，楚国（今湖北）叫"插（竹）"。秦始皇统一中国后，一律称为"毛笔"。

汉代时，毛笔进入了一个新的发展阶段。一是开创了在笔杆上刻字、镶饰的装潢工艺，如甘肃武威磨嘴子东汉两墓中各出土一支刻有"白马作"和"史虎作"的毛笔；二是出现了专论毛笔制作的著述，如东汉蔡邕著《笔赋》，这是中国制笔史上的第一部专著，对毛笔的选料、制作、功能等做了评述，结束了汉代以前无文字评述的历史；三是出现了"簪白笔"的特殊形式。

至元代、明代时，浙江湖州涌现出一批制笔能手，如吴云辉、冯应科、陆文宝、张天锡等。自清代以来，湖州一直是中国毛笔制作的中心。与此同时，其他地方也有不少名牌毛笔陆续出现，其中河南汝阳刘毛笔、上海李鼎和毛笔、江西吴云辉毛笔、安徽六安一品斋毛笔都曾在国际博览会上获奖。

砚台是伴随着笔和墨的发展而发展起来的，最早出现的砚台是石砚。汉代由于发明了人工制墨，墨可以直接在砚上研磨，于是砚台开始发展起来。六朝至隋朝最突出的就是瓷砚的出现。唐代是砚台的重要发展时期，出现了端石和歙石两大砚材。明清时期制砚的材质更加丰富，出现了瓦砚、铁砚、锡砚、玉砚、象牙砚、竹砚等。木砚始于何时，没有定论，但以清代居多。木材因其本性所限定，实际并不适宜做砚台，但文人的浪漫将这种大胆的尝试与工匠的巧思融合在一起，为我们留下了许多颇为精美的文房陈设品。

笔、墨、纸、砚在明代以后日趋完善，成为文人学子们从事文化创造的必备工具，被称为"文房四宝"。

169. 我国漆器的起源和发展情况如何？

我国漆器的产生和应用有着悠久的历史。漆的原料是从漆树上割取的乳灰色汁液，经过炼制后成为具有透明、防腐、耐酸、耐碱等特点的天然漆。如果在调和以金、银、红、绿、黑、白、黄等各色颜料，就能制成各种色彩艳丽的颜色漆。

在人类文明史上，漆汁的利用，最早应该是用于生产工具的粘接、加固，然后才有漆制的日用品和带纹饰的漆工艺品。商周时由于对青铜的广泛应用，生产力大大提高，漆器生产得到了进一步发展，已经扩大应用于建筑、车马饰物等，其纹饰也与青铜器上的动物纹、雷纹、蕉叶纹等雷同。商代青铜器镶嵌绿松石，就是用漆液作为黏合剂的。

战国时期，由于冶铁业有了重大发展，有力地推动了手工工具的变革，漆器的生产和发展空前繁荣，在漆工艺史上占有很重要的位置，并影响、延续于秦汉。庄子年轻的时候曾经当过管理漆园的小官，这表明战国时期漆器生产的规模已经很大了，政府将其列为一项重要的经济收入，设专人进行管理。

魏晋南北朝时期，因为大量瓷器取代了部分漆器，所以出土漆器不是很多。但这一时期，庙宇中的许多巨大佛像，多是用夹纻胎来塑造的，技艺精湛，前所未有。到了唐代，不仅金银平脱技法已经相当成熟，还出现了螺钿镶嵌、雕漆等工艺。螺钿镶嵌技法源于商代青铜器镶嵌松绿石，发展到隋唐时期，已经有了很高的水平。漆器制造技术，从这时期开始传入日本等国。

宋代漆器继承了传统的朴素无纹的光素漆技艺，出土器物多光素无纹，光亮如新，质量很好，器形和瓷器雷同，其碗、盘、盏的口沿，有五瓣形、六瓣形、葵花形、莲瓣形等，大部分是敞口小足，表面黑漆。从史书记载看，宋代的漆器已经很精彩，内府中漆物多用金银做胎，但可信的传世实物国内未见。

到了明代，永乐、宣德时期的雕漆作品继承和发展了元代的风格。由于明成祖酷爱雕漆，常用雕漆制品作为馈赠外国贵宾的珍贵礼物，在宫廷内特别设置了御用的漆器作坊——果园厂，并命元代雕漆匠人张成之子张德刚为营缮所的副首领，掌管内用漆器的生产。清代漆器工艺发展达到了前所未有的高度，在许多方面都取得了一定的成就，各种技艺不断成熟，匠人水平空前提高。

170. 我国古代金银错、镏金工艺怎样？

我国古代的青铜器，尤其是东周和汉代的，有许多是经过铸后装饰加工的。那些绿松石、玉、玛瑙、彩漆、金、银以及纯铜丝片等，把青铜器点缀得格外繁缛华丽，光彩夺目。金银错和镏金就是当时最重要的装饰工艺。

金银错（也称错金银）是一种金工艺技法，其工艺过程是在青铜器上预铸好凹槽或在其上镂刻浅槽纹样，然后剪切金银丝片镶入凹槽中，经锤打或用玛瑙工具挤实嵌牢，最后用错石磨错平整并抛光。为使金银丝片不脱落，有时在凹槽中还填入黏合剂。镶嵌工艺在我国源远流长，早在原始社会晚期，人们就在骨、石器上镶嵌绿松石、骨珠等作为装饰。商代即产生了象牙镶嵌品，青铜器出现后不久，镶嵌工艺便应用到青铜器上，并得到了新的发展。目前，青铜器镶嵌的最早实例是偃师二里头夏晚期的圆形铜饰片，在直径17厘米、厚0.5厘米的铜片周边嵌有六十一块长方形绿松石。

金银错中首先出现的是错金工艺，在春秋时期用于嵌错铭文。陈列于中国历史博物馆的"栾书缶"，是错金青铜器的最早实例，它是春秋中叶晋国权臣栾书铸的器。进入战国后，错金工艺进一步发展，所错花纹和铭文也日益精致繁缛，又出现了错银和金、银并用的错金银，应用范围遍及礼器、容器、兵器、乐器、车饰、带钩、铜镜、博山炉、灯具、符节、钱币等实用器。至西汉，虽然青铜器的生产规模、器形和纹饰不如以前，但青铜器镶嵌工艺并未衰落，有些还异常精美。东汉以后，金银错工艺才逐渐衰落，使用不多。但宋朝以来的仿古铜器也有错金银的。明代的石叟、胡文明等还专门从事铜器的错金银工艺，近代则受此工艺启发而创制了玉器上嵌错金银丝的工艺。

鎏金是一种外镀技法，它的工艺方法是将金和水银混合成的金汞剂涂抹在金属器物的表面，经火烤使金汞剂中的水银蒸发，使金牢固地附着在器物的表面，然后用玛瑙工具磨压成光。就其工艺原理和加工方法而言，应称为"火（汞）镀金"。对古代鎏金器物和模拟试验样品的分析表明：鎏金层中均残留有均匀分布的汞。因此，汞的存在是分辨鎏金与其他表面镀金的重要依据。

鎏金工艺始创于春秋末至战国初，历代相沿不绝，留下了大量实物资料。早期的如山东曲阜春秋末至战国初墓出土的鎏金长臂猿铜器、河南信阳长台关楚墓出土的鎏金铜带钩等，大多为小型器物。至汉代，鎏金技术水平已很高，常用于大器，如造型生动、通体鎏金的"长信宫灯"。鎏金器生产也从中原发展到了甘肃、云南等地区，当时鎏金器极为盛行，应用广泛。

隋唐以后，佛教兴盛，寺、观的金属装饰、陈设物件塔刹和铜佛等大量采用鎏金。这一时期不仅有铜器鎏金，而且银胎鎏金工艺亦已成熟。明清时期，鎏金技术发展到了新的高度。除一般器物外，鎏金普遍用于宫殿、府邸、衙门、坛庙、陵寝等建筑中部件的装饰，给人以强烈的富丽堂皇的印象。

171. 我国古代玉雕的发展情况如何？

我国古代有重玉的风尚，玉还被广泛用于朝聘、祭祀、礼仪、丧葬等活动中。

商周时期，玉雕逐渐兴盛了起来。文献记载，周武王灭商时，"得旧宝玉万四千"，可见商代制玉发达的程度。河南偃师二里头、郑州二里岗和安阳殷墟发现了不同时期的玉雕，殷墟妇好墓出土的 750 余件玉雕奇姿异态，种类多样，包括礼器、仪仗器、工具、生活用具、装饰品以及工艺品等。其中的龙、凤、虎、熊、牛、鹿、狗、兔、鹤等动物形象，生动活泼，造型概括简练，运用了夸张、变形等艺术手法，十分精湛。如一件玉凤，在翅上用阳线雕出纹理，姿态优美，技术娴熟，是绝代佳作。

春秋战国是社会的大变革时期，玉雕在艺术上出现了新的格调，风格一改三代的严谨凝滞为灵巧多变，纹饰线条趋于流畅婉转。河南淅川下寺出土的春秋玉牌，乳白色，近方形，浮雕饕餮及对称的螭纹，花纹繁密，精雕细琢。河北平山中山国墓的三龙蟠环透雕佩、湖北随州曾侯乙墓的透雕玉璜等战国遗物，雕工都相当精美，代表了当时的玉雕水平。

魏晋南北朝时期，社会大动荡，加之瓷器的兴起，玉雕生产少有发展，但仍然有一些较好的作品。上海世博馆收藏了一件南朝宋文帝的御用之物"白玉衮带鲜卑头"，即带钩，透雕纹龙，雄浑矫健，背刻 46 字铭文，记述了监造年月、工时及诸监造官名，十分难得，是一件珍品。玉雕在唐宋又有一定程度的发展，技法以圆雕为主，唐代的玉马、骆驼、飞天等小巧圆浑，有的颇具异域风味，反映了当时中外文化交流的频繁。宋代设有玉作，玉雕以仿古最为盛行，传世的仿古彝器作品，风格端庄姝秀。唐宋官员使用的玉带铸，上常浮雕有少数民族的乐伎舞人，姿态各异，意趣独出。

明清是我国玉雕发展繁荣之时，规模、品种以及产量均逾越前代，种类以摆饰、用具、佩饰为多，主要产地是北京、苏州、扬州等。明代玉器风格圆润简练，代表作有定陵出土的碗、爵、壶、耳环、佩、带等，江西南城出土的玉香笼、白玉带板等。清朝产生了不少大件玉雕，尤其是乾隆时期，是玉雕史上的高峰，雕工高超，纹饰繁缛，风格多样，技法集历代之大成。著名的玉山《大禹治水图》，高224厘米，宽96厘米，重约5300多公斤。其上层峦叠嶂，古木苍森，人在劈山开石。作品费时十年才告完成，为古代玉雕之冠。小型玉件更是不胜枚举，如明代的青玉莲生贵子佩、清代的嵌宝石点翠簪，在民间广为流传。

我国古代玉雕以它悠久的历史、精湛的技艺赢得了举世赞颂，被誉为"东方艺术之花"。

172. 我国古代的刺绣技艺情况怎样？

刺绣，又名"针绣"，俗称"绣花"，是我国优秀的民族传统工艺之一。刺绣是中国独特的传统工艺品。我国的刺绣有着悠久的历史，早在秦汉时期，刺绣的工艺技术发展到较高的水平，它和丝绸是汉代经济的重要支柱，也是古代"丝绸之路"上对外输出的主要商品之一。它对纺织工艺技术的发展和丰富世界的物质文明做出了重要贡献。

中国的刺绣技艺是用绣针引彩线，按设计的花纹和色彩规律，在绣料上刺缀运针，以绣迹构成花纹、图像，或文字所表达的艺术效果。刺绣古称"针黹"，在细葛布上绣花称"絺绣"，在丝帛上绣花称"文绣"，以区别于文锦。汉代在布帛上绣花，才通称刺绣。后因刺绣多是妇女劳作，故称为"女红"。刺绣以其针法的不同，形成了多样的运针风格和技艺流派。

秦汉时期，朝廷有专门绣坊生产，设"令史"管理。汉代民间刺绣极盛，当时的吴郡、齐郡、楚郡、蜀郡等都是著名的产地。汉代出土的绣品衣物数量很多，如湖南、河北、山西、江苏和"丝绸之路"上发现了具有"汉绣"特色的实物。其中以湖南长沙马王堆汉墓出土的品种数量最多，纹饰最丰。主要有信期绣、乘云绣和长寿绣三种，还有茱萸绣纹、云绣纹和方拱绣纹。

唐宋以来，由于齐针、套针、抢针等新型针法，更能表现禽兽、花卉、人物的自然质感，故锁绣法一般只局限于绣枝干和勾边等绣纹了。两宋的绣品已经从传统的服饰绣、日用绣，发展为绣书画艺术品，纹样多采用唐宋名人书画为题材，故又称"画绣"。

清代绣品承宋绣画院观赏绣的余风，得明末闺阁绣、日用绣的精髓，使清代绣获得了全面发展。表现在观赏绣的题材更加丰富，日用绣的用途日趋广泛，宫廷绣堪称登峰造极，应有尽有。在刺绣的技艺上，其绣技之高，针法之丰，配色之美，可以说是达到了封建社会的极盛时期。

清代由于商品绣生产的大力发展，各地民间绣皆有传统的风格，因此绣坊、绣庄、绣乡在全国林立，历久不衰。最著名的地方绣以苏州、广州、长沙、成都为集散中心，形成了中国四大名绣——苏绣、粤绣、湘绣、蜀绣。刺绣作为中国传统的工艺美术品，不仅畅销国内，同时也远销海外，得到了一致好评。

第六章　史地库

173. 说说我国早期的地理学著作《禹贡》与《山经》有哪些内容?

传说约在公元前二十一世纪的夏禹时代，禹治水，采用疏导的办法，获得成功。关于禹治水的功绩，就记载在《尚书》中的《禹贡》篇里。其实，《禹贡》假托禹之名，写作于春秋之际，它是一部古老的地理作品，系统地反映了当时人们对区域地理的认识。该书内容主要是以区域对比的方式记述九州的情况，分州叙述各州内山川、湖泊、土壤、特产以及田赋等级、贡品名目和水陆运输线。在一些个别的州里还叙述了少数民族。九州之后，则是以专题的形式记述导山、导水两部分内容。导山是假托大禹治水时的行经路线，所以只记山名，但相关联的山岳便形成四条山列的概念。导水假托大禹治水所治之水，从上游开始，依次记述了弱水、黑水、河水、江水、汉水、济水、淮水、渭水、洛水及其重要支流的名称。最后，《禹贡》描述了一个理想的政治地理制度，即划定五服区域，以 500 里为别，由王都向外依次分为甸、侯、绥、要、荒五服，并规定了相应的管理办法及赋役交纳等级。

《山经》是《山海经》的一部分。《山海经》是我国历史上一部古老文献，有很多人把它当作神话或小说来读，其实这部书是我国最早的地理著作。《山经》，也称《五藏山经》。《山经》约成书于战国时代，是《山海经》各部分中时代最早的作品。它共分为五卷 26 篇，以晋西南和豫西为中心，以东西南北四个方位配合区划，记述中国境内的五大区 26 列山岳。五大区以方位分别称中山经、西山经、东山经、南山经、北山经。每区内又按顺序分若干列，每列从头到尾有山的方位、相互间距离，以及每列末的山岳数、总长度的总结记述。《山经》中共计中山经有十二列 193 座山，西山经有四列 77 座山，东山经有四列 46 座山，北山经有三列 88 座山，南山经有三列 29 座山。《山经》的记述内容是以这些山列为纲，然后在每一山岳下附记河流、地形、动物、植物、神话等内容。从《山经》的内容来看，它的意义表现为：第一是反映了我国区域地理的认识范围；第二是反映了当时人们对山脉和水系的概念；第三是包含了当时有关地貌、水文、特产等方面的地理认识。

174.《汉书·地理志》的意义有哪些?

"地理"一词，在我国出现很早。先秦时的《周易》中就有"仰以观于天文，俯以察于地理"的话，而且明确指出地理是指山川等大地方面的知识。如唐代孔颖达注释云："地有山川原隰，各有条理，故称理也。"但是，我国以地理命名的著作却出现较晚。从先秦的《禹贡》《山经》等著作，到西汉的《史记》中的《大宛传》《货殖列传》等优秀篇章，都是有关地理方面的著作，却都不以地理命名，直到东汉班固撰写《汉书》时，才第一次使用"地理"一词作为有关地理篇章的标题，即《汉书·地理志》。

《汉书·地理志》的内容可分为三部分。第一部分转录《禹贡》与《周礼》中的《职方》全文，作为讲述汉代以前疆域沿革的资料；《地理志》的重点在记述汉代地理的第二部分，以汉平帝元始二年的全国行政区划为纲，共计103个郡、国和所辖的1587个县、道、邑、侯国，记述汉代郡县的设置、沿革，以及与域外一些国家地区的交通往来情况。第三部分转录刘向的《域分》、朱赣的《风俗》，其内容主要是讲述分野和历史情况。

在内容上，郡国一级除记述行政区的设置沿革外，还包括户口，所辖县、邑、道或侯国，县一级包括设置沿革、物产、宫祠、山川、泽薮、古迹、水利、关塞等。《汉书·地理志》有文云："山川，地理也。"这表达了当时的地理观念，但从史书的内容来看，它的内容远远超过山川的记载，可谓是大地理观的一种体现。据统计，《地理志》涉及自然地理方面的记述有134座山、258条水、20处湖泊、7个池，其他江河水体29处。此外，还记有涉及62郡的112个盐、铁、铜等矿物产地。可以说，这给我们研究汉代的地理留下了珍贵的史料。

而且，尤其可贵的是，《汉书·地理志》作为最早一部以地理命名的著作，地理一词也从此被作为一门学问的名词术语而被正式确认。特别是自《汉书·地理志》以后，中国历代的官修史书中，绝大多数都辟有《地理志》一章，二十四史有16部都有《地理志》。受此影响，一些地方志，甚至乡土志中都有专门记述地理的内容。这些《地理志》记述各朝郡县疆域及山川状况，都是依据《汉书·地理志》的范式写作的。特别是唐代以后编修的历代地理总志，如唐《元和郡县图志》、宋《太平寰宇记》《元丰九域志》，以及元、明、清的《大一统志》等，也都是在《汉书·地理志》所开创的写作体例的基础上发展的。这最终形成了我国古代地理学中最主要的以重视疆域政区沿革变化为特点的"沿革地理学"体系。

因此，《汉书·地理志》的出现，可以说是标志着中国古代地理学深入发展的一个转折，它开创了沿革地理学的先河，使中国古代地理学的发展方向主要趋向沿革地理。

175. 郦道元的《水经注》是一部怎样的地理著作?

在我国北魏时期，出现了一部宏大的地理著作——《水经注》，郦道元著。它的出现给我国后来的地理学和史学发展都带来了深刻的影响，被清代地理学家刘献廷誉为"宇宙未有之奇书"。

郦道元（约470—527），字善长，北魏范阳涿县人。他少年时就喜欢读书和外出游览，对地理书籍和山川名胜极有兴趣。成年后，他曾做过多年地方官，足迹几乎遍及长城以南、淮河以北的广大地区。《水经注》就是他在大量史料和实际考察的基础上写成的一部巨著。北魏延兴二年（527），他被任命为关右大使，在赴任的路上，被叛将、雍州刺史萧宝寅派兵围困在阴盘驿亭而遭杀害。

三国时，曾有一部简略的水道著作叫《水经》，共记述了全国137条主要河流。由于记录的全国水道过于简单，郦道元就决定注解、扩大它的内容。他征引四百多种文献资料，加上自己的考察而撰写成《水经注》一书，计四十卷，三十多万字，其中有五卷在宋代已佚失，现在所见四十卷本是后人分析其他各卷而成。这样，《水经注》一书在名义上就是为《水经》作注，在形式上采取了以《水经》内容为纲，分列单句注释的方式创作。即《水经》之文成为书中的经文，每句经文下的注释考证的内容就是注文。同时在叙述上也略有区别，凡水道流经之地，经文用"过"，只举大都会之名；注文则用"迳"，且采录大小城乡郡邑繁多之名；经文的郡县之名只为当时地名，而注文则兼及沿革变迁。不过，尽管书中的经与注有如此形式上的差别，但从整个体系上看，经与注浑然一体。经文犹如大纲提挈，注文正如从目附系，成为一部独立完整的地理著作。

在具体记述内容上，《水经注》主要以水为纲，记述河流的发源、流经、汇入，并兼及河流的水文、变迁等情况，以及大量地貌、植被、土壤、物产、人口、交通、风俗、政区沿革、历史掌故等方面的丰富内容。总之，《水经注》不仅是水道记述，而且几乎涉及了当时社会及地理知识的各个方面，是一部包括自然地理、人文地理、历史沿革地理等内容的综合性地理著作。

《水经注》在地理学上的地位非常重要。第一，《水经注》虽然是我国六世纪时的一部地理著作，但它所包含的丰富的地理内容，却是古代地理著作中空前绝后的。就《水经注》的记述范围来说，它记述了北自安州（河北隆化），南至日南郡（今越南中部地区），东至海，西达印度这一广大地区的河流及人文地理情况。主要包括我国的滦河、海河、黄河、山东半岛诸河、淮河、长江、珠江、塔里木河、元江（红河），以及印度河、恒河等流域的 1252 条河流。据统计，现存的《水经注》残本记载的湖泊至少有 560 个，瀑布 60 多处，温泉 20 多处，总记湖泊、陂泽、河渠水道等水体 2596 个。估计原书记载至少在 3000 个以上。这样宏大的内容，在我国古代地理著作中可以说是空前绝后的。

第二，由于《水经注》援引了众多的古代典籍史料和丰富的内容，它一出现就引起了史地学界的极大关注，并对后代的舆地学和历史地理学研究产生很大的影响。从唐代李吉甫撰写全国地理总志《元和郡县图志》，到后来杜佑的《通典》、宋代郑樵的《通志》等，都不断引用《水经注》的内容以编订地理志书。明清学者着地志，更是引用不疲，视之为圣经贤传。就是现代历史地理学者复原考论古代地理情况，也仍然以《水经注》为重要依据。特别是后人还仿《水经注》的体例撰写的地理著作，形成我国古代地理著作著述中一种独特的写作体裁。

第三，形成了专门从事《水经注》研究的郦学学派。《水经注》出现不久，史学界就对它本身的刊印、文字校理给予极大关注。从宋代至明清，竟在学术界形成一个以校注整理《水经注》文字为主的郦学学派，如戴震、赵一清、杨守敬等人。至今，专治《水经注》的仍然代不乏人，而且兴起了从地理学角度去研究、分析《水经注》各项地理内容的新趋势，进一步丰富了郦学的研究内容。

176. 中国古代的九州是哪九个？

古代分中国为九州。对于九州的具体分布说法不一，比较常见的九州划分为冀、兖、青、徐、扬、荆、豫、梁、雍九州。《尚书·禹贡》有冀、兖、青、徐、扬、荆、豫、梁、雍，《尔雅·释地》有幽、营州而无青、梁州，《周礼·夏官·职方》有幽、并州而无徐、梁州。古代九州的辖域如下：

冀州，今山西省全境和河北省的西北部，河南省北部地区。

兖州，今河南省的东部、山东省的西部及河北省的南部一带地方。

荆州，现两湖，两广部分，湖南，贵州一带。

雍州，今陕西中部北部，甘肃东南部除外，青海东南部，宁夏一带。

青州，东至海而西至泰山，在今山东的东部一带。

徐州，今山东省东南部和江苏省的北部。

豫州，今河南省的大部，兼有山东省的西部和安徽省的北部。

扬州，北起淮水，东南到海滨，在今江苏和安徽两省淮水以南，兼有浙江、江西两省的土地。

梁州，自华山之阳起，直到黑水，应包括今陕西南部和四川省，或者还包括四川省以南的一些地方。

177. 如何解释我国地名中的"阴""阳"?

"阴""阳"这一组词,是中国古老哲学的重要概念,它是先哲们探索宇宙起源以及对天文现象分类的最基本词汇。地球在绕太阳运行的过程中,周而复始地形成昼夜、明暗的规律性变化,即阴阳交替。推而广之,日为阳,月为阴,其他如天为阳,地为阴;男为阳,女为阴;生为阳世,死处阴间;受光及明处为阳,背光及暗处为阴。

用在地理上,"山南水北为阳,山北水南为阴",这与中国地处北半球而太阳始终处于南面有关,在南半球则呈相反之势。站在山的角度说,"南阳北阴",一个地方在山的南面,是太阳能够照射到的地方就叫阳,在山的北面为阴。我国河流多为东西走向,人们居住之地只能在河流的南北,时间一长,河流冲刷,河流水面总比河岸低,两边河岸下斜,太阳又在南面,再加上我国北高南低的地势,河流的北边就容易被太阳晒到。所以,站在水的角度说,是"南阴北阳"。由于"阴""阳"有这一层地理含义,所以古代许多临近山水的地名常用"阴""阳"二字。更重要的是,在山南水北,阳光充足,用水便利,生活方便,寒风较弱,所以古代普遍选"阳"地建设城邑,这一百多个含"阴""阳"地名的,仅有十多个以"阴"命名,剩下都是"阳"字。

居水北而以"阳"命名的最多。如沈阳在沈水之北,汾阳在汾河之北,濮阳在濮水(济水的支流,后因黄河泛滥淤没)之北,襄阳在襄水之北,汉阳在今汉水(现在汉水南面,据考证是汉水后来改道的结果)之北等等。

居山之南而以"阳"命名的,如衡阳在南岳衡山南,陕西之山阳县在秦岭南,广东之揭阳市在揭阳岭南。

同时在山南水北,即背山面水的被认为是风水宝地。如有名的咸阳,其地在九峻山之南,渭水之北,山水皆阳,称为咸("全"之意)阳;洛阳,北负邙山,南归洛水,取水北之意为洛阳。

以"阴"命名的地名非常少。在山之北水之南,建立城邑有种种弊端,生活不便利。但也有几个相当有名的地名。"山之北"者有华阴(在华山之北,登华山之路,此县得以建立)、山阴(浙江绍兴会稽山之北)、蒙阴(蒙山之北),"水之南"者有江阴(长江以北,解放战争时解放军渡长江的主要区域)、淮阴(淮河之北)、湘阴(湖南湘江之北)等。

这些含有"阴""阳"二字的地名,和其所在的山水位置有关,突出反映出人们选择群居地的条件是"阳光充足、用水便利"。由于时代发展,山的位置较固定,水道常有变动和改道,因此研究取名"阴""阳"的地名可以与水道位置相印证,对研究不同历史时期的水道变迁很有用。中国地名承载着深刻的文化内涵,有待于我们进一步去挖掘。

178. 什么是地方志?它是如何记载地理的?

地方志,简称方志,是我国特有的一种历史典籍。方是指地方或区域,志则为记载。故一般认为,地方志只是分门别类即在一定区域内自然与社会各方面的历史与现状的综合性地方文献,也有人称之为"一地百科全书"或"一地古今纵览"。志还有不少别名异称,诸如图经、传、记、录、乘、略、考、书、簿等。

关于方志的正式发端,我们大致可认定在秦汉时代的郡书、地理书、都邑簿之中。郡书,即郡国之书，主要记载一地先贤、耆旧、节士之德行，用以叙旧劝善，留传久远，如《陈留耆旧传》《兖州山阳先贤赞》之类。地理书，侧重记载一方疆界、区域、山川、道里、物产、户口、风俗，即如唐刘知几所称："九州土宇，万国山川，物产殊宜，风华异俗。如各志其本国，足以明此一方。"当时这类著作有《秦地图》《三秦记》等。都邑簿，则指专辑各地都邑城郭、宫室、官署、街坊、闾巷、寺院、冢墓诸事的地方文献，像《三辅黄图》《三辅宫殿簿》等即属此类。秦汉时期这几种文献可视为后世方志某一门类或某一专志之发端所在。至如成书于东汉的《越绝书》，则既记人物，又志地理，且载都邑，内容比前者更为全面，可认为是方志正式发端的代表作。魏晋南北朝时期，方志发展进入一个新阶段，不但数量大增，遍及地域更广，而且从体例到内容也都日益完备，当时如《豫章古今记》《荆州记》《华阳国志》等皆初具后世方志雏形。此后方志更是代有所作，不断发展。至北宋乐史《太平寰宇记》问世，其内容与体例又发生新的变化，并逐渐趋于定型。元明时期，方志编纂持续发展，至清代进入鼎盛期。此时不但有众多学者参加方志编纂，名志不断涌现，而且对方志理论进行了更为深入广泛的探讨，乾嘉时期章学诚集其大成，使方志学成为一门独立学问。

地方志这类文献不但名目较多，种类亦不少。如按记载的空间范围或对象来看，主要有省、府、州、厅、县、关、卫、所、镇、乡、村、里、山、水、湖、堤、寺、塔、祠、书院等志书，又有统合天下的全国性志书称总志，或称一统志。另外，依照方志内容记载的纵横广狭来分，那又可分为通志、续志、专志、杂志、合志、小志等。

方志内容统合古今，无所不载，举凡一地古今疆域、沿革、山川、建置、城镇、乡里、物产、财赋、户口、兵事、民情、风俗、人物、艺文、名胜、古迹、异闻、琐事等，皆有所录，内容记载上具有鲜明的区域性、连续性、广泛性，故历来为统治者所看重。《周礼》有小史掌邦国之志，外史掌四方之志的记载，汉代有郡国之书上于计官或吏的叙述。隋唐以后，几乎历朝都颁发过修志的通令，至清代更成为定例。

179. 我国历代的行政区划有什么不同？

行政区划是指管理国家事务的地区范围。中国历史上朝代更迭，每朝的疆域大小、政府机构和统治者治理国家的理念各有不同。自秦始皇统一中国到 1949 年中华人民共和国成立约有两千一百多年时间，在这段时期内，中国历代王朝的地方行政区划制度大致可划分为三个阶段：

第一阶段称州郡时代，经秦、汉、魏、晋、南北朝约 800 年；第二阶段称道路时代，经隋、唐、五代、宋、辽、金朝约 700 年；第三阶段称行省时代，经元、明、清朝和民国时期，约 700 年。

第一，州。

成书于战国时期的《尚书》《周礼》《吕氏春秋》等古籍都有关于九州的记载。传说大禹治水，分天下为九州，即冀州、兖州、青州、徐州、扬州、荆州、豫州、梁州、雍州。到禹掌权时，天下分为十二州，冀州分为并州和幽州，青州分出营州。但九州只是先秦时期理想的地理区划，并不是实际存在过的行政区划。

第二，郡。

秦朝的行政区分郡、县两级，以郡统县，分天下为三十六郡，至秦末增加到四十个。一个郡管理十几个到二三十个县。汉朝有一百零五个郡，那时的郡比现在的省级行政区要小。今天的一省大致相当于汉朝十二三个郡，与今天的地级市相当。当时的郡大小差距很大，落后的地方郡大，发达的地方郡小。比如会稽郡包括今上海、江苏、浙江、福建等地。

隋朝取消了郡。唐朝州郡迭改，都是行政区域。宋废郡。

第三，国。

国是汉代诸侯王的封域，也是一级行政区。国的区域大致与郡相等，所以"郡国"常连称。国的官吏由朝廷直接委派，在行政区划制度上与郡没有什么差别，但是与郡不同的是，国的赋税收入不归朝廷，而归诸侯王自己享有。

第四，道。

唐朝贞观元年分全国为十个道，是监察区，相当于汉代的州。十个道是关内道、河南道、河东道、河北道、山南道、陇右道、淮南道、江南道、剑南道、岭南道。至开元年间，在前十道中又划分出五个道，成为十五个道。安史之乱后，道成了州以上的一级行政单位，形成了道、州、县三级行政制。元明清三朝都有道的设置，但不是一级地方行政区划，而是省的派出机构。

第五，路。

宋朝时的路最初是为征收赋税、转运漕粮而分的区域，后来逐渐带有行政区划和军区的性质。

第六，省。

省本来是官署的名称，西汉称宫禁之中为"省中"。魏晋以后把设于宫禁近处的尚书、门下、中书等中央政府机构都称为省，这是省的原义。魏晋时出现了行省的前身，名为行台、大行台或行台省。所谓台省是指设在京都城内的中央政府，一旦发生了重大事件，需要由掌握中央政权的要臣率领部分中央政府人员离开首都到外地去处理。这样就形成了一个或几个出行在外的台省，因而便以行台或行台省为名。行省制始于元朝，它的全称叫某某等处行中书省，简称某某行省或某某省。

元代以中书省为中央政府，又在路之上分设行中书省，简称行省。后来行省成为正式的行政区域名称，简称为省。元朝初年，省还不是正式的、经常性的地方行政区划，而只是中央政府派遣在外的临时机构。当行中书省久驻一地之后，就不可避免地要在军国大事之外干预地方政务，行省由此就成了最高一级的地方行政区划。"省"便从中央政府变成了地方政府的称呼。元朝中叶以后，全国分为一个中书省直辖区和十个行中书省。

第七，府。

依唐代制度，大州称为府。唐时，一些有特殊地位的州被改称为府，如长安所在的雍州改称为京兆府，东都洛阳所在的洛州改称为河南府，北都晋阳所在的并州改称为太原府。唐末增至十来个府。北宋重要的州都升为府，至末年已有三十几个府了。南宋和金对峙时期，双方共有五十多个府。清宣统末年开始废府，到民国初年就把全国的府都废掉了。

第八，军。

军是宋代的行政区域。一个军相当于一个州或府，直辖于路。如宋代的南安军即清代的南安府。

第九，县。

县是地方基层行政区域。秦汉的县属于郡，后代的县属于州或府。

第十，专署。

国民党政府废除道，实行省县两级制，后在各省设行政督察专员，建立专署。作为省的派出机构，一个专署管十几个县。

180. 中国古典园林的造景手法有哪些？

中国古典园林常见的造景类型可归纳为借景、对景、框景、漏景、障景等。

借景是将园外景象引入并与园内景象相叠合的造园手法，也是中国古典园林最重要的造园手法之一，这种手法可弥补空间小及耗费财力之不足。典型的借景佳例，如颐和园昆明湖远借西山、近借玉泉山，景象曼妙。拙政园远借北寺塔，沧浪亭邻借园外的葑溪水等。

对景是主客体之间通过轴线确定视线关系的造园手法。由于视线的固定，视觉观赏远不如借景来得自由。对景有很强的制约性，易于产生秩序、严肃和崇高的感觉，因此常用于纪念性或大型公共建筑，并与夹景、框景相结合，形成肃穆、庄严的景观。

框景是有意识地设置框洞式结构，并引导观者在特定位置通过框洞赏景的造景手法。框景对游人有极大的吸引力，易于产生绘画般赏心悦目的艺术效果。杜甫诗句"窗含西岭千秋雪，门泊东吴万里船"，是框景效应的最佳写照。

漏景又称泄景，一般指透过虚隔物而看到的景象。虚隔物包括花窗、栅栏和隔扇等。景物的漏透一方面易于勾起游人寻幽探景的兴致与愿望，另一方面，漏透的景致本身又有一种迷蒙虚幻之美。利用漏景来促成空间的空灵与渗透是中国造园的重要手法之一。

障景是在游路或观赏景点上设置山石、照壁和花木等，挡住视线，从而引导游人改变游览方向的造景手法。障景使园林增添"藏"的韵味，也是造成抑扬掩映效果的重要手段，因此为历代园林所广泛应用。

园林造景如撰文画画，有法而无定式。同一景色，画家可用不同笔法表现，摄影师可从不同角度拍摄，同一园林也可用不同构思设计。几百座江南庭园千变万化，各有所妙。故园林造景有独特的立意，做到"虽由人作，宛自天开"的意境就可称为佳作。每个庭园造景时不可忽视动观和静观的景色，通常狭小的庭园应以静观为主，动观为辅，遵循"小中见大"的原理，创造出"有限中见无限"的美景，更重视障景、框景、借景等手法的应用。在相对较大的园林中，应以动观为主，静观为辅，更应注重空间的分割，通过对景、夹景、添景等各种形式造成或开朗，或收敛，或幽深，或明畅的空间，使景色更为丰富。

181. 中国古典皇家园林与私家园林的区别是什么？

中国古典园林是以皇家园林和私家园林为代表的中国山水园林形式，在世界园林发展史上独树一帜。中国的造园艺术追求"虽由人作，宛自天开"的审美旨趣。皇家园林与私家园林作为中国古典园林的两大主要流派，既具有一定相似性，又各自在规模、布局、选材及对构景要素的处理上自成体系，形成差异化的园林风格。

皇家园林和私家园林均由以下要素构成：筑山、理池、植物、动物、建筑、匾额、楹联与刻石。在不同的园林中，所有建筑的形、神都与天地等自然环境相吻合，同时又使园内各部分相接，以使园林体现自然、淡泊、恬静、含蓄的艺术特色，并收到移步换景、渐入佳境、小中见大等观赏效果。师法自然，融于自然，顺应自然，表现自然——这是中国古代园林体现"天人合一"民族文化特色之所在，是独立于世界园林舞台的最大特色，也是永具艺术生命力的根本原因。

皇家园林规模宏大，真山真水较多，园中建筑色彩富丽堂皇，建筑高大。除了具有私家园林的功能外，往往还有供帝王祭祖、拜佛的功能。在离宫别院型的园林中，因帝王久住其中，所以又增加了供帝王上朝听政的功能。皇家园林建筑多为宫式,严肃且堂皇壮丽。皇家园林中众多的园林建筑小品,如牌楼、华表、石狮等,对园林建筑整体风格的形成起着补充作用。

"普天之下,莫非王土",这是中国数千年封建社会形成的传统思想。在皇家园林中,这种礼制思想直接导致了"园中园"格局的形成,所以在皇家园林中,我们既可看到玲珑秀美的江南私园,又可见到别具风韵的民族建筑,甚至还有欧洲文艺复兴时的"西洋景"。各种园林流派和造园思想在这里汇聚和积淀,从而形成了声势浩大的皇家园林体系。另外,在建筑布局上,皇家园林出于整体宏大气势的考虑,需要安排一些体量巨大的单体建筑和组合丰富的建筑群。在布局中将比较明确的中轴对称关系或主次分明的多重轴线关系带入到原本强调因山就势、巧若天成的造园理论中来。如以宏大的佛香阁及其主轴线控制全景的颐和园,就突显了"皇权至尊,天子威仪"的礼制思想。

私家园林规模较小,常用假山假水,建筑小巧玲珑,表现出淡雅素净的色彩;多附属于住宅,有主人居住、待客、读书、游乐等功能。活泼典雅、玲珑通透,在建筑的外观上讲究线条的曲折、流畅、轻盈,结构上一般用穿斗式或穿斗式与台梁式的混合结构。

私家园林习惯于在有限的空间将景象无限地拓展和延伸。它们或临街而建,或枕水而居,在园中则是小桥流水、曲径通幽,有着千变万化的空间组合。建筑布局不求对称,而是依山就势,随水而曲。私家园林总体的风格是曲折深邃、清新雅致,突出宁静致远的氛围。在这里,建筑家、哲学家、诗人、画家、平民百姓各自从中体味到了他们所寻觅的线条、哲理、诗情和韵律。

通过分析皇家园林和私家园林,纵观中国古典园林的建筑特点和整体布局,我们可以得知,表现在古典园林中的这种具有古代中国人审美特征的园林观,绝不仅限于造型、色彩上的视觉感受,以及一般意义上的对人类征服大自然的心理描述,更重要的还是文化发展的必然产物,即通过园林艺术对生活环境的调节,来满足人们对自然美与环境美的精神追求,从而达到人本身的存在特征和生命意义。

182. 我国古代对地震的认识如何? 古人是怎样测报地震和防震抗震的?

我国是一个地震较多的国家,自古以来,有关地震的记载不绝于书。据近代地震学者研究,中国地震载籍可考者,达三千五百余次,记载完备者二百余次。最早一次见于《竹书纪年》:"帝发七年,陟,泰山震。"记录了公元前1831年的一次地震,也是目前查到的世界上最早的地震记录。

地震在我国古代又称地动,两个名称史书上都有出现。对于地震这一不同寻常的自然现象,历代统治者都很重视,他们把地震看成是政权兴衰存亡的征兆,是上天对人事的一种安排。对于地震原因的解释,早在春秋战国时期就有三种不同的说法。一是阴阳元气说。"阴阳说"源出《周易》,"一阴一阳谓之道",阴阳相互作用就形成万物及其运动,产生各种自然现象。而地震是因为地内有阴阳两气,两种对立势力失去平衡,引起地震。另一种是天文因素说。《竹书纪年》载:"帝癸十年,五星错行,夜中陨星如雨,地震,伊洛竭。"即天体运行扰动出现流星雨,引发地震。《晏子春秋》记述的晏子和别人的对话中,也把地震的发生看成与某些天体运动有关。第三种看法是战国时庄子提出的海水相搏说。他说:"海水三岁一周,流波相薄,故地动。"(《艺文类聚》)上述三种说法在秦汉时盛行,并且一直留传到明清。

关于测报地震,早在公元132年,东汉张衡就发明了世界上第一台测震仪——候风地动仪。"以精铜铸成,员径八尺,合盖隆起,形似酒尊"。(《后汉书·张衡传》)

在测报地震、防震抗震方面，古人积累了丰富的经验，总结出主要根据地声、地光、前震、地下水异常、天气异常和动物异常等前兆测报地震的方法。

文献资料关于地声的记载颇多，如《魏书·灵征志》记录了公元 474 年山西雁门崎城"有声如雷，自上西引十余声，声止地震"。《淡然轩集》记载了公元 1598 年 12 月 10 日的宁夏地震，"地震有声，从西北方动起，往东南方去讫"。

地光是强烈地震发生时，震区上空往往出现灼亮的闪光，颜色有红、黄、蓝、白、紫，形状有片状、球形或电火花状，时间一般很短，有时从地裂缝中直接射出，或从地面喷口中冒出。如《华阳国志》记述公元 293 年 2 月 4 日成都"一夜有火光，地乃震"。

前震是在强烈地震前出现一系列微震和小震，如同前震，同见到地光、听到地声一样，得赶紧躲避。

地下水异常是指大地震发生以前，震区地下含水层因地壳运动受影响，变形，地下水运动情况发生变化，有的地方地下水位升高，有的降低，有的变得浑浊，或有异味等。地下水异常可从井水、泉水、河水直接发现并测得。淳熙《新安志》记载：公元 1100 年 2 月，安徽歙县地震，震前黄山朱砂汤泉的颜色成分有明显变化。

如震前高温酷热，或雷雨骤烈，或狂风大作，或阴霾昏暗，或干旱水涝。《滇南新语》记载，公元 1751 年 5 月 25 日，云南剑川地震前"烦热而气，昏惨无风"。

动物异常指震前许多动物出现焦躁不安，惊慌恐惧，不吃东西，乱蹦乱跳或乱飞蹿的现象。

人们还根据地震发生多有房屋倒塌，压死压伤人畜的现象，从加强房屋、建筑的性能着手，有效抗震防震。

在强震已发生，猝不及防的情况下怎么办？我国古代早有人考虑到了。有大震后幸存者留下的经验之谈——《地震记》，该书成于公元 1566 年 1 月 23 日陕西华县八级大地震发生之后，指出应当怎么做，不该怎么做。如可以选择牢固的床榻之下暂避"纵有覆巢，可冀完卵"，又"凡房角墙根或悬壁下最不安全处，不可趋避"等。

183. 什么是"纪年方法"？我国古代使用的纪年法有哪些？

我国古代纪年法主要有以下六种：

第一，王公即位年次纪年法。

以王公在位年数来纪年。如《左传·崤之战》中的"三十三年春，秦师过周北门"，指鲁僖公三十三年。《史记·廉颇蔺相如列传》中的"赵惠文王十六年，廉颇为赵将"。

第二，年号纪年法。

汉武帝时起开始有年号，此后每个皇帝即位都要改元，并以年号纪年。如《岳阳楼记》"庆历四年春"，《琵琶行》中"元和十年"，《游褒禅山记》中"至和元年七月某日"，《石钟山记》中"元丰七年"，《梅花岭记》中"顺治二年"，《指南录后序》中"德祐二年"《雁荡山》中"祥符中"（"祥符"是"大中祥符"的简称，宋真宗年号）等。

第三，干支纪年法。

干支纪年是我国古代最基本的纪年方法之一。最早的记载见于《淮南子·天文训》，但西汉时这种方式还不通行。自东汉光武帝建武三十年（54 年）时起，干支正式用于纪年。干支纪年在中医古籍中有广泛的应用。如清代柯琴的《伤寒论注·自序》题作"时己酉初夏也"，据柯琴的生活年代，可查得"己酉"当为公元 1729 年。当然，更常见的是皇帝年号加上当年干支的合记方法，如明代陈实功的《外科正宗·自序》题作"万历丁巳之秋七月既望"，金朝段成己《肘后备急方·序》的题作"至元丙子季秋"等，都是年号与干支并用。还有加上年次的，如唐代王冰的《黄帝内经素问注·序》题作"时大唐宝应元年岁次壬寅"，元代危亦林《世医得效方·自序》的题作"至元三年岁丁丑七月既望"等。两法并用纪年的长处是不易错乱。

第四，年号干支兼用法。

纪年时皇帝年号置前，干支列后。如《扬州慢》中的"淳熙丙申"，"淳熙"为南宋孝宗赵昚年号，"丙申"是干支纪年；《核舟记》中的"天启壬戌秋日"，"天启"是明熹宗朱由校年号，"壬戌"是干支纪年；《祭妹文》中的"乾隆丁亥冬"，"乾隆"是清高宗爱新觉罗·弘历年号，"丁亥"是干支纪年；《梅花岭记》中的"顺治二年乙酉四月"，"顺治"是清世祖爱新觉罗·福临年号，"乙酉"是干支纪年。

第五，星岁纪年。

战国时代，天文占星家根据天象纪年，有所谓星岁纪年法。星指岁星（即木星），岁指太岁（古代天文占星家设想出的假岁星，又叫岁阴、太阴），故有岁星纪年法和太岁纪年法。宋代夏竦的《铜人腧穴针灸图经·序》题作"时天圣四年岁次析木秋八月丙申"，"析木"就是用岁星纪年。金代张从正的《儒门事亲》"颐斋引曰"题作"岁在单阏阳月晦日"，"单阏"就是用太岁纪年。

第六，生肖纪年。

十二生肖之说起于东汉，汉前未见记载。生肖可以用来推算一个人的年龄、出生的年份，历史上也使用过生肖纪年法，如元代就有"泰定鼠儿年"（泰定是元泰定帝的年号，鼠儿年即甲子，为公元 1324）的记载。

184. 中国古代的计时器有哪些？

中国古代计时器的创始时间不晚于战国时代。应用机械原理设计的计时器主要有两大类，一类利用流体力学计时，有刻漏和后来出现的沙漏；一类采用机械传动结构计时，有浑天仪、水运仪象台等。此外，还有应用天文原理（大都根据日影方向测定时间）计时的日晷，它也是中国最古老的计时器之一。

圭表又称日晷、日规。圭表中的"表"是一根垂直立在地面的标杆或石柱，"圭"是从表的跟脚上以水平位置伸向北方的一条石板。每当太阳转到正南方向的时候，表影就落在圭面上。量出表影的长度，就可以推算出冬至、夏至等各节气的时刻。表影最长的时候，冬至到了；表影最短的时候，夏至来临了。它是我国创制最古老、使用最熟练的一种天文仪器。圭表等太阳钟在阴天或夜间就失去效用，为此人们又发明了漏壶和沙漏、油灯钟和蜡烛钟等计时仪器。

刻漏又称漏刻、漏壶。漏壶主要有泄水型和受水型两类。早期的刻漏多为泄水型。水从漏壶底部侧面流泄，格叉和关舌上升，使浮在漏壶水面上的漏箭随水面下降，由漏箭上的刻度指示时间。后来创造出受水型，水从漏壶以恒定的流量注入受水壶，浮在受水壶水面上的漏箭随水面上升指示时间，提高了计时精度。刻漏的最早记载见于《周礼》。比较完整的传世刻漏有两个，均为受水型：一个在北京国家博物馆，是元代延祐三年（1316）造的；一个在北京故宫博物院，是清代制造的。

浑天仪，古代文献中有汉武帝时洛下闳、鲜于妄人做浑天仪之说，但未提到它的结构。《晋书·天文志》记载东汉张衡制造浑天仪，说在密室中用漏水驱动，仪器指示的星辰出没时间与天文观察的结果相符。《新唐书·天文志》对唐开元十三年（725）僧一行和梁令瓒设计的浑天仪有较详细的记述。仪器上分别装有日、月两个轮环，用水轮驱动浑象。浑象每天转一周，日环转1/365周，仪器上还装有两个木偶，分别击鼓报刻，是一座上狭下广的木建筑。

水运仪象台，为北宋元祐三年（1088）苏颂、韩公廉等人所制。他们于绍圣（1094—1097）初年著《新仪象法要》，载有总图和部件图多幅。这台水运仪象台高三丈五尺余，宽二丈一尺，是一座上狭下广的木建筑。台的下层有提水装置，由人力推动河车，带动升水上轮和下轮（筒车），将水提到天河（受水槽），注入天池（蓄水池）。台中平水壶保持水位恒定，并通过一定截面的水管向枢轮（水轮）上的受水壶流泄恒定流量的水，推动枢轮。枢轮通过传动齿轮带动昼夜机轮、浑象和浑仪。

1276年，元代郭守敬制成大明灯漏。它利用水力驱动，通过齿轮系及相当复杂的凸轮机构，带动木偶进行"一刻鸣钟、二刻鼓、三钲、四铙"的自动报时。

185. 古代人如何预报天气？

古代劳动人民在长期的生产活动中，观察寻找各种天气现象之间的关系及地方天气变化的规律，积累了丰富的经验。这些经验以谚语的形式记载在历代古籍之中，代代相传，这些天气谚语就是古代人预测天气的工具。

将天气谚语集合成书，最早的是东汉崔寔编的《农家谚》，其后是唐代黄子发的《相雨书》。《相雨书》中收集了观云、测风、雨止天晴及气候变化等方面的天气谚语一百六十九条。元代娄元礼的《田家五行》是一本内容比《相雨书》更为丰富，影响更大的天气谚语专集，其中不少谚语至今仍可作为参考。例如，"占月谚"中有一条"月晕而风，日晕则雨"，意思是如果太阳、月亮周围形成了光圈，将有风雨出现。"晕"俗称"枷"，所以这条谚语同今天民间流传的"日枷风，夜枷雨"完全一致。

除了天气谚语专集以外，一些古代著作中也记有不少天气谚语，如宋代沈括的《梦溪笔谈》、元代王祯的《农书》、明代徐光启的《农政全书》等。

古代劳动人民测天的主要方法是看云、看风、看天象、看生物等。

我国古代留传下来的用云来预报天气的谚语特别多。例如，"馒头云，天气晴""天上钩钩云，地上雨淋淋""鱼鳞天，不雨也风颠""炮台云，雨淋淋""棉花云，雨快临"等。

天气谚语中有一部分是根据风向、风速变化来预测天气的。例如"云交云，云淋淋"，"逆风行云天要变"。意思是说，上下风向不一致，容易引起空气上下对流，不久就会下雨。

天气谚语中还有一部分是根据天象出现的情况来预测天气的，例如《田家五行》中有"朝霞不出门，暮霞行千里"。

天气谚语中还有少量的以观察生物动静来测天气的，例如"海燕忽成群而来，主风雨"。

当然，古代天气预报的水平毕竟不能同近代相比，一部分天气谚语还有迷信的色彩。但只要去其糟粕，取其精华，不少天气谚语仍然是天气预报的重要参考资料。

186. 最早去西天取经的是玄奘吗？

说到"西天取经"，人们首先想到的肯定是唐僧。其实早在玄奘之前两百多年的晋代，就有人已经完成了一次取经大业，此人就是高僧法显。早在399年，法显等从长安出发，经西域至天竺，游历二十多个国家，收集了大批梵文经典，前后历时十四年，于义熙九年归国。唐朝玄奘，在唐太宗贞观二年（628），为探究瑜伽唯识学，开始西行。玄奘比法显西天取经整整晚了229年。

其实法显并非西行第一人。中国西行游历第一人是公元260年西行的朱士行，他因读《道行经》，觉得尚未尽善，遂往于阗，求得梵书正本九十章，遣弟子送归，经竺叔兰、无罗叉译出，即今本《放光般若经》。最后，朱士行终老于阗，所以法显成为西行取经回国第一人。

187. 我国古代对于域外地理的认识情况如何？

古代时，我国地处相对封闭的区域，西北和西南面有高原、大漠作为天然屏障，东南面濒临大海。这些地理条件在生产力和科学技术不发达的古代，限制和阻碍了人们对域外地理的认识水平。早期有关域外的地理知识，想象的成分居多，往往带有神秘和怪异色彩，这从《山海经》中记载的许多国名和荒诞不经、离奇古怪的事即可见一斑。

我国对域外地理的认识是从两汉时代迅速发展起来的。这一时期，我国和东南亚的朝鲜、越南、日本等邻近地区和国家互有来往。由于政治、军事活动以及中西方交通的发展，增进了对西域地理知识的了解，记载在《史记·大宛列传》和《后汉书·西域传》中。

魏晋南北朝时期，尽管战乱频繁，分裂割据，但人们对域外地理的认识有所发展。据《隋书·经籍志》记载，当时记载海内外山川地理的著作达一百三十余种，其中有几十种记载着外国历史、地理情况，如三国时代东吴曾派朱应、康泰等从海陆出使扶南（柬埔寨），康泰撰《吴时外国传》，朱应著有《扶南异物志》等。除外交联系及交通贸易外，需要指出的是，以佛教为纽带，很多外国僧徒梯山航海远来中国，我国西行求法的僧侣也颇不乏人，对域外地理知识的丰富起了重要作用。如东晋法显，他撰有《佛国记》（又称《法显传》），是记录古代中亚、印巴次大陆、斯里兰卡、南海等地的地理、风俗和历史的最早一部比较详细的书。北魏末期去印巴次大陆求经的宋云也著有《行记》。

从上述情况来看，自汉至南北朝时期，我国对域外地理的认识主要是对中亚、南亚，即与我国西部有陆上交通的地区为多。

隋唐、宋元时期，我国封建社会高度发展，中外交通空前发达，与域外交往更为频繁。陆路交通继续有所发展，唐玄奘的《大唐西域记》，元耶律楚材的《西游录》，李志常的《长春真人西游记》，刘郁的《西使记》等著作，充实了我国对于印度及亚洲腹地的认识。

这一时期中外经济交流特点之一是海路交通的发达，尤其是宋代指南针运用于航海之后，更促进了航海事业的发展，从而对海疆和外国地理的认识得以丰富扩展，成为此时期的重要特征。

这一时期，非洲（主要是东北非）、欧洲都和我国发生了直接接触。《岭外代答》《诸蕃志》述及的非洲国家有中理、层拔、昆仑层期、木兰皮、勿斯里、遏根陀等，并对它们的情况做了一些介绍。

明代继续大力发展中国与印度洋的海上交通。著名航海家郑和率领庞大的船队七次下西洋，经历了亚非几十个国家和地区，最远到达今非洲东岸的索马里和肯尼亚一带。《郑和航海图》所收地名达500个之多，是十五世纪以前我国关于亚非两洲的地理书籍中最详细的。随同远航的马欢、费信和巩珍分别写了《瀛涯胜览》《星槎胜览》《西洋藩国志》，大大丰富了中国人民对亚非一些国家的地理认识。

明万历年间，意大利传教士利玛窦在华期间，曾绘刻成《坤舆万国全图》，这是一幅按投影原理绘制的有经纬网格的新式世界地图，他把世界分为五大洲：亚细亚、欧罗巴、利未亚（即非洲）、南北亚墨利加及墨瓦蜡尼加，并附有很多文字说明。这给我国带来了新的世界地理知识，关于"五大洲"的地理观念即从这时开始传播。

清代实行闭关锁国政策，有关域外地理的知识进展不多，直至鸦片战争前后，林则徐辑译《四洲志》、魏源著《海国图志》，才进入了比较系统地研究世界地理的新阶段。

188. 我国什么时候开始有地图的？它是怎样发源和发展的？

地图是表达地理知识的手段之一，当人们使用符号或图形按照一定的比例和方位关系显示地表的自然和社会现象时，地图就产生了。

中国是地图学发展较早的国家之一。根据古书记载的禹"铸鼎象物"（《左传·宣公三年》）、"古者倕为规矩准绳"（《尸子》卷下）等传说来看，中国有可能在夏代或早于夏代的时候，就有了表示山川等内容的原始地图，并且已经使用了规、矩、准、绳之类的测绘工具。

到了西周时，地图的绘制已渐增多。《尚书·洛诰》记载，周公在洛阳选城址时，曾把地图和占卜的结果一同献给成王。《周礼》中记有掌管各种地图的职官和一些专用地图的名称和内容，它虽是一部托古之作，大约成书于战国，但其中所述周代的官制等，是不会没有一定历史依据的。《管子·地图》也是战国时期的著作，书中明确指出，作为军事指挥官，"必先审之地图"，因为从地图上可以知道"名山、通谷、经川、陵路、丘阜之所在，苴草、林木、蒲苇之所茂，道里之远近，城郭之大小"等情况。说明当时地图已经具备比例尺、方位等制图要素。

西晋裴秀把前人的制图经验加以总结，提出了绘制地图必须遵守的六项原则，它们是"分率"（即比例缩尺）、"准望"（定方位）、"道里"（距离）、"高下"（高取下）、"方邪"（方取斜）、"迂直"（迂取直）。其中的后三项是说，绘图是地物之间的距离，必须取水平直线距离。这六项原则，奠定了中国地图学的理论基础。

唐代贾耽编绘的《海内华夷图》，"广三丈，纵三丈三尺""古郡国题以墨，今州县题以朱"（《旧唐书·贾耽传》），开创了我国沿革地图以朱墨分今古地名的先例。

北宋沈括在《梦溪笔谈》中记他绘制守令图，地物之间所取的距离，都是"鸟飞之数"，即水平直线距离，并把前人只记"四至八到"增为"二十四至"。留传至今的宋代刻石的禹迹图、华夷图、九域守令图、地理图、平江图、静江府城图等，都是当时世界上杰出的地图。

从先秦古籍中有关地图的记载中可以知道，中国早期地图的绘制主要是出于政治和军事方面的需要。随着封建社会经济和文化的发展，地图的应用更加广泛。中国的士大夫有重视地图的优良传统，地图的应用更加广泛，特别是在读书和教学中，需要用到地图。宋元时期，为教学而刻的图碑、图石以及宋代学者绘制的历史沿革地图，和它们为阐述经书、史书乃至佛教经典所绘的地图，现在还可以看到一些。

可以说，中国传统地图的绘制和发展，富有自己的特色，很值得研究。

明代末叶（1582年以后），西方传教士利玛窦等相继来华，传入了地图投影和经纬度测量等绘图方法。清康熙、乾隆两朝，重视西方制图技术，在全国组织了大规模的经纬度测量和三角测量，于1708年至1718年及1760年至1762年分别编绘了康熙《皇舆全览图》和乾隆《内府舆图》，使中国地图学有了新的发展。其后，经纬度制图法在我国开始普及。

189.什么是"正史"？"二十四史"指哪几部史书？

提起古代历史著作，人们往往会首先想到被称为"正史"的"二十四史"。这二十四部纪传体史书在不同的历史时期里写成，各自独立，又在史实记载上相互衔接，完整地记录了从上古直到明代末年的历史，这在世界上是罕见的。

所谓正史，包括两方面的含义，一是指体例，纪传体在中国古代史学史上，被认为是著史的"正体"；二是指内容，这二十四部史书经过长期流传，部分出于人们的公认，部分由封建统治者选定，把它们作为记载历代史实的最正规的史著。这种"正史"概念的形成经历了一个很长的过程。

唐初修《隋书·经籍志》，史部立正史一类，将纪传体史著列入其中，序称"世有著述，皆拟班、马，以为正史，作者尤广。一代之史，至数十家"。看来《隋志》的正史主要是从体例上来说的。同时代的史学家刘知几在其史学名著《史通》中有"古今正史"一篇，将《尚书》《春秋》及以后的编年、纪传二体史书均列为正史，他的正史更多是带有各朝代表性、典型性史著的意思。嗣后，史书的经籍、艺文志中都立有正史一门，著录标准和史书数量也各有不同，如《明史·艺文志》即将编年、纪传二体并称正史。与正史概念发展的同时，历代有代表性纪传体史书的数量不断增加，魏晋南北朝时的"三史"指西汉司马迁的《史记》、东汉班固的《汉书》和东汉政府官修的《东观汉记》。唐开元中，南朝刘宋范晔的《后汉书》替代了《东观汉记》，列名于"三史"。到宋代，历代纪传体史著已累计有十三部，它们是《史记》《汉书》《后汉书》《三国志》（西晋陈寿撰）、《晋书》（唐官修）、《宋书》（梁沈约撰）、《南齐书》（梁萧子显撰）、《梁书》《陈书》（均唐姚思廉撰）、《魏书》（北齐魏收撰）、《北齐书》（唐李百药撰）、《周书》（唐令狐德棻等撰）、《隋书》（唐官修），后又加入了《南史》《北史》（均唐李延寿撰）、《新唐书》（宋官修）、《五代史记》（宋欧阳修撰），合称"十七史"。明代又加入元官修的《宋史》《辽史》《金史》和本朝所修《元史》，合称"二十一史"。清乾隆时，官修《明史》告成，于是又有"二十二史"之称。乾隆中期编辑《四库全书》，将正史与流传的二十二史联系起来，规定只有经皇帝"御定"的纪传体史书可称正史，"凡未经宸断者，则悉不滥登。盖正史体尊，义与经配，非悬诸令典，莫敢私增"（《四库全书总目提要》卷四十五）。后来，在二十二史上又增加了五代后晋官修的《旧唐书》（原名《唐书》，为区别于《新唐书》而加"旧"字）及从《永乐大典》中辑出的宋官修的《旧五代史》，至此，"二十四史"之名正式形成。

二十四史中，唐以前各史多系私人撰写，它们之所以被公认为有代表性的史著，是经历了时间的考验。人们在众多同类史籍中比较优劣，终于选定了其中几部作为反映某一段历史的"定本"。从唐修《隋书》开始，政府设馆为前代修史形成定例，这些史书成于众手，在著作质量上比不上私修之史，但由于它们基本上依据前代档案、国史馆资料成书，在占有资料的全面性和可靠性上，是任何私家都不可及的，所以人们在研究这些朝代的历史时，仍须以这些史书为最基本的资料。

纪传体的体例，创自司马迁的通史著作《史记》，东汉班固写作的《汉书》正式奠定了纪传体"断代为史"的体例，此后的纪传体史著在体例上基本上不出司马迁、班固的规制。一般来说，一部纪传体史书应包括本纪、列传、表、志四个部分。司马迁《史记》中还有"世家"一体，用以记世袭封国诸侯的事迹，但后来的史书除记割据史迹时偶或用之外，多不备此体而将之归并于列传。二十四史中四体全备的不多，大多数都缺表、志。这一缺略到了清代，被乾嘉学者看到，他们钩史稽沉，为正史补撰表、志，如万斯同的《历代史表》、诸家学者补正史《艺文志》等皆属此类。经过他们的努力，绝大多数的正史表、志被补全，虽然这些作品的质量有高下，但为我们读史提供了很大的方便。

二十四史是我们研究古代历史与文化的基本参考资料。历代史学家研究历史多从此入手，搜集资料也先及正史，然后再广涉野史、杂史、笔记、文集等门类。古代研究性史学著作也都直接、间接与"二十四史"有关，其中通研全部的有号称清代三大考史名作的《廿二史札记》（赵翼撰）、《二十二史考异》（钱大昕撰）、《十七史商榷》（王鸣盛撰）等，专研一书的有《史记志疑》《汉书补注》《三国志辨证》《元史本证》《明史考证》等。二十四史本身及对它的研究，是传统学术文化的一个相当重要的组成部分。

190. 我国古代史官设置的情况如何？

我国从夏代开始就已经设立史官，称太史令。如《吕氏春秋·先识》篇记载说，夏桀荒淫无道，太史令终古出其图法进行劝谏，无效后弃而奔商。商代的史官称作册、作册内史、史、太史、内史、尹等，这在先秦古籍、甲骨文以及西周金文中都有记载。周朝王室的史官有太史、小史、内史、外史、御史五种。史官内部还有分工，平时在朝廷记录时，内史居左，太史居右。从周朝开始，不仅王室有史官，诸侯各国也设有史官，如鲁国有太史，齐国有太史、南史，楚国有左史，秦、赵两国有御史等。夏商周三代的史官，其职责如后世政府中的文职人员，主要是保管典籍，记录实事，起草文书，宣达王命，献书规劝，讲解史事，同时负责祈祷、享祭、占卜等宗教活动。

两汉时期，史官的职责开始从含混不清的状态中明确起来，逐渐成为专职，他们的主要职责是掌管历史典籍和编写历史著作，其名称有中丞、太史令丞等。如汉代的大史学家司马谈、司马迁父子，就是汉武帝时代的太史令，班彪、班固父子是东汉的兰台令史，他们的任务都是保管、整理国家的图书、档案，起草文件，编写史书。但是汉代史官的任务，主要还是在整理图集档案上，专门从事撰写历史著作的职官，则是在两汉以后才设立的。

魏晋南北朝时期是我国古代史学发展的第一个高峰，四百年间出现了百部以上的史学著作。当时的政府不仅设立了专门传授历史知识的学馆，加强了对史料、档案的储备，还设立了专门的编撰史书的史官。从魏明帝太和年间开始，在中书省设置著作郎一职，专门从事历史著作的编撰工作。从此，我国有了著史的专官。晋代开始，著作郎改属秘书省管辖，号称大著作郎。南北朝时期，北朝的魏国又在秘书省设立著作局，以后又专门辟出修史局监修国史，设史官正郎二人，左郎四人。北齐时，还指派国家高级官员宰相负责领导史馆，监修国史。宰相监修国史，这一制度后来经北周、隋到唐，最终成为定制。

在唐代，统治阶级为了求得长治久安，对前代治乱得失的历史经验愈加重视，他们在诏书中明确提出，要多修史书，以"识往古，鉴将来"，因此唐代史学又有很大的发展。唐代史官的具体职位有起居舍人、起居郎、著作郎、著作佐郎、左史、右史、修撰、直馆等。宰相和其他大官直接参与史书编纂的，称兼修国史、修国史等。唐代还规定宰相要亲自写《时政记》，它和专记皇帝日常言行的《起居注》合并，由史馆的史官们写成一部编年史长编，每朝一部，称为"实录"。编撰实录，从唐代开始，成为历朝史馆的又一定制。

宋以后概括起来，史馆建制有以下六大部门：一是起居院。专修起居注，官职有起居舍人、起居郎等。二是日历所。日历就是编年史长编，如《建炎日历》等。三是实录院，负责编修前朝国史实录，以宰相为总负责，翰林学士以上参与其事的称修国史。四是国史院。国史院主修国史。五是玉牒所。除主修宗族谱系外，也兼记大事。六是会要所。会要主要根据日历、实录材料分类编成。

史官制度至明代又发生变化。明代改由翰林院主修国史。翰林院的史官职称有监修、总裁、纂修、修撰、编修、检讨、庶吉士等。清代的史官制度与明代相去不远，也是翰林院修国史，职官除与明代大致相同外，又有提调、总纂、纂修、协修等官。

191. 纪传体、编年体、纪事本末体是指什么体裁的史籍？各有哪些代表作？

纪传体、编年体、纪事本末体是我国古代史书编纂的三种主要体例。按其历史发展的先后，当以编年体出现最早，纪传体次之，纪事本末体出现最晚。三者中影响最大的为纪传体。

编年体是在春秋战国时由孔子编纂《春秋》时创立的。编年体的体例特点是记事以时间为线索，按年代的顺序叙述每年发生的历史大事，所谓"记事者以事系日，以日系月，以月系年"（杜预《春秋经传解读序》），使史实发展秩序分明。我国上古时代的史书，多数是编年体的，墨子所谓的百国《春秋》，即属于此类。西晋初年在汲郡战国古墓中出土的《竹书纪年》和孔子据鲁国史书编纂的《春秋》，是早期编年体史书的代表作。《春秋》文义晦涩，鲁国人左丘明又作《左传》进行注释，按《春秋》的编年线索，补充叙述《春秋》未详的重要史实，让读者明了《春秋》对历史人物和事件的褒贬含义。《春秋》和《左传》问世后，后代仿效者很多，但独以宋代司马光编纂的《资治通鉴》最为杰出，成为我国现存编年体史书中规模和影响最大的一种。《资治通鉴》记载了上起周威烈王二十三年（前403），下迄后周世宗显德六年（959）共一千三百六十二年的中国古代史，是我国历史上第一部编年体通史。

纪传体是以本纪、列传人物为经、时间为纬的一种史书编纂体例。我国最早的纪传体史书，也是我国最优秀的一部史书，是西汉司马迁编纂的《史记》。《史记》从传说中的黄帝写起，一直到作者所在的汉武帝太初年间结束，上下三千年，共计一百三十篇，篇目分别为本纪、表、书、世家、列传。但《史记》只写到汉武帝为止，故汉代续补《史记》者丛出，其中以班固撰写的《汉书》最为后世推崇，它是一部叙述了西汉二百二十九年史事的纪传体断代史。自《汉书》著成后，以纪、表、志、传为主要形式，以断代为史的史书体例，变成为后世修正史的标准形式。

纪事本末体以事件为中心标题立目，独立成篇，每篇又按时间顺序编写。这种以事为经、以时间为纬的编纂方式，确实能将历史事实反映得清楚明白，行文简于纪传，事理明于编年。这种体裁，是由南宋袁枢编纂《通鉴纪事本末》而创立的。袁枢为给后人提供读《资治通鉴》的方便，将二百九十四卷的《资治通鉴》进行整理，改为《通鉴纪事本末》四十二卷，并加了二百三十九个标题，所有重大历史事件，他都是立类定题。其内容始于战国的三家分晋，终于后周世宗。这种体裁最大的好处是节约时间，使人在短期内获得系统的知识，同时方便初学，入门便能从最重要的点上了解历史发展。纪事本末体创立后，明清两代仿效者甚众，除宋、元、明、清史的朝代纪事本末体外，还有如《三藩纪事本末》等专史纪事本末体。

编年体、纪传体、纪事本末体是我国古代史书编纂方面的三个主要流派，虽各有利弊，但在这三个流派之中诞生的无数史书，都是我国文化宝库中的珍宝。孔子、左丘明、司马迁、班固、司马光、袁枢等杰出的历史学家的首创之功，是值得我们永远纪念的。

192. 什么是"起居注"？

"起居注"是帝王言行的记录。它的起源很早，在先秦就有所谓"君举必书"的制度，而且还有"左史记言，右史记事""动则左史书之"的说法。说明古代早就注意对君主言行的记录。有人认为，从汲冢出土的《穆天子传》，就是起居注的最初形式。在汉代，据说有宫中女史担此职，而在汉以后，则历代都有史官专职记录皇帝每天的言行，并定名为"起居注"。魏晋时期，由史官著作郎兼修起居注，尚无专职起居官。到了北魏，开始专门设置起居令史，另外还有修起居注、监起居注等专职官员。隋代则在中书省下设史官起居舍人。唐代又于门下省设起居郎，和起居舍人分掌其事。宋朝对起居注特别重视，还专门设立了起居院撰写起居注。元朝时，由给事中兼修起居注。明朝又专设起居官。清朝则以翰林、詹事等日讲官兼任，称日讲起居官。在这类以起居注命名的史书中，目前所能知道的最早著作是汉武帝时的《禁中起居注》和东汉明帝马皇后撰写的《明帝起居注》。起居注一般成为后世编史的第一手参考史料，唐初国史馆修撰梁、陈、北齐、周、隋等史，就是靠一大批起居注为其提供充足的原始材料，才得以在短期内完成。

193. 什么是"实录"？

"实录"是编年史的一种体裁，专门记录某一朝代皇帝统治时期的大事。实录体在南朝梁朝开始产生，周兴嗣记录梁武帝的《梁皇帝实录》，谢昊记录梁元帝的《梁皇帝实录》，是最早的官修实录。开始时，"实录"还没有成为皇帝编年事迹的专称，随着皇权的增强，"实录"就成为帝王史书的专称了。唐朝开始，宰相亲撰"时政记"，每当新君即位，都要下令让国史馆根据前朝皇帝的编年史长编等编撰实录。以后，实录的编制成为定制，宋、辽、金、元、明、清各朝相沿因袭。宋朝特别重视修实录，国家专门设立实录院从事此事，宋各朝实录，现都历历可考。历朝修撰实录前，一般还撰录日历作为基础，如宋朝还特别设立日历所专司编修日历。日历汇总时政记、起居注及诸司关报，系以日、月，诠次排列，在此基础上，再编成实录。实录修成后，一般要将草稿全部焚毁，只留下定本，据说这是为了保证参加编修者能排除顾虑，直笔详书而定下的措施。

实录年经月纬，以日系月，以月系年，重要事件分别归属，内容十分繁富，凡是各种政治设施、军事行动、经济措施、自然灾祥、社会情况等都详细记载，同时对诏令奏议、百司重要案牍，乃至大臣生平事迹，也大都选载。从严格意义上讲，实录还不能算是历史著作，只是一种资料汇编。实录一般存放在宫廷图书馆、档案库，连皇帝要调阅，都必须经过一定的手续，世人更是轻易莫能见。

据统计，历代实录共有一百一十六部，但绝大多数已经亡佚，现存最早的一部完整实录，是韩愈所撰的唐《顺宗实录》，宋代也仅存《太宗实录》残本。至于整个朝代的实录比较完整地保存到今天的，只有《明实录》和《清实录》。

194. 什么是"十通"？它们的主要内容是什么？

"十通"是《通典》等十部书的总称。其中，《通典》《通志》《文献通考》称"三通"；清朝乾隆时加入官修的《续通典》《皇朝通典》《续通志》《皇朝通志》《续文献通考》《皇朝文献通考》六书，称为"九通"；1935年商务印书馆再加入刘锦藻的《皇朝续文献通考》，成为"十通"。十通是专门记载我国历朝政治、经济、礼乐等典章制度沿革变迁的历史著作。

《通典》共二百卷，由唐德宗时宰相杜佑编撰，此书记述我国古代经济政治制度的沿革变迁，上起传说中的黄帝，下迄唐玄宗天宝末年，唐肃宗、代宗以后的变革，间亦附载于注中。全书分为食货、选举、职官、礼、乐、兵、刑、州郡、边防九门，各门之下再分子目。《通典》的取材范围，唐以前大部分根据正史的志，把分散在各史的材料集中起来，综合叙述，说明沿革变迁。此外，还采录了文集和奏章中的有关材料。《通典》具有重要的史料价值，它不仅是研究唐天宝以前的典章制度的重要书籍，而且也是研究唐史的重要史料。

《通志》由南宋时期著名的历史学家郑樵编撰，全书二百卷，也是综合历代史料而成，分本纪、年谱、略、世家、列传、载记六门，上起三皇，下迄隋代，被称为纪传体通史。《通志》纪传部分基本上因袭了前代正史而稍加连缀，没有多少发明创造，郑樵的创造精神，集中体现在《二十略》中。所谓《二十略》，就是氏族、六书、七音、天文、地理、都邑、礼、谥、器服、乐、职官、选举、刑法、食货、艺文、校雠、图谱、金石、灾祥、昆虫、草木。

《文献通考》，简称《通考》，是继杜佑《通典》以后，规模最为宏大的记述历代典章制度的专著，由宋末元初的著名史学家马端临撰著。《通考》不是续《通典》而作，它也是从古至今，内容记载至南宋宁宗嘉定年间（1208—1224）。全书共三百四十八卷，分二十四门。二十四门的内容是：《田赋考》《钱币考》《户口考》《职役考》《征榷考》《市籴考》《土贡考》《乐考》《兵考》《国用考》《选举考》《学校考》《职官考》《郊社考》《宗庙考》《王礼考》《刑考》《经籍考》《帝系考》《封建考》《象纬考》《物异考》《舆地考》《四裔考》。其中，十九门为《通典》所原有，《经籍考》《帝系考》《封建考》《象纬考》《物异考》五考为《通考》所新增。《通考》虽然是在《通典》基础上扩大补充而成，但所载内容远比《通典》宽泛，编纂方法也不尽相同，它包括了更多的正史书志门类，所分细目也比《通典》更加精密。

《通典》《通志》《通考》三通的出现，对史学界的影响很大，风行一时。明代时王圻创作了一部《续文献通考》，打算将新史料补入《通考》之中。乾隆时所修的六通，皆仿《通典》《通志》《通考》体例而作。

195. 什么是"会要"？我国有哪些主要会要著作？

"会要"是以某一朝代的国家制度、历史地理、风俗民情等为主要收集内容的一种史书。由于会要内容涉及典章制度，其所保存的原始历史资料较为丰富，可以弥补二十四史的志、表之不足。会要也是断代典制体史籍的专称。

会要之创修，始自唐代。最早编成《唐会要》，苏冕以高祖至德宗九朝史事，编成《唐会要》四十卷，杨绍复续修至武宗时代，撰成《续唐会要》四十卷；后又由五代王溥再搜罗自宣宗以来至唐末之史事，宋太祖建隆二年（961年）撰《新编唐会要》一百卷。

宋代政府对会要修纂的重视程度超过任何朝代，特于秘书省设立会要所专司其事。宋代的会要自宋仁宗庆历四年（1044）宋绶修纂《国朝会要》一百五十卷以后一续再续，直至宋端平三年（1236）。一百八十年间共修了四次，总共成书两千四百四十一卷，称得上是空前绝后。现存《宋会要辑稿》除徐松辑本外，尚有缪荃孙、屠寄校订的广雅书局校订本和刘富曾校订的清本。

与宋代同时，北方的辽国亦有会要之书，尤袤《遂初堂书目》载有辽人的《契丹会要》，可惜早已亡佚。

元代虽无以会要命名之书，但有与会要性质相同的《经世大典》。全书分为十目，凡八百八十卷，目录十二卷。但《经世大典》后来也散佚了。

从《千顷堂书目》的著录中知道明代有《大明会要》八十卷，又有仿《元典章》而编纂的《明会典》，清代也修有《清会典》。但这些都属专门典制体史籍，与会要又有所不同。

以上我们所述的唐、宋会要及其变体《经世大典》等，都是根据当时政府档案、史馆实录等第一手资料编写而成的，是会要体史籍中的主要类别，其史料价值之高，自不待言。会要体史籍中的另一类别，首创于南宋徐天麟的《西汉会要》。《西汉会要》仿《唐会要》之体，取《汉书》所载典章制度见于纪志表传者，以类相从，分门编载。《四库全书》对《西汉会要》评价很高，"徐天麟开创了取材于前代史书编纂会要的先例"。除《西汉会要》外，他还编纂了《东汉会要》。宋代以后编纂前代会要者，除元人孟梦恂有《汉唐会要》外，几成绝响，直到清代乾嘉以后才有继起复撰者。

清人所撰会要比起《两汉会要》又有所不同，其表现在于：第一，采撷面广，如龙文斌征引了二百余种书籍，几乎囊括了有关这一朝代的所有史料；第二，加入自己的见解；第三，附图附表，如钱仪吉《三国会要》附有地图及帝系、舆地之表。

会要体史籍也有它自身的缺陷，如其分门别类不尽合理，各门之间条文收录不够平衡，影响了使用价值。又因为编纂者学识之高下，在材料的搜检和考辨上精疏不等，各会要也有质量高低的差别。

196.《史通》是一部怎样的史学著作？

《史通》是我国第一部系统的史学理论专著，唐代刘知几撰。成书于唐景龙四年（710），共二十卷，原有五十二篇，其中《体统》《纰缪》《弛张》三篇已亡佚，现存四十九篇。分内外篇，内篇三十六篇，对我国史籍编纂体例做了全面深入的探讨；外篇十三篇，多读书札记，系统地叙述历代史官的建制和史书的编纂，并对前代史书存在的错谬之处进行了批评。全书论证范围广泛，如史官源流、史书体裁、史书评论、史学方法、史学修养、史料范围、史料鉴别等，几乎包括了历史学的全部问题，既评论了前人著述的得失，更总结并提出今后史家的任务和要求。

《史通》的史学价值在于：

第一，历述我国古代史官的起源和演变，以及评述各类史书，初步具备了唐以前史学的规模，成为研究我国古代史学史不可缺少的材料。

第二，对唐以前史书体例做了比较全面的综合分析，提出了对史书体例的看法。

第三，提出了比较合理的史学研究方法。从史料的搜集、鉴别、区分，到编纂的次序，史事的判断，人物的评论，篇幅的剪裁，文学的修饰等，都做了深入的叙述。

第四，提出了史学家必须具备"史才""史学""史识"三个条件，即"三长"。刘知几认为，只有这样，才能发扬古代史官秉笔直书的优良传统。

197.《文史通义》是怎样的史学著作？

《文史通义》是继《史通》之后又一部重要的史学理论专著，清代章学诚撰，成书于清嘉庆元年（1796），分内外篇：内篇五卷，阐发经史文义，并分条别类地叙述了学术渊源；外篇三卷，论修撰地方志条例。另有《补编》一卷。此书文史并论，而侧重于史。

《文史通义》在史学上的价值，大致有以下几个方面：

第一，强调学术必须"经世致用"。认为学术文章如果无补于世教风俗，就毫无存在的价值。这在当时是十分难能可贵的。

第二，提出"六经皆史"说。《文史通义》一开头就提出"六经皆史"这一论断。从字面上看，前人早有"六经皆史"的提法，内容是经史不分，经包括了史。而章学诚的这一提法，则有独特的含义，即把经纳入了史的范围，提出史先于经，史包括经，从而为历史研究开辟了宽广的道路。

第三，区分史籍为撰述、记注两类，创立了新的史书体例。在章学诚以前，我国的史籍大都按史体分类。章学诚则把史籍从性质上区分为"撰述"和"记注"两类。撰述是著作之史，为史家著作；记注是编纂之史，为史料汇编。章学诚还主张建立新史体，这种新史体、包括纪、传、表、图四部分，为以后史书的编纂开辟了一条新的道路。

第四，提倡"史德"说，认为"史德"是史家不可缺少的条件之一。

第五，创立方志学，阐发方志理论。章学诚提出的修志理论和体例，总结了前人丰富的修志经验。

综上所述，章学诚对史学的贡献是巨大的。他精于史学，所言颇多见地，立论多为前人所未发。

198．什么是"考证"？清代乾嘉学派在史学考证方面的主要成就是什么？

"考证"又称考据，是整理古籍和史料的一种方法，一般是通过本书的前后相校，此书和彼书的对校，以及以一种史料与他种史料的互校，发现矛盾，分析归纳，然后得出某种结论。

考据作为一种治学的方法，历代都有。清代乾隆以后，实行文化专制主义，文字狱不断发生，文人们为了逃避现实，纷纷躲进故纸堆里，读经校书，不问世事，于是考据学盛行一时。乾嘉考据学的考据范围涉及经史诸子、文字音韵、农书医籍、天文数学，乃至金石书画、草木鸟兽等广泛的领域，这里仅将它们在史学方面成就做些介绍。

第一，对古籍的校注和辨伪。乾嘉时代的历史学家，绝大多数都以考证的方法从事史学的研究。有的对旧史进行校勘注释，有的专门从事对古书的辨伪，有的则对失传的史籍进行辑佚等。这些方面，当时都做了大量的工作，取得不少成绩。当时校注的内容中，以先秦诸子之书为最多，而史书的校注数量也相当可观。在校勘方面成绩最卓著的是王念孙和卢文弨等人。卢文弨的《群书拾补》涉及众多史书，惠栋的《后汉书补注》、沈钦韩的《两汉书疏证》、周寿昌《汉书注校补》等则是对一部书进行校注，这些校注都颇有成效。

在辨别伪书方面，乾嘉学者常常从师承关系、思想渊源、文体句式、典制制度、内容材料等方面加以辨证，收获也很大。清初姚际恒写的《古今伪书考》辨伪书七十多种，规模宏阔。以后阎若璩著《古文尚书疏证》，惠栋著《古文尚书考》，理论严密，考证精详，揭露出东晋梅赜献给朝廷的所谓《古文尚书》纯属伪造，从此结束了一桩长期来争论不休的公案，在史学界影响巨大。对《古文尚书》的辨伪考证，还使当时的考证水平提高了一大截。

第二，对失传古书的辑佚工作。乾隆年间，因编纂《四库全书》，从明代编成的《永乐大典》中辑出了大量久已失传的重要书籍，总计达五百一十六种之多。其中史部方面的书，重要的有李焘的《续资治通鉴长编》、薛居正的《旧五代史》《宋两朝纲目备要》、刘珍的《东观汉纪》等。

第三，对旧史的改写和补充。一部二十四史，除《史记》《汉书》外，对其他诸史，人们历来指陈评点，有不少看法。乾嘉学者结合对诸史的考证，对旧史做了大量的补充和改写工作。在晋史方面，嘉庆年间的周济仿前人鱼豢的《魏略》编年体，将《晋书》改写成《晋略》六十卷。在魏史方面，乾隆末年的谢启昆写成《西魏书》二十四卷，弥补了《魏书》的不足。在唐史方面，沈炳震综合新、旧《唐书》之短长，著成《新旧唐书合钞》二百六十卷，并作《唐书宰相世系表订伪》，为后人研究唐史提供了极大的方便。在宋史方面，原《宋史》芜杂漏略，早为人们所不满，顾炎武等人都曾想亲手重编而未成，后由乾隆年间的陈黄中撰成《宋史稿》一书。在元史方面，清代尤其是晚清出现了一大批研究元史的专著，而乾隆年间的学者做了奠基工作。先是钱大昕在乾隆年间作《元史考异》，撰《元史稿》，后嘉庆年间王祖辉又作《元史本证》，还有其他不少著作。

第四，对旧史文字内容的考证。这是乾嘉史学家们着力最多、收获最大的部分。他们对历代史书在文字上的错误、事实上的讹误、记载上的疏漏等进行详细的考辨和论证，留下大量著作。其中最著名的是钱大昕的《廿二史考异》、王鸣盛的《十七史商榷》和赵翼的《廿二史札记》三本书。专门对一部史书进行考证校注的，二十四史几乎每部书都有一批这样的著作，有代表性的是钱大昭的《汉书辨疑》、梁章钜的《三国志旁证》，孙渊如的《史记天官书考证》、全祖望的《汉书地理志稽疑》等。

第五，疑考古史。乾嘉时期还出现了一批从对史籍的考订而引起对古史怀疑、重加诠释论列的著作，这类著作以马骕的《绎史》、崔述的《考信录》为代表，他们的著作成为历代疑古史学的集大成者。

199. 什么是"清代考史三大名作"？

"清代考史三大名作"是指王鸣盛的《十七史商榷》、钱大昕的《廿二史考异》、赵翼的《廿二史札记》。这三部书反映了乾嘉时代学术发展的精神面貌和史学研究的基本特征。

王鸣盛于乾隆五十二年撰成《十七史商榷》，全书共一百卷。所谓"十七史"，是指宋以前的十七部正史，"商榷"就是为十七部史书进行文字校勘，以补正其讹脱，并对其中的典章制度进行考证诠释。全书的主要内容可以归纳为以下几个方面：第一，文字的校勘，这是全书的重点；第二，典章制度的考证；第三，对史书及其作者进行评论，内容涉及著史体例、史料价值、作者观点等；第四，评论历史人物和历史事件。

《廿二史考异》共一百卷，作者钱大昕。所谓廿二史，是指廿四史中除去《旧五代史》《明史》的其他诸史。全书对各家史书按卷按篇进行校勘、考释典制和训诂名物，重点考订年代、官制、地理沿革和辽金国语、蒙古世系等。

此书的考史方法及其成就是：第一、以不同的版本相互订正刊本的文字之误；第二、以本书的纪传表、志互校，发现差异，判别是非；第三、以其他记载校正本书之误，广泛引用古籍原本、当代人著的杂史、方志，以及诗文、碑传、笔记、金石文字等资料参互校订诸史本文之舛误。

《廿二史札记》共三十六卷，附补遗一卷，作者赵翼。此书名为二十二史的札记，实际上所考内容是二十四史，因将新旧《唐书》、新旧《五代史》都看作一书，因此二史并未计入。全书按照二十四史先后次序分卷编排，每卷以类相从，各立标题，共六百零九题。此书的内容可以分列为以下几个方面：第一，评论诸史体例得失。对于每部史书，先叙述其著述经过，再评论其长短得失；第二，指出各史料之来源，考证史实之真伪，不仅指出史书记载上的错误，而且还说明产生这些错误的原因；第三，评论历史事件和历史人物，这是本书的重点内容，也是区别于钱、王二书的一大特点。

对一部完整的二十四史从各方面进行系统、深入的比较分析，这在当时还没人做过，赵翼是第一人。通过对同一性质的重大史事归纳成专题加以综合比较、论列，从而以不同角度反映一个时代的社会风尚和政治特点，这种治史方法，不仅显得比钱、王更为高明，也为初学历史者提供了简便的入门之径，所以赵书当时在社会上的作用和影响比钱、王二书大得多。当然，三书的学术观点和思想都不脱封建思想范畴，而且都以古籍整理、史料考证为基本特征，这是乾嘉史学的根本缺陷。

200. 什么是"春秋笔法"？

"春秋笔法"是指寓褒贬于曲折的文笔之中，不直接表明自己的态度。因孔子在《春秋》史书中使用这种书写的方法，故名为春秋笔法。孔子用春秋笔法来写史书的主要目的在于为尊者讳，为亲者讳，为贤者讳。孔子写书的目的，本是要把那些他看不惯的人、否定的人的言行，记入史册。但是人总是有缺点的，连孔子所尊敬的人和他的亲人、贤者也不例外，仍有使人看不惯的行为出现。如果孔子把这些看不惯的行为，一股脑儿写进去了，那么看到书的人对"所尊敬的人"，对"亲人"和"贤者"的敬意，也就大打折扣。《史记·孔子世家》中说："孔子在位，听讼，文辞有可与人共者，弗独有也。至于为《春秋》，笔则笔，削则削，子夏之徒不能赞一词。弟子受《春秋》，孔子曰：'后世知丘者以《春秋》，而罪丘者亦以《春秋》。'"

春秋笔法的基本内涵可用"春秋五例"来概括。春秋五例的说法出自晋朝学者杜预的《春秋左氏传序》："故发传之体有三，而为例之情有五。一曰微而显，文见于此，而起义在彼。二曰志而晦，约言示制，推以知例。三曰婉而成章，曲从义训，以示大顺。四曰尽而不污，直书其事，具文见意。五曰惩恶而劝善，求名而亡，欲盖而章。"其中惩恶劝善，表现为社会功利价值的思想原则与法度；微、婉、显、隐，表现为审美价值的修辞原则与方法。经法、史法与文法是春秋笔法的外延，其中经法意在劝善，故求其善；史法意在通古今之变，故存其真；文法意在属辞比事，故求其美。尚简用晦是春秋笔法的本质特征，意在追求"一字定褒贬"的效果。

201. 我国古代的小说为什么也被称为"稗史"？

先秦与汉代的小说是与今天所谓的虚构散文体叙事小说不同的，那时的小说是作为一个学术概念而存在的，故亦称小说家。小说家被认为是与儒、道、阴阳、法、名、墨、纵横、杂、农九家并列的学术流派，同时认为小说家源于稗官。《汉书·艺文志》中《诸子略·小说家·小序》云："小说家者流，盖出于稗官。街谈巷语，道听途说者之所造也。孔子曰：'虽小道，必有可观者焉，致远恐泥，是以君子弗为也。'然亦弗灭也。闾里小知者之所及，亦使缀而不忘。如或一言可采，此亦刍荛狂夫之议也。"颜师古注云："稗官，小官。如淳曰：'细米为稗，街谈巷说，其细碎之言也。王者欲知闾巷风俗，故立稗官使称说之。'"谓稗官为小官，出处即在于唐初经学家颜师古的注。而三国时魏人如淳的解释更为细致，不但指出了"稗"的本义，而且指出了它的引申义。谓稗为细米，似不通；今人一般谓稗为不同于谷子的一种杂草，其籽粒虽较细，但只用作饲料。

古代小说自诞生之日起，因稗官职能的关系，它本身就是要记录知识、展示才学的，而其目的则是要给人们及当政者以教育与影响，从而表达作者的文化社会诉求与愿望。

202. 什么是"年谱"？价值如何？

简而言之，"年谱"就是一人之史，是我国古代纪传和编年两种史书的一种演变和发展，肇始于宋代，兴盛于明、清，至今存世的各种年谱约有四五千种，其中以清代年谱居多。年谱的编纂就是以谱主为核心，以年月为经纬，将与其有关的一切活动均予以介绍。

关于年谱的价值，清初学者全祖望《鲒埼亭集》卷三十二《施愚山先生年谱序》中说："年谱之学，别为一家。要以巨公魁儒事迹繁多，大而国史，小而家传墓文，容不能无舛谬，所借年谱以正之。"

203. 什么是"金石学"？古代学者在这方面有什么成就？

"金石学"是专门研究古代器物的一门学问。古器物包括殷周彝器，周、秦以来的钱币，秦人石鼓，汉魏碑刻等，在这些古代的金石器具上，大多铭刻有文字，记录着当时社会各方面的状况。它们是重要的原始资料，可以作为订正古籍和传说的有力证据。金石学是中国考古学的前身，与古文献学、古文字学、篆刻、书法、造型艺术、工艺美术等学科门类有密切联系。

自隋唐以来，已有人开始对古物及其刻辞进行研究，并用它作为考证故事的资料。不过，对金石古器物的研究成为一门专门的学问，则是从宋代才开始的。其首创者是北宋的刘敞，他博学多才，曾经到长安地区做地方官，长安是当时国内收藏簋、敦、镜、彝等古器物最多的地方，刘敞对它们进行了鉴别考订，著录成《先秦古器记》一书。和刘敞同时代的宋代大史学家欧阳修，编成《集古录》一书。在他们的影响下，宋代的士大夫竞相模仿，纷纷注重对古器物的收集整理。元丰年间，李公麟著成《考古图》。宋徽宗即位后，亲自主持撰成《宣和博古图》。南宋女词人李清照的丈夫赵明诚编著了《金石录》。史学家郑樵在《通志》二十略中专辟《金石略》，于是，金石学作为一门学问基本形成。

宋代的金石学家主要做了三方面的工作：一是对古器物及古器物拓本的搜集，二是对古器物的考订和对金石文字的考释，三是以古器物及金石文字来考订历史记载。

宋代以后，金石学逐渐发达。在元明两代，主要表现在古器物搜集、著录数量的扩大上。元朝有朱德润的《古玉图》、潘昂霄的《金石例》等。明朝则有朱晨的《古今碑帖考》、于奕正的《天下金石志》、都穆的《金薤琳琅录》、王世贞的《弇州墨刻跋》、杨慎之的《金石古文》、郭宗昌的《金石史》等。

在前人研究的基础上，清代的金石学研究进入了一个新阶段，不仅在著作数量上，前代无法比拟，研究专题愈加深入细致，研究的面也已拓宽。这反映在以下三个方面：

首先是彝铭款识学方面。在宋元明三代，虽然产生了不少《考古图》《博古图》之类的著作，但在古器物名称的考订上，常常似是而非，琢磨不定，而清代学者已经考订出它们之间的异同和联系。关于器物的形制、名称，清代人也有很多新发现。例如程瑶田的《考工创物小记》、吴大澂的《权衡度量实验考》，都已能从文字之形体与声音的辨析上去考订出不同名称的相互关系，如发现"𤭛"即是《仪礼·特牲馈食礼》之"散"等。

其次是石刻及碑志的搜讨研究。清代学者对石刻碑志的研究，已经有一种自觉的认识，不少史学家都已经注意到从石刻碑志中寻求史料。如清初大史学家顾亭林著有《金石文字记》《求古录》《石经考》。朱彝尊在《曝书亭集》中有许多金石文字跋尾，万斯同也著有《石经考》，清初这方面著作还有不少，它们对汉、魏、唐、五代的石刻、碑文进行了详细的考论。清中叶以后，更出现了两部大著作。一部是孙星衍的《寰宇访碑录》，另一部是存录原文的王昶的《金石萃编》。

再次是古器物研究范围的拓展。清代学者的视野从殷周古铜器、历代石刻转向更广阔的方面。

这可从下列著作的出现得到说明。一是对玉器的研究。宋代《博古图》等虽然也著录玉器，元代还有《古玉图》，但均属一般著录性质。清代则出现了对古玉器进行考订、研究的专著，如陈性《玉纪》、吴大澂的《古玉图考》等。二是对古陶的研究，清代有关这方面的著作有四十多种。三是对古玺及封泥的研究，著作有几十部，如瞿中溶的《集古官印考》等。四是古钱币研究。这方面的著录宋朝就有，如洪遵的《泉志》，但清代不仅著作规模更宏大。除以上四方面外，清代古器物研究还涉及镜、带钩、符牌、权衡度量各器、铜造像等领域，由此可见清代金石学的发展状况。

以上论述可以说明，我国古代对古器物的研究已经取得不少成就，它们客观上正在逐渐改变我国古代史学的研究方向。

204. 什么是"家谱"？

"家谱"是一种以表谱形式，记载一个以血缘关系为主体的家族世系繁衍和重要人物事迹的特殊图书体裁。家谱以记载父系家族世系、人物为中心，是由记载古代帝王诸侯世系、事迹而逐渐演变来的。家谱是一种特殊的文献，就其内容而言，是中国文明史中具有平民特色的文献。

家谱的历史是十分悠久的。关于家谱的起源时间问题，学术界大致有宋代起源说、战国秦汉起源说、周代起源说、殷商起源说等四种，虽然起源时间各不相同，但都是以已有文献作为立论的基础。其实家谱的起源可能要更早。

最早的家谱很可能出现在大禹时期。我们知道，大禹是中国第一个奴隶制社会的创建者，也是王位世袭制的始作俑者。这一时期，由于世袭制取代了禅让制，王位的传承不再与贤能和民意相关，而是取决于血缘关系，于是血统的纯净、王族成员血缘关系的亲疏受到了空前的关注。在这样的背景下，家谱的诞生便成为顺理成章的事了。这时的家谱至两汉时期，在形式上，有口述家谱、结绳家谱和甲骨文家谱、青铜家谱与石碑家谱等。

家谱发展及其功能嬗变的脉络，大致可分为周代、两汉、魏晋南北朝、五代以后几个阶段。

周代的宗法分封制度，经过春秋战国战火不断的局势影响，特别是秦王扫除六合后，宗族组织由兴到衰，由破坏到重建，到东汉时已由世族和宗族代替。

周代行的是宗法封建制度。"族"本来只是有血缘关系的群体，并无尊卑主从之别，但进入阶级社会，便有了"宗"，也就是在亲族之中奉一人以为主，主者为尊并享有特权，其死后则由宗子继承。这样，家谱"别亲疏，明统系"的功能便渗入主从尊卑的阶级斗争里，其功能也是为宗法封建政治服务的。

两汉时期基本是世族地主占统治地位，"命官以贤，诏爵以功"，君统与宗统开始分离。所以，两汉的家谱功能是为恢复、复建宗族和形成、巩固世族的统治服务的。

魏晋南北朝时期实行的是士族政治、魏立九品中正制，"上品无寒门，下品无势族"，选官品人，婚姻嫁娶，士庶分明，尊卑严格，"官之选举，必由簿状；家之婚姻，必由谱系"，因而维系门阀制度的家谱特别兴盛。

此时的家谱成了政府选举、士族出仕、门第婚姻的根据，同时也成为士族政治服务的工具。正因为家谱对于人们的社会地位、发展前途、社交层次有如此重大的作用，造假的现象也泛滥起来，这也是利益驱动所致。

由于北方战乱频仍，大量中原人口南迁，经济重心南移，特别是宋明清商品货币经济的发展，城镇商业繁荣和商帮的出现，推动着社会权力的进一步下放，士族宗族也向平民宗族发展。五代以后，家谱由于失去了以前的政治功能，也由官修变为私修，内容也就更加广泛丰富起来，它的功能也由政治功能向社会功能的方向发展。

总之，家谱在我国源远流长，在历史的长河中，已经形成有独特内涵、浸润着民族情愫的谱牒文化，成为历史学家探究真实历史的考证资料，它的文化价值是毋庸置疑的。它的产生与发展，同社会群体氏族、家族、家庭相联系，它的功能是随社会结构、社会制度的变化而改变的，从社会功能至政治功能再回归到社会功能。自有文字家谱以来，总的发展趋势是由贵族到士族再到平民，维系和凝聚的人群也越来越广。它从家族史的角度来阐释、反映、印证中华民族发展的历史进程，对我们今天弘扬民族文化，增强民族凝聚力，以及研究社会学、人口学、民族学、历史学等学科，都起到了一定的作用。

第七章 艺文库

205. 汉字是怎样起源和发展变化的?

关于汉字的起源,自古以来就有各种不同的解释。

一是"结绳代字"。《易·系辞》中说:"上古结绳而治,后世圣人易之以书契。"东汉许慎在《说文解字》序中进一步认为:"及神农氏结绳为治而统其事,庶业其繁,饰伪萌生。黄帝之史仓颉,见鸟兽蹄迒之迹,知分理之可相别异也,初造书契。"这是讲以结绳方便生活,所谓"结绳为约。事大,大结其绳;事小,小结其绳"。

二是"八卦衍字"。《易·系辞》中说:"古者庖牺氏之王天下也,仰则观象于天,俯则观法于地,视鸟兽之文,与地之宜,近取诸身,远取诸物,于是始作八卦,以通神明之德,以类万物之情。"在《易经》中,还没有确切地说到文字与八卦的必然联系,到了宋代,郑樵却生硬地把八卦与汉字附会起来,他认为:"文字便从不便衡,坎、离、坤,衡卦也,以之为字则必从。"

三是"仓颉造字说"。世传仓颉为黄帝的史官,由他创造了汉字,这在《韩非子·五蠹》《荀子·解蔽》《吕氏春秋·君守》等诸子书中均有记载。这一传说到了汉代谶纬书中,被描绘得神乎其神,说仓颉是"龙颜侈侈,四目灵光"的神奇人物,又说他创造文字是出于神授。

从汉字形体发展的历史来看,自甲骨文之后,又经历了金文、篆文、隶书、草书、真书、楷书的发展。

汉字在发展的过程中,始终伴随着简化和繁化两种运动,而又以简化为主导。以"云"字为例,甲骨文中写作"云",到了《说文解字》,繁化成"雲",现在又简化为"云"。这一过程并不是简单的重复,而是一个否定之否定的辩证发展过程。

汉字是表意文字,前人总结的汉字"六书"包括象形、指事、会意、形声、假借、转注。其中,象形、指事、会意等造字方法正是汉字表意性的体现。汉字初始阶段的象形性显然不能够满足或适应表达任何具体事物,特别是一些抽象概念的要求,于是,图像文字就逐渐向形声字发展了。

汉字是世界现存最古老的文字之一,除了汉字,世界上其他古文字均销声匿迹了。所以,汉字不仅仅是我国传统文化的结晶,同时也是世界文明的象征。

206. 什么是"小学"? 它主要研究哪些问题?

古时"小学"的最初含义,是对学龄儿童实施初等教育的学校,同今天我们所讲的小学的概念并没有明显的区别。周代时,宗族子弟入小学,教授以"六艺",即礼、乐、射、艺、书、数。其中,

"书"指六书，就是象形、指事、会意、形声、转注、假借这样六种造字和用字的方法，属于文字学的范畴。西汉时，因此把小学作为文字学的代称。《汉书·艺文志》中"六艺略"中有"小学类"，其中所收录的书籍都是古时小学的识字课本和一些有关文字形体和训诂的书籍，如《八体六技》《仓颉》《凡将》《急就》《元尚》等。《隋书·经籍志》的经部小学类中，在文字学方面的书籍之外，又增加了一些与文字学相近的金石刻文方面的书籍。《旧唐书·经籍志》《新唐书·艺文志》的经部小学类中，又增加了有关书法笔墨方面的书籍。这样，小学的范围就越发扩大了。宋代时，朱熹辑录了一部书，称为《小学》，内容是有关伦理道德方面的言行，以配《大学》一书。宋代目录学家晁公武，在《群斋读书志》中，把《弟子职》也置于小学类中。有学者否定他这一分类方法，理由是这样容易使小学的概念被放大，枝叶歧蔓。小学一直被视为是经学的附属品，其书籍也被列为经部末流。

晁公武认为，文字之学包括三个方面：一是体制，就是讲文字的点划、纵横和曲直，研究文字的形态变化；二是训诂，就是考究语言的古今之异与雅俗的区别，即研究文字的内涵及变化；三是音韵，就是讲呼吸和清浊高下的不同，即研究文字的读音。这样，就把文字形、音、义三要素均包括在内了。所以晁公武说："三者虽各一家，其实皆小学之类。"

清代小学研究最为兴盛。文字学方面有段玉裁的《说文解字注》，而段玉裁、桂馥、朱骏声、王筠被称为"说文四大家"。音韵方面有顾炎武的《音学五书》，江永的《古韵标准》《四声切韵表》，段玉裁的《六书音韵表》，江有诰的《音学十书》。训诂学方面有王念孙的《广雅疏证》《读书杂志》，王引之的《经义述闻》《经传释词》等。清代在小学方面得到了长足的发展，不仅促进了其他学科的研究发展，而且给我们留下了弥足珍贵的史料，意义非凡。

207. 我国古代有哪些主要的字典？

"字典"这个名称是在《康熙字典》序里提出来的，意思是识字的标准、书写的规范。清代修《四库全书》正式将字典细分为训诂、字书、韵书三类,这种分类符合中国古代字典的情况,为大家所接受。

字典萌芽的出现，可以追溯到先秦。《汉书·艺文志》小学类著录有《史籀》十五篇，班固说"籀"是周宣王太史，《史籀篇》是大篆书写，用来教学童识字的课本。秦汉以后还陆续出现过《仓颉》《爱历》《博学》《急就》等篇，体例大致相同，虽然还有统一字体的作用，但算不上真正的字典。

我国现存最早的释义性字典是成书于战国时期的《尔雅》。书按内容分为十九篇，《释诂》《释言》《释训》三篇解释普通语汇，后面十六篇分释人事。每一篇又把意义相同或相近的词汇放到一起，它的分类体系、释词方法对后世训诂书有着深远影响。

《说文解字》是中国第一部系统分析汉字字形和考究字源的字书，作者许慎是东汉人，比刘熙略早，精通经学，人称"五经无双"。《说文解字》以篆书为主，凡十四篇，五百四十九部，九千三百五十三个字，又以籀文、古文为之佐证，得重文一千一百六十三个字。每字之下，大都先说字义，再说字形、字音，如"丹，巴越之赤石也，象采丹井，一象丹形。凡丹之属皆从丹"。

《康熙字典》是一部集大成的总结性字典著作，它除了沿用明代《字汇》的体例外，主要在注音释义方面做出了改进。如"皮"字下，先书古文异体，列各韵书反切。又分释此字诸义，连及皮弁、皮币、皮室，用作山名、县名、人名等有关语词，都举书证，详引出处。其所收录的字极多，且都以增字标明，内容非常丰富。

中国古代最早的韵书是魏李登的《声类》、晋吕静的《韵集》，今天已经亡佚了，很难推测它们的体例。北宋《广韵》是现存最早的一部韵书，有详简两种版本，收集了两万六千一百九十四个字。每字之下，先释义，再引书证。《广韵》的编排方式和反切为今人研究古音提供了资料，书中汇集了大量文字古义，并兼及天文、地理、姓氏等诸方面，带有百科词典的性质，可资考证。

208. 什么是"版本学"？

古代的一本书，由于多次传抄、印刷，会形成不同的本子，这就是版本。

版，原来是指古代直接用来写字的木板，与"本"字联用，来称呼印本书籍，始于宋代。清末学者叶德辉在其《书林清话》中对"版本"进行了新的解释。他说："雕版谓之版，藏本谓之本，藏本者，官私所藏，未雕之善本也。"这种说法兼顾了印本和写本，囊括了一书的不同本子，得到了学者的赞同。如果细分，版本的类型是很复杂的，从刻书的时代来分，有宋本、原本、明本；从地点来说，有蜀本、浙本、建本；以出版者分，有官刻、家刻、坊刻。官刻又分为国子监本、府学本、书院本、武英殿本、藩府本；家刻多以姓名、室名相称，如黄善夫本、闵凌刻本；坊刻则或称书棚，或称书肆。印本包括刻本、活字本、石印本诸式，写本又有手稿本、清稿本、抄本、影抄本之名。此外还有其他种种不同的划分，但主要仍然为印本、写本两大类。

我国古代版本的研究始于汉，兴于宋，而在清代达到了鼎盛，版本学即在此时作为一门专门的学问而从校勘学、目录学中分离出来。当时出现了一批版本学的专才，产生了很多版本学的专著，版本学作为学术研究的重要组成部分日益为学者所重视。

从文化研究的角度来说，版本学的研究是探求文化发展状况的一条重要途径。我们从图书制成情况及其发展演变过程中，可以了解某一时期图书印行流布的大概情况，从中可以看出不同阶层的人们对文化的不同要求，了解不同时期、地区的学术风气和学术潮流。如二十世纪六十年代在法国兴起的大众文化研究，版本学就成为研究的重要手段，在对不同时期大众文化书目进行量化分析后，确定出大众文化的内容与流变。这些都是文化研究中很有意义的课题，如果没有版本学研究作为基础，恐怕很难深入进去。由此可见，版本学这门古老学科在今后的科学研究工作中将会起越来越重要的作用。

209. 什么是"校雠学"？

中国古籍在流传的过程中，往往会产生失古、失是、失全的情况。从字体而言，会有篆隶、正草、别俗的混淆；从载体而言，会有错简脱简、断版烂版等现象；从写刻者而言，就会有手误；从历代整理而言，就会有版本混淆、错校误勘等问题；从收藏出版而言，就会有伪造作假、错版缺页等情况。为了求古、求是、求全，校雠学便应运而生。

早在先秦时期，正考父、孔子、子夏便有了校理古书的实践。秦始皇焚书坑儒，加上秦末汉初兵戈不断，很多书籍遭到了毁损。西汉曾多次广开献书之路，使国家图书馆藏书堆积如丘山。当时刘向、刘歆父子便担任了负责校理图书的任务，"校雠"一词最早就是出现在刘向所撰的目录学著作《别录》中。刘向还明确地做出了解释，他说："雠校，一人读书，校其上下，得谬误为校；一人持本，一人读书，若怨家相对，故曰雠也。"这里实际上已经涉及了校雠工作的性质、任务、对象和方法。

因为校雠需要把许多不同的版本放在一起对校比勘，备众本是校雠的第一项工作，所以校雠学与版本学关系十分密切。而校理书籍的过程中又要梳理书籍的篇目，分析书籍的部类；书籍经过校理之后又往往要写成提要，编成目录，就是说，校雠的成果要反映在目录上。这样，校雠学又与目录学紧密相联。但校雠学毕竟有它本身的定义、特点、范畴及其规律，不能与目录学、版本学互相混淆。

校勘工作一般采用四种方法。一为对校法，就是用同书的祖本与别本对读，遇有相异之处，就注于其旁。这种方法比较简单，但也是校勘工作最基本、最常见的方法。二为本校法，即用本书前后互证而抉摘其异同，从而了解其中的谬误。三为他校法，就是用他书校本书，凡是此书有采自前人的地方，可以前人之书校之；有为后人所引用的地方，可以后人之书校之；其史料有为同时之书所并载者，可以同时之书校之。四为理校法，就是考证校勘古书字词和篇章的内在逻辑，分析文章的字例、词例、句型、语法，剖析条理，推究文义，从中发现问题，厘定是否正误。

校勘工作一般需要具有专业知识的专家。如校勘《论语》《孟子》，必须懂得经学之道；校勘《字汇》《广韵》，要懂得文字学知识；校《周髀算经》，要懂数学。当年刘向父子校理群书时，就是专家分工校勘的。校勘工作是一项难度很高但又极其有意义的工作，它同出版物在印刷之前的校对不可相提并论。校勘学除了与目录学、版本学关系最为密切外，其主要的相关学科还包括文字学、音韵学、训诂学、辨伪学、避讳学等。可以说，校勘学是一门综合性的学科。校勘之难有目共睹，但书籍经过校勘成为善本，所以校勘工作对于学术研究和古书的留传又是功德无量的。

210. 什么是"目录学"？

我国的书目编纂可以说得上源远流长，《周礼》中已经记载了宫廷中典籍掌管的详细分工，可以推想当时对书籍已经有大致的分类。随着书籍进一步增多，为了便于阅读、储存和检查，就产生了书目。公元一世纪时，刘向、刘歆父子就已经编写出相当完善的《别录》和《七略》，为传统书目体例、分类、编制方法奠定了基础。目录学就是对书目形式和发展的一般规律进行研究的学问。

中国传统目录学认为，之所以要对书籍讲究编排组织，条别其中异同，主要是为了辨明不同的学术派别，理清它们的源流发展。可见，传统目录学与学术史的关系非常密切，它们都是探讨学术的发展，但手段不同。目录学主要由书籍编排显现学术发展，而学术史则主要通过对文献本身的研究来达到目的。传统目录学与校雠学、版本学、之间的关系也常常被混淆。古代每进行一次较大规模的书籍整理都要广收异本，校勘文字，然后才能分别门类编写书目，后期书目往往还包括详细的版本记录。今天看来，目录学在比勘文字、辨别真伪、鉴定版本方面固然要借助校雠学、版本学的知识，但从研究对象和内容上来区别，它们毕竟还是完全独立的学科。

中国古代的目录学家为了更加准确地描述学术源流，非常重视分类的标准和方法。郑樵说："学之不专者，为书之不明也，书之不明者为类例之不分也，有专门之书，则有专门之学。"西汉的《别录》和《七略》就已在分类上达到一定的水平，后世不断对目录学的分类标准进行完善，《四库全书总目》将历代的书目分类方法进行了改进，形成了目录分类的高峰，以后目录学家多奉为经典，影响源远流长。

211. 什么是"辨伪"和"辑佚"？古代学者在这方面的成就如何？

古代先哲们给我们留下了宝贵的知识遗产，其中也夹杂着大量真伪难辨的作品。要想使用它们，首先要进行辨伪工作。而想要全面认识古代文明世界，必须进行系统的收辑，这就是"辨伪"和"辑佚"。

所谓伪书，情况非常复杂，大约可分为两种：一是本无其书，或者虽然有其书，但早已亡佚了，后人托名伪造，是为全伪；二是一书中或书名，或著者，或某些篇章，出于后人假造，是为部分伪。伪书产生的根源是封建社会中形成的"厚古薄今""唯古为是"的学风，学者们为了使自己的作品流传于世，往往托名先儒，取信于当时。《韩非子·显学》篇说："孔子、墨子俱道尧、舜而取舍不同，皆自谓真尧、舜，尧、舜不能复生，将谁使定儒、墨之诚乎？"就是批评这种现象。

魏晋辨伪之风略衰，隋唐时代的僧法经、刘知几、柳宗元又分别对佛儒诸家的一些典籍提出大胆的怀疑，僧法经更在其所撰写的《众经目录》中别立"疑伪"一门，专收他认为不可靠的书籍。宋代理学各家的研讨和争论更把辨伪推到一个新的高潮，欧阳修认为《易经》中的《系辞》《文言》《说卦》均非孔子所作。明代出现了宋濂的《诸子辨》和胡应麟的《四部正讹》，这两部是综考群书的著作，后者系统论述了辨伪八法，成为后世辨伪的常用方法。

再说辑佚，古籍亡佚的原因很多，隋代的牛弘曾经列举书籍五厄（见《隋书·牛弘传》），从秦始皇焚书坑儒到梁元帝自焚藏书，无非是天灾人祸，其实由于古代传播工具的限制，同类书籍中一部分由于少为人用或失去学术价值，也逐渐散失，总之亡佚书籍的数量十分可观。《汉书·艺文志》所记西汉书籍，今已亡佚十之八九；《隋书·经籍志》列举的唐代以前典籍，今天也大半不存。好学之士对这种现象深为抱憾，于是千方百计据现存书籍引用的失传古籍的残籍，将它们搜集整理出来。

辑佚的开展比辨伪要晚得多，清代儒学家精于考证，辑佚就全面、精密得多。乾隆元年，全祖望在翰林院得见《永乐大典》，发现书中引录的片段文字中颇多佚书。乾隆三十八年，朱筠提出开馆辑《永乐大典》中的佚书，实施后共辑经、史、子、集佚书五百一十六部，多收入《四库全书》。其中最有价值的如《续资治通鉴长编》五百二十卷、《五代史》一百五十卷、《续后汉书》九十卷，都是散佚很久的史书。再如《水经注》《春秋繁露》等书，虽然世有存本，但错乱不可卒读，戴震等人用《永乐大典》引文校勘，订正颇多。

尽管清人辑佚工作不无可议之处，但他们的成绩可供我们做研究资料的仍不少，他们的经验教训对于我们今天的辑佚工作也有借鉴作用。

212. 什么是"类书"与"丛书"？

"类书"是我国古代一种颇具特色的工具书，它从各种不同的书籍里辑录有关资料，按所收集事物和文献的性质分门别类地编排、汇录而成。由于是分类撰集，所以称之为类书。全书按类别分为若干部（如天文、地理、帝王、官职、居处、服饰等），部下再分为若干子目（如"天"部之下，一般都分为天、日、月、星、云、雨等）。每一子目下征引古书中的有关材料，依次罗列，再引有关诗文。有些类书如《永乐大典》《佩文韵府》，虽然按韵编排，"用韵以统字，用字以系事"，但仍然保持其内容广泛、集中汇录原始资料并具有检索作用的基本特点，所以也属于类书之列。

我国最早的类书是刘劭、王象等撰辑的《皇览》，由魏文帝曹丕下诏编辑。从其书名也可了解，它的编纂目的是供皇帝"御览"。类书的大发展时期是在隋唐之后，除一些供封建统治者吸取历史经验教训外，主要是适应科举制度的需要，以供科考士子检索事类，撰文写赋。然而，类书在今天的实际功用却和当时的编纂目的大不一致，除了仍然可以用来检索诗词文句的出处外，主要可以用来辑佚、校勘和提供某些比较系统、完整的专题资料。

由于类书征引之古籍，一般都是当时见到的较早版本，比较接近著作的本来面目，所以可用来订正古籍文字的讹脱，是进行古籍校勘的重要依据。类书又是一种文献检索工具，并具有资料汇编的性质，不仅可作为查检诗词文句、成语典故出处的工具，并且可以让研究者直接利用这些专题资料进行研究。如清代中期编纂的大型类书《古今图书集成》，全书计分历象、方舆、明伦、博物、理学、经济六个汇编，编下又分典，共有 32 典，典下又分部、卷，共计 6109 部，10000 卷。每部中有汇考、总论、图、表、列传、艺文、选句、纪事、杂录、外编等。

"丛书"又称为丛刊、丛刻、汇刻书，系将若干种著作汇编在一起，并冠以一个总名。专门性丛书如《十三经注疏》，所收皆经部书，《子汇》《诸子汇函》所收皆子部书。综合性丛书则兼收各类，如《百川学海》《说郛》。我国最早的丛书是南宋的《儒学警悟》。

综上所述，我们可以知道，类书和丛书保存了大量珍贵的古代政治、经济、军事、文化史料，保存了不少宋元旧刻、稿本、抄本和其他罕见善本，汇集了某一学科、某一专题、某一地区或某一作者的比较系统、完善的著作资料，不但可以作为后人了解古代文化知识的一种工具，而且也是我国古代文献资料的渊薮。

213. 我国古代公文主要有哪些种类？

我国古代社会绵延四千余年，不仅产生了诗、词、歌、赋等文学遗产，也留下了数量巨大的政府公文。随着社会的不断发展，公文的类别与形式也越来越丰富多彩。就公文的制成材料来看，有殷商时期的甲骨与青铜器、秦汉时期的竹简与缣帛，汉代以后，纸张逐渐成为主要书写材料而被广泛使用。公文的种类名目繁多，主要有：

典、谟、训、诰、誓、命是六种保存在《尚书》里的我国上古时期的公文名称。典是指国家的法典、法规，如《尧典》《舜典》记载尧、舜、禹"禅位"的文告和过程。谟是谋的意思，是指规划、谋议一类的文书，如《大禹谟》记载禹管理天下的事迹。训是训示、训令。诰是诰示、布告，这两类文书后代还继续使用。誓是誓言、誓词，《汤誓》就是汤灭桀的誓言，相当于后世的檄文。命是常见的命令一类。

制、诏、策（册）、戒、敕等，都是皇帝在政务活动中颁布的各种公文的名称。秦统一前，王命文书没有特殊的规定，仅在首句称"王曰""王令曰"等。秦统一后，正式规定皇帝的命为"制"，令为"诏"。汉代又在此基础上增加了策和戒，共四种。其中，制书是皇帝用于颁布重大制度时所用的命令性文书，也用于告诫和责让官吏。诏书大多用于对官僚的训示和答复臣僚的上奏，皇帝即位布告天下，亦用诏书。策书是用于封赠或罢免大臣的命令性文书，其文字一般比制书长，用于封赠的以篆书书写，用于罢免的以隶书书写。敕书，又名戒敕，是皇帝对臣下进行训诫所用的文书。日常政务活动中所用的命令性文书称敕书，即民间所谓的圣旨。

奏、章、表、议等，是文武百官向皇帝上奏的文书形式。奏是封建时代臣僚向君王言事的主要公文形式，初始于秦，汉代又增加表，但表、奏之间的区别不大。奏又称上疏，唐代将言事和弹劾的奏疏加以区别，前者称奏钞，后者称奏弹。章多用于节日庆典、朝廷典礼时向皇帝致敬，官员就任新职，亦例须撰写谢章感恩。同类的公文还有表、笺。议本是论难的文体，"议以执异"，用作文书时是向国君表达不同意见。

启、移、檄、咨、关、札、状、露布等，均是政府部门相互来往或是个人与官员往来的文书。启是官府往来的书信或者下级给上级的书信。移是同级衙署互相送达的文书。咨是两个衙署相互洽商事情的文书。关是此衙署通知或知照与彼衙署有关事情的公文。札是上级官员给署员的文书。状是老百姓向官府申诉的文书。檄是古代讨伐别国，陈列其罪状，公开发布的文书，如战国张仪的《檄楚书》等，后来一直沿用。同檄文性质相似的是露布，露是表露，布是公布，亦是军事行动中的讨伐性文告，后来也有用于报告军情捷报的。

214. 我国古代文书制度的情况如何？

在我国古代，文书包括公务文书与个人文书。个人文书纷繁复杂，无从考证。公务文书是统治阶级管理国家事务的重要工具，其处理必须按照一定的程序和手续，经由规定的分职机关办理。这就形成了文书制度。

作为管理国家的工具，公务文书是随着国家的产生而出现的。根据先秦文献，中国大约在夏朝就已经有了文书和管理文书的官员。周代的文书制度较为细密周详，周天子在中央设置了保管各类文书的官署——天府，这是中国最早的文书档案馆或博物馆。天府里保存了有关周王朝的户口调查、会计簿册、狱讼案卷以及天子与诸侯会盟的文书。

春秋战国时代，随着社会政治制度的变化，文书工作也不同程度地发生了一些变化。首先是文体的变化，改变了过去文辞简陋的状况，使文书更能准确地反映统治者的意图。其次是文书用印制度的出现，当时各级官署机关都有专门的印玺，往来文书必须加盖印玺。

西汉初年基本承袭了秦代的文书制度，丞相负责收受、转呈各级报告文书，皇帝的诏令也由丞相分发给各级机关执行。魏晋南北朝时期，中央和地方州郡下面均设曹署，曹下边有史、掾等官吏管理文书。这一时期，随着纸张的普遍使用，出现了卷轴式文书，它逐渐替代了竹简和丝帛文书。

唐宋时期的文书制度比过去历代更为全面和系统。首先是从法律上规定了文书的保管、借阅和废除、烧毁的制度。其次，在公文用纸上也做了严格规定，黄纸为皇帝专用，一般官吏和民间不得使用，官府的重要公文和命令用白麻纸书写，此外对各级文书用纸的尺寸也有详密的规定。宋代文书工作还出现了一个新的变化，这就是架阁式储放文件档案办法的使用和普及。

明太祖朱元璋废除宰相制度，一度恢复古制，设立春夏秋冬四官为其草拟、保管文书，不久即废除。明成祖朱棣正式建立内阁，内阁大学士成为皇帝谕旨文告的起草官员，地位亦逐渐显赫。清代沿袭了明代的内阁制度，不过内阁人员虽有批答拟旨大权，但一切要秉承皇帝旨意，实际上就是皇帝的秘书。清代光绪年间，电报传入我国，清政府开始应用电报来传递文书。但当时并不把电传文报作为正式公文，因此在发报传递内容以后，还要补行正式公文，叫作"抄电"。直到光绪二十四年（1898），才正式规定电报为正式公文，确认其有同等效力。清末，统治者意欲改革政治体制，文书制度是重要的改革内容之一，但换汤不换药的做法实行不久便胎死腹中。清朝的统治宣告终结，延续了数千年的封建文书制度也走到了历史的尽头。

215. 我国古代主要有哪些乐器？

我国古代乐器分为四大类，分别是吹、拉、弹、打。而这四类中，以打击乐器出现最早，其次是吹奏乐器与弹奏乐器，最后产生的是弦乐器。

在原始社会，首先产生了打击乐器和吹奏乐器，主要乐器是土鼓、木鼓、石磬等，它们直接源于先民的狩猎生活。乐器本身常常带有鲜明的生产功利色彩，既是劳动工具，又具审美特性。

在奴隶社会，中国乐器有了大规模发展，随着社会分工和手工技艺的发展，乐器从生产工具中独立出来，被赋予专业化的意义。这一时期，乐器发展表现在三个方面：第一，青铜乐器的出现，从商代编铙至西周三枚成套编钟，再到战国六十四枚成套巨型编钟集合体，铜铸乐器越造越大，工艺也越来越复杂。第二，首次出现了弹弦乐器——琴、瑟，它给乐坛注入了新的声源。琴，古有"绿绮""丝桐"的别称，由桐木制面，梓木制成音箱。早期琴有五弦、十弦不等，约至秦汉时定型为七弦。第三，首次建立了以质分类的八音体系，扩大了原始乐器家族。所谓八音，系指乐器的自然属性——"金、石、木、土、匏、革、丝、竹"。自周代起，乐器已达七十余种。

到了封建社会，乐器有了较大的发展，其主要特点表现为大量地使用外来乐器。虽然这些乐器的名称一般留有译音的痕迹，如唢呐、琵琶、胡琴等，但它们经过中国音乐家的消化、改造，最终又成为中国自己的乐器。这一乐器"中国化"过程，大致分为两个阶段：

第一个阶段是秦汉至隋唐，从西域传入横吹（笛）、羌笛（竖笛）、胡笳、角、箜篌、曲项琵琶、五弦琵琶、锣、钹、方响、铜鼓、节鼓、腰鼓、齐鼓、毛员鼓、鸡娄鼓等乐器，其中影响最大的是琵琶。

第二个阶段是宋元明清，由于戏曲、曲艺的发展，民间乐器随"瓦舍""勾栏"兴起而发展出了它的伴奏乐器。其中最主要的乐器是源于蒙古、西域的马尾胡琴，又称二弦琴，经与前朝留下的琴、筝的融合，创制出胡琴，这一乐器充分表明中国乐器在走向成熟。

中国各代的主要乐器，形成了东方乐器特有的体系。它在历史上曾得益于各国文化交流的成果，也曾接受各代能工巧匠的改造、利用与发明，它同时还影响、推进了日本、朝鲜等国及东南亚地区的音乐发展。

216.《诗经》乐谱是怎样流传的？

《诗经》是我国最早的一部诗歌总集，收录西周初年至春秋中叶约五百年间的诗歌作品，分风、雅、颂三大部分。一般认为《诗经》中的作品原来都是可供演唱的，后来乐谱失传，逐渐成为一种案头文学作品。至今现存的古代《诗经》乐谱一共有四部。

第一，宋代朱熹《仪礼经传通解》记录的"风雅十二诗谱"。宋代朱熹《仪礼经传通解》卷十四《学礼七·诗乐》中记载的"风雅十二诗谱"，是现今所知道的最早的一份《诗经》乐谱，相传由唐代的赵彦肃传谱。乐谱包括小雅六篇：《鹿鸣》《四牡》《皇皇者华》《鱼丽》《南有嘉鱼》《南山有台》。国风周南三篇：《关雎》《葛覃》《卷耳》。国风召南三篇：《鹊巢》《采蘩》《采蘋》。这十二首诗乐主要用于"乡饮酒礼""乡射礼"等仪式中。

第二，元代熊朋来《瑟谱》中的《诗经》乐谱分"诗旧谱"与"诗新谱"两种。"诗旧谱"取自《仪礼经传通解》中"风雅十二诗谱"，"十二诗以堂上、下分宫调，不论其音，悉依旧谱"。熊朋来在沿用律吕谱记写的同时又配上了工尺谱。"诗新谱"系熊朋来自己谱写的，对此，他在《瑟谱》卷一解释说："今所谱之诗，或取其有益于身心，可资于学问；或以道古；或以求志。""今为瑟谱，先之以风雅颂，仍以雅律通俗谱，使肄者可按谱而求声。""诗新谱"包括国风召南《驺虞》、卫风《淇奥》《考槃》、王风《黍离》、郑风《缁衣》、魏风《伐檀》、秦风《蒹葭》、陈风《衡门》、豳风《七月》；小雅《菁菁者莪》《鹤鸣》《白驹》；大雅《文王》《抑》（片断）、《崧高》之首章、《烝民》之首章，颂之周颂《清庙》《载芟》《良耜》、鲁颂《駉》，共二十首。

第三，明代朱载堉的《乡饮诗乐谱》收录在《乐律全书》中，共六卷，记录了"乡饮酒礼"及

"乡射礼"仪式中使用的诗乐。全部诗乐曲目包括小雅十二首、周南三首、召南四首、大雅一首，这些曲目与《仪礼》记载基本相同。

第四，乾隆敕撰的《诗经乐谱全书》成书于乾隆五十三年(1788年)，为历代诗谱系中规模最大、收谱最多的刊本，是清代官方对古乐进行整理的一部重要著作。全谱共三百一十一首，其中包括六首"有目无词"的新创诗谱乐。乾隆很重视《诗经》乐谱，特为此发手谕《命诸皇子及乐部大臣定诗经全部乐谱谕》。他在手谕中指出朱载堉《诗经》谱的疏漏，一是朱谱标注工尺谱，但未标宫商字谱；二是朱谱用时俗曲调配《诗经》，"自行杜撰不可为训"；三是朱氏谱一弦之内长至十六弹，乐曲繁缛。再加之三百篇全诗后世未见全谱，乾隆就是出于此种目的而命人编撰全本《诗经乐谱》的。

217. 什么是"五声""七音""十二律"？"三分损益法"是怎么回事？

"五声"是我国古代对五个音级的总称，这五个音级叫宫、商、角、徵、羽。五声的起源要上溯到远古的原始社会。在新石器时代，先民已分别用五声中的羽—宫、角—徵小三度音程，或宫—商、商—角、徵—羽大二度音程来制作埙、骨哨等乐器。商周以降，五声被总结为理论。史书中有关五声的记载最早见于《国语》和《左传》。公元前六世纪，郑国国相子产论五声时说道："为九歌、八风、七音、六律以奉五声。"这就是说，在五声之后产生的不同音乐的音阶形式中，五声是核心与基础。

"七音"又称为七律，它在五声的基础上，发展了4、7（Fa、Si）二音。即在角徵、羽宫之间出现两个偏音，它们被称作"二变"。值得注意的是，这两个变音有四种形式。假定是比徵和宫低半个音，称变徵与变宫。由于这四个音的变化，形成七律中不同的音阶形式。

七音约产生于公元前十一世纪中期，它丰富了原有五音的音乐，虽迟于五声的出现，但同样成为我国古代音阶、调式理论的一个重要方面。在音乐实践方面，西周至春秋战国时期已经普遍使用七音中古音阶；南北朝之后，出现清商音阶；隋唐时期，新音阶被普遍使用。

"十二律"是古代乐律学名词，一般来说，一个律就是一个半音，十二律就是十二个半音。《国语·周语下》的"律以平声""律所以平均出度也"，用现代话来解释，意思是十二律要在一个八度内，从第一律黄钟到第十二律应钟，以一定的生律方法产生每律之间的半音关系。十二律又分阴阳两类，凡属于奇数的六种律，如黄钟、太簇等，称为阳律；凡属于偶数的六种律，称为阴律。

在出土的西周编钟上，已经发现刻有蕤宾、无射等律名。最早出现完整的文献记载是《国语·周语下》，它记载了乐官伶州鸠向周景王解释十二律的故事。关于十二律的形成，《吕氏春秋》还记载了两种传说。一是黄帝令伶伦作律，伶伦取竹，听凤凰之鸣制十二筒，以别十二律；一是"天地之气，合而生风""风以生十二律"。这两个传说透露了某些科学的因素，因为用竹管与气吹的方法，亦是生律的方法之一。

"三分损益法"又称五度相生律，是古代中国制定音律时所用的生律法。《管子·地员篇》从数理的角度，科学地论证、计算了宫、商、角、徵、羽各音的精密高度。这种方法主要是把一根弦作为振动体，均分成三段，后去其三分之一，取其三分之二，这就是三分损一，三分损益法提供了一种长度比例的准则。这样，该弦振动后所发的音，会比原来全长所发的音高纯五度，反之则会比原长的音低纯四度。

218. 什么是"宫调"？我国古代乐曲有哪些调式？

古代的音乐把调称为宫调，只要是乐曲，均由若干音所组成，归纳其音列就叫调式。古代，乐律总共有十二律吕，乐音有五音二变。律吕的名称在周朝时就有了，而十二律吕均为半音阶，六个单数半音称为律，六个双数半音称为吕，合称六律、六吕，统称律吕，亦称十二律。而这十二律吕是古时候定音律时所用吹管的名称，也因为其长短不一，故产生的音也就高低不同了。依唐杜佑《通典》第一百四十三卷《乐部三》载，比例是以黄钟的长九寸为准，用"三分损一，三分益一"和"隔八相生"计算。十二律吕以黄钟声最低，黄钟以上递高半音阶，至应钟止，这相当于西洋音乐的十二调。

中国人对"律"的计量研究，大约始于西周。人们对"律"的认识由感性阶段进入理性阶段的标志，一是对于一系列律高的成体系的认识；一是各律间长度计算上的确定意义，以及由此而生的、稳定的命名体系。从实物的证据说，黄钟、大吕等律名的诞生，不会晚于西周的中、晚期。自从周代的宫廷乐师创造了十二律理论以后，中国音乐的宫调理论始终是以十二律体系为基础的。

十二律理论是中国律学理论的核心。中国律学史上产生过的一切律制，从先秦钟律到朱载堉的新法密率，按照它们音律序列中所生各律的数量，大体上可以归纳为两大类：第一类是限用十二律的各种律制。例如，《吕氏春秋》记载的三分损益律，而何承天的新律，即在三分损益法基础上，对"律寸"数据做平均调整的一种律制，朱载堉的新法密率，即平均律。第二类是用律数量超过十二的各种律制。例如，先秦钟律以《管子》五音为基础的兼用三分损益法与纯律三度生律法的复合律制，此外还有传统琴律、京房六十律，及与之同体系的荀勖笛律、蔡元定十八律等。

中国古代音乐调式分为两大类。一类是五声调式，就是由五个音构成的调式，而不是七个。五声调式广泛存在于中国古代的民间音乐中，并且在这个基础上形成了中国民族调式的种种变化和完整的音乐理论体系，因此，尽管在许多国家和地区的传统音乐中都可见到五声调式，它还是常被称为"中国调式"或"民族调式"。五声调式是以纯五度的音程关系来排列的，是由五个音构成调式的，这五个音的名称分别是：宫、商、角、徵、羽。一类是七声调式，七声调式是在五声调式的基础上引入两个偏音而形成的有七个音的民族调式。七声调式音级从主音到（上一下或下一个）主音按高低次序排列起来，叫七声音阶。七声调式共十五种，其中雅乐音阶、清乐音阶、燕乐音阶各五种。在五种五声调式的基础上，加入变徵和变宫音而成雅乐音阶，又被称为古音阶。在五种五声调式基础上，加入清角和变宫而成，清乐音阶，又被称为新音阶。在五种五声调式基础上，加入清角和闰，而成燕乐音阶，也被称为俗乐音阶。七声调式与五声调式相比，特点是增加了半音和三整音的音程关系。七声调式同样可以按照五度或四度关系来说明其规律性。

219. 何谓"杂剧"？它的发展情况如何？

"杂剧"是在宋金时期诸宫调基础上发展起来的，是一种把歌曲、宾白、舞蹈结合起来的中国传统艺术形式。杂剧的体裁，首先是一本四折的形式，这是受宋杂剧演出时分为四段的影响，四折之外又可以加两个"楔子"。杂剧有三个构成部分：宾白、唱词、科介。三者交相配合，推动剧情发展，刻画人物性格。"白"有韵白、散白，还有"带云""背云""内云"等名目，各起串联唱词、交代内心活动、人物间交流的作用。

杂剧是中国戏曲艺术发展到成熟阶段的最早的传统戏曲种类。以其发展、演变、地域和时期的不同，又可分为宋杂剧、金院本和元杂剧。就其音乐——北曲来说，则是一种早期的以曲牌体为特色的重要声腔系统，它吸收、融合了中国传统艺术的优秀成果，对当时的南戏和明代以来南北各种地方声腔剧种带来了广泛而深刻的影响，在中国戏曲艺术发展的进程中占有非常重要的地位。其体裁方面，"折"相当于一场戏，但在一折中，场景却可有所变换。"楔子"的篇幅比较短小，通常放在第一折前，起类似序幕的作用；也有的放在两折之间，作为剧情的过渡，它是四折一本形式的重要补充。个别杂剧亦有突破四折一本形式的，如《赵氏孤儿》为五折。一般说来，一本为一剧，但也有一些作品超出一本，如《西厢记》即为五本。

杂剧的名称在晚唐时已经出现。到了宋代，由于城市商品经济的繁盛，市民阶层对于文化生活的需求增加，东京（今河南开封）出现了集中演出各种技艺的瓦肆、勾栏，为戏剧向综合艺术发展提供了条件。宋杂剧是在继承歌舞戏、参军戏、说唱、词调、民间歌曲等中国传统艺术的基础上融合、发展而产生的。

南宋时，随着政治中心南移，杂剧又盛行于临安（今浙江杭州）等地，它在诸般技艺中已居于首要地位。

元初，杂剧迎来了井喷式发展，大都以及各地杂剧演出极其活跃，名家辈出，蔚为大观。如关汉卿的《窦娥冤》《救风尘》《拜月亭》《单刀会》、王实甫的《西厢记》、马致远的《汉宫秋》、纪君祥的《赵氏孤儿》等不朽作品，反映了广大人民的苦难和呼声。元代末年，政治黑暗、经济衰微、北方多灾，更由于科举恢复，文人转趋仕途，以及南方传奇兴起等原因，元杂剧渐趋衰落。

明初杂剧进一步宫廷化，代之而起的有体裁简短的短剧和专唱南曲或兼用南北曲的南杂剧，其中虽有少数较好的作品，如徐渭的《四声猿》等，但不能挽回杂剧衰亡的命运。至清初，杂剧又得到了进一步发展。

220. 何谓"南戏"？它的发展情况如何？

"南戏"是中国北宋末至元末明初，在南方最早兴起的地方戏曲剧种，是中国戏剧的最早成熟形式之一。明代祝允明在《猥谈歌曲》中说："南戏出于宣和（1119—1125）之后，南渡之际，谓之温州杂剧。予见旧牒，其时有赵闳夫榜禁，颇述名目，如《赵贞女蔡二郎》等，亦不甚多。"徐渭《南词叙录》则说："南戏始于宋光宗朝（1190—1195），永嘉人所作《赵贞女》《王魁》二种实首之。……或云：宣和间已滥觞，其盛行则自南渡。号永嘉杂剧，又曰鹘伶声嗽。"可见，南戏大约在宣和之后即由温州的艺人创立，到宋光宗朝已流传到都城临安（今杭州），盛行于浙闽一带。到南宋末年，南戏已扩展到江西南丰等处。南戏戏文颇受民众的欢迎，但被士大夫排斥在"正音"之外。

南戏是在宋杂剧角色体系完备之后，在叙事性说唱文学高度成熟的基础上出现的。它是民间艺人"以宋人词而益以里巷歌谣"构成曲牌连缀体制，用代言体的形式搬演长篇故事，从而创造出一种新兴艺术样式。就形式而言，它综合了宋代众多的技艺，如宋杂剧、影戏、傀儡戏、歌舞大曲，以及唱赚、缠令等表演上的优点，并且与诸宫调的关系则更为密切。

南戏的演唱语言是南方方言，分为平、上、去、入四声，用韵上较为宽松，体制有其独特之处。南曲轻柔婉转的音乐风格，适合演唱情意缠绵的故事，与北曲的高亢劲切，宜表现威武豪放的气概大不相同。器乐伴奏，北杂剧以弦乐为主，南戏则以管乐为主，以鼓、板为节。杂剧一般只能一人主唱，南戏则场上任何角色都可以唱，而且有独唱、对唱、接唱、同唱，还有在后台用以渲染气氛的帮腔合唱。演唱形式的灵活多变，不仅可以调节演员的劳逸，活跃场上气氛，而且有利于表现各个角色的思想感情，有利于刻画身份不同、性格各异的人物形象。

南宋戏文，可考的有《赵贞女蔡二郎》《王魁》《乐昌分镜》《陈巡检梅岭失妻》《王焕》《张协状元》等。除《张协状元》外，均无传本。随着南戏的不断成熟，艺术成就不断提高，其优越性逐渐显露。元代后期，"亲南而疏北，作者猬兴"（《南词叙录》），像高明（高则诚）、施惠等知名文人、作家也参与了南戏的创作与改编，产生了《琵琶记》《拜月亭记》等一批著名作品，标志着元代南戏继杂剧之后走向兴盛时期。

221. 何谓"昆曲"？它的发展情况如何？

"昆曲"又称昆剧、昆腔、昆山腔，是中国最古老的剧种之一，也是中国传统文化艺术中的珍品。昆曲是明朝中叶至清代中叶戏曲中影响最大的声腔剧种，很多剧种都是在昆剧的基础上发展起来的。昆曲是中国戏曲史上具有最完整表演体系的剧种，它的基础深厚，遗产丰富，是中国传统文化艺术高度发展的成果，在中国文学史、戏曲史、音乐史、舞蹈史上占有重要的地位。昆曲在表演上，也有独特的体系、风格，它最大的特点是抒情性强、动作细腻，歌唱与舞蹈的身段结合得巧妙而和谐。在语言上，该剧种原先分南曲和北曲。南曲以苏州白话为主，北曲以大都韵白和京白为主。

昆曲唱腔华丽婉转、念白儒雅、表演细腻、舞蹈飘逸，加上完美的舞台置景，可以说在戏曲表演的各个方面都达到了最高境界。正因如此，许多地方剧种，如晋剧、蒲剧、湘剧、川剧、赣剧、桂剧、越剧、闽剧等，都受到过昆曲艺术多方面的哺育和滋养。昆曲中的许多剧本，如《牡丹亭》《长生殿》《桃花扇》等，都是古代戏曲文学中的不朽之作。昆曲曲文秉承了唐诗、宋词、元曲的文学传统，曲牌则有许多与宋词、元曲相同。这为昆曲的发展打下了良好的文化基础，同时也造就了一大批昆曲作家和音乐家，这其中梁辰鱼、汤显祖、洪昇、孔尚任、李玉、李渔、叶崖等都是中国戏曲和文学史上的杰出代表。

从南宋到明代，南戏在流传过程中不断与各地方言和民间音乐相结合，发展出多种不同风格的地方曲调。明代中叶以前，昆山腔的传播范围不是很大，仅在苏州一带流行。当时的苏州在经济、文化等方面遥遥领先，是东南地区首屈一指的大都会。经济的繁荣带动了文化艺术的发展，昆曲就在这样的背景下走到了社会文化大舞台的中心。开发出昆曲所蕴含的艺术潜力，使之成为一种重要演唱形式的是民间音乐家魏良辅，通过比较研究，他对昆山腔曲调平直简单，缺少起伏变化这一状况日益不满，于是和一批艺术上的志同道合者亲密合作，开始了对昆山腔的全面改革。他们在原来昆山腔的基础上，汇集南方和北方各种曲调的优长，同时借鉴江南民歌小调音乐，整合出一种不同以往的新式曲调，演唱时注意使歌词的音调与曲调相配合，同时延长字的音节，造成舒缓的节奏，给人以特殊的音乐美感，这就是留传后世的昆曲。魏良辅的改革为昆曲打开了一片新的天地，其不可抗拒的艺术魅力征服了千千万万的观众，为我国戏曲的发展做出了巨大的贡献。

222. 我国古代舞蹈是怎样起源和演变的？

舞蹈是远古人类最早创造出来的艺术形式之一。舞蹈在劳动中萌芽生长，与劳动深深联结在一起。舞蹈的动作和内容常常是劳动场面的再现，它不仅仅是娱乐，往往也是生产和生活斗争的训练。此外，两性的爱慕也是歌舞表演的主要内容，因为它和求生存的生产活动同样是原始生民生活中必不可少的。在人类产生宗教观念后，舞蹈中又增加了宗教活动的内容。

西周初年，统治阶级制礼作乐，将前代遗留的乐舞集中整理，建立了明确的宫廷雅乐体系，使舞蹈艺术发展到了前所未有的高度。当时宫廷雅乐主要分文舞和武舞两种：文舞表示君王能以德治国，武舞表示国家武力的强盛。它的实际应用和统治阶级规定的礼制是紧密结合的，其目的除了供统治阶级享乐外，主要在于维护等级尊严。

我国古代舞蹈艺术的发展以宋为界，分为前后两个时期。宋代以前，舞蹈是主要的表演艺术，歌舞游宴是人们文化和社交活动的一项主要内容。歌舞艺术因而深入普及到社会各阶级的日常生活之中，得到了蓬勃的发展，先后在汉代和唐代出现了两个高峰。两汉时期不仅国家设有专门的乐舞机构——乐府，贵族豪门也蓄养了大批专业乐舞艺人，歌舞盛极一时。魏晋南北朝时期是我国历史上剧烈动荡和混乱的时期，也是中国各民族文化大混乱的时期。当时，南方主要继承汉魏时代的旧乐，并逐渐采集了民间乐舞，有所发展，于是有了"雅舞""杂舞"，前者用于郊庙朝飨，后者用于宴会。隋初修订雅乐，会聚南朝旧乐和北朝胡舞，制定了供朝会宴飨享用的"七部乐"。唐代承袭这一乐舞设置，并增加了《高昌》一部。唐代的舞蹈除了主要用于朝会宴享的大型乐舞如《秦王破阵乐》《霓裳羽衣舞》等之外，还有专为娱乐的、艺术性特别强的小型舞蹈，其艺术水平达到了超越前代的新高度。

宋代以后，我国舞蹈艺术的发展进入了不同于过去的新阶段。这一时期，一方面由于封建礼教对人们思想行为的束缚，另一方面，由于戏曲、说书等多种艺术形式的兴起，特别是戏曲的形成和发展，逐步代替原来歌舞在表演艺术中所占的首要地位。因此，舞蹈艺术有逐渐衰落的趋势，部分古代舞蹈为戏曲所综合，成为戏曲艺术的重要组成部分，部分歌舞还和杂技相结合。这样就使专业舞蹈逐渐从上层社会流向广大市民阶层，由雅而俗，民间舞蹈成为此一时期舞蹈艺术的主体。

总之，我国的舞蹈艺术历史悠久，基础深厚，它曾经以灿烂的成就丰富了我国传统文化的宝库。

223. 我国古代杂技艺术的情况如何？

据司马迁的《史记》记载，我国秦汉时期，已经出现了宫廷杂技表演。事实上，杂技的历史还要悠久得多。春秋战国时期，由于各国兵戎相见，力技、武术、角抵等得到提倡和发扬。此外，为了适应贵族享乐的需要，一些技艺逐渐从生产、军事活动中分化出来，成为单纯的娱乐活动。伴随着技艺的形成，出现了许多擅长技艺的人物如乌获、孟说力能扛鼎，狄偻弥善舞车轮，秦董父精于攀登，养由基善射，齐国孟尝君手下的门客朱亥能伏虎，还有会口技的鸡鸣狗盗之徒等。

公元前 221 年，秦始皇统一中国，把六国的技艺文化包括杂技、歌舞等艺人，集中于咸阳，统称为"角抵俳优之观"。

汉代在此基础上形成了包括乐舞、杂技在内的"百戏"，从此，杂技作为成熟的表演艺术登上了历史舞台。汉代的杂技艺术，内容有以力技为主体的角抵、手技抛剑、弄丸、"履火"（钻火圈）、倒立等，这些节目均已达到相当高的水平。车戏、马戏和人披兽皮表演的乔装动物戏亦大量涌现。

魏晋南北朝战乱纷纷，是我国历史上一次民族大融合时期。边境民族的马术、顶竿、五兵角抵等豪放粗犷的杂技节目在中原发展起来，尤其是北魏时洛阳庙会中盛行辟邪狮子，即今天人们熟悉的狮子舞。隋唐时期是宫廷杂技的极盛时代，国家对外活动频繁，西域乐舞大规模涌现，隋炀帝把艺人乐工大量集中于洛阳，进行大规模的表演活动，炫耀国势。著名的幻术"黄龙变"、杂技"双杆对跳"等，都是当时高水平的代表作。

盛唐时期，杂技称为散乐，不属于官方所规定的乐部中，但乐部中仍然包括大量的杂技，如狮子舞称"太平乐"，变衣服的幻术称为"圣寿乐"等。唐开元年间，唐玄宗扩大宫廷乐舞机构教坊，艺人更得到集中训练，当时的长安和东都洛阳都有乐工艺人上万人。繁花似锦的盛唐杂技还远传四方，如传至朝鲜的遁人幻术。传至日本的顶竿、狮子舞、走绳等。

明清时，艺人的地位急转直下，而"撂地"成为杂技艺人的主要表演方式，长年累月地来往于各水陆码头，在贫困线上挣扎，在困苦的环境下锤炼和提高技艺，奠定了中国杂技小型多样、丰富多彩的基础。明代盛行的著名杂技节目"钻地圈""踢毽子""蹬技""绳技"等都是在世界上颇具影响的节目。

224. 我国古代都有哪些主要的体育活动？

我国古代体育活动是伴随着社会经济、文化教育、医疗保健、政治制度的演变而逐渐发展起来的，有着丰富多彩的内容。骑射、击剑、举重、摔跤、跳跃、投掷、马球、足球、围棋、象棋、拔河、游泳等都有源远流长的历史，群众基础十分广泛，以下介绍其中主要几项。

足球运动在古代称为蹴鞠，是一项深受人们喜爱的体育运动。古代足球比赛胜负都以踢入球门球数的多少来决定。故宫博物院收藏的宋代陶枕以及明代五彩和青花瓷中，都有妇女和儿童蹴鞠的画面，艺术地再现了当时人们参加足球运动的情景。

在我国古代，马球是十分盛行的体育活动。马球的打法是骑在马上，用"毬杖"将一种拳状大小的木球击入球门。球场通常设在宽阔的广场上，外面树立二十四面红旗。得一分称得一筹，裁判员被称作"唱筹"，得一筹者增一面红旗，失一筹则拔去一旗，比赛结束后，双方以旗帜多少定胜负。马球运动十分激烈，中场开球后，双方驰马争击，场外击鼓奏乐，气势壮阔。

摔跤是我国最古老的体育项目之一，古代称为角力、角抵、相扑、争跤等。早在四千年前的黄帝时代就有了摔跤活动。据《礼记·月令》记载，周代把摔跤、射箭和驾车三者列为军事训练项目。在汉代，角力成为经常表演的一项竞赛活动。《汉书》记载："元封三年春，作角抵戏，三百里内皆来观。"可见当时角抵比赛经常进行，竟然吸引了三百里内的人前往观看。

最为古人喜闻乐见的体育娱乐活动便是围棋和象棋了。早在春秋时期，围棋就已经相当普遍，出现了"通国之善奕"的棋手奕秋。围棋活动在魏晋南北朝时期最为盛行，名手辈出。大约在唐宋时期，象棋已经与现在差不多了。象棋虽然地不对方寸，子不对三二，但其包含着千变万化的布阵，扣人心弦的厮杀，令人拍案叫绝的谋略。这对提高人们的智慧、培养意志品格有很大的益处，历来为人所喜爱。

在我国南方，还有一项传统的体育活动——龙舟竞赛。相传在战国时代，爱国诗人屈原投江自沉后，当地人担心水下蛟龙吞吃他的尸体，便赶去划龙舟驱逐蛟龙。后世渐成风俗，每年端午节都要举行一次这样的竞赛活动。比赛时，岸上站满观众，锣鼓喧天，摇旗呐喊。龙舟上的众人也齐心协力，舟行如飞，优胜者犒赏甚厚。

除了各种竞赛活动，我国古代体育还出现了一些医疗保健体操，导引是其中最早的一种。相传在春秋战国时期就已经出现，庄子把导引归纳为养气和养形二者的结合。《庄子·刻意》篇道："吹呴呼吸，吐故纳新，熊经鸟申，为寿而已矣；此道引之士，养形之人，彭祖寿考者之所好也。""吹呴呼吸，吐故纳新"是锻炼内脏器官，为呼吸运动。东汉名医华佗创造的五禽戏，隋唐以后出现的易筋经、八段锦等，都是在古老的导引基础上发展起来的保健体操，增强了国人体质，提高了医疗体育的水平。

225. 我国传统武术是怎样发展和演变的？

武术有着悠久的历史。习武不仅可以强身健体，亦可以防御外敌。武术伴随着中国历史与文明发展，走过了几千年的风雨历程，成为维系民族生存和发展的魂魄。

商周时代，我国武术的发展进入雏形阶段。甲骨文中已经有商代奴隶徒手相搏或持械格斗的反映，也有方国派人到商练习武术的记载。武舞是当时练武的一项重要内容，如周代就有干戚舞、弓矢舞、持矛舞等，它们较为朴实，也近于实战。这些加工提炼的原始武术，对后世武术套路的发展产生了很大的影响。

春秋战国时期是我国武术初步发展的阶段，当时各国诸侯为加强本国的军事实力，无不崇尚武力，这也推动了民间的武术运动。秦汉以后，武术有了进一步的发展。尽管秦始皇统一后收缴天下兵器，打击了民间的练武活动，但是徒手的对抗性项目"角抵"却在秦汉得到了推广，它不同于杀伤性强的"相搏"，只限于用相搏中的摔法较量，不准拳打脚踢，因而安全得多，当时甚至涌现出专门从事角抵的艺人。汉代更是习武成风，据《汉书》记载，那时已经有了用拳术比赛来选拔勇士的制度。东汉末年，名医华佗受导引术的启发，创造出模仿虎、熊、鹿、猿、鸟形象动作的健身体操"五禽戏"，它虽然不包括攻防动作，但对后世象形拳有直接的启迪意义。

魏晋南北朝时期是我国民族大融合时期，促进了武术发展。西晋末年，祖逖、刘琨闻鸡起舞，表明当时人们勤练早功已成习惯。此外，史书上还有练习劲力、弹跳、速度的记载，这说明练武与练功已经有了很大的结合，武术一词即出现于此时。

唐宋到明清时期，我国武术进入了持续发展的高涨时期，它的演变主要表现在以下几个方面：

第一，武举制度出现。这一制度从武则天时期延续至明清，为习武之人开辟了仕宦之途。

第二，民间练武组织的出现，使武术在民间进一步扎根。明清之际，民间练武组织的活动极其活跃，如反清的白莲教及各种红枪会、大刀会等组织，都极其重视练武活动。

第三，武术套路向成型化、完善化发展。武术专著的涌现，也使武术理论体系得以建立。

第四，拳术和器械向多样化发展。唐代已有气功、硬功、轻功相关的记载，表明武术已着重在功力上发展了。拳术种类也见增多，唐代少林拳法名噪天下，"十三棍僧救秦王"传为佳话。及至明代，拳种已有内外之别。

上述表明，传统武术在唐宋之后，特别是明清时期，有了巨大的发展，从而奠定了今天中华武术的坚实基础，并已经成为人民引以为傲的文化瑰宝。

226. 我国象棋和围棋的发展情况怎样？

我国的象棋和围棋都是起源很早的棋艺活动。春秋时期，棋艺统称为"博弈"，弈指的是围棋，博也写作簙，即象棋的前身。

博的对局双方各执六枚棋子（因而又有"六博"之称），分为一枭五散，枭是主将。棋盘呈方形，又名曲道。博在行棋前先要投箸，行棋时相互进攻逼迫，胜棋则须杀对方的枭，这同今天象棋杀将取胜相仿。

南北朝时期，在博赛的基础上出现了象戏。象戏的棋子有上将、辎车、天马、卒等种类，将可横行四方，车只能前进不能后退，马的下法与现代相仿，只少了轧马脚的规定，卒也是一次只能前进一步。棋盘八八见方，共六十四格，黑白相间，棋子即置于格内。这些都与现代国际象棋相仿，但比国际象棋要早好几百年。

北宋时期，军事上运用火炮，推动了象棋的大改革。当时已经出现了纵横十一路、各执十六子的棋戏，在民间十分流行，而且一些名人也创制了一些新奇的棋戏，如司马光制"七国象棋"、晁补之创"广象戏"等。宋元时期，象棋在民间十分流行，比赛很频繁。宋代还设有棋待诏的官职，其中担任象棋待诏的比围棋恐怕还要多一些，并且出现了女棋待诏。著名的爱国诗人文天祥就是一个象棋爱好者。南宋初年的一首象棋诗说："得子得先名得胜，得子失先却是输。车前马后须相应，进退应付须要车。"这已经是较为完整的象棋理论了。

明代出现了大量象棋谱，如《橘中秘》等。这时候的棋艺家们继承前人的经验，对开局、残局进行了深入的研究，开创了多种开局法，如顺手炮、列手炮、屏风马破当头炮等，为后世象棋的开局奠定了基础。清代象棋在此基础上又有发展，乾隆时期有九大流派，名手辈出。在象棋演变定型的过程中，还流传到我国周边国家与地区，形成了一些新的棋艺，日本的将棋就是其中之一。

围棋大约产生于春秋时期，当时掠夺土地、争夺人口的战争十分频繁，而围棋以围地为目的，行棋过程中互相攻掠，两者之间有许多相似的地方，因此围棋成为贵族教授子弟军事知识的有效手段，很快得到了发展，并达到了较高的水平。原始的围棋棋盘道数较少，或许只有十一道或十三道。至三国时代仍然是十七道围棋盘占统治地位。唐代以后，十九道棋盘被普遍使用。

早在三国时期，围棋比赛就经常举行，为品定棋手等级提供了依据。后来，梁武帝时评定棋手等级，能入品的有二百七十八人，可见棋风之盛。至唐代，棋艺臻于完善，最负盛名的王积薪提出了著名的围棋十决，是围棋战略战术的指导原则，为后世一致推崇。宋代又有棋圣刘仲甫，著有《棋决》，更具体地阐述了一些围棋理论。从明末开始，直到清代咸丰、同治年间，围棋国手前后相继，过百龄、周览予、黄龙士、徐星友、范西屏、施襄夏等人不但棋艺高超，而且大都留下了著述。

清末时，由于国势衰微，棋艺的发展也随之一蹶不振，高水平棋手销声匿迹。其可谓，国运即棋运。

227. 我国古代的游戏活动有哪些?

我国游戏活动内容极其丰富，如竞力、竞技类的摔跤、拔河、荡秋千、划龙船等，斗智类的猜谜、棋类、牌类，以及跳绳、抓子、乞巧、斗草等。我国古代劳动人民还创造了难以计数的玩具，构成门类庞杂、自成风格的游戏系统。

随着劳动工具的改进，人们在练习技巧的过程中，也创造了多种多样的游戏。如古代的狩猎工具"飞去来器"，在宋代已成为一项独立的游艺杂技项目。发现于山西的两万七千年前的镞头，说明我国的弓箭有悠久的历史，它是古代的兵器，同时也是后来的游戏器具。后代的各种射击游戏，如唐代的射粉团、辽金时期的射柳乃至明清的打弹弓、射天球，都可以说是它的继续和发展。

中国的许多游戏项目与年节习俗结合紧密。"爆竹声中辞旧岁"，元旦放爆竹的习俗起源很早，开始是名副其实的"爆"竹，后来才变为燃放内装火药的纸筒，宋代以后又衍生为名目繁多的焰火游戏。再如狮子舞、玩龙灯、踩高跷等都是元旦至元宵节这十五天欢乐活动的主要节目。

另外，许多游戏项目，往往与职业习俗相辅相成。比如在清代，搭棚架的工人们练习玩杠子，扎纸工人善于舞狮子等。踢球，古称蹴鞠，据说也是首先用于练兵的，汉刘向《别录》称："蹴鞠者，传言黄帝所作，或曰起战国之时。"其实玩球的历史远比黄帝时期早得多，早在十万年前的石器中，已经发现有大小不等的石球，极有可能是用于游戏的。在殷墟发现的商代遗物中，有充塞毛皮的球囊。

我国游戏活动因边疆少数民族的不断融合而多样化，如壮族的飞陀、苗族的跳月等。我国的游戏还因国际的交往而日益丰富，如飞碟、扑克的流入，不断地被我国人民吸收，与我国固有的民间游戏相结合，形成了今天万花竞艳的局面。

228. 我国古代书法艺术的发展情况如何？

书法艺术在我国有着悠久的历史，作为一门写字的艺术，它的发展同字体的演进、书写工具变化的关系十分密切。拿字体来说，汉字从甲骨文算起，以后大篆、小篆、隶书等字体相继出现，又逐渐演变为现在通用的楷体，书法艺术就在这个过程中发育成熟，成为中国艺术宝库中一笔重要的财富。

甲骨文是我们已经知道的最早的、较为成熟的文字，它是用刀在龟甲或兽骨上契刻而成。今日所见那些刻有文字的甲骨，大部分属于商代，也有少量西周的。这些甲骨是我国最早的书法瑰宝。

大篆出现于西周，据说是周宣王时的太史籀所创，所以又叫籀文。商周时代的王室贵族制作了大量钟鼎，上边往往铸刻了铭文，后人称之为"金文"。商代金文同甲骨文相近，周初渐趋整齐雄伟，字画线条比较流畅。金文的变化表明了从甲骨文到大篆、小篆的演变轨迹。

小篆一般认为是秦朝李斯、赵高等人制定的，比大篆省改了许多，写起来比较便捷。李斯本人就是一位大书法家，所写小篆风格婉通，后被称为"玉筋篆"。当时毛笔早已产生，书写材料主要是缣帛和竹木简。为了书写方便，隶书也产生了。秦代的称为秦隶，西汉建立后，丞相萧何规定书法为学童们应试的内容之一，成绩好的可以担任政府机构的文书工作，虽然这考试兼及大篆和小篆，但是更加注重隶书，于是隶书成为了当时的一种风尚。

到了汉末三国，汉隶又得到进一步发展，字画上有了"侧"（点）、"掠"（长撇）、"啄"（短撇）、"耀"（直钩），而结构上更加严谨整齐，形成了真书，也就是正楷。

魏晋时期，书法艺术继续发展，晋代的书法艺术达到了高峰，出现了王羲之这样的大书法家。他博采众长，一改汉魏以来的质朴风格，形成妍美流畅的新体，备受后人推崇的《兰亭序》就是他的代表作。

章草被称为"隶书之捷"，其产生的原因是为了追求更加简便的书写。一般认为，西汉元帝时史游的《急就章》是最早的章草作品。章草保存了隶书的笔意。今草是章草的一种，是对章草的革新。今草字与字之间无牵连，又不完全按照隶书的规矩来写，纵任奔逸，很有特色。据传今草的首创者为张芝，今草不同于章草之处是字画没有波磔，而字与字之间每每沟通牵连。行书则介于一笔不苟的楷书和狂放自适的今草之间，传说由刘德升草创，他的行书风流婉约，独步当时。

楷书、草书、行书在汉代已经基本完备，以后字体不再有新的变化。

229. 我国古代绘画发展情况如何？

我国古代绘画具有悠久的历史，遗产丰富，风格独特。

早在六七千年前的新石器时代，我们祖先就用兽毛做成类似笔的工具，在陶瓷上绘制动植物纹样和人形图案。进入阶级社会以后，随着生产力的发展，绘画艺术发生了重大变化。从长沙战国楚墓中出土的两幅帛画作品——《人物龙凤帛画》和《人物御龙帛画》中就可以看到，我国以线为主要造型手段的绘画传统在战国时期已经形成，其流畅的线条、生动的造型，反映了我国早期绘画已经达到了相当高的水平。

秦汉时期，美术进一步发展。其中，汉代的帛画和壁画尤为突出。近年来在长沙马王堆和山东临沂金雀山出土的汉代彩绘帛画，采用上下分栏的构图形式，表现了墓主人生前的阔绰生活和祈求死后升天的主题，色彩富丽堂皇，线条熟练有力，显示出了相当成熟的水平。

魏晋南北朝时期，佛教开始大范围传播，相应而生的佛教艺术也开始蓬勃发展。其中最著名的是甘肃敦煌的石窟艺术。敦煌莫高窟历时千年，现存四百九十二个洞窟，两千余尊塑像和四万五千多平方米壁画，是世界上最大的佛教艺术宝库。这一时期的壁画反映了中国传统绘画在吸收、融合外来艺术基础上的丰富和提高。

隋唐绘画，尤其是唐画，以色彩灿烂、富丽堂皇、恢宏壮观为最鲜明的时代风格。它超过了以前历代，影响了东方各国，成为中国绘画史上的一个高峰。这个时期，壁画仍占据着主要地位，由于经济的快速发展与市民阶层审美趣味的俗化，佛教题材绘画明显出现了向世俗化发展的倾向。天女被描绘成体态丰腴、容貌端丽的女性，展现出把想象与现实相结合，在佛的形象中寄托对现实生活的要求，充分体现出画工的惊人才智和艺术创造力。人物画的高度繁荣，涌现出一批为后人仰慕的名师巨匠，如唐代的阎立本、尉迟乙僧、吴道子、张萱等。

五代两宋，绘画题材更加宽广，山水花鸟画臻于至美，人物画仍有发展。社会风俗画大量出现，产生了像张择端《清明上河图》那样的杰作。而在山水画方面，更是名家辈出，如五代的董源、巨然等，宋代的李成、范宽、马远等。宋朝仿照五代南唐、西蜀设立了翰林图画院，形成了以典雅、精致、工细为特色的院体画风，对当时的绘画起了一定的推动作用。

元朝是绘画艺术发生重大转折的时期，在山水画上表现得最为突出，提倡"逸笔草草"，追求一种枯淡、幽寂、空灵、简远的风格，使山水画成为此后中国画的主流。

明清两代的绘画主要是继承和发展元画传统，但总的趋势是保守的，成为中国绘画史上的衰落时期。随着资本主义萌芽的出现与商品经济的发展，在一些经济发达的手工业城市中，聚集了众多杰出的画家，形成了风格多样的画派。

230. 我国古代篆刻的发展演变情况怎样？

篆刻是书法和镌刻的结合，制作印章是汉字特有的艺术形式。我国印章起源很早，据《汉书·祭祀志》记载："自五帝始有书契，至于三王，俗化雕文，诈伪渐兴，始有印玺，以检奸萌。"但从商周的古墓和遗址出土的文物中，并没有发现印玺。现在可以确认最早的印玺，多属于战国时期。

秦汉以前，并没有"印章"这个名称，而称"玺"，秦始皇统一六国后，规定只有皇帝用的印章才能称为"玺"，官、私印章只能称作"印"。汉朝，"印"又兼称"章"。唐代以后，帝王印信也称为"宝"，官、私印信又称"记""朱记""图章"等。

印章的产生是出于实用，它在一个相当长的时期内，只是作为持信之物和政治权力的象征。《周礼》中有"货贿用玺节"之语，汉代郑康成注云："玺节者，今之印章也。"随着商品经济的发展，印章在人们交易货物时成了凭信的实物。

汉代的印章，是中国篆刻史上的最高峰。汉印无论官私，都以白文为主，朱文罕见。所有材料，多属铜质，间有银、牙、玉、骨者。当时制印，主要用翻砂和拔蜡两种方法来浇铸，这类印称之为"铸印"。在汉印中，有的在名字前冠以臣或妾字，古称之为臣妾印，有的刻上"长乐吉""贵有日"

等吉祥词句，称为吉祥印，还有的铸刻人物、禽兽、舞蹈等图案，又被称为肖形印。

魏晋之印，因袭汉制。其私印中有一种别致的书体，每个字的竖笔都引长下垂，末端尖细，如悬针之状，故有悬针篆之名。

印章从一般的实用品发展到了可供人们欣赏的独立艺术品，大体是从唐代开始的。在唐内府所藏的书法名画中，先是唐太宗自书"贞观"二字的连珠印，其后又出现了唐玄宗作"开元"二字连珠印，与"元和之印""秘阁"等印识。宋元以后，随着文人画的兴起与发展，私人鉴藏书画之风日盛。文人、士大夫往往喜欢镌刻别号、佳词、斋名用于书画作品之上，使绘画、书法、篆刻三种艺术融为一体，相得益彰。

到了明代，最著名的篆刻家是文彭，他的父亲即是书画大家文徵明。文彭刻印，笔意秀润，刀法光洁，在当时有很大的影响，后被人称之为"篆刻之祖"。到了清代，篆刻艺术在明代的基础上继续蓬勃发展，在江南地区形成了徽、浙两大风格迥异的流派。徽派以皖南何震为首，浙派以钱塘丁敬为主。至此，我国富有民族传统的篆刻艺术，完成了从"实用"到"欣赏"的过渡，呈现出了一派争奇斗艳的景象。

231. 我国古代雕塑艺术发展的情况怎样？

我国雕塑艺术的发端可以追溯到旧石器时代晚期。我国迄今最古老的雕塑作品，是河南新密市出土的陶塑人头，距今已经有七千多年的历史了。在辽宁牛河梁祭祀遗址发现相当于真人头大小的女神残头像，面敷红彩，眼嵌青色玉片，神庙内还有一些大小不等的塑像。这表明初民初步掌握了大型泥塑与塑造技能。

商周时期的雕塑作品主要是具有雕塑性质的青铜礼器，以人和动物形象铸为器形。在当时的贵族生活中，这类器物具有重要的政治、宗教、礼仪的意义，而不同时代又具有不同的时代特征。

秦汉时代雕塑艺术空前兴盛。秦统一六国以后，曾收缴天下兵器，聚于咸阳，销毁后铸成十二个铜人，各重千石，最后一个存世近六个世纪，毁于前秦时期，为见于记载的最早的大型金属雕塑。1974年在陕西临潼秦始皇陵以东发现的兵马俑雕塑群，共有七千余件，与真人、真马等大，分置于三个坑中。秦俑雕塑群以巨大的体量和数量、群体的组合、气宇轩昂的形象，造成震撼人心的艺术感染力。

魏晋南北朝时期，由于佛教的流行和统治阶级的提倡，为宣传佛教服务的佛像、碑塔、窟龛等佛教雕刻艺术遍及全国，几乎占据了整个中国的雕塑艺术领域。中国几个最大的石窟群如敦煌石窟、云冈石窟、龙门石窟、麦积山石窟等，均开凿于此时期。营造石窟风气以北魏为最盛。北朝营造的石窟广泛分布于山西、河南、甘肃等地区，南朝石窟则仅存南京栖霞山一处。其中云冈石窟昙曜五窟的大佛、龙门石窟古阳洞的群龛，都代表了北魏鼎盛时期的雕刻水平和艺术风貌。

唐朝前期，佛教盛行，石窟艺术又得到了更为长足的发展，其代表性作品就是雕塑于高宗、武后时期的洛阳龙门石刻造像。卢舍那大佛面相庄严、睿智，气度非凡，是唐代兴盛期强大国势和充满活力与自信的时代精神在雕塑艺术上的反映。唐代还曾在都城建造过纪念性雕塑。如武则天在洛阳以铜铁材料铸造的天枢纪念柱，立体部分高达百尺，四周有石狮、麒麟环绕。此外，在隋唐时期，许多金银器上的锤、镶嵌浮雕纹饰、青铜镜上的花纹，也十分丰富、生动，并常有一些现实生活内容或神话题材的描写，有些纹饰受到波斯等国艺术的影响。

五代两宋时期，佛教艺术中心南移，各地寺院盛行泥塑、木雕，逐渐代替了洞窟石刻造像，而四川地区摩崖、窟龛佛像雕塑却甚为兴盛。巴中石窟、大足北山和宝顶山的大佛湾，是宋代佛教雕塑艺术荟萃之地，以其创作的自由写实、富于生活气息见称。明清两代建筑雕刻的精华荟萃于故宫建筑群和天坛、北海、颐和园、圆明园等皇家坛庙园林。故宫天安门前的华表、石狮，宫廷内主体建筑三大殿白石须弥座上的浮雕云龙、云凤的望柱，圆雕的螭首等，都对烘托宫殿建筑的庄严和辉煌，增加局部艺术气氛起到了重要作用。

232.《诗经》"六义"分别指什么？

《诗经》是我国第一部诗歌总集，广为流传，它收录了自西周初年到春秋中叶的三百零五篇诗歌作品。经过后人的归纳总结，出现了所谓的《诗经》"六义"，也就是我们常说的"风、雅、颂、赋、比、兴"。

"风"俗称"国风"，顾名思义，就是当时中原各地的民歌，是《诗经》中最为重要，也是最为精彩的部分。《诗经》包括十五国风，一共160篇。其中，著名篇目有《关雎》《蒹葭》《伐檀》《硕鼠》《氓》《七月》《君子偕老》《鸿雁》等。

"雅"即朝廷正乐，分大雅与小雅。其中大雅31篇，为歌功颂德之作。小雅74篇，多讽刺之声，著名的篇目有《采薇》《鹿鸣》《江汉》《思齐》等。

"颂"是祭祀与朝圣的乐曲，有周颂、鲁颂和商颂三种。周颂31篇，鲁颂4篇，商颂5篇。著名篇目有《我将》《有客》《玄鸟》等。

"赋"是古代行文的一种基本的表现手法，指直接地铺陈和叙述。朱熹在其《诗集传》中写道："赋者，敷也，敷陈其事而直言之也。"

"比"就是打比方，朱熹将其解释为"以彼物比此物也"。在《诗经》众多篇目中，《魏风·硕鼠》《小雅·鹤鸣》是最具比喻特色的作品。

"兴"就是用其他东西引出要说的内容，朱熹认为："兴者，先言他物以引起所咏之词也。"也就是起兴。如"关关雎鸠，在河之洲。窈窕淑女，君子好逑"。作者借助雎鸠来起兴，《魏风·伐檀》也是应用这种表现手法的突出例子。

233. 如何理解"一代有一代之文学"？

"一代有一代之文学"这句话是出自王国维的《宋元戏曲考序》，其云："凡一代有一代之文学，楚之骚，汉之赋，六代之骈语，唐之诗，宋之词，元之曲，皆所谓一代之文学，而后世莫能继焉者也。"针对文学复古的旧文学观念，王国维与时俱进，在前人基础上提出"一代有一代之文学"著名论断，不可否认当时王国维为了提升小说、戏曲在文学史上的历史地位，带有针对复古文史学时弊的主观意味，但这一论断在宏观上概括了我国各个时代的文学主流，并且揭示出文学的嬗变内涵。

一方面，论断在总体上概括了中国历代文学史观点的经验，继承了传统的文变时序和文体通变规律，找到了文体演变的原因，肯定了时代风貌对于文学的影响起到的决定性作用。文学自身是一个发展的过程，是具有生命力的，各种文体内部的兴衰是一个嬗变过程。

另一方面，这一论断把各种文体放置在相互平等的位置。众所周知，在古代，文体有雅俗之分，戏曲和小说被认为是较为低鄙的文学体裁。王国维以其进步的文学观和创新思维，一视同仁，打破"文有高低贵贱之分"这一观点。

234. 什么是"诗学"？如何理解"诗史"的内涵？

诗的含义有好几个层次，诗学所指的范围，也有广狭之不同。当"诗"作为一个专名，是指《诗经》，"诗学"即相当于诗经学。中国的诗学起源甚早，中国诗学是以研究《诗经》发端的。而《诗经》《楚辞》这样的诗歌总集，乐府、歌谣、民谚等诗歌类型，在中国传统学术史中都已形成专门学问，也是构成中国诗学的重要组成部分。

中国诗学，就其研究范围主要有以下几个方面：第一，有关诗歌的基本理论和诗学基本范畴。前者如诗产生的原因，诗的性质、特征、功能、价值、作用、地位、风格、流派，以及诗与其他文学样式（体裁）和艺术门类（如音乐、歌舞、美术等）的关系等；后者如六义、四始、美刺、言志、缘情、才性、识力、风骨、气韵、意象、境界、兴寄、载道、形神、虚实、复古、通变，以及状写各种诗风、诗境的专门术语之类。第二，有关诗歌形式和创作技巧的问题。第三，对于中国历代诗歌源流，或历代诗歌史的研究。第四，对于历代诗歌总集、选集、别集或某一具体作品的研究。第五，对于历代诗人及由众多诗人所组成的创作群体的研究。第六，对于历代诗歌理论的整理和研究。诗学专著专文，较早而有代表性的，如传为汉人卫宏所作的《诗大序》、魏文帝曹丕的《典论·论文》、晋人陆机的《文赋》、南朝梁人刘勰的《文心雕龙》、钟嵘的《诗品》、唐释皎然的《诗式》、留唐日本僧人遍照金刚编撰的《文镜秘府论》、唐末孟棨的《本事诗》等。

"诗史"是指能反映某一时期重大社会事件、有历史意义的诗歌，泛指能反映社会现实文学作品。杜甫的诗歌即被称为"诗史"，常被人提到的重要历史事件，在他的诗中都有反映。杜甫用笔写出自己在安史之乱中的见闻和感受，深刻地反映了这一段时期的社会现实，如著名的叙事组诗"三吏"和"三别"，以饱蘸着深切同情的笔调，揭示了这一场战乱给人民带来的深重灾难，表现了忧国忧民的深沉感情。

235. 什么是"春秋气象"与"魏晋风度"？

春秋三百年是历史上少有的思想自由的时代。伴随着王纲解组，诸侯争霸，人们的思想空前活跃，充满生机，形成了一个时代特有的文化精神，是谓"春秋气象"。

宋代理学家常常倡导圣人气象与"学者不学圣人则已，欲学之，须熟观圣人之气象，不可只于名上理会"。圣人气象的实质就是春秋气象，因为我们不能脱离春秋时代的背景理解孔子和他代表的文化风韵。圣人气象是在春秋时代的文化土壤上诞生的，尽管孔子本人对自己身处的时代时时表现出一种悲怆和忧患，但离开了那个伟大的时代也无从理解孔子的文化精神。只有理解了春秋气象，才能理解从容恢宏的圣人气象，圣人气象是春秋气象的集中代表，自由而充实的思想流派，风雅而健朗的人格风范，鲜活而生动的艺术精神，使春秋时代成为滋养中华文化沃土的源头活水。

魏晋风度是魏晋时期那些名士所秉持的一种率真阔达、清俊通脱的行为风格。他们饮酒、服药、玄谈、游乐，无拘无束，放浪形骸。《世说新语》是一部专门描写魏晋风度的集中记录。

魏晋是一个动荡不安的时代，同时也是一个思想开放的时期。刚刚兴起的门阀士大夫阶层在社会中处境极为凶险，这也促使了他们得过且过、潇洒不拘的生活状况。士人们大都喜欢聚众雅集，但同时也伴随着特立独行的性格特点。也正是在这个时期，出现了众多令后世敬仰的名士，其中最为著名的就是"竹林七贤"，即阮籍、嵇康、山涛、刘伶、阮咸、向秀、王戎，他们在生活上不拘礼法，常聚于林中喝酒纵歌，清静无为，洒脱倜傥，他们代表的"魏晋风度"得到后来许多知识分子的赞赏。

236."唐宋八大家"是什么时候提出来的？他们的传承关系如何？

"唐宋八大家"是唐代的韩愈、柳宗元和宋代的苏轼、苏洵、苏辙、王安石、曾巩、欧阳修八人的合称。明朝初年，朱右选取了韩愈、柳宗元、三苏等人的散文合集为《八先生文集》，由此出现唐宋八大家之称。自明人标举唐宋八家后，治古文者皆以八家为宗。通行《唐宋八大家文钞》164卷，有明万历刻本及清代书坊刻本。清代魏源有《纂评唐宋八大家文读本》8卷。

唐宋八大家之中，唐朝的韩愈和柳宗元是古文运动的倡导者，宋代的欧阳修、苏洵、苏轼和苏辙又是文学运动的领袖，而王安石和曾巩又是临川派的代表人物，他们均精于古文，并掀起了对今文学的革新，这使得唐宋期间的文学发展呈现出了新的面貌。古文是与骈文相对而言的，是奇句单行、不讲究对偶声律的散文。魏晋南北朝以后，骈文盛行。骈文句法整齐，辞藻华丽，形式与内容脱节。八大家倡导古文运动，就是要反对骈文的不良风气，恢复先秦汉代内容充实、长短自由、质朴流畅的散文传统。古文运动最早由韩愈发起，得到了柳宗元的响应，他们共同推翻了盘踞文坛六百多年的骈体文的统治地位。

唐宋八大家乃主持唐宋古文运动的中心人物，他们提倡散文，反对骈文，给予当时和后世的文坛以深远的影响。

237."明代诗文三大家"分别是谁？各有什么特点？

宋濂与刘基、高启并列为"明代诗文三大家"。

宋濂，字景濂，号潜溪，别号玄真子、玄真道士、玄真遁叟。浦江（今浙江义乌）人。他家境贫寒，但自幼好学，曾受业于元末古文大家吴莱、柳贯、黄溍等。他一生刻苦学习，"自少至老，未尝一日去书卷，于学无所不通"。元朝末年，元顺帝曾召他为翰林院编修，他以奉养父母为由，辞不应召，修道著书。

他以继承儒家封建道统为己任，为文主张"宗经""师古"，取法唐宋，著作甚丰。他的著作以传记小品和记叙性散文为代表，散文或质朴简洁，或雍容典雅，各有特色。明朝立国，朝廷礼乐制度多为宋濂制定，朱元璋称他为"开国文臣之首"，刘基赞许他"当今文章第一"，四方学者称他为"太史公"。著有《宋学士文集》。他坚持散文要明道致用、宗经师古，强调"辞达"，注意"通变"，要求"因事感触"而为文，所以他的散文内容比较充实，且有一定的艺术功力。

刘基，字伯温，生于元武宗至大四年（1311）六月十五日，卒于明洪武八年（1375），终年65岁，浙江省温州市文成县南田镇武阳村人（旧属处州府青田县），故时人称他为刘青田。明洪武三年（1370）封诚意伯，人们又称他为刘诚意。他死后139年，即明武宗正德九年（1514），被追赠太师，谥号文成，因而后人又称他为刘文成。文成县是1948年析置的新县，县名就是为了纪念刘基而起。

刘基出身名门望族，自幼聪明好学，有神童之誉。23岁的刘基，一举考中进士，开始步入仕途。他立志报国，但元朝廷昏庸腐败，使他二十余年的宦海生涯屡遭磨难贬抑。元至正二十年（1360）三月，刘基接受朱元璋的邀请，成为参赞军务的谋士，为明王朝的建立和发展立下汗马功劳。他为人刚直，胆识过人，朱元璋尊其为"吾之子房（张良）也"。民间有"上有诸葛孔明，下有刘基伯温"的说法。

高启，明代诗人，字季迪，长洲（今江苏苏州）人。洪武三年（1370），朱元璋拟委任他为户部右侍郎，他固辞不赴，返青丘授徒自给。高启为明初著名诗人，与杨基、张羽、徐贲合称"吴中四杰"。其诗雄健有力，富有才情，开始改变元末以来缛丽的诗风。学诗兼采众家之长，无偏执之病。但其文从汉魏一直摹拟到宋人，又死于盛年，未能熔铸创造出独立的风格。吊古或抒写怀抱之作寄托了较深的感慨，风格雄劲奔放。有诗集《高太史大全集》，文集《凫藻集》，词集《扣舷集》。

高启的诗在艺术上有一定特色。首先，他的某些诗崇尚写实，描摹景物时细致入微。其诗句均产生于生活实感，新颖逼真。其次，注重含蓄，韵味深长。如《凿渠谣》中有："凿渠深，一十寻；凿渠广，八十丈。凿渠未苦莫嗟吁，黄河曾开千丈余。君不见，贾尚书。"只是寥寥数句，收煞处戛然而止，给人以深远的回味。再次，用典不多，力求通畅，有些只有数句的小诗，更具有民歌风味，如《子夜四时歌》之二。这些诗的创作，与他乡居时多与下层人民亲近有关。高启的诗对明代诗歌影响较广，以致有人把他誉为明代诗人之冠。

238. 清代文学的特点是什么？

清代文学集封建时代文学发展之大成，是古代文学的一个光辉总结。各种文体无不具备，蔚为大观，诸多样式齐头并进，诗、词、散文等传统文学样式在清代得到了全面发展。小说、戏曲、民间讲唱等新兴文学样式，清代使之达到登峰造极的高度。

清代文学之所以具有上述特点，是清代社会的现实生活造成的。满人入主中原，不仅封建中央集权，君主专制加强，同时也带有强烈的异族统治的色彩。一方面，它残酷镇压各民族的反抗，厉行剃发易服，如"扬州十日""嘉定三屠"，就是这种血腥屠杀政策的集中表现；一方面又大力提倡程朱理学和宗教，麻痹人民斗志。一方面大兴文字狱，严厉压制知识分子在思想上的反抗；一方面又承袭明代以八股取士的科举制度，不但扩充录取名额，还增定捐纳制度，康熙时又开设"博学鸿词科"来罗致"名士"，以更广泛地笼络知识分子。因此，清代社会的阶级矛盾、民族矛盾具有多元的特征。

清代是中国封建社会的末世，充分地暴露了封建社会的腐朽性。清代社会各种矛盾都异常尖锐、突显。农民与地主的矛盾、统治阶级内部的矛盾、民族矛盾都空前激烈。这不仅启发了作家们的深入思考，同时也为文学创作提供了新的主题。清王朝统一中国之后，采取了一系列缓和阶级矛盾的措施，减免杂税，招民垦荒，劝生丁口，兴修水利以及禁圈土地等。经过几十年的休养生息，耕地面积扩大，人口逐步增加，农业经济欣欣向荣。城市工商业也活跃起来，一度被摧残的资本主义萌芽又开始发展。封建经济的繁荣，特别是十八世纪资本主义萌芽的成长，一方面给当时戏曲小说的发展提供了有利的社会条件，一方面也促进新思想的出现，如实学思潮，以及戴震等对程朱理学的批判。这些对清代的文学理论和创作都产生了巨大而深刻的影响。

乾隆、嘉庆时期，考据成为一种专门的学问。乾嘉学派在森严的文网之下，逐渐改变了清初顾炎武等人倡导的"当世之务"的学风，脱离现实，埋头于故纸堆中。虽然他们在整理我国古代学术文化方面有所贡献，但被统治者所利用，使知识分子走上了复古的道路。

清代文学作为古代文学的最后一个段落，它的发展既与前代文学有着千丝万缕的联系，又与时代演进密不可分，这使得清代文学更具包容性，也更富于变化。

第八章 宗教库

239. 什么是"神话"？原始神话在我国文化史上的地位如何？

在我国，"神话"一般包括两方面内容：一是原始神话，即原始先民在与自然斗争的过程中创造出来的各种解释自然现象、人类起源以及追溯祖先活动的幻想故事；二是人神神话，即原始社会解体以后，各历史时期陆续产生的以人神结合为中心的各种幻想故事，由于这类故事在形式上和内容上都与原始神话有许多相似之处，因此通常也称之为神话。学术界习惯上所说的神话，特指原始神话。

原始神话是世界各民族初民时期都曾产生过的特殊的文化现象，它通常用超现实的幻想来反映人们对周围世界及自身生活的认识。原始神话的中心，往往是神、神性英雄们一系列非凡的活动。通过这些浪漫的活动，曲折地反映出人们对自然界的初步理解、对自身起源的探索、对祖先业绩的歌颂，等等。

中华民族是世界上历史最悠久的民族之一，我们的祖先也曾经创造出许多灿烂的原始神话，这些神话对中华文化的形成和发展，起了相当重要的推动作用，主要表现在以下几个方面：

第一，它是中国哲学的发轫。哲学观念的形成，在于对周围世界的认识，特别是对宇宙天体及人类起源的思考。盘古开天地的神话说："天地浑沌如鸡子，盘古生其中，一日九变。"这是对宇宙初开前原始状态的思考。烛龙神话说，这位钟山之神"视为昼，瞑为夜，吹为冬，呼为夏"，则是对昼夜交替、四季变化的原始理解。而"日乘车，驾以六龙，羲和驭之"，言太阳被羲和拉着运行于天空，则又是对天体运行的幼稚认识。这些原始的思考，奠定了中国哲学发展的基础。

第二，它是我国科学的萌芽。原始神话虽然是以非科学的幻想为特征的世界观，但它毕竟是建立在客观现实之上的，因此，在这些超现实的反映中，也不乏科学的见解和认识。共工想撞不周山的神话中说道："天倾西北，故日月星辰移焉；地不满东南，故水潦尘埃归焉。"这一神话指出了我国地理形势西高东低、江水东流的客观事实。

第三，它是历史的先河。任何民族的远古史，实际上就是一部神话史。在文字出现之前，口耳相传的祖先和世系，就是人们了解自己历史的主要材料。我国远古史中的炎帝、黄帝、尧、舜、禹等人，现在都没有实物资料来证明确有其人，但有关他们的大量神话，使我们能够间接地了解到中华民族的祖先在中华大地上生息的历史。

原始神话是我国远古史的重要组成部分，具有极其丰富的内涵，所以被不少研究者称之为原始文化的"百科全书"。

240. 什么是"上帝崇拜"？我国古代上帝崇拜的情况如何？

在儒家的思想体系中，与天相对应或者相等的另一个称谓就是"上帝"，亦或称为"天帝""帝"。它是天地之祖、万民之神，一直被中国古人所祭祀崇拜着。在殷墟甲骨卜辞中就已经出现了"上帝"的名称，由此可见，在殷商时期，中国古人就已经完成了对天上最高权威神的创造，并始终相信着它的广泛神力。

陈梦家《殷虚卜辞综述》认为："卜辞中上帝有很大的权威，是管理自然和下国的主宰。"上帝的神性主要有：第一，支配气象上的现象，以影响人间祸福。这方面的作用，是综合了人们所迷信的日、月、风、雨、云、雷等天上诸神对以农业为主的人类社会生活的影响力，并归于一个抽象的意志的作用。如武丁时期的卜辞说："上帝……降……旱。"祖庚、祖甲时的卜辞说："……兄……上帝……出……""唯五鼓……上帝若王……有佑。"如"贞，今三月帝令多雨""贞，帝其及今十三月令雷""翌癸卯，帝不令风，夕雾"。帝可以命令下雨、刮风、打雷。卜辞中的"上帝"，神力很大，诸神俱听其指挥。第二，具有支配社会现象和支配社会统治者的神性。这方面的作用，是"鬼神"崇拜、祖先崇拜的综合和升华，是对人化了的神的作用的综合和抽象。殷墟卜辞中有殷人死去的祖先"宾于帝"的记载："咸不宾于帝，下乙宾于［帝］""下乙不宾于帝，大甲宾于（帝）"。"宾于帝"是说客居在上帝那里，其意是指殷人的祖先与上帝有直接联系。殷王每有军事行动，必先贞问上帝授佑与否，因为上帝主宰着对外征伐的胜败，而且上帝能保佑与作祟于殷王，掌握着殷王的吉凶福祸。上帝可以发号施令，指挥人间的一切，还可以发布命令，干涉人间的一切。天子是上帝之子，是受天命，即奉天命治理天下。殷人上帝的出现，反映了殷族战胜其他民族，兼并、统治其他民族的社会现实。

西周以后，更多的是称上帝为皇天、上天、旻天、昊天、苍天，例如《诗经》中的"燕及皇天"（《雝》），"上天之载"（《文王》），"旻天疾威"（《召旻》），"浩浩昊天"（《雨无正》），"苍天苍天，视彼骄人"（《巷伯》）。周代上帝称谓多样并混用，表明上帝信仰已广泛流传。"德"与上帝信仰的结合是周代宗教突出的特征。郭沫若说："在周代的彝铭中如成王的'班簋'和康王时的'大盂鼎'都明白地有德字表现着。"周代统治者把德纳入上帝信仰中，是为了强调上帝的神性和天意是"惟德是辅"，王者必须"明德""崇德""敬德"，才能保持统治权，同时也是为了用天地崇拜来驯服万民。《尚书·泰誓》说："天佑下民，作之君，作之师，惟其克相上帝，宠绥四方，有罪无罪，予曷敢有越厥志？"意思是，君不敢超越上帝的意志而行事，判民有罪或无罪是按上帝的意志办理的。

241. 什么是"图腾崇拜"？我国古代图腾崇拜的情况如何？

"图腾崇拜"是原始氏族时期产生的一种宗教信仰。"图腾"一词源于北美洲印第安语，意思是"我的亲族"。原始人相信每个氏族都与某种动物、植物或者非生物之间有着血缘亲属关系或其他特殊关系，于是就把他们当作自己的祖先和神灵去崇拜，看作本氏族的保护神。

图腾崇拜是在自然崇拜的基础上发展起来的，原始人在大自然中生活和劳动，起先崇拜各种自然现象，如日月星辰、风雨雷电、山川土石、动物植物等。在自然崇拜中，人们逐渐发现有少数自然现象与自己有一种特殊的关系，如某种凶悍的动物给人们带来了威胁，造成了原始人心里的恐慌；或者某种植物给人们提供了生活资料，对人们的劳动生产和生活起着重要的作用。在这种心理的支配下，原始人往往把上述现象看作是与自己生死攸关的神灵。

人类在原始氏族时期都曾有过图腾崇拜，中国古代也不例外。从考古资料来看，在西安半坡和临潼姜寨遗址出土的一些彩陶盆上，有一种人面鱼纹，不少学者认为它是半坡氏族崇拜鱼图腾的反映。在浙江河姆渡文化遗址出土的一些工具、器皿和陶器上，雕刻有鸟的形象，如有一把双头鸟纹骨匕，匕的中心部位就刻有两组双鸟纹图案，说明了当地先民对鸟图腾的信仰。

从我国图腾崇拜的情况来看，图腾形象有一个衍化的过程。最早的图腾形象是图腾的自身形象，如蛇、鸟、虎、熊等。此后又出现了半人半兽的图腾形象，如传说中炎帝是人首牛身，女娲和烛龙是人首蛇身。《山海经》中对这类神怪的记载不少，后来在汉代的画像石中也有反映。最后图腾进一步被神圣化，形成了如龙、凤等具有多种动物特征的综合性图腾形象，如龙兼有蛇、鱼等多种动物的形态，这意味着它们可能是吸收多种动物图腾的特征融合而成的一种图腾，反映了华夏民族不断融合的过程。

图腾崇拜是人类文明历史发展进程中重要的组成部分，它对当时人类的文明发展产生了深远的影响。不仅为我们留下了丰富的艺术瑰宝，而且也为文化史的研究提供了宝贵的资料。

242. 什么是"祖先崇拜"？我国古代祖先崇拜的情况如何？

"祖先崇拜"一直伴随着中国传统文化，源远流长。它是宗法制度下的一种祭祀内容，基于死去的祖先灵魂不死，仍然影响着世界，并且对后代子孙的生活也会产生影响。通过对祖先的祭祀，使祖先的在天之灵能够持续地庇佑自己以及后代。

中国很早就已经出现了灵魂不灭的观念。《礼记·祭法》中记载："人死曰鬼。""鬼魂"还有着非比寻常的超人能力，它可以决定子孙的命运。所以，在中国历史上，祖先崇拜不仅是各个民族人民生活中一种强烈的信仰，同时也是整个宗族的精神支柱。祖先崇拜的对象主要是有功绩的远祖和血缘关系密切的近几代祖先。所以说，祖先崇拜也叫灵魂崇拜，是原始社会灵魂观念进一步发展后出现的一种对死者灵魂加以崇拜的宗教行为。

在儒家传统的伦理思想中，如果人能够在死亡前留下自己的血脉，便是实现了对自己的生命及本族祖先的生命的继承与延续，这是生理层面上的延续。但深受儒家思想影响的中国人不仅仅要完成生理上的延续，更需要完成心理上的继承。这种儒家人文化的永生观可回溯至鲁国人叔孙豹所言的立德、立功、立言三不朽的概念。然而，能因此而被后世尊崇追念的人，唯圣贤孝子忠臣义士，毕竟很少，人们因此而为这些人立庙宇塑金身，当作不朽的神明祀之，以致在道德教化上又逐渐蒙上宗教的意味了。

只要自己能繁衍后代以保香火不断，便能使祖先"视死如归"，且也算尽了人子之责。所以，祖先崇拜的最基本理念是承认死去的人存在于另一个世界，借着他在另一个世界的存在来保佑现世之人的延续。

243. 什么是"自然神崇拜"？我国古代自然神崇拜的情况如何？

"自然神崇拜"即我们所说的自然崇拜，是指把自然物和自然力视作具有生命、意志和伟大能力的对象加以崇拜，是最原始的宗教形式。在原始人眼里，强大的自然物如日月星辰、山川木石、鸟兽虫鱼等，神秘的自然力量如风雨雷电、霓虹云雾等，都具有至高无上的灵性，往往能主宰人类的命运，改变人类的生活。

我国上古时期盛行多种神教，崇拜的自然神很多，总的说来，大致分为三类：天体神、自然力神和灵物神。

天体崇拜的主要对象是日、月，其中又以日神为中心。中国古代认为，日为众神之主，故原始神话以太阳为中心的故事特别多，如羲和生日、浴日、驭日；扶桑木上有日，每天由乌鸟背着巡行天空；羿射九日；夸父逐日，等等，这些神话都间接地反映了当时人们对太阳的普遍崇拜心理。在考古发掘中，人们从许多壁画、岩画、陶片、器物的图像及纹饰中，发现了许多与太阳形象有关的十字纹和十字变形纹。可见，我国古代对太阳的崇拜是一种非常普遍的宗教现象。

自然力崇拜和天体崇拜一样，都是对自然物本身进行崇拜，如马克思所说，把自然力拟人化，赋予自然力形体，如雨有雨师、风有风伯、雷有雷公、云有云神，等等。原始时代的自然力崇拜情况，很少有实物资料做证，也只能靠一些神话传说来做些考察，因为这些神话传说的相当一部分，就是自然崇拜的产物。

中国古代崇拜的自然力主要有三种：风、雨、雷。相传，风伯名字叫飞廉，它"头如雀，有角而蛇尾，豹文"，被视为神禽，"能致风气"。雨师名字叫萍翳，传说"雨师号呼，则云起而雨下"。雷公形象则更威严，状若力士，左手持楔，右手持槌，作欲击状。由于地域、民族、语言的不同，我国各民族对风、雨、雷神各有传说。它们都不同程度地反映了中国古代对这些自然力的认识和崇拜。

灵物神也是自然崇拜的主要对象之一。我国古代居住分散，民族众多，崇拜的自然物也很多。居住于东南沿海的民众多敬海神，居住在平坝河谷的民众多敬河神、江神，居住在林木山间的多敬树神、山神，基本上都是把那些和自己生活有密切关系的自然物当作神灵崇拜。黄河流域的居民崇拜河伯，甲骨卜辞中还常见用牛羊来祭祀河伯，又有用年轻女子来活祭河伯的残忍习俗，这些情况到了战国时期还存在。历代统治者都保留有祭四渎（江、河、淮、济）的仪式。

此外，我国古代还有星神、云神、湖神、潮神、木神、石神、火神、土神、道神、井神等自然神崇拜。总之，自然神崇拜在我国古代十分流行，它对民族文化的形成与发展，产生过积极影响。

244. 什么是"'鬼魂'崇拜"？我国古代"鬼魂"崇拜的情况如何？

"'鬼魂'崇拜"是原始社会"灵魂"观念进一步发展后出现的一种对死者灵魂加以崇拜的宗教行为，它包括"鬼魂"观念和崇拜仪式两方面内容。

我国古代的"鬼魂"观念主要有两种：一是人死后魂魄一起离开人体变成"鬼"；二是人死后魄随着肉体的消灭而消灭，只有魂才变成"鬼"。魄对于肉体活动起作用，魂则是精神活动的延续。

基于这两种"鬼魂"观念，古人认为，人活在世上，魂魄附身支配着人一生的活动，但是不对别人构成威胁或起庇护作用。然而，一旦人死亡，灵魂所变的"鬼"却能具有非凡的能力和作用，可以对亲戚、朋友或者其他人产生或好或坏的影响，甚至决定这些人的命运。

这些"鬼魂"观念，决定了我国古代"鬼魂"崇拜仪式的主要形式。

丧葬是"鬼魂"崇拜的主要形式。"鬼魂"观念产生之前，人死后随意处置尸体，并无严格的规定。"鬼魂"观念出现后，对尸体的处置便有了一些讲究。据考古发现，在氏族社会的半坡遗址中，装葬儿童的瓮棺顶部均凿刻有小孔以利于"灵魂"出没，而成人尸首的放置姿势、方位都有了一定的规律，这些说明"鬼魂"崇拜在当时的葬礼中已经得到表现。进入阶级社会后，"鬼魂"崇拜表现得更加突出，其仪式有招魂、报丧、殡尸、哭灵、祭奠、礼丧、守灵等。丧葬方式上，汉族以土葬为主，少数民族则有火葬、水葬等。

祭祀包括祭神和祭祖，是自然崇拜和祖先崇拜，同时也是一种"鬼魂"崇拜。

古人以为人死后，精魄可以依附于某种自然物，成为这种自然物之神，于是便要对这种神灵进行祭祀。《淮南子·泛论训》云："炎帝于火死而为灶。"高诱注："炎帝神农以火德王天下，死托祀于灶神。"《山海经》云："冯夷水死，化为河伯。"类似的还有许多山川草木、鸟兽虫鱼之神，它们往往都被认作是某些"鬼魂"的寄托物而受到祭祀。

傩除也是我国古代常见的一种"鬼魂"崇拜的表现，傩除的对象主要是"恶鬼厉魂"。《论衡·解除》云："昔颛顼氏有子三人，生而皆亡，一居江水为虐鬼；一居若水为魍魉；一居欧隅之间，主疫病人。故岁终事毕，驱逐疫鬼，因以送陈、迎新、纳吉也。"由此可见，除了以丧葬、祭祀的方法来讨好"鬼魂"，对那些"恶鬼"还要采取一定的强制措施除掉它们。

除了人死为"鬼"之外，我国古代人民还认为世间万物均有灵魂，其达到一定条件都可以成为精灵怪物，变化易形，影响人们的生活，这也是"鬼魂"崇拜的另一种反映。

245. 什么是"封禅"？它是怎么进行的？

"封禅"，封为"祭天"，禅为"祭地"，是指中国古代帝王在太平盛世或天降祥瑞之时的祭祀天地的大型典礼。古人认为群山中泰山最高，为"天下第一山"。因此，人间的帝王应到最高的泰山去祭祀天地，才算受命于天。实质上，封禅是一种具有政治目的的，又带有神秘性和宗教性的祭祀活动。

秦汉时，秦始皇和汉武帝都举行过封禅仪式，比较典型地反映了古代封禅的情况。秦始皇统一中国以后，曾巡行各地，率领车驾、文武大臣及儒生博士七十人到泰山举行封禅活动。西汉中叶国势强盛，武帝本人又好大喜功，遂又举行了封禅活动。武帝曾先令儒生起草封禅礼仪，可是由于这种典礼不著于经传，儒生们筹备了几年也未弄出头绪。汉武帝把封禅祭器拿给他们看，群儒又说和古代不一样，但是古代究竟是什么样子，谁也说不出来。汉武帝索性尽罢诸儒不用，自定礼仪。

公元前110年，汉武帝先到梁父山行禅礼祭地，再到泰山下东面设坛，举行一次封礼祭天。坛广一丈二尺，高九尺，下埋"玉牒书"。之后，汉武帝与少数大臣登上泰山山顶，举行了第二次封禅礼。第二天又从北山上下来，在肃然山举行第三次禅礼。武帝封禅，祭天采用祭天神太一之礼，设坛三层，周围环绕青、赤、白、黑、黄五帝坛，祭祀时杀白鹿、猪等作为供品，祭祀官穿着绣花的紫色衣服。祭地用祭地神后土之礼，祭祀时用江淮一带产的三脊茅存神，并用五色土益杂封，还叫人满山放置远方的奇珍异兽，以示祥瑞。

继秦始皇和汉武帝后，封建帝王如东汉光武帝、唐高宗、宋真宗等都率领臣下到泰山进行封禅。三国魏明帝，南北朝宋文帝、梁武帝以及隋文帝、唐太宗、宋太宗等，也想举行封禅活动，但终未实现。

封建帝王举行封禅典礼，具有宗教和政治的双重意义。封禅加强了封建帝王的统治地位。封禅的主要内容，是告示上天已经改朝换代，表明新主受天命，并祈求天的保佑和赐恩降福。这样，通过封禅活动，他们就给自己的统治披上了"君权神授"的外衣，把神权和王权结合起来，以示天下。显然，这种活动有利于维护封建统治，加强专制主义，对人民则有很大的欺骗作用。

封禅满足了统治阶级的虚骄之心，然而，进行一次封禅活动势必耗费巨大，沿途州县百姓要负责修筑道路、供奉山珍海味和各种各样的奢侈品，浪费了巨大的人力、物力。对劳动人民来说，实在是一场巨大的灾难。

246. 我国古代主要崇拜哪些神祇？

我国古代崇拜的神祇很多，情况也比较复杂。以汉民族为例，除去原始时期自然崇拜、图腾崇拜及祖先崇拜中的许多神祇以外，各个时期、各个社会阶层，都有一些不同的主要崇拜对象。这些崇拜对象，有些是原始时期遗留下来的神，有些则是各时期新造的神。一般来说，统治阶级以天公、地母为主要崇拜对象，民间则以各种与生活有密切关系的神灵为主要崇拜对象。

上帝又称为天帝、天、天皇、皇天上帝等，是神灵世界的主宰，也是历代统治者和一般群众都崇拜的最高神祇。原始时期作为天帝的神祇较多，如颛顼、黄帝、炎帝、帝喾、帝尧等，都曾作为上帝受到人们的崇拜。这种情况，反映出当时各个部落、氏族文化的多元性。随着历史的发展和政治权力的集中，上帝也逐渐定于一尊。

社神即土地神，亦名后土，也是统治者和一般民众都普遍崇拜的神祇。相传社神有三个，一是句龙，《礼记·祭法》记载："共工氏之霸九州也，其子曰后土，能平九州，故祀以为社。"一是禹，传说他勤于天下，死后托祀社神。而最为大家认可的就是后土，又称后土娘娘。对社神的崇拜是原始时期自然崇拜中土地崇拜的发展。大地生长草木五谷，养育了人类，故被视为具有无穷生命力的神灵。祭地也是上至王公贵族，下至小民百姓一年中的大事。先秦时期的社神地位极高，故"社稷"一词通常都作为国家的代称，祭祀典礼也由天子或各地行政长官主持，表明了它显赫的神性。

高禖即婚姻、生殖之神，又称皋禖、神禖、女禖。《礼记·月令》载："仲春之月……是月也，玄鸟至。至之日，以太牢祠于高禖，天子亲往，后妃帅九嫔御。"因为祭祀神多在郊外进行，所以又称为郊禖。古代祭高禖神因时代、民族的不同而有所差异。据记载，上古时期的高禖是女娲，相传她最早撮合婚姻、正定姓氏，又传其黄土造人的丰功伟绩，故受祀为高禖。可见，先秦时期崇拜高禖，实际上也是一种祖先崇拜。

门神即司门守卫之神。唐代以前的门神是神荼和郁垒。相传他们住在东海的度朔山，山上有大桃树，木下有万鬼，二人的职责便是惩罚那些害人的恶鬼。根据这一神话，民间多用桃木刻神荼和郁垒像，并悬挂苇索于门户，用以驱邪避凶。唐代以后，人们崇拜的门神逐渐变成了秦叔宝和尉迟敬德。

灶神又称为灶君、灶王爷、灶王菩萨。古传灶神主要有三：一是炎帝，《淮南子·泛论训》记载："炎帝于火而死，为灶。"二是祝融，许慎在《五经异义》中写道："颛顼氏有子曰犁，为祝融，祀以为灶神。"三是黄帝，《太平御览》卷一八六引《淮南子》（今本无）云："黄帝作灶，死为灶神。"看得出来，我国古代对灶神的崇拜，实际上是对火的崇拜。在商周时期，就有祭祀灶神的活动，贵族与平民都将灶神当作重要的崇拜对象。这种由崇拜原始的火神发展而来的灶神崇拜，是我国古代延续至今的一种崇拜习俗。

247. 佛教是什么时候传入我国的？

佛教产生于公元前五世纪的古印度，创始人乔达摩·悉达多20岁时离家成道，后被尊称为"佛陀"，意为觉悟者，简称"佛"，所传宗教被称为"佛教"。

佛教传入我国的年代，说法不一，难以查考。汉明帝求法，佛教初传的史话是佛教界最普遍的看法。相传东汉永平七年（64），明帝夜梦金人在他的宫殿飞行。次日，他询问大臣梦中所见金人的来历，太史傅毅答道："西方有一名叫'佛'的神仙，陛下梦见的恐怕就是他。"于是，明帝就派遣中郎将蔡愔、秦景、博士王遵等十八人去西域求法。永平十年（67），蔡愔等西行至大月氏国遇到高僧迦叶摩腾、竺法兰两人，便邀请他们携带佛像经卷，用白马驮回洛阳。明帝在西门外建造白马寺，迦叶摩腾、竺法兰在寺庙里译出《四十二章经》，一般认为这是中土佛教最早的译籍。汉明帝求佛法的传说，从西晋以来就流传于佛教徒中间，但关于它的具体来历有不同的说法，所以现代佛教史家怀疑是否真有其事。但是，根据保存下来的史料，至少可以肯定，东汉末年桓、灵二帝时，佛教在社会上的传播已经相当广泛。

佛教最初传入我国的时候，正值道家之学备受朝廷尊崇之际。因此，"佛"只是作为一种大神，附庸于道学之中。佛教的理论被认为"清虚无我"，而与道学相比附，各种仪式也效法道术和祠祀，只是在已入汉籍的西域各族侨民中，佛教仍然保持着原来的习俗，立寺、斋僧、举行各种宗教活动。汉魏时期，佛教尚未受到士大夫阶层的重视，统治者对佛教一般也采取限制的态度。当时入教者只要从师出家，剪落须发就算是和尚了，但政令上是禁止汉人出家为僧的。曹魏嘉平年间（249—253），有个名叫朱士行的佛教徒，专心研究佛经，认为当时流行的大乘经典译本删略颇多，脉络不清，发愿寻找原本。甘露五年（260），他从长安西行出关，走过沙漠，辗转来到了大乘经典集中的于阗。在那里，他果然得到了大乘经典的梵文原本，共九十章，六十余万字。因受到当时小乘佛教徒的各种阻挠，未能将经本送出，直到太康三年（282），才由他的弟子法饶送回洛阳，而朱士行本人则终生留在西域，直到八十岁病故。因此，他是历史上汉僧西行求法的第一人。

248. 我国古代主要有哪些佛教宗派？

释迦牟尼创立佛教时，对待不同的人有不同的传教方法，他死后，弟子们就根据各自的理解加以传播。随着时间的推移，尤其是隋唐时代，形成了不同的宗派。其中主要的两大派，即"大乘"和"小乘"。大乘不但要求自身的解脱，而且要救脱一切生灵，使皆成佛。小乘主张只要断除自己的一切烦恼，超脱于生死之外，就能够成为"阿罗汉"。在大乘之中又有"显教"和"密教"之分。显教注重理论，密教则依咒语、手印、仪轨等方式，以达现身成佛。显教分"中观宗"和"瑜伽宗"。中观宗着重说明万物由缘集合而成，不存在自体；瑜伽宗着重说明善恶因果的转变原理。印度的这些宗派学说传入中国后，研究者又各自发挥了自己的看法和见解，形成了不同的宗派。到了隋唐时代，由于寺院经济发达，为了维护寺院财产，师徒传承仪式等制度逐渐固定下来，才形成了具有组织意义的宗派。但此时，小乘佛教在中国已经衰落，比较兴盛的八个宗派都是属于大乘佛教的。这八个宗派分别是三论宗、天台宗、华严宗、法相宗、律宗、净土宗、密宗和禅宗。

三论宗以印度中观学派龙树所著的《中论》《十二门论》及其弟子提婆所著的《百论》为经典，故得名三论宗。这三部论著自鸠摩罗叶翻译以后，师徒相继，传承不绝。

天台宗为隋代智顗所立，智顗晚年住在浙江天台山，著书立说，完成了自己的学术系统，学者称他为天台大师，后世称他所立的一宗为天台宗。天台宗依宗《法华经》，故又称之为法华宗。智顗之后，经历唐代至宋代，相继传承，发扬光大，并远播东邻，是中国佛教最发达的宗派之一。

华严宗为唐初杜顺所创立，因以《华严经》为依据而得名。智俨继承杜顺的学说，法藏又师从智俨研究《华严经》，完成了一宗的理论体系。武后尊他为贤首大师，故华严宗又称为贤首宗。

法相宗继承了印度的瑜伽学派，是唐代玄奘根据《成唯识论》所创立的，而大成于其弟子窥基。

这一宗派的《解深密经》说明诸法事相，故名法相宗。窥基在长安慈恩寺著书讲学，完成唯识的理论体系，故又称其派为慈恩宗、唯识宗。

律宗发源地是陕西西安净业寺，以戒律为依托而得名。戒律是僧尼共同遵守的规律制度。律宗的教程分为戒法、戒体、戒行、戒相四科，也称为四分律宗。该宗的主要学说是戒体论。戒体是受戒弟子从师受戒时所发生而领受在自心的法体。这是律宗教理的核心理论。

净土宗以称念阿弥陀佛名号，求往生西方极乐净土为宗旨，故得其名。此宗的渊源可以追溯到东晋慧远在庐山集僧俗一百二十三人结白莲社念佛之时，故又称莲宗。净土宗在民间有极大的影响。

密宗即为密教，自称显教是释迦牟尼对一般凡夫说的法，密教是他对自己亲属说的秘密真言，所以又称为真言宗。它以《大日经》和《金刚顶经》为依据。中国密宗正式建立是在唐开元年间，当时号称"开元三大士"的善无畏、金刚智、不空把密教经典翻译成汉文。

禅宗是完全中国化了的佛教宗派。禅是梵语"禅那"的音译，意译为"静虑"，就是用静坐敛心、正思审虑的方法，以期大彻大悟，故名禅宗。

249. 我国古代翻译佛教典籍的情况如何？

佛教典籍的翻译是我国翻译史上最璀璨的明珠。自汉代起，到宋代止，历时千余年，先后有一百三十多位著名佛经翻译家，其中如安世高、支娄迦谶、竺法护、鸠摩罗什、昙无谶、曼陀罗仙、不空、玄奘等，除中土外，分别来自现在的印度、巴基斯坦、阿富汗、克什米尔地区、尼泊尔、伊朗及我国新疆地区。这些中外佛教翻译家译出的佛教典籍，现存于汉文《大藏经》的就有一千五百二十部、五千六百二十卷，对世界文化做出了不朽的贡献。从翻译时间之长、人数之众和作品之多来说，是世界史上任何一个国家所没有的。可见，我国人民不但能创造文化，而且善于吸收外来文化。

中国佛教史上最早的翻译家，相传是东汉明帝时代从印度来的两位高僧——迦叶摩腾和竺法兰，他们在洛阳白马寺译出了中国最早的一部佛典《四十二章经》。不过，中国佛经翻译事业的真正创立人当首推汉末来中土的安息人安世高。安世高译出的佛典大约有三十五部四十一卷。因为安世高通晓汉语，能将原本意义比较正确地传达出来，说理明白，措辞恰当，不铺张，不粗俗，恰到好处，但总的说来，仍然偏于直译。随后接踵而至的佛教翻译家中，鸠摩罗什是最有名的巨匠，他于五世纪初辗转来到长安，得到后秦统治者姚兴的支持，在许多有学问的高僧如僧肇、僧睿等五百余人参与下，住逍遥园西明阁，从事翻译工作。他前后所译注的佛经共三十五部、二百九十四卷。鸠摩罗什的翻译事业，在当时是空前的。他的成就，不仅在所译的内容上第一次有系统地介绍了根据般若经类而设立的大乘性空缘起之学，而且在翻译文体上也一改过去朴拙的古风，开始运用达意的译法，使中土颂者能够容易理解，体现了鸠摩罗什的高度责任感。

五世纪时，尼泊尔的佛陀跋陀罗也是一位杰出的翻译家，他在长安、庐山、南京等地译出了《华严经》，以及关于坐禅、持戒的经典共一百一十七卷，对于中国佛教的影响巨大。

唐代高僧玄奘大师是中国佛教史上最伟大的翻译家。他究通诸部，学识渊博，但并不就此满足。他决心到印度游学，求真义，释疑难。他孤身出征十七载，身行五万里，经历一百一十多个国家，克服了一般人难以想象的困难和险阻，终于携带梵本佛典六百五十七部回到长安。之后，他专心从事翻译工作，前后经历二十余年，译出了大乘经、论共七十五部、一千三百三十五卷。他的译典著作有《大般若经》《心经》《解深密经》《瑜伽师地论》《成唯识论》等。他开创了中国佛教翻译史上被称为"新译"的一个阶段。

250.什么是"佛藏"？我国古代在编刻藏经方面的情况如何？

"佛藏"即大藏经，乃是汇集佛教一切经典成为一部全书的总称。古时也叫作"一切经"，因其内容主要是由经、律、论三部分组成，所以又称为"三藏经"，略称"藏经"。其中，"经"是经典之意，是佛一生所说的言教的汇编；"律"是佛所制定之律仪，能治众生之恶，调伏众生之心性；"论"是对经、律等佛典中教义的解释或重要思想的阐述；"藏"有容纳、收藏的意思，系印度梵语的意译。

佛教三藏的分类，起源很早。相传释迦牟尼逝世后不久，他的弟子们为了永久保存他所说的教法，开始进行遗教的结集，即通过会议的方式，把他说的话加以统一固定下来。佛教的经藏是经过几次结集会议才形成的。

我国现存汉译大藏经，是自东汉以来，直接和间接从印度和西域各国输入的写在贝叶上的各种佛经原本翻译过来的。自汉至隋唐，都靠写本流传。到了晚唐才有佛经的刻本。现存唐咸通九年（868）王玠所刻《金刚经》便是世界上最古老的刻本，它还附有精美的版画。

由于佛经越来越多，晋宋以后就产生了许多经录，以记载历代佛经译本的卷数、译者、重译和异译等。在现在许多经录之中，以唐代智昇的《开元释教录》最精详。他把当时已经流传的佛经五千零四十八卷，编为五百四十八函，历代刻藏。相沿不改，使汉文大藏经的规模基本定型。到了宋初，雕版印刷业兴起，于是有了木刻本的大藏经。北宋太祖开宝四年至太宗太平兴国八年（971—983）间形成的《开宝藏》是我国历史上第一部印刷的佛藏，由宋太祖下令在四川成都雕刻，运到当时的首都开封印刷。全藏刻版共有十三万块。当时政府为了贮藏这副经版，特地在都城内建造了一所印经院，并委任专人负责管理和印行。这种官版大藏经，主要是为颁给国内名山大寺和作为赠送各国的文化礼品而雕印的。

根据佛教文献记载，从宋初到清代的一千年间，朝野所刻大藏经共二十次。宋代继《开宝藏》而刻的有福州本《崇宁万寿藏》（此藏为我国最早的一部由民间私刻的藏经）、《毗卢藏》、湖州本《思溪藏》。辽代有《契丹藏》，金代有山西的《赵城藏》，元代有杭州的《普宁藏》、北京《弘法藏》，明代有洪武《南藏》，还有《武林藏》《径山藏》等。清代雍正、乾隆年间，北京还刻了一本《龙藏》。这是中国官刻藏经的最后一部，这部藏经的经版现在还保存在北京智化寺内。

以上这些大藏经都是雕版印刷的，每部藏经的刻板都在十万块以上。因为历史悠久，现在除清代《龙藏》版本尚完整外，其他历代所刻大藏经不但原版不存，就是印造的藏经也已成为稀世珍宝。

251.佛教在中国的三大分支是什么？

东汉时期，佛教开始由印度传入我国，并经过了长期的发展与壮大，形成了现在独具特色的中国佛教体系。由于传入的时间、途径、地区和民族文化、社会历史背景的不同，中国佛教形成三大系，即汉传佛教（汉语系）、藏传佛教（藏语系）和云南地区上座部佛教（巴利语系）。

汉传佛教主要流行于中国、日本、朝鲜半岛等地，是北传佛教中重要的一个支脉，其主要以大乘佛教为主。在汉传佛教发展的历史中，受到了来自北传佛教与南传佛教的双重影响，其中以北传佛教影响最大。汉传佛教的影响力，从中国传播至朝鲜半岛、日本与越南等地，并且影响了后世的藏传佛教。实质上，汉传佛教可以说是形塑大乘佛教面貌的主要力量之一；但有别于藏传佛教之显密并重，汉传佛教的宗派以显宗为多。另外，尽管汉传佛教以大乘佛教为主，但当年经西域传入中原地区的佛教也包括了流传远不如大乘佛教广泛的小乘佛教。

藏传佛教，又名喇嘛教，是传入西藏的佛教分支，同属于北传佛教，也属于大乘佛教。不同的是，它以密宗传承为其主要的特色。从公元七世纪印度佛教传入吐蕃以后，印度佛教与西藏本教（本波佛教）互相吸收了许多对方的内容而各自得到发展，因为印度佛教与本波佛教在信仰的本原上是完全一致的。印度佛教大量吸收了本波佛教的内容，使其能够更深入地根植于当时的社会并逐渐发展成为现代的"藏传佛教"。藏传佛教的流传地集中在中国藏、青、川、甘、滇地区以及蒙古、尼泊尔、不丹、印度的喜马偕尔邦等。

南传佛教，又称上座部佛教，是指盛行于泰国、越南、老挝、柬埔寨、缅甸、斯里兰卡及我国云南傣族地区等的佛教。它是原始佛教时期后，部派佛教中的一个派系。

252. 我国佛教为什么在魏晋南北朝时期特别兴盛？

自东汉佛教传入中国之后，可谓遍地开花，四处结果。但历数各朝各代，佛教最为兴盛的时期出现在魏晋南北朝时期，其盛行的原因可以具体归纳为以下几点：

第一，魏晋南北朝时期动荡的时局和黑暗的政治统治给佛教创造了极佳的生存环境。在魏晋南北朝的三百余年中，政权更迭不断，社会混乱不堪，人民生活在水深火热之中，加之少数民族的不断入侵，生灵涂炭，民心惶惶。生活在下层受苦的百姓难以在现实生活中找到出路，于是他们将希望寄托在了宗教上，以寻求心灵的慰藉，而此时佛教的教理与教义为百姓们提供了精神家园。而士人阶层也逐渐放弃了对现实的希望，他们在黑暗现实的强烈打压下，别无所求，只希望保全自身，闭口不谈政治。儒家所崇尚的纲常名教及积极入世的思想大受打击。魏晋时期玄学大为兴盛，而佛教徒也凭借其对世间万物的体会加入士林的清谈之中，其中较为著名的有僧侣支遁、慧远。他们精通佛法，常与当世名士辩论玄理，受到了士林阶层的敬重，因此当时的主流思想也浸染了不少佛教思想。此外，东晋末年，慧远致力于融佛入儒，其著有《丧服经》及《三礼毛诗注析》，后来法显也曾西行寻求戒律。这些人的做法，均丰富了佛学，有助于弘扬佛法，得到了人民的普遍信奉。

第二，也因为儒佛思想并无大冲突，故佛学得以为传统的儒生及人民所接受。佛教教义与中国传统的儒家思想并无根本上的冲突，两者均主张依赖自力而不依恃他人的帮助，佛教之众生皆可以成佛与儒家的人人皆可以成尧舜非常接近。

第三，佛教者传教方法得宜，也助其兴盛。佛教在传入之初即已注意争取社会上层人物的信仰和支持，当时的博士弟子景卢、楚王英、汉桓帝、魏文帝、孙权以及南北朝的大多数君主，都好佛事。佛教因得君主的提倡及上层士子的支持，故得广泛流传，不受摧抑。

第四，当时神仙方术流行，其往往通过符咒治病、占星等来吸引群众。而佛教中人为迎合当时俗尚，也兼用占验、预卜吉凶、治病等方术以接近群众，作为传教方法。例如西晋末年，西域僧人佛图澄来华，他用方术感化石勒，阻止了他的残杀，其后亦为石虎所崇信。

第五，统治阶层的支持为佛教的发展扫平了所有的障碍，不仅得到了物质上的极大支持，同时也改变了魏晋时期的社会风貌。例如在南朝时期，朝中的权贵常常捐赠邸宅以起佛寺，而金钱的捐赠更是数不胜数，所以当时佛寺的财产年年都在疯狂增加。佛寺财产的增加，不仅能够更好地致力于社会福利，同时又能够收揽人心。不仅如此，政府又容许附属于寺庙的土地及人户免国家赋役，民众纷纷投归佛寺，故使佛寺财力强盛，劳力大增，故在社会经济上有特殊地位，确保其势力发展。

总括而言，佛教之所以能在中国盛行，有其主观条件与客观因素的配合，对中国文化发展影响深远。

253. 我国藏传佛教的活佛是什么样的称号？它的发展历程是怎样的？

活佛是藏传佛教中对修行有成就，依转世制度而取得地位的高级僧侣的尊称。他们常被称为"朱古"（藏语）或"呼毕勒罕"（蒙古语），意思是"转世者"或"化身"。"活佛"一词最早出现于元代，元朝皇帝忽必烈封萨迦教主八思巴为"西天佛子，化身佛陀"。此后，元代人就开始称西藏高僧为活佛，到活佛转世制度创立后，它又成为寺庙领袖继承人的特称。

1252年，忽必烈召见八思巴时，也邀请了噶玛噶举一系的高僧噶玛拔希。但噶玛拔希投向了当时的蒙古大汗蒙哥，被蒙哥封为国师，并赐一顶金边黑帽及一颗金印。1283年，噶玛拔希圆寂。为将本教派既得利益保持下来，他便以佛教意识不灭、生死轮回、"化身再现，乘愿而来"为依据，临终前要求弟子寻找一小孩继承黑帽。弟子秉承师命，找来一小孩为噶玛拔希的转世灵童，黑帽系活佛转世制度就这样建立起来了。

活佛转世制度创立后，藏传佛教各教派为了自己的利益，纷起仿效，相继建立起大大小小数以千计的活佛转世系统。据统计，清朝乾隆年间在理藩院正式注册的大活佛就有一百四十八名，到清末增至一百六十名。其中，随着本教派利益的膨胀而建立的两个最大的活佛转世系统是达赖活佛转世系统和班禅活佛转世系统。

达赖活佛转世系统创建于十六世纪。清初，五世达赖喇嘛不远千里到北京朝见顺治皇帝，被封为"西天大善自在佛所领天下释教普通瓦赤喇恒喇达赖喇嘛"，达赖喇嘛的称呼从此正式确定下来。

班禅活佛转世系统出现于1713年，清朝中央政府正式册封班禅为"班禅额尔德尼"。民国时期，九世班禅与十三世达赖失和，班禅出走内地，圆寂于青海，宫保慈丹经扎什伦布寺班禅行辕寻访到后，国民政府代总统李宗仁特令"免予掣签，特准继任为第十世班禅额尔德尼"。

十七世纪格鲁派掌权后，这种活佛转世的办法成为西藏特权阶层争夺利益的手段。为杜绝大活佛转世中的族属传袭之流弊，1793年清朝颁布《钦定藏内善后章程二十九条》，创建金瓶掣签制度，将其列入《善后章程》第一条：大皇帝为求黄教兴隆，特赐一金瓶，规定今后寻找活佛灵童时，邀集四大护法，将灵童名字及出生年月，用满、汉、藏三种文字写于牙签牌上，放进瓶内，选派有学问的活佛，祈祷七日，然后由众呼图克图会同驻藏大臣在大昭寺释迦佛像前正式认定。金瓶掣签制度完善了藏传佛教活佛转世制度。

254. 我国禅宗谱系的源流是什么？

禅宗是我国佛教主要宗派之一，其主张"见性成佛"的顿悟与思考。又因以参悟为主要修行方法，以彻见心性的本源为主旨，所以也被称为"佛心宗"。其创始人传说是达摩祖师，之后下传慧可、僧璨、道信，至五祖弘忍下分为南宗慧能、北宗神秀，时称"南能北秀"。后来慧能一支得到极度发展，人才辈出，逐渐成了中国禅学的主导。慧能之后著名的弟子有南岳怀让、青原行思、菏泽神会、南阳慧忠、永嘉玄觉，其中以南岳、青原两家弘传最盛。南岳下数传形成沩仰、临济两宗，青原下数传分为曹洞、云门、法眼三宗，世称"五家"。其中临济、曹洞两宗流传时间最长。临济宗在宋代形成黄龙、杨岐两派，合称"五家七宗"；沩仰宗，由沩山灵祐及其弟子仰山慧寂创立，认为万物有情，皆有佛性，人若明心见性，即可成佛。

255. 什么是"道教"？

"道教"是中国土生土长的宗教。道教奉先秦道家创始人老子为教祖，其实是后来加上去的，老子本人并不宣传宗教。

道教源于先秦道家，同时也继承了中国古代的巫术和神仙方术，在发展过程中，还糅合了儒家和佛教的某些理论和教规、仪式，所以它的宗教思想体系十分庞杂。道教把先秦道家的理论概念"道"加以神秘化，作为根本的信仰，把得道成仙作为追求的最高境界。

道教的最高信仰虽然是"道"，但由于宗教的神性论，决定了道教也必然有神性。再加上道教的最高追求是"长生久视，羽化登仙"，所以道教必须建立在规范"道"的意义上的神仙系统。离开了神仙系统，道教就失去了存在的前提和基础。因此，可以说，神仙信仰是道教的最高理想，道教的其他理论和内容，几乎都是围绕着神仙信仰而展开的。道教所谓的"神仙"，其实是对"神"和"仙"的统称。说到神仙，人们立即会想到许多以神怪为故事的小说以及电视剧，如《西游记》《封神榜》等，这些故事中的各种活动已经清楚地表现了神仙们的特征。

综观道教的神仙体系，基本上是继承了天神崇拜这条主线，但又是经过多方整合，从而使它的神仙体系呈现出道教的色彩。这样的神仙体系，不仅给了人们以安慰，还增添了很多的人文色彩，体现出对人的终极关怀，给人们带来了一种掌握自己命运的希望和力量。

在道教神仙文化的影响下，传统的中国人十分推崇那种自在逍遥、无忧无虑的生活状态。多神信仰的特点，又使他们将这些神仙化为日常生活中的具体形象，体现在节日庆典、生活禁忌、民俗传统等诸多方面。

此外，道教还有种种"禳灾祈福"的宗教仪式，如专为住宅驱魔辟邪的活动称为"镇宅"等。在这些宗教活动中，一般都要诵读经文，再施礼拜，画符箓、写奏章（也称为"绿章""青词"，一般为骈俪文，因用朱笔写在青藤上，故得名），表示"上告"天神等。这些活动，有的是从古代巫术和神仙方术中继承、发展、演变而来，有的则继承自佛教，稍微加以改动。英国汉学家李约瑟也认为："中国文化就像一棵参天大树，而这棵大树的根在道家。"道教对中国传统文化的深刻影响可见一斑。

256. 我国道教是怎样起源和发展的？

道教源于先秦的道家，奉老子为教祖和最高天神，同时继承了中国古代社会的巫术和求仙法术，约在东汉晚期逐渐形成宗教。

早期的道教有"太平道"和"五斗米道"两派。

太平道主要流传于河北一带，因信奉《太平经》而得名。河北巨鹿人张角曾利用太平道组织黄巾起义，教徒达到数十万，坚持斗争二十几年，随后销声匿迹。

五斗米道主要流传于巴蜀一带，创始人是张道陵，沛国丰人。顺帝时客居于蜀，赴鹤鸣山学道，永和六年（141）作道书二十四篇。翌年五月初一夜半，自谓遇到老子等五人，命为天师，遂奉《老子道德经》为经典，从之受道者，须出五斗米，故得名五斗米道。

三国时期，道士葛玄从当时著名方士左慈学道，后在江西清江县（今樟树市东郊）阁皂山修道，被尊为道教阁皂山派祖师，世称"葛仙翁"。他的从孙葛洪也是两晋时期的著名道士，著有《抱朴子》一书，把道教的神仙信仰系统化，并与儒家名教纲常结合起来，使道教成为维护封建统治的工具。

南北朝统治阶级采取了对早期道教进行变革和利用的政策，得到一些道教上层人士的积极响应。北朝的崇山道士寇谦之（365—448），自谓于神瑞二年（415），太上老君授以天师之位，赐之《云中音诵新科之戒》二十卷，令他改造整顿道教，除去三张伪法及男女合气之术。他提出以儒家"佐国扶民"思想为主要内容，以礼拜炼丹为主要形式的新教义，从而形成"新天师道"。南朝的道士陆修静（406—477），久居庐山，受宋明帝重用，为筑崇虚观以敬礼之。陆修静整理道书，撰写《三洞经书目录》，奠定了《道藏》的初步基础。他依据封建宗法思想和制度，吸取佛教仪式，编成新的道教斋戒仪范，使道教适应门阀士族地主阶级的需要，被称为"南天师道"。

隋唐后南北天师道合流。唐为李家天下，而道教尊老子（李耳）为教主，所以唐朝始终尊道教，视道教为李姓宗教。进而取《道德经》的哲学思想为主，使与"五经"并立，封庄子为南华真人，文子为通玄真人，列子为冲虚真人，庚桑子为洞虚真人，"其四子所著书改为真经"，实能兼顾儒释道三教。北宋统治者继承了唐朝崇奉道教的政策，宋太祖和宋太宗为此奠定了基础。宋真宗和宋徽宗掀起了两次崇道热潮，编修道藏，大建宫观，册封神仙。北宋时期符箓道法兴盛，以高道众多的茅山宗实力最强盛。内丹学经过全真教的陈抟、张伯端等真人的发扬而流行，陈抟在易学、黄老、内丹三方面都颇有建树，全真道南宗祖师张伯端的《悟真篇》是修炼术上一部承先启后的经典。

明朝诸帝都对道教采取了尊崇的态度。明太祖推崇城隍和土地；明成祖自诩为真武大帝的化身，对全真道士张三丰及其门派极为尊崇；明代宗、明宪宗、明孝宗都任命道士为礼部尚书；明世宗以奉道为首务，宠信道士，热衷方术，爱好青词，使道教的兴盛达到登峰造极的地步。清朝统一全国后接受佛教，但对道教采取了严格的防范和抑制政策，道教逐渐衰落下来。

257. 道教的神仙思想源于何处？

刘勰在《灭惑论》中云："案道家立法，厥品有三，上标老子，次述神仙，下袭张陵"，概括了道教的大致特点，其中重要的一条就是神仙信仰，而道教的神仙信仰有其固有的理论渊源。

道教正式创立于东汉末年，但其思想渊源可以追溯到中国古代先民们渴求长生不死及轻松自由的愿望之上。古籍中多有记载古代先民们关于长生不死、身轻逍遥的"神仙"传说者，如《山海经》之《海外南经》和《大荒南经》中曾有对"不死民"和"不死之国"的记述，《庄子·逍遥游》中也有对"不食五谷，吸风饮露，乘云气、御飞龙而游乎四海之外"的"神人"的记载等。道教继承并发展了中国古人对"神仙"的认识，以为"神仙"能够"神灵变化，隐显莫测"（《净明忠孝全书》卷六），"或竦身入云，无翅而飞；或驾龙乘云，上造太阶；或化为鸟兽，浮游青云；或潜行江海，翱翔名山"（《墉城集仙录》卷六），变成"神仙"的人的身体可能会出现某些变化，如"身生羽翼""更受异形"（《对俗》）等。

目前的学术界通过对古籍的研究，多以为有关长生不死、轻盈灵巧的"神仙"的传说最早产生于战国时的燕齐海滨一带。《史记·封禅书》记载：东海中有蓬莱、方丈、瀛洲等神山，"诸仙人及不死之药皆在焉"，齐威王、齐宣王、燕昭王都曾遣人入海去寻求仙人及不死之药。近年在江西省新干县大洋洲商墓出土的一件"玉羽人"，为我们研究神仙思想的起源提供了新的材料。这座商墓于 1989 年冬开始发掘，发掘成果曾展示于《人民画报》1992 年第五期。在这期的《人民画报》上，李学勤撰写了《江西商代大墓的惊人发现》一文，对发掘成果做了详细介绍，其中写道："玉器中有一件玉羽人，十分重要，羽人高十点五厘米，色泽枣红，头顶有冠，鸟喙有须，体侧有翼，背股有羽毛。其头后掏雕成三个链环，技法十分高超。这件羽人的形象与后世的羽人相当接近，显然有一脉相承的关系。"我们知道，"羽人"是古人对神仙形象的一种想象，如《史记·孝武本纪》载方士栾大曾"衣羽衣"而为汉武帝求召神仙。道教也认为成仙之人能"身生羽翼"，并称成仙为"羽化"等。因此，从江西省商墓出土的这件"玉羽人"表明，早在商代，中国的南方就已有了神仙思想的流传。

258. 道家的主要经典有哪些？

所谓道教经典，就是道教在自身长期的发展与演变的过程中所积累的卷帙浩繁的书籍文字。道教的思想纷繁复杂，包罗万象，而且不同派别之间的教义与思想都有着较大的差异，所以很难确定哪些书是真正的道教经典。在此，我们仅从一般意义上对道教的主要作品进行粗略的介绍。

《道德真经》，又称《道德经》或《老子》。《道德经》是老子思想的代表作。后来老子被道教尊奉为教祖，《道德经》成为道教最高经典。《道德经》只有五千余言，张道陵创立五斗米教时定本为五千字，令教徒诵习，故称"五千文"。《道德经》的内容，主要论述"道"和"德"两个名词的含义，强调"万物莫不尊道而贵德"，从而论述道家的哲学思想。老子描述的"道"是从本体论的角度，阐明其宇宙观和人生观，同时包括道家修养方法的原理。道教的一切教理、教义均由此引申而来，同时加以宗教的仪式进行包装。特别是道教的修炼学说，与此有直接关系。

《南华真经》，即《庄子》，战国庄周著。《庄子》一书继承了《老子》"道"的哲学思想，并且进一步敷衍。特别是将老子所述的"长生久视之道"，引申成具体的神仙思想和修养方法，使"道"与"仙"有机地结合起来，为道教所袭用，从而完成了道家思想向神仙信仰的转化。唐代以道教为皇族宗教，封庄子为"南华真人"，其书称为《南华真经》。因此《南华真经》在道教中的地位，一直被视为仅亚于《道德真经》的主要经典。

《阴符经》，又称《轩辕黄帝阴符经》或《黄帝阴符经》，亦称《黄帝天机经》。相传此书出于轩辕黄帝之手。由于道教以黄帝为其宗祖，因此被奉为主要经典之一。对于它的内容，各家看法并不一致，有的认为它是谈道家修养方法的书；有的认为它是纵横家的书，所谈都是权谋术数；也有人认为它是兵家的书，总的来说，以第一种看法为多。张紫阳在《悟真篇》中云："《阴符》宝字逾三百，《道德》灵文满五千，今古上仙无限数，尽于此处达真诠。"

《太平经》，又称《太平清领书》，传说为东汉于吉所传。早期太平道将其奉为主要经典。其书内容融入了古代道家、方仙道和黄老道的思想，是这些学术思想向宗教信仰转化的产物，也是道教教团最初酝酿和形成过程中的一部宣言书。其重新构筑了早期道教的神学思想体系，反映了平均主义和平等理想的朴素民本思想。因此，在研究早期道教思想方面，它是一部重要的经典。

《度人经》，全称为《太上洞玄灵宝无量度人上品妙经》或《灵宝无量度人上品妙经》，又称《元始无量度人上品妙经》。此经被列为《道藏》之首，亦可见其在道教经典中的重要位置。《度人经》阐述了"仙道贵生""仙道贵实"的宗旨，是道教教理、教义的鲜明体现。其经宣称道教"无量度人"之旨，将度人作为修道成仙的必要条件。而且强调济度不分凡人神仙、贫富贵贱、阳世阴间、天地万类，一概度化不弃，无所不包。此经及其注本，对于研究道教思想的发展史，颇为重要。

259. 道教对中国古代科技有何影响？

李约瑟曾指出，道教在中国古代科技发展史上扮演了重要的角色。在中国历史上，科学的起源乃至发展和道教息息相关。中国古代的化学和医学等都在一定程度上得益于道教文化。

第一，对古代化学研究的推动。

在一般人看来，宗教是迷信，是反科学的。但事实上，道教与古代尚未与冶炼术分家的化学有密切的关系。中国古代道士发明了一种不朽的药物，就是金丹。"夫金丹之为物，烧之愈久，变化愈妙。黄金入火，百炼不消，埋之，毕天不朽。服此二物，炼人身体，故能令人不老不死。"道教炼丹理论认为经常服用金丹可以"成仙"，这就是道教所谓的内丹。

第二，道教与古代医学、药物学也有着密切的关系。

葛洪在《抱朴子·内篇》说："古之初为道者，莫不兼修医术。"一方面，道教为了修炼成仙，首先得祛病延年，而医学、药物学正是为了防病、治病、延年益寿。另一方面，医药不仅可以使自身得到保健，还可以治病，救人济世。道教通过施药治病接近群众，达到宗教宣传、扩大影响的目的。

道教炼丹家发展成为医学和药物学专家。晋葛洪、南天师道代表人物陶弘景都有大量的医学著作，对古代医学和药物学的发展做出重大贡献。特别是隋唐之际的著名道士孙思邈，著有《备急千金方》三十卷，《千金翼方》三十卷，合称《千金方》，共收集八百多种药物，五千三百多个处方。

道教的外丹术促进了中国古代药物学的发展。外丹术的发展，为医药学积累了知识，加深了医药学专家对铅丹、铅白、石灰、丹砂等矿物的产地、特性和用途的了解。炼丹方法和中医实践相结合，推动了古化学制药技术的发展，丰富了中国药物学的内容。

在中国文化中，道教居隐性地位，但它根植于中国文化土壤，在长期发展融合的过程中，对我国古代的思想文化和社会生活的各个领域都产生过巨大而复杂的辐射作用，留下了它深刻的影响。所以，中国古代科技虽然在主流的儒家文化社会不被重视，但仍能够获得巨大发展。

260. 我国道教主要有哪些宗派？

道教以东汉末年张陵所创的五斗米道为起点，迄今已经屡经变化，宗派有数十种之多。因同一宗派，经过数代相传，遇到宣传能力强者，略改教义即可于本地或至他处另创一派。所创立的宗派，或则数代即衰，或则传人众多，或则数派相合，或则一派又分。故通过不同宗派的兴衰，可以深入了解道教教义的变化情况。

早期道教有五斗米道与太平道之分。太平道因曾被用于组织农民起义，所以在东汉以后即衰落，五斗米道在魏晋南北朝时期演变为天师道。此外，东汉时还有帛和道，传为帛和所创，帛和授于吉《素书》二卷，于吉演成一百七十卷《太平经》。南朝时，此教流行于浙江一带，重祈祷通玄。

魏晋南北朝时期，除有南北天师道两大道派外，还有以下各派：

灵宝派。由三国时吴国方士葛玄所创。葛玄曾从东汉末著名方士左慈学道，受太清、九鼎等丹经，后在江西阁皂山修道。晋道士丁令威继之，葛洪之孙葛巢甫又撰《灵宝度人经》，灵宝之教遂大行。唐时特盛，且与茅山派、龙虎山派合称为三大符箓派，宋后渐衰。

楼观派。楼观在今陕西周至县，相传其地为尹喜故宅，老子西出函谷关撰《道德经》，尹子即在其处。晋惠帝永兴二年（305），谓老君命真人尹轨降于楼观，授梁湛水石还丹术及《日月黄华上经》等。由此，楼观派成为当时道法重镇。

上清派。南朝梁陶弘景创立于江苏句曲山，筑观修道。相传西汉景帝时，茅盈、茅固、茅衷兄弟三人在此修炼成仙，故尊之为祖师，并称"三茅真君"，句曲山亦被称为三茅山。此派兼及三洞，然主修洞真中的《上清经》，故又名"上清派"。此派亦重符箓，流传极盛。

到了唐末，道教中又出现了钟吕派，开宋代新道教先声。唐末有钟离权、吕洞宾、刘操等从之修道。离权曾自称"天下都散汉钟离权"，被后人误认为是汉朝人，此派继承了灵宝派而又有所变化，主张三教合一，实为改革道教的先声。宋代兴起的新道教基本上以此派为主，后南传成西山派。

宋代南北天师道与上清、净明等道派逐渐合流，此外还有清微派。道家认为，三清之一的玉清境为始气所成，为元始天尊所居，名清微天，由是宋时有清微派。宋代道教中的净明教派奉祀晋代许逊为主，以宣扬忠孝为目的，实为适应宋代理学而兴起的灵宝支派，创立者为江西南昌玉隆万寿宫道士何守证。与宋同时，北方的金代除了有道士王重阳创立全真教外，还有太一教和真大道教。

在道教的发展史上，先后产生的宗派有数十种之多，这些宗派既有共同点，又有不同点。从共同的方面来说，它们都是因为对教义的不同理解而形成了不同的流派。从不同的方面来说，则是由于道教的特殊性产生的。道教没有明确的教祖与基本经典，它是适应统治阶级需要，经过多次变革，吸取了儒家和佛教的某些理论和仪式而逐渐定型的，所以它的教派分合、演变情况极为复杂。这些宗派的演变，也构成了道教发展史的一个重要方面。

261. 什么是《道藏》？我国纂修《道藏》的情况如何？

《道藏》是道教经书的总辑。我国自东汉中叶起，陆续出现《太平经》及有关养生等道书。东晋葛洪（283—363）的《抱朴子内篇·遐览》记载了其师郑隐所收藏的道书，是现存最早的道书目录。它分为两大类，一曰道经，包括经、图、记、录、法、律、集等类型的典籍，凡二百零四种，六百七十八卷；一曰符，凡大符五十六种，小符"不可计数"。经过两晋百余年的发展，道书层出不穷，乃有陆修静（406—477）以教义之分类，成《三洞经书目录》于刘宋泰始七年（471）奏于明帝。分道家众经为洞玄、洞真、洞神三类，行世之道书一千零九十卷。继之有孟法师撰《玉纬七部经书目》，以"四辅"佐"三洞"，即以太玄辅洞真，以太平辅洞玄，以太清辅洞神，正一兼辅诸部，总称七部经书。

由唐代至明代，修成而通行全国的《道藏》共有：

第一，《三洞琼纲》。

唐玄宗于开元年间（713—741）大力搜访道经，于天宝初撰修成《三洞琼纲》，总三千七百四十四卷，七年（748）诏全国传写，是当时第一部《道藏》。此藏在安史之乱中大部散佚，中唐之后诸帝虽然竭力收集缮写，各地及民间亦有收集者，但依然没有能够重新撰写成功。

第二，《大宋天宫宝藏》。

经过唐末五代之乱，道书散佚更加严重，宋太宗求道书，得七千余卷，令徐铉等校雠，去其重复，得三千七百三十七卷。真宗时，又命王钦若领校道书，增益六百二十卷，赐名《宝文统录》。但由于"纲条漫漶……参差不同"，未能成藏。后有张君房主其事，于真宗天禧三年（1019）成《大宋天宫宝藏》，凡四千五百六十五卷。张君房又撮其要，成《云笈七签》一百二十二卷。

第三，《万寿道藏》。

继太宗、真宗后，徽宗笃信道教。政和（1111—1118）中下诏搜访道书，设局校定，有元妙宗、王道坚等主其事。定本送福州闽县镂板，福州知州事黄裳（1043—1129）监督雕刻，政和末完成。

总五百四十函，五千四百八十一卷，是为政和《万寿道藏》。这是第一部刻版的《道藏》，《大宋天宫宝藏》亦在其中，实仅增加了近千卷当代的道书。

第四，《大金玄都宝藏》。

政和《万寿道藏》修成后不久，北宋灭亡。南宋将福州闽县道观所藏的一部《万寿道藏》抄出几个副本，因而在南方，《万寿道藏》得以完整传至元代。金人掠得《万寿道藏》的书版，但已有残缺，遂在中都修补版片，至章宗明昌元年（1190年），由提点孙明道补刊成藏，复搜访遗经及当代的道书，补镂经板，共六千四百五十五卷，成六百又二帙，是为《大金玄都宝藏》。

第五，《元玄都宝藏》。

北方金元时期，全真教兴起，创立自王重阳（1112—1170），发展于丘处机（1148—1227）。丘处机命弟子宋德方（1183—1170）兴复道藏，至乃马真后称制三年（1244）全藏刊竣。凡七千八百多卷，亦称为《玄都宝藏》。所以，恢复并增补四十余年前焚毁的《大金玄都宝藏》，被后人称之为《元玄都宝藏》以便区分。

收入《道藏》的文献内容十分庞杂，有大批道经及关于神仙史迹的典籍，也有历代不同教派的教义。此外，还有自先秦至明代的诸子百家，以及关于医药、养生、炼丹等内容。因此，道藏不仅是道教的文献总汇，而且也是我们研究古代思想史、科技史以及文化史的珍贵文献。

262. 基督教什么时候开始传入我国的？它在我国的发展情况如何？

基督教是世界三大宗教之一，它以信仰救世主耶稣基督为旨归，发源于现今以色列、巴基斯坦和约旦地区。基督教包括天主教、东正教和新教，基叔教新教在我国称为基督教。

唐贞观九年（635），基督教聂斯脱利派传入中国，称"景教"。太宗、高宗两朝，景教受到宽容对待，得到了很大的发展，以至于当时各州都普遍建有景教寺院，出现"法流十道，寺满百城"的繁荣景象。但会昌五年（845），因朝廷下诏禁绝佛教而被波及，在中原地区传播中断。

元代时又传入天主教和聂斯脱利派，通称"也里可温教"或"十字教"。其活动范围除大都、江南等地外，最远达新疆、蒙古等边疆地区。该派在蒙古贵族和朝廷官吏中接受者较多，但在民间流传不广，后随着元朝的灭亡而告中断。

明万历十年（1582），天主教由耶稣会传教士再度传入，以利玛窦为代表的传教士带来了大批西方科学技术与知识文化，推动了中国的天文、历法、水利等多个领域的发展，特别是对中国文化向西方的传播，更是做出了突出的贡献。当时的中国官员如徐光启都纷纷受洗，宫廷内外士大夫阶层有超过五百人入教。清康熙皇帝与传教士亲密交往，并为基督教题写了许多诗词和对联，可以说是基督教与中国的热恋期。十八世纪因"中国礼仪之争"而被清朝禁止。

十七世纪末叶，俄罗斯东正教传教士开始在黑龙江流域建堂立院，随之亦在北京设立教堂。1715年沙俄派出第一届驻北京传教士团。清雍正五年（1727），中俄签订《恰克图条约》后，其传教士团成为驻华常设机构。从1716年至1933年，共有二十届俄罗斯东正教驻北京传教士团来华活动。

1807年，新教传教士马礼逊到广州传教，此乃新教传入中国之始。鸦片战争后基督教各派再次大量传入中国，因其传教受到不平等条约的保护而发生多起教案（如天津教案、山东巨野教案、义和团运动等）和1922年的非基督教运动。

中国教徒自二十世纪初开始要求实行中国教会自立。1919年五四运动后，天主教在中国推行

"中国化"措施，大量起用中国籍神职人员。新教各派亦于 1922 年在上海召开全国基督教大会，提出"本色教会"的主张和"自养、自治、自传"的"三自"原则，并成立中华全国基督教协进会。1949 年后中国教会逐渐割断与外国传教修会及差会的联系，进入自立发展的时期。

263. 我国古代有哪些民间宗教？

我国民间宗教是在封建社会中流行于社会底层的多种宗教的统称。我国最早的民间宗教是道教。道教起源于古代的巫术和秦汉时的神仙方术。东汉末年，张道陵所创的五斗米教传播于川、陕地区；张角所创立的太平道流传于中原和江南地区，是当时民间道教的两大派别。其中，太平道以《太平清领书》为主要经典，用符水治病，信徒曾发展到数万人，于东汉末年发动了声势浩大的农民起义。

约在公元六世纪至七世纪传入我国的摩尼教，在唐武宗会昌五年（845）灭佛时连带遭到严重打击，转而成为秘密的民间宗教。摩尼教在五世纪时亦称明教，教义中混有道教、佛教等成分，敬摩尼为光明之神，认为世界上光明力量终究会战胜黑暗力量。两宋时期，摩尼教流行于淮南、两浙、江东、江西、福建等地，不断组织农民起义，著名的有方腊起义和王念起义。

南北朝以后，新产生的民间宗教往往吸收流传较广的佛、道等合法宗教的某些教义，以结纳教徒。明正德年间（1506—1521），山东即墨人罗清创立罗教，自称源出佛教禅宗，并把自己列为"禅宗六祖"之后传教的"八祖"。罗教把佛教的空无宇宙观念和道家的无为思想结合为一体，以无极净土作为宇宙的本原，把真空当作宇宙的根本和永恒的真理，创"真空家乡，无生父母"八字真诀。罗清死后，罗教改称无为教和大乘教，流行于河北、山东、安徽、江苏、浙江等省，并延及江西、福建和台湾。教徒多为漕运粮船水手，他们在庵堂中供奉罗祖像，这些庵堂又大都成为漕运水手宿脚之地以及废疾衰老的教徒赖以生存和死后得以安葬之所。

流行于元、明、清三代的白莲教是我国古代民间宗教中一个极为重要的教派，白莲教混有佛教、罗教等内容。始自南宋初茅子元创立的白莲宗，其教义源于佛教的净土宗，崇奉阿弥陀佛，提倡五戒。元代时，白莲教在江南一带广为流传，曾一度为元代政权所认可，但为时不久，又遭禁止。白莲教在元代融入了其他宗教观念，主要是吸收了始自南北朝时期的龙华三会和弥勒降世的思想，逐渐转为崇奉弥勒佛。明初，朱元璋为了巩固政权，明令禁止白莲教。白莲教中教派林立，名目繁多，在明代有弘阳、净空、黄天、西大乘、东大乘，在清代有弘阳、华龙、收元、八卦等支派，约有百余种。

中国古代的民间宗教源远流长，是一种复杂的历史现象，在中国各区域均有不同表现，往往与各族文化融合在一起，可以从多个维度进行解读。

264. 什么是"巫术"？我国古代巫术的发展情况如何？

幻想通过唤醒附着于某一具体物件或个人身上的一种超自然的神秘力量，从而对这些物体或个人施加影响与控制的行为，就是巫术。

中国古代的巫术相当发达，早在殷代就已经有关于巫术的记载了。比如在大量场合用甲骨占卜，求雨求年、保佑狩猎收成以及其他衣食住行的尽如人意，就具有巫术的性质，而担任占卜、释读卜兆的人，就是职业性的巫师。

巫师对中国古代社会生活的影响是很广泛的，并一开始就与政治有不解之缘。如殷商西周时期的宫廷巫师，他们相当于王朝的祭司，对军政大事有预卜成败的大权，对统治集团的心理状态亦有深刻的影响。下层社会的巫师，开始时有许多都是江湖医生，称为"巫医"，由于他们有一定的医术，所以曾经很受人爱戴。如《孟子·公孙丑上》赵岐注说："巫者为人祈祝，利人之生。"《论语·子路》朱熹注："巫所以交鬼神，医所以寄死生。"《公羊传·隐公四年》何休注："巫者事鬼神祷解，以治病请福者也。"被誉为古代神医的，就有"巫彭""巫祇""巫阳""巫履""巫凡""巫相"等人。秦汉以后，随着整个巫术事业的堕落，无论宫廷巫师还是民间巫师，都逐渐丧失了他们存在的合理性，或沦为统治者庸俗的帮凶，成为愚弄、欺诈人民的工具；或成为劣政与内讧的出气筒和牺牲品。对民间巫术，政府虽不提倡，但只要不涉及政治，封建统治者是听任其愚弄人民的。

265. 什么是"占卜"？

占卜是古代人用来预测吉凶、推断命运的法术，是一种经验推断，具有片面性与迷信色彩。"占卜"指的是依据天地万物的表征来确定吉凶。"卜"是用火燎甲骨取兆的意思，"占"是观察兆象的意思。

根据《汉书·艺文志》，中国古代预测吉凶的"术数"可分为五类：天文、历谱、五行、杂占、形法。"天文"即日月星辰之占，后来的星命学源于此。"历谱"即考察时历推算吉凶，选择、建除、丛辰诸法属这一类。"五行"即按金、木、水、火、土"五常"的生克关系推算吉凶，汉以后衍化出太乙、遁甲、六壬三式。"形法"包括堪舆和相术，俗称"看风水"和"相面"。上述诸占之外，凡依气象、草木、禽兽、山川、梦幻等事物的异变推断吉凶的，都属于杂占。

第九章 礼俗库

266. 姓和氏有什么区别？中国古代共有多少姓氏？

姓氏是标志一个人的家族血缘关系的标志和符号。"姓"产生于母系氏族公社时期，主要起着"明血缘""别婚姻"的作用，同姓不可通婚。"氏"则为姓衍生的分支。到了父系氏族公社时期，姓、氏则为父系氏族或部落的标记。进入阶级社会后，姓氏制度出现混乱，姓氏逐渐混同。到了两汉，姓氏已基本确定，与现在通用的姓氏大体相仿，然而改变姓氏的事仍时有发生。

从初期母系氏族公社起，每个氏族就采用一种与自己的生产和生活有密切关系的动物、植物或无生物作为本氏族的名称，即氏族的徽号。氏族名称的功能，就在于保存具有这一名称的全体氏族成员的共同世系，借此把各个氏族区别开来，姓即相伴而生了。姓字从女从生，表明了出生的血缘关系，清楚地说明同姓的人都是一位女性祖先的子孙，正是母系氏族社会每一血缘关系人群的标记。我国最古从女而来的姓氏就有十几个。姓为母系氏族制的遗俗，最大的原姓往往表示一氏族所崇拜的图腾或居住地。如传说中的黄帝轩辕氏，亦号有熊氏，黄帝即为熊氏族首领，后来成为姬姓部落的首领。熊是黄帝出生所在的那个氏族在母系社会时所崇拜的图腾。

在母系氏族公社时期，每个氏族都是不大的社会集团。由于实行氏族外婚制，人口不断地增加，一个氏族到了一定的时候就会分解出新的氏族来。这些新立的氏族，作为原来那个氏族的分支，也采用一种图腾或居住地作为自己的名称，这样就由姓衍生出了它的分支。如傈僳族有一个熊氏，后来发展为三个女儿氏族，随之而来就出现了狗熊、猪熊和大熊三个图腾。这几个氏族成为一个胞族，原先氏族的图腾就成为胞族的图腾，即把原来的姓保留下来作为胞族的姓。母系氏族社会的部落是若干个近亲氏族的结合体，各个氏族都有表示同其他氏族相区别的自己的名称，可能居于首要地位的那个氏族的姓也就成了整个部落的标记。

姓原是母系血缘关系，发展到以父系计算血缘关系以后，姓也就转变为父系血缘关系。由于人口的增多，也由于活动地域的不断扩展，父系氏族社会中姓氏的支派更多了。中国姓氏文化源远流长，东汉应劭所撰《风俗通义·姓氏篇》罗列了古代姓氏大约 500 个。据宋郑樵统计，当时约有姓氏 1745 个。清人张澍研究统计出 5129 个姓。到了现代，大约仍存 3000 多个姓。姓氏没有高低贵贱之分，每一种姓氏都包含着其独特的文化内涵，都是中华民族的重要组成部分。

267. 名、字、别号有什么区别？古人是怎样取用的？

所谓名，是社会上个人的特称。古代早期的人名一般都很朴素，如夏商两代留下的人名孔甲、盘庚、武丁、帝辛（商纣王）等，都以"干支"入名，可能与当时人重视时辰的观念有关。后来，随着语言文字和文化观念的发展，人名也越来越复杂。周代贵族的取名，甚至还有一定的规矩。如孩子一般在出生之月或百日才取名，取名也很有讲究，据《左传·桓公二年》记载，晋穆侯的夫人姜氏生了两个儿子，一个取名叫仇，另一个叫成师。晋大夫师服知道后大发议论，认为取这样的名不合礼制，"始兆乱矣"，即会导致国家大乱。

字往往是名的解释和补充，是与名相表里的，故又称"表字"。《礼记·曲礼》说："男子二十，冠而字。""女子许嫁，笄而字。"周代贵族男子年二十行冠礼，即结发加冠；女子十五及笄，即结发加笄，以示成年。也就是说，字是男女成年后才加取的，这表示他们已经开始受到人们的尊重。古人的字，多与名含义相近或相辅，如屈平，字原，广平曰原，意思相同；颜回，字子渊，渊，回水也，义近。有的古人名、字取自古书上的名句或成语，如东汉末"建安七子"之一的徐干，字伟长，取《孔丛子》中"非不伟其体干也"之句；曹操，字孟德，取《荀子》"夫是之谓德操"之句；唐代《茶经》的作者陆羽，字鸿渐，取《周易》"鸿渐于陆，其羽可用为仪"之句。另外，有的古人还有"小字"，即乳名，如南朝宋武帝刘裕小字寄奴。

号是人的别称，又叫别号。封建社会中的士大夫，特别是文人，往往有自己的别号，如唐代李白号青莲居士，杜甫号少陵野老，宋代王安石号半山，明代唐寅号六如居士。宋代以后，取别号之风尤盛，有的人别号多达十多个，几十个，例如现代作家的笔名。有的人因别号为后人所熟知，本名反而较少人知道，如郑板桥、章太炎等都是以号闻名于世。取别号往往反映了一个人的志趣爱好，如别号中常见的"山人""居士"之类表示使用者鄙视功名利禄或自命清高。宋代欧阳修晚年号"六一居士"，就是以一万卷书、一千卷古金石文、一张琴、一局棋、一壶酒加上他本人一老翁，共六个"一"取号。有的则以号表达志向，如南宋画家郑思肖在宋亡后自号"所南"，以表示心向南方，不忘故宋。

笼统地讲，名、字、号其实都是人的名称，只是在取用的时候，才显示出其间的不同。一般名、字多由父母、长辈所取，其中多体现了长辈对子女的期望和祝愿。别号是本人自起的，更能寄托或标榜自己的某种情操。因此，我们往往可以通过某人别号的更改，来探究其思想在各时期的变化情况。

268. 古人是怎样自称和相互称呼的？

在古代，由于人们特别重视礼仪，所以在名、字的称呼上是十分讲究的，从社会生活的需要或礼仪出发，形成了一套颇为严格的规矩。

一般来说，在相互之间的言谈或书札来往中，凡提到自己的要用谦称或卑称，自称除了直接用自己的名字以外，还有其他一些谦称，最常见的就是自称"鄙人"。鄙人的本意指居于郊野的农人，引申为无地位、无文化之人，即所谓鄙俗之人。古人常用来作为谦称表示自己地位不高，见识浅陋。

与鄙人相类似的谦称还有"臣""妾""仆"等，这些本是殷周时对奴仆的称呼，所谓"男为人臣，女为人妾"，地位最为低下，但后来也被用来做自谦之词，一般男子自称臣、仆，女子自称妾。如司马迁在《报任少卿书》中说："仆非敢为也。"妾字之例也很多，如汉乐府诗《孔雀东南飞》中的"君当作磐石，妾当作蒲苇"。

在古代人的自谦中，使用较广而长久的还有以下几种："不才"，即自谦为无才之人，如《左传·成公三年》有"臣实不才，又谁敢怨"；"不肖"，即自谦为不贤而不能继承祖先德行之人，如归有光的《祭外舅魏光禄文》中的"重以不肖"；"不佞"，也是无才能之意，如《战国策·赵策二》中有"不佞寝疾，不能驱走"；"不敏"，即不聪明敏捷之自谦，如《孟子·梁惠王》中的"我虽不敏，请尝试之"。此外，年轻者在年长者面前自称"晚生""学生""后学"，老百姓在官吏面前自称"小人""小民"，女子在别人面前自称"奴""奴家"等。

即使是地位至尊至显的帝王和诸侯也有谦称，一般都自称"孤""寡"。《老子》第二十四章说："人之所恶，唯孤、寡、不善，而王公以为称。"《礼记·玉藻》谓："凡自称……小国之君曰孤。"朱熹在《孟子》注中说："寡人，诸侯自称，言寡德之人也。"可见这种自称由来已久。不仅国君如此谦称，他们的妻室也这样自称，如《诗·邶风·燕燕》中的"寡人"、《诗·大雅·思齐》中的"寡妻"等，指国君或诸侯之妻。

封建社会的官吏大臣对皇帝都自称"臣"，这是大家熟知的，但清代满族官员对皇帝、皇后却自称"奴才"，包括一些出任封疆大吏的满族官员，在向皇帝上奏折的时候，也自称"奴才"，这是清代满族一种特殊的谦称。

与此相反，古人在相互称呼对方时，则往往用尊称（除了关系交恶有意侮辱对方外）。针对不同的对象，称呼有多种。如称呼帝王时，一般用"陛下、王、上、君"等。对一般人则用"公、君、足下、先生"等。最早的尊称是"父"，父的本义是指父系氏族社会中司火的长者，以后遂成为男子的尊称。比如孔子的祖父是贵族，叫正考父，别人尊称孔子则叫尼父，而通常所说的"父老兄弟"中的父，也是对年长男子的尊称。古代帝王对某些功高望重者也尊称为"父"，如吕尚被周王尊为"尚父"，范增被楚霸王项羽尊为"亚父"。

269. 什么是"年号"？古代是怎样定年号和改元的？

中国古代除了以"干支"纪年外，还有与之并行的许多帝王年号。年号是中国封建王朝用来纪年的一种名号，一般由皇帝发起确认。先秦至汉初无年号，汉武帝即位后首开年号，此后形成制度。历代帝王如遇祥瑞或重大事件发生时，一般都要更改年号。

公元前140年，汉武帝即位，称建元元年，是为中国历史上第一个年号。但也有人考证，实际上正式建立年号是在汉武帝元鼎四年（前113），元鼎以前的元狩、元朔、元光、建元等年号都是追命的。汉武帝以后至清末帝溥仪的宣统为止，年号一直延续不绝，不管是正统王朝，还是偏安王朝、少数民族政权、农民起义政权，只要有了国号，把自己当作一个独立的政权，便会有年号，取消了独立，称臣于某一方，年号自然也就取消，这叫作"奉正朔"。

一个皇帝有多少年号，并没有定制。汉武帝在位五十四年，用了十一个年号。武则天当皇帝十五年，用了十四个年号，基本上年年改号。中国古代的年号名称繁多，但不外是图吉祥、粉饰太平、显示皇权的神圣性或希望国泰民安。汉武帝在位改了不少年号，有好几个与所谓"祥瑞之兆"有关，如元狩这一年号，是因打猎获得了一头"一角而足有五蹄"的怪兽，于是臣下便向皇帝拍马屁说："这是'上帝报享'赐给陛下的麒麟，应当庆贺。"遂定该年（前122）为元狩元年。同样，元鼎的年号也是因为得了宝鼎之故。这种以"祥瑞"定年号的例子在历史上不胜枚举，如公元229年，吴王孙权在位时，夏口、武昌有人报黄龙出现，遂定该年为黄龙元年。有的年号则是因国家发生了某些大事而改动，如公元前110年，汉武帝始封泰山，这被认为是一桩大事，故改元"元封"；公元前69年，因发生地震山崩等事，汉宣帝乃"改元曰地节，欲令地得其节"。

年号的更改，还有一些特殊情况。有的因避庙讳而改了年号，如唐中宗名李显，唐玄宗名李隆基，为了避二人的庙讳，唐人凡说到高宗"显庆"年号，多改称为"明庆"，凡说到高宗"永隆"年号时，多改称"永崇"。还有一种改元而不改号的做法，如东汉光武帝在建武三十二年，仍然用此年号之际却改称中元，重新从元年起数。在年号的更改问题上，有时还透露出封建统治集团内部的血腥残杀和争权夺利的玄机。

在长达两千余年的中国封建社会里，帝王年号不知凡几，重复的也不少。直到今天，出土文物中关于古代年号仍时有新发现，仅上海人民出版社编印的《中国历史纪年表》，就收有历代主要年号五六百个，如把重复的计算进去，那就更多了。由于年号涉及的一些问题比较复杂，且与中国古代的年代学有很大的关系，故它已成为历史学家研究的一个专门课题。

270. 什么是"庙号"？"上尊号"是怎么回事？

皇帝死后，一般有两个正式称号，一是谥号，一是庙号。谥号是皇帝死后，大臣们根据皇帝的生平事迹拟定的一种称号，而且还可以根据需要不断增加。所谓庙号，是和封建宗法祭祀制度相联系的一种称号。帝王死后，要根据他在皇族中的世系，奉入祖庙祭祀，并追尊为某祖、某宗，以确定、显扬其在皇室宗族中的地位，这就是庙号。这一做法始于殷代，如殷王太甲称太宗、太戊称中宗、武丁称高宗等。汉承其制，惠帝尊高帝刘邦庙为太祖庙，景帝尊汉文帝庙为太宗庙等，以后历代帝王均有庙号。一般来说，开国皇帝或治世之君多称祖，如汉高祖、唐高祖、宋太祖；后面承袭帝位的皇帝一般称为宗，如唐太宗、宋太宗、宋英宗。

元代成吉思汗称太祖，而忽必烈称世祖，这是因为他是元帝国的开创者；明代朱元璋称太祖，而朱棣称成祖，这是因为他"靖难"平逆，迁都北京；清努尔哈赤称太祖，顺治因"入关定鼎，奄宅区夏"之功，称世祖，康熙又称圣祖，因其削平三藩，"寰宇一统，虽曰守成，实同开创"之故。

在古代专制统治社会中，森严的等级是社会政治的主要特点。自从秦始皇创皇帝名号以来，这一称号一直是最高统治者的等级称号。每当开国君主"正位称帝"或其后裔继任君主时，都要行"上尊号"仪，以表示名正言顺当上了皇帝。同时，皇帝也要给自己的父母、祖母授予正式的称号如太上皇、皇太后、太皇太后等，这些也称为尊号。如西汉初年，大臣们劝刘邦称帝，说："大王功德之著，于后世不宣。昧死再拜上皇帝尊号。"刘邦称帝后，又尊其父为太上皇。又如北宋末年，徽宗禅位于钦宗，"钦宗上尊号曰教主道君太上皇帝"等。"上尊号"之后，还要进行奉告天地、宗庙、社稷的仪式，以通告天地祖先。

到了唐代，又出现了在皇帝名号前加美称的做法。垂拱四年（688），为了配合武则天称帝，武承嗣伪造瑞石，上有文曰："圣母临人，永昌帝业。"武则天因此加尊号称"圣母神皇"。嗣后，她又根据需要不断增加，如她在称大周皇帝后，"加尊号曰圣神皇帝"，三年后又加为"金轮圣神皇帝"，次年又在"金轮"前加"越古"两字等。唐代加称并不形成定制，宋代则确定在每年大祀之后，"群臣诣上东阁门，拜表请上尊号，或三上，或五上，多谦抑弗许；如允所请，即奏命大臣撰册文及书册宝。其受册多用祀礼毕日，御正殿行礼，礼毕，有司以册宝诣阁门奉进入内"（《宋史·礼志十三》）。

271. 什么是"谥号"？古代是怎样定谥号的？

古人为了方便对历史人物盖棺定论，选择用谥号来进行概括。谥号约起于西周初年。当时，天子、诸侯死后，为避讳其名，则另起美称曰谥号，谥法就正式产生了。一般认为，周文王、周武王的"文""武"，即为谥号。

谥法是封建社会的礼的一项重要内容。唐代王彦威说："古之圣王立谥法之意，所以彰善恶、垂劝诫，使一字之褒，宠逾绂冕之赐；片言之贬，辱过市朝之刑。"（《赠太保于领谥议》）历代王朝赐谥的对象，除了帝王后妃和规定级别的文武百官外，其他人只有建立了奇勋或有节义行为，才可能得谥。同时，谥号又是根据死者的生平事迹，评定褒贬，而给予的不同称号。谥字根据死者生前行为的美善、丑恶而分为美、平、恶三类，谥号也就有褒、怜、贬的不同。倘若死者的行为有悖礼义，就给予暴、炀、昏等恶谥；倘若死者登位后夭折或志向未申，就给予怀、悼、哀、闵等平谥。

秦始皇统一六国之后，曾下令废除谥法，一直到西汉初年，才得到恢复。自汉到晋，谥法趋于严密，发展到唐宋，达到鼎盛时期。元代以后，朝廷赐谥芜滥并基本取消恶谥。辛亥革命推翻了清廷，谥法也随之废止。民国时虽有私谥，但仅为遗风罢了。

皇帝的谥号由礼官议定，在继位皇帝参与下，由朝中最尊大臣在圜丘祭天仪式上称天给谥。皇帝多得美谥，只有亡国废杀之君或大权旁落的才可能被加以恶谥。皇帝谥号，唐以前都为一两字。如汉代标榜以孝治天下，所以谥号前必冠"孝"字。从唐朝开始，谥号加长，唐玄宗时给他的列祖列宗一律改为七字谥。李世民初谥"文皇帝"，后改为"文武大圣大广孝皇帝"。以后历代王朝竞相效仿，到清世祖、清高宗时，谥号竟各有二三十字，如清高宗的谥号是"法天隆运至诚先觉体元立极敷文奋武钦明孝慈神圣纯皇帝"。

有时，当朝皇帝还给其未当过皇帝的父祖加上皇帝的谥号，这称为追谥。一类是追尊远祖，如唐高宗追尊了几十代祖宗，甚至认为李聃是始祖，追尊为"太上玄元皇帝"；一类是开国皇帝追尊其父祖，如曹丕就追尊曹操为"武皇帝"；一类是藩王继承大统后，追尊自己的祖父，如东汉桓帝就追尊其祖父为孝穆皇帝，父亲为孝崇皇帝。追谥在某种程度上来说，有一定的纪念性意义。

谥法中还有加谥、改谥、夺谥等名目。加谥，是在原有的谥号上加字。改谥是改变谥号。夺谥则是撤销谥号。这些多因时局变化所致。

除帝王之外，一般只有建立了特殊功勋或为皇帝垂青者，才能破格赐谥。朝廷有时为了宣扬儒学，或提倡封建道德，或鼓励对封建朝廷的"忠勇义烈"行为，也给不做官的人赐谥。元代以后，封建朝廷赐谥芜滥，连皇帝的乳母、方士和功臣父祖也给谥号了。

除上述几种谥号之外，在民间曾一度盛行私谥。私谥在春秋末年已经出现，在宋代发展到鼎盛状态。私谥或是弟子门生给先生的谥号，或是宗族亲属给德劭的老人的谥号。它们往往寄托了人们的美好愿望。

272. 什么是"避讳"？古人避讳有哪些规则和方法？

避讳，是中国封建社会中一种特有的历史现象。所谓"讳"，指的是帝王、圣人、长官以及所尊者的名字，人们说话、作文不能乱用乱写，平时用到和这类人物名字相同的字时，必须设法避开或改写，这就叫避讳。封建时代，避讳是一般臣民不可不懂的一门学问，否则，一旦犯讳，定将身罹大祸。

避讳起源于周朝，但尚无完备的制度。秦汉以降，儒学在封建上层建筑领域占统治地位，避讳制度日臻完备，讳禁也越来越严苛。

避讳有"国讳""家讳"和"圣人讳"三种。

国讳是封建王朝统治下的臣民，甚至皇帝本人也必须遵循的。国讳主要避皇帝本人以及其父祖的名讳，进而讳及皇帝的字、皇后及其父祖的名与字、前代年号、帝后谥号、皇帝陵号、皇帝的生肖及姓氏。在外交上，互相尊重对方的国讳，是重要礼节之一。由于国讳的普遍性，一旦帝王之名中有一个常见字，就会给政治和日常生活带来极大的麻烦。故而，封建帝王很早就注意避免这一点，在取名中，以"难知而易讳"为原则，并尽可能取单名，宋明皇帝的名字大多取冷僻字即出于这一考虑。

家讳仅限于亲属内部，族外之人与之交往过程中，也必须尊重别人的家讳。它其实是国讳的一种延伸。家讳体现了封建伦理道德，所以得到法律的承认。

封建社会中还有一类讳，即为封建"圣人"避讳。金代规定，"臣庶民犯古帝王而姓复同者禁之，周公、孔子之名亦令回避"。清雍正时规定，孔孟名讳必须敬避，尤其是孔子之名丘，凡古书中有此字者，必须改为缺笔字，姓、名及地名中的丘必须改为"邱"字。

除了种种需要避讳的规定外，还有无须避讳的情况，主要有以下几种：

第一，不避嫌名。所谓"嫌名"，指音相近或相同的字。

第二，二名不偏讳。就是说，如果讳有二字，单涉一字不算犯讳。例如宋太祖名匡胤，如行文单涉一个"匡"或"胤"字，不算犯讳。

第三，已祧不讳。古代祭祖一般祭近祖，礼规定天子祭七祖，随着世系延续，超出七世的祖则要迁入另外的庙堂，称为"祧"。凡已祧的祖讳则无须避。

在讳禁森严的封建社会里，人们一不小心犯了讳，尤其是帝王及其父祖之讳，就是"大逆不道"，要受到严厉的惩罚。清朝乾隆年间，江西有个举人叫王锡侯，因他作的《字贯》一书，犯了康熙、雍正的庙讳（帝王死后所忌讳的字）和乾隆的圣讳，乾隆帝怒不可遏，认为是"大逆不法""罪不容诛"，因而杀了不少的人。

避讳是一种已成为史迹的历史现象。我们今天研究避讳，除了从文化上探讨封建思想及制度外，还可以根据一些避讳现象来考证某些历史现象和古书版本的年代。因此，它又是史料考证和古籍整理中的一门工具学科。

273. 十二生肖是怎样形成的？它是由外国传入的吗？

十二生肖是中国特有的一种民俗现象，包括鼠、牛、虎、兔、龙、蛇、马、羊、猴、鸡、狗、猪十二兽。

十二属相是与十二支（子、丑、寅、卯等）相联系的。早在商代的甲骨文中已明确记有十二支的名称，并且将它与十干（甲、乙、丙、丁等）相配，形成六十甲子（甲子、乙丑、丙寅等），用以记日。同时，在先秦的文献中，也已有了十二支中个别符号与动物对应的文字。例如，《诗经·小雅·吉日》中有"吉日庚午，既差我马"，以午对马；《左传·僖公五年》有"龙尾伏辰"，以辰对龙；《左传·襄公二十三年》载陈侯杀贵族庆虎、庆寅，这说明寅和虎是对应的。可见，十二支与十二种动物的对应关系早在春秋时代就已初步确立。值得注意的是，当时的这些对应与后世的对应关系完全一致。

之所以会产生这种动物对应关系，与上古人们对动物的崇拜是分不开的。《山海经》中曾列举了许多动物神，它们都由两种动物合体或动物与人合体而成，这种奇特的动物在自然界中是不存在的。但从构成合体动物的种类来看，不外乎龙、马、牛、羊、虎、豹、蛇、猪、狗等动物。其中，除了龙带有神秘性外，其他都是常见的、与人的生活有密切关系的动物。猪、马、牛、羊、狗是狩猎的对象，后来又成为饲养的家畜，是我国古代的重要食物和生产资料；虎、豹、蛇是对人们生命安全威胁很大、使人害怕的动物。古人所接触到的动物的种类自然很多，但之所以要挑出这几种来崇拜，则是因为这些动物与古人生存有密切关系。

至于将动物与十二支用来和年及人的生年相联系，至晚在南北朝时期已有，当时叙事述人每每称人的属相，如"东昏侯属猪""崔慧景属马"等（《南齐书·五行志》）。至于其起源，史无明证，推测起来很可能也是在东汉时代。因为干支纪年始于东汉，将与之对应的十二种动物作为年的代号和生于此年之人的属相，也是很自然的。到了唐代，十二生肖更为流行，出现了将其作为纹饰的铜镜，有的墓葬中还出土了成套的十二生肖俑。值得指出的是，十二生肖在很长一段时间内，被涂上了迷信的色彩。一遇休戚祸福，人们往往会把它们牵扯进来，甚至在婚配中也要注意不能使男女所属生肖相克，有所谓"鸡狗断头婚""龙虎不相容"的说法。随着时间的推移，十二生肖的迷信意义已淡化，不过视其为记算年岁的一种代号而已，并不存在什么特殊意义。

274. 什么是"礼"？它是怎样起源的？

广义的"礼"，可以是指一个时代的典章制度，比如夏礼、殷礼就是指夏代和殷代的典章制度，周礼就是有关周代的政治、经济和社会制度。狭义的礼，则专指人们的行为规范、规矩、仪节。中国古代有三部最著名的礼典：《周礼》《仪礼》《礼记》，它们总称为"三礼"，是关于各种礼制的百科全书。其中《周礼》偏重政治制度，《仪礼》偏重行为规范，而《礼记》则偏重对礼的各个分支做出符合统治阶级需要的理论说明。由这三礼所涉及的各种礼制的总和，就是礼的全部内涵。

礼的中心内容和基本原则，是充分承认存在于社会各个阶层的亲疏、尊卑、长幼分异的合理性，认为这种差异就是理想的社会秩序，而为使这种秩序长存，就必须使贵贱、尊卑、长幼各有其特殊的行为规范。每个人都严格地遵守由自己的社会地位决定的规范，就是对现存社会制度最好的维护，这就是"行礼"。礼具有鲜明的阶级性和差别性，所以古人指出礼的特征为"别异"或"辨异"。管子说的"上下有义，贵贱有分，长幼有等，贫富有度，凡此八者，礼之经也"（《管子·五辅》），《礼记》说的"夫礼者，所以定亲疏、决嫌疑、别异同、明是非也"（《曲礼上》）等，就是这个意思。

礼的起源可以一直追溯到原始社会。从理论上讲，礼起源于人类为调整主客观矛盾，寻求欲望与条件之间的动态平衡的要求。最初的礼仪是人类在自然与社会的斗争中，在人类互相依赖，又互相制约的群体生活中，逐步积累和自然约定而成的。所以，礼的原始意义是与集体性质相符合的，与一定的自然秩序相一致，是对群体对象的一种无差别约束。这一切，一直延续到阶级产生、社会结构呈现为等级排列为止。此时的礼的前提、宗旨、核心，以及实践过程，与原始社会的礼已有本质区别，虽然它也是为调节主、客观矛盾而设，但它规定人类行为的目的，已经不是为了维护群体的利益，而是为了维护统治阶级的利益。

从仪节上看，礼的起源与原始人类的祖先信仰和鬼神信仰有关，与当时人类的宇宙观有关。由于这一观念，无论是自我限制还是自我鼓励，都以"神灵"之意为无上的命令，因此一切仪节也都与祭祀鬼神、祖先有关，已经不能满足人类日益发展的精神需要，并调节日益复杂的现实关系了，于是，仪节的范围和内容，就从各种神事扩至各种人事，日益构成了我国传统伦理学的核心和古代文化的基本价值观。

275. "三礼"指哪几部著作？它们的主要内容是什么？

"三礼"是中国古代讲政治制度和礼仪制度的三部儒家经典，即《周礼》《仪礼》和《礼记》。

这三部书虽然产生在先秦和西汉，但三礼的名称是到东汉才有的。当时经学大师郑玄分别给《周礼》《仪礼》和《礼记》作注，并写有《三礼目录》一卷，后世又盛行郑注，所以三部经书被冠上三礼之名。

三礼之中，《周礼》居首，这是因郑玄注三礼时特别推崇《周礼》，而后人又推崇郑玄的缘故。《周礼》原名《周官》，西汉末刘歆始改其名为《周礼》。据学者考证，《周礼》的成书时代约在战国。《周礼》中多古字古义，清人阮元就认为其中的古字诘屈难识不可读。这些古字往往与甲骨金文相同，故把《周礼》看作是先秦时代的文献是比较可信的。《周礼》内容十分丰富，共分为六官，即天官、地官、春官、夏官、秋官、冬官。其中天官冢宰居首，其职掌天下政务，以辅佐君王管理国家；地官司徒次之，其职掌邦教以及土地、赋税等，以辅佐君王安抚天下；春官宗伯第三，其职掌国家礼仪，主管宗庙祭祀，以辅佐君王建立和顺、有秩序的礼仪制度；夏官司马第四，其职掌国家的军政事务，统率军队，以辅佐君王平定天下，故又称为"政官"；秋官司寇第五，职掌国家的狱讼刑罚等司法政务，以辅佐君王建立法律秩序；冬官司空第六，这部分内容已经亡佚，因冬官司空主要执掌工程营造，所以后人以记载当时手工业技术的著作《考工记》补之。全书共分四十二卷。

《仪礼》是古代礼仪制度的专书，详细阐述了春秋战国时期士大夫阶层的礼仪，提倡一种有差别的人伦礼仪。《仪礼》原来单称为《礼》或《士礼》，也称为《礼经》或《礼记》。在《汉书·艺文志》的"六艺略"礼类中，《礼经》位列第一，一百三十一篇的《记》居其次，而《周官经》附列于后。可见，两汉时期，《仪礼》在三礼中居首位。一般认为《仪礼》成书于东周时代，《史记》和《汉书》均认为其是由孔子采辑当时各诸侯国的礼仪制度加以整理而成的。《仪礼》共分为十七篇。由于古书多用竹简编次，容易错乱，再加上口耳相传，师徒相授，内容已经难辨真伪。

《礼记》主要是阐明礼的作用和意义。所谓"记"，就是对经文的解释、说明和补充。这种记文多累世相传，非一人一时所作。《礼记》原来没有独立成本，附《仪礼》而流传。《汉书·艺文志》中有"《记》百三十一篇，七十子后学所记也"，现在流传的《礼记》就包括在这一百三十一篇之中。经过长期的流传删减，最后形成了两种本子，即八十五篇的《大戴礼记》和四十九篇的《小戴礼记》。后来，郑玄给四十九篇的《小戴礼记》做了出色的注解，记载了许多生活中实用性较大的细枝末节，还详尽地论述了各种典礼的意义和制礼的精神。由郑玄作注的《礼记》共分为四十九篇，梁启超将其分为五类，即一为通论礼的意义及探讨学术的价值，二为解释《仪礼》的专篇，三为杂记孔子言行及弟子时人杂事之属，四为记古代制度礼节并加考辨，五为记录古代格言。《礼记》是一部内容极为丰富的儒家思想史料，儒家对社会的见解和态度、人生哲学、对政治的设想、礼治思想等，均在此书中有所表述。

276. 古代的"五礼"包括哪些主要内容？

春秋以后，社会发生变革，古礼逐渐被废弃，礼家着手整理，阐析其意义，加以系统总结，编次为五大类，以吉、凶、宾、军、嘉为类目名称，总称"五礼"。

吉礼居五礼之首，"莫重于祭"，它比其他四类多一层次，把祭祀十二个项目归属天神、地祇、人鬼三门。吉训为福，是事神致福的意思。

凶礼列五个项目，就是丧、荒、吊、禬、恤五种典礼。丧礼是对各种不同关系的人的死亡，通过规定时间的服丧过程来表达自己不同程度的哀痛；荒礼是对某一国家或某一地区受到饥馑的不幸遭遇，王与群臣来表示自己的同情；吊礼是对国或挚友遭受水旱风雨等灾害，王与群臣派遣使者表示慰问；禬礼是同盟国家中某国被敌国侵犯，盟国应会合诸国，筹集财货；恤礼是某国遭受外侵或内乱，其邻国应给予援助和支持。

宾礼即邦国间的外交往来及接待宾客的礼仪活动，如天子受诸侯朝觐，天子受诸侯遣使来聘，天子遣使迎劳诸侯，天子受诸侯使者表币贡物等。对诸侯来朝，表面上以宾客相待，故《周礼》作者称之为"亲邦国"。而郑玄之注加一"附"字，意思是诸侯要依附于王，才能得到宾客的待遇。

军礼分列五个项目。军旅与祭祀同样重要，诸侯有不顺服的行动，或者在执行王朝所颁布的制度时有僭越行为，就得用武力威慑，使其就范。五个项目中，大师之礼是天子或诸侯的征伐行动，究竟要举行多少典礼，经传亡佚，已无法稽考。但宗庙谋议，命将出师，载木主远征，凯旋献俘，凡《诗》《书》《国语》《左传》等书所涉及的，处处都有典礼的痕迹，可见军礼的内容是繁复的。大田之礼是定期狩猎，而军事演习往往寄托于狩猎活动。除此之外，大均之礼是校正户口，调节赋征；大役之礼是因建筑城邑而征集徒役；大封之礼是整修疆界、道路、沟渠。

嘉礼列六个项目。在这六个项目中，有的包含两种相近的典礼，如冠婚共目是包括公冠与士冠之礼和各级贵族的婚礼。燕飨共目是包括天子、诸侯、公卿的燕礼和飨礼。饮食共目是包括各级贵族的饮酒礼和食礼。这些纵然随着爵位高低而在器物、仪注方面有多寡繁简的不同，但节目、层次不致有巨大的差异。有的只有一种典礼，如宾射一目全属射礼，各级贵族各有不同的器物、仪注、节目、层次。有的只是杂仪，如脤庆贺一目是一切可贺可庆之事，使人持物称颂；两目都不过一两个简单的仪注而已。

277. 古代诞生礼仪的情况如何？

我国先秦时期有关诞生礼仪的记载比较详细地保存在《礼记·内则》篇中。贵族妇女在临产的该月月初就要迁入"侧室"（厢房）去居住，丈夫每天两次派人去问候。阵痛过后，丈夫便须亲自去问候，但这时妻子不能直接同丈夫见面，必须通过保姆来传话。

新生儿出生，如果是男孩，应在门左挂一张木弓；如果是女孩，则在门右挂一幅佩巾（手帕）。木弓象征男子的阳刚之气，佩巾象征女子的阴柔之德。

待孩子出生三日后，家人们才可以去抱孩子。如果是男孩，这时就要举行射"天地四方"的仪式。国君的长子举行这个仪式时是很隆重的，先由卜士抱出孩子，吉者经过宿斋，身穿朝服，站在寝门外，接过孩子。这个仪式的含义是预示男孩将以上事天地、下御四方为己任。

孩子出生满三月后，便选择一吉日，为孩子行剪发礼。剪发的式样是男角（只留头顶两边两撮头发）、女羁（留头顶纵横各一撮头发）。同时举行命名仪式，当父亲来到堂上后，母亲亲自抱子出房。保姆先上前禀告："母亲某某取在今天敬请见孺子。"父亲对曰："须教育他成为识礼循规之人。"一面说，一面牵着孩子的右手，为孩子命名（乳名）。然后，母亲作答："您所说的话我记住了，一定办到。"贵族之家在这时候便正式为孩子聘任一位教傅。同时由宰将孩子的出生年月及名字记录下来归入文书，并将其逐级告于官府。剪发与命名是古代诞生礼中最重要的仪礼。

古代诞生礼同其他许多礼仪一样具有鲜明的等级色彩。不仅普通人民在仪节的繁简、参加人员的多寡、礼器的贵贱上远远不如贵族，而且在不同等级的贵族之间也有严格的规定。先秦诞生礼中最显著的一个特征就是重男轻女。如《诗经·小雅·斯子》中记载："乃生男子，载寝之床。载衣之裳，载弄之璋。乃生女子，载寝之地，载衣之裼，载弄之瓦。"

后世的诞生礼仪即脱胎于先秦的诞生礼，但也有所增删、变化。比如宋代流行生产后三天要为婴儿举行"落脐炙囟"的仪式，称为"洗三"，其含义是表示新生儿完全脱离了胎儿期，从此正式进入人生的旅程。后代还陆续形成诸如在孩子出生后送红蛋、十全果，为孩子过"满月""百日""周岁"之类习俗。过满月时，要备酒食以飨亲友，并接受他们的祝贺和赠礼。做百岁时，母方亲友要送长命锁、长寿衣，有些地方还流行"认舅"礼。做周岁又较过满月、百日隆重。在这时，要让孩子（主要是男孩）"抓周"，就是在孩子面前有意摆出几样象征不同职业及兴趣爱好的日常用品，看孩子最先抓取哪样，以此来预测他一生事业的吉凶，含有为孩子祈求好运的色彩。诞生礼仪的某些做法至今尚在民间流传。

278. 古代冠礼的情况如何？

冠礼是中国古代汉族男性的成人礼，是人生礼仪的重要组成部分。冠礼表示男子在年龄与性发育方面的成熟，说明其可以婚娶，并作为氏族的一部分，参加到族群中来。冠礼已有数千年的历史，具有浓郁的中国味。

"冠"，《说文解字》解为"弁冕之总名也"，又说："冠有法制，故从寸。"首上之服，即首服，总称"冠"。这是广义之"冠"。"冠"还有狭义，指首服中等级较高的一类，是古时贵族的首服。其中，又可细分为"冠、冕、弁"等类型。

据经书记载，冠礼实行于周代。按周制，男子二十岁行冠礼，然天子诸侯为早日执掌国政，多提早行礼。传说周文王十二岁而冠，成王十五岁而冠。古代冠礼在宗庙内举行，时间为二月，冠前十天内，受冠者要先卜筮吉日，十日内无吉日，则筮选下一旬的吉日，然后将吉日告知亲友。及冠礼前三日，又用筮法选择主持冠礼的大宾，并选一位"赞冠"者协助操办冠礼仪式。行礼时，主人（一般是受冠者之父）、大宾及受冠者都穿礼服。先加缁布冠，次授以皮弁，最后授以爵弁。每次加冠毕，皆由大宾对受冠者读祝词。

受礼者拜见其母，再由大宾为他取字，周代通常取字称为"伯某甫"（伯、仲、叔、季，视排行而定）。然后主人送大宾至庙门外，敬酒，同时以束帛俪皮（帛五匹、鹿皮两张）作为报酬，另外再馈赠牲肉。受冠者则改服礼帽礼服去拜见君，又执礼贽（野雉等）拜见乡大夫等。若父亲已殁，受冠者则需向父亲神主祭祀，表示在父亲面前完成冠礼。祭后拜见伯、叔，然后飨食。此加冠、取字、拜见君长之礼，后世因时因地而有变化，民间自十五岁至二十岁举行，各地不一。清中期以后，多移至娶妻前数日或前一日举行。

冠礼进行时，大宾要给冠者加三次冠。先加缁布冠，次加皮弁，最后加爵弁。每加一次冠，大宾都要对冠者致祝词。如加缁布冠时要说："令月吉日，始加元服。弃尔幼志，顺尔成德。"大意就是加冠之后，你要改掉小孩儿脾气，按成人规矩办事。

因此，冠礼就是"以成人之礼来要求人的礼仪"。换句话说，冠礼是华夏礼仪在华夏成员心中的"奠基工程""基础工程"。所以，儒家将冠礼定位于"礼仪之始"，给了它极高的文化地位。

279. 我国古代怎样祭祀祖先？

祖先祭祀是我国古代文化传统的重要组成部分，其起源可以追溯到原始社会后期的父系氏族社会，进入阶级社会以后，祖先祭祀更进一步发展。

周代是中国古代祖先祭祀制度化的时代。在祭祀的方法上，周代同商代一样，是在宗庙内举行对祖先的祭祀。宗庙中被祭祀的祖先称为神主，用木头制成一个牌位来表示，保存在石匣中，称为

"宗祏""主祏"或"祏"。周代祭祀时的主要仪节是把写有六谷名称的小旗插在装有祭馔的器皿上，然后奉告祖先说：已经献上丰洁的粢盛。其次是行祼礼，就是扮演神主的人将盛在酒器内的一种用香草与黑黍混合制成的香酒洒在地上，并将肢解的牛、羊、猪的牲体及血腥供奉于神主座前。这些仪节都有将祭祀人的虔敬之心传达给祖先的含义。祭祀之后一般还要举办酢席，就是祭祀人与助祭的亲友、宾客一起宴饮。

周代的祖先祭祀，受祀祖先的数目比商代减少许多，除始祖外，只限于距祭祀人最近的几代祖先。如周天子，据说祀七庙，一庙为始祖，余为他的父亲、祖父、曾祖父、高祖父等。诸侯五庙或三庙，除始祖外，至多也只祀父、祖、曾、高四代祖先。大夫据说祀三庙，士一庙或两庙（含始祖）。这种祭祀规定后来被历代所沿用，除皇帝外，一般都祀不过五代。如北齐之制，王及五等开国执事官散、从二品以上皆祀五代，五等散官正三品以下、从五品以上祀三代，执事官正六品以下、从七品以上祀两代。《大唐开元礼》规定二品以上祀四庙，三品以上祀三庙，三品以上不须爵者亦祀四庙，四品五品有兼爵亦祀三庙。其中庶人的变化较大，先秦庶人不许立庙，只能在家中祭祀父亲，后来渐渐远推及于祖父、曾父。如明代庶人已可祭祀祖父母，清代便可祭祀父、祖、曾、高四代祖先了。但庶民不许立庙的制度却严格坚持下来，直到清代，庶民还只能在寝堂之北设龛奉祀而已。此外，自商代以来就形成的在祭品等方面严格按等级身份制定不同规格的做法也一直延续下来。周代祭品，天子用"会"，即三组"太牢"；诸侯用一组太牢；卿用"特牛"；大夫用"少牢"；士用猪；庶民用鱼。至清代，三品以上一羊一猪，四品至七品一猪，八品以下用猪肩，庶民只用饼饵二盘、肉食蔬菜各二、饭二、羹二。这都充分体现了中国文化中祖先崇拜因素的不断强化，以及中国古代社会等级制的森严。

280. 古人在座次尊卑上有什么规定和讲究？

古人分别尊卑有各种方式，例如用服色与称谓来分别，而座次也是分别尊卑的重要方式。

《仪礼》《礼记》都有关于座次尊卑的规定。例如《仪礼·士昏礼》中的夫妻对席礼，夫坐东面西，妻坐西面东，这座次是表示夫尊妻卑。

在官场中，座次是分别尊卑的重要形式。《史记·廉颇蔺相如列传》说，赵王"以相如功大，拜为上卿，位在廉颇之右"。张守节《史记·正义》曰："秦汉以前，用右为上。"可知古人很重位次，官高的尊，居上位；官低的卑，处下位。

《吕氏春秋·慎大览·下贤》篇说："子产相郑，往见壶丘子林，与其弟子坐必以年，是倚其相于门也。"一般来说，官高者坐上位，官卑者坐下位，而壶丘子林则另立规则，以弟子的入门先后分尊卑。于是，子产虽然是郑国的相，官位至高，但见壶丘子林是第一次，和其他弟子相比则是最后入门者，所以坐在最末而靠近门边了。这条规定一直沿用至今，徒弟不是以年龄大小而是以入门先后为次序，先拜师者为大徒弟，后拜师者为小徒弟，座次也是大小徒弟挨次而坐。

至于帝王聚会群臣，仍是以官阶大小来分座次的。例如《新唐书·礼乐志》载"皇帝加元服礼"时说："尚舍设席于太极殿中楹之间……有司设次，展县，设案，陈车辇。设文官五品位于县东，武官于县西，六品以下皆于横街之南，北上……又设太师、太尉于横街之南，道东，北面西上……皇帝服空顶黑介帻，降纱袍，出自西房，即御座立。"

在一般情况下，座次的尊卑是通过方向来表示的。上面提到的皇帝聚会群臣，可以看出，最尊贵的皇帝座位是坐北朝南的。因此，古代常把称王称帝叫作"南面"，而把称臣叫作"北面"。大臣们朝拜君王，一般是面向北，按官位高低从东往西排列，这样一来，官位高的在右，官位低的在左，这也就是前面所说的"右为上"的道理。

但是，清初的学者顾炎武在《日知录》中，通过对许多史料的归纳，得出结论说："古人之坐，以东向为尊。"这又是怎么一回事？原来，古代贵族活动场所的建筑一般都是堂室结构的，它坐北朝南，前堂后室。堂室之间隔有一堵东西走向的墙，这堵墙，靠西边有窗，靠东边有户，入室必经堂，即所谓"登堂入室"。在堂上举行的礼节活动，一般是南向为尊，而在室内的礼节性活动就有所不同了。室一般是长方形，东西长而南北窄，因此，室内最尊的座次是坐西面东，其次是坐北朝南，再次是坐南朝北，最卑的是坐东朝西，这就是所谓"东向为尊"的来历。知道了这一点，我们就可以理解，在鸿门宴上项羽为什么要"东向坐"了。这种室内的礼节性位次尊卑起源很早，影响也很广泛，这是因为，在原始时期的房屋中只有室而没有堂，有了堂室结构的房屋后，大量的日常活动也是在室内进行，至于一般平民百姓更是饮食起居皆在一室，所以这种形式的尊卑礼节更为广泛。诚然，以上所说的只是座次尊卑最一般的形式，在历史的长河中，由于时代的变迁，座次尊卑也会有种种变化。如明人余继登的《典故纪闻》卷一所载："至吴元年十月，太祖始令百官礼仪俱尚左，改右相国为左相国，余官如之。"

281. 我国古代跪拜礼的情况如何？

跪拜礼是古代的一种交际礼仪，是我国重要的礼节之一。其目的是向对方表示崇高的敬意。古时候，跪、拜、坐是相近的动作。跪为两膝着地，腰杆伸直；跪而以手碰地即为拜；以臀抵脚跟即为坐。因此，跪可以说是拜的基础，拜是跪的发展，跪虽先于拜，但跪后必然拜，所以两者不可不分。《说文解字》称："跪，拜也，从足危声。"

跪拜礼又可分为级别不同的好几个程式。《周礼·春官宗伯·大卜诅祝》有所谓"九拜"："一曰稽首，二曰顿首，三曰空首，四曰振动，五曰吉拜，六曰凶拜，七曰奇拜，八曰褒拜，九曰肃拜。"据郑玄说："稽首，拜头至地也；顿首，拜头叩地也；空首，拜头至手，所谓拜手也。""稽"，稽留，头至地多时的意思；"顿"，头碰地即起；"空首"，头不至地。这三拜是所谓"正拜"，为跪拜礼的基本类型，其他种类都是从"正拜"中衍化出去的。比如"振动"，是"哀恸"之拜，两手相击而拜；"吉拜"，"拜而后稽颡"（即以额抵地。颡，额头）；"凶拜"，"稽颡而后拜"；"奇拜"，先屈一膝，然后空首拜，汉代称之为"雅拜"，章太炎说，即如"满洲俗之请安"；"褒拜"，拜而再拜之意。只有"肃拜"已经不是严格意义上的跪拜礼了，它略相当于作揖、鞠躬等。

九拜之中，稽首为"拜中最重"（《周礼》贾公彦疏），臣拜君，子拜父，郊祀拜天、拜神，新婚夫妇拜天地、拜父母，宗庙拜祖拜庙，学生拜师，臣下迎领圣旨的拜诏，到城隍庙求家人病愈的拜愿，对死去亲人的拜墓、拜坟等，都用跪拜礼中最重要的等级。"顿首，平敌自相拜之拜"（《周礼》贾公彦疏），是平辈之间的礼节，后世常说免冠顿首，亲友之间信函往来亦顿首示敬，其他如官僚之间的拜迎、拜送，民间的拜贺、拜候、拜望、拜别、拜谒等场合，都用顿首礼。"空首拜者，君答臣下拜"是位尊者对于位卑者稽首拜的答拜礼。秦汉后，"空首拜"与"顿首拜"往往混同而不再细分。吉拜礼行于各种祭祀，以及对齐衰不杖以下者的丧事。《仪礼·士丧礼》并未规定向灵柩拜而稽首，而是以哭踊为礼，不论是吊唁者还是死者子孙都是如此，子孙向吊唁者稽首，吊者也不答礼；以后哭踊礼逐渐取消，子孙对灵柩和对吊唁者都行稽首礼，宾客亦以拜礼答之。凶拜与吉拜的拜礼相近，但程序不同，一为稽首在前，一为稽首在后。两者意义也不同，凶拜是三年之丧时所行的跪拜礼，因此凶拜要比吉拜为重。

封建制度是跪拜礼的根源，而跪拜礼又是封建制度的表现，两者是相互依存，不可或缺的。近代资产阶级革命在风俗礼仪上引起的变动之一，就是逐步以"文明礼"——握手、鞠躬、举手礼，取代跪拜礼。1912年，中华民国南京临时政府成立。临时政府发布文告，改革旧俗，保障民权，其中最重要一条就是"废止跪拜"。近代文明与中国古代礼制的最早冲突，也发生在这一点。包括西方礼仪在内的西方文化的传入引起了中国社会物质的、精神的、价值观的深刻变动。

282. 我国古代帝王和官吏的仪仗制度如何？

我国古代帝王及贵族的仪仗队起源于他们的扈从守卫队伍。《周礼》说："虎贲氏掌先后王而趋以卒伍。"意思是虎贲氏承担王者出行时，率领士兵列队在王者的前后行进，加以护卫的职责。周代初年的《尚书·顾命》中便记载有用虎贲来充当周王及诸侯仪卫的事例。其中说到太保（官名，周王的主要辅臣之一）命令仲桓和南宫毛随齐侯去迎接周太子，二人便持干戈，率领一百名虎贲在南门迎接。这里的虎贲就是指守卫在周王身边的卫士，当举行仪式时，他们便充当仪仗队的成员。以后虎贲就成了专门负责王室与诸侯的护卫与仪仗的一个官职名称，即虎贲氏。

从《顾命》中可以看到仪仗制度显然已经形成。随着周代奴隶制国家政权的逐步完善和强化，王室与诸侯的仪仗队伍亦越来越庞大、复杂。从《周礼》的记载看，当周王出行时，由虎贲氏率领仪仗队伍在王的前后行进。其中，旅贲氏执戈持盾，在王者车驾的两旁随行，左右各八人；节服氏六人手捧象征周王的太常旗，随车而行。

唐代以后，帝王及官员出行的仪仗在文献中有较完善的记载。如唐代杜佑所撰《通典》中记载唐代皇帝的仪仗规模：导驾者先后为唐京畿地区的地方官万年县令、京兆牧，以及朝廷重官太常卿、司徒、御史大夫、兵部尚书；接下来是"清游队"，擎白泽旗二，分左右，各有二人执、二人引、二人夹；再后是金吾折冲二人，各领四十骑，戎装，分左右；再后是金吾大将军，二人，分左右……粗粗数来，皇帝大驾的整个仪仗队伍，从朝廷重官到侍卫、鼓乐旗盖、车骑扇辇、清道杂役等，前后排列计有一百二十多列次。其中有许多列次本身就是一个庞大的方队或纵队，有十二人、二十四人、四十人、一百零五人，乃至二三百人不等，这时何等壮观。皇室一般成员及官员的仪仗，其规格自然比皇帝要低得多。同时依各自品位的高低，仪仗的规格又有严格的区分，但大官的仪仗仍然十分堂皇。如唐宋时期一品官卤簿，除了鼓吹、伞、盖、扇外，戟、刀、盾、弓箭等兵仗多至三百人，随从的清道、车骑、驾士亦在四十人以上，僚佐尚未算在内。此一行威仪也堪称可观。中国古代帝王的出行仪仗在唐以后规模间有增减，但其作为权力、地位的象征在历代王朝一直存在。

在古代奴隶制和封建制国家中，帝王、贵族与官员的仪仗制度与百姓、稗官的回避制度二者相辅相成，起到了维护封建统治阶级尊严和权势的作用，成为古代专制主义政治与等级制社会的象征。

283. 我国古代外交礼节的情况如何？

中国历代统治者把所有与之交往的异国小族称为藩属、附庸，长时期没有形成与外国平等交往的概念。在古代文献《国语·鲁语》中，周朝统治者将异族的小国、部落依其地理位置的远近分别划归周王朝属下的"要服"和"荒服"这两个范围中。"要服者贡，荒服者王"，即属于要服的小国对周王要按时缴纳贡品，而离得更远的、属于荒服的小国也必须到周王朝觐见，表示甘愿尊奉周王为共主。因此，在整个先秦时期，我们今天所说的外交礼节其实是包括在"诸侯、藩国朝宗觐遇天子之礼"与"天子受诸侯、藩国遣使来聘之礼"中的。

秦统一中国后，废除了分封制，诸侯及藩国主朝觐与使者来聘之礼遂不再行。直到南北朝时期，随着分裂局面的长期存在及周边民族国家的强盛，藩国、诸侯朝觐之礼又重新建立起来。在唐代《开元礼》中，外藩遣使来聘之礼已单独列为一节。以后宋、元、明、清各代都有关于外藩遣使来聘的详细礼节。这反映出唐以来已逐渐形成有关外交的初步概念，并把它同国内的关系、概念有所区分。但总的来说，仍未彻底摆脱将别国看作是帝国藩属的观念，此种情况一直延续到近代。后世的藩国朝觐及外藩遣使来聘之礼的程序大体上脱胎于先秦。如宋徽宗政和中定《五礼新仪》，其中规定：凡藩国主来朝，要遣使迎劳。藩国主以束帛授使者，同时反复行拜礼。然后由皇帝约定接见日期。朝见时，文武百官立于殿廷，藩国主率随从官员由有司引入皇宫。皇帝升御榻后，由官员引藩国主立于殿下，藩国诸官在其后。这时赞者传令所有官员"再拜"，并将笏板插在腰带上"舞蹈"，奏"圣躬万福"。在觐见结束后藩国主被引出皇宫还馆时，还要反复行拜礼和舞蹈。

明朝时，外国使臣来华仍然要举行"藩国遣使进表仪"。使臣在殿前向中国皇帝进表时，要鞠躬、拜、兴"凡四"，并且"跪取表函捧进表"于受表官，同时献上"方物"。在宣读表文及方物状文后，方能"平身"引退。

清朝时期同欧洲各国使节的来往增多，而外交礼节仍大体与前代相同。其社会经历了由传统到现代，从闭关到开放的发展轨迹，与之相伴，外交礼仪也几经更迭与嬗变。如乾隆年间英国特使马夏尔尼来华时，坚持拒绝在觐见清帝时下跪，代之以屈膝礼，而我国亦由此开始接触到当时国际上已经或正在逐渐被公认的某些外交礼仪惯例。

284. 我国古代主要有哪些婚姻形式？

以中国历史之悠久，地域之广阔，族源之复杂，各种婚姻形式都曾存在过。比如血亲婚姻，就反映在"知母不知父。无亲戚兄弟夫妻男女之别，无上下长幼之道"的记忆中。而氏族阶段的群婚与对偶婚更为普遍，所谓"娶妻避其同姓"，就是氏族群婚的反映，"别男女"也含有氏族外婚的意思。但从西周以来的整部中国封建社会史来说，专偶婚，即所谓"有男女然后有夫妇"之"有夫妇"，则是一种基本的、稳定的婚姻形式。

专偶婚是指一个男子固定与一个女子发生同居关系，这种婚姻形式就是一夫一妻制婚姻。另外，在一个主妻以外，又有一定数量的女子作为一夫一妻制的合法补充，就是一夫多妻制婚姻。

在古代贵族阶层，上自天子、诸侯，下至卿大夫、士，普遍实行一夫多妻制，或者称一夫一妻多妾制。"多妻"与"一妻多妾"名虽不同，但实质一样，都是指男子不满足于一个女子，而同时与多个女子发生同居关系。国家法律对"多妻""多妾"的数量没有统一严格的规定，只有一个大致的意向。比如，"天子取十二女""诸侯一取九女"等。秦汉以后，法律对实行一夫多妻的人的身份不再有什么限制，只要财力许可，官府即不加干涉，主妻亦不能阻挠，阻挠则为"七出"之一。

一夫一妻制是全国绝大多数庶人普遍通行的婚姻形式，它比较严格地遵循了一个男人只和一个女人终生同居的原则。实行一夫一妻与否是和经济条件紧密相连的。但无论是一妻多妾制，还是一夫一妻制，都深深打上了鲜明的时代烙印。

285. 什么是婚礼的"六礼"？它们的演变情况如何？

我国各地区、各民族的婚姻的形态多种多样，贯穿于婚姻过程中的礼仪习俗更是花样迭出，烦琐而复杂。关于婚姻礼仪，中国有"六礼"之说，据《仪礼·士昏礼》记载，六礼是指纳采、问吉、纳吉、纳征、请期、亲迎六个步骤。

所谓"纳采"，即男方之父先遣媒人去女方家提亲，女方同意后，男家遂派使者以雁为贽礼，正式向女方求婚。纳采用雁的意思，据说是因为雁系随阳之鸟，以此比喻妻从丈夫之义。秦汉以后，贽礼有用羔羊、合欢、嘉禾、胶漆等物的，都用以象征夫妇牢固和睦之义。

纳采礼毕，使者立刻"问名"，女方生母之姓名，女子本名，排行，出生年、月、日、时等，都在所问之列。问清之后，即归男方以卜其吉凶。后世凡由媒人为中介所定的婚约，都有问名环节。直至近代，所谓"凭媒请庚"和"探问"，仍有古代问名的遗意。

问名之后，"归卜于庙得吉兆，复使使者往告，婚姻之事于是定"（《士昏礼》郑玄注），此谓"纳吉"。唐代的"报婚书"，宋代的"过细帖""相亲""插钗"，近世的"传庚""定亲""换帖"，都是男方卜吉，女方正式认婚这一礼仪的不同称谓。

纳吉之后，即"纳征"，即男方向女方赠送彩礼，有现金，有财物，故纳征也叫"纳币"。经此仪式，婚姻进入正式筹备阶段。彩礼的多少，根据社会地位和经济实力而定，王公贵族与庶人平民之间水平相距甚大，但无论贫富，纳征之礼总不可避免。后世所谓"聘礼""财礼""下礼""过定"，都是指纳征而言。

纳征后，男方即派人请女方选定成婚日期。其实，男方已卜得吉期，并早已决定，"请期"只是谦辞，以示"不敢自专"，故后世请期直称告期。一般平民的婚期，由男女双方共商，定下以后，送一期帖至女家正式通知，这是请期礼的演变形式，实质上是一样的。

到了约定的婚期，新郎亲自于黄昏时分到女家迎亲，随车而归（黄昏娶女，据说就是婚姻之为"婚"的本义）。天子由于是"至尊"，故无"亲迎"礼。隋唐以后，皇太子以下都有亲迎之礼。

286. 我国古代是怎样离婚的？

古代人们把婚姻看作是延续家族的行为，是子孙对祖先应尽的神圣义务。因此，"独身者"被认为是愧对祖先的不肖者，而不能完成"上以事宗庙，下以继后世"（《礼记·昏义》）使命的婚姻，也必须解除。中国古代法律不用"离婚"这个词，取而代之的是绝婚、离弃、休妻、出妻等用语。中国古代的主要离婚形式包括：

一、"七出"。即可以将妻子赶出家门的七个条件：不顺父母、无子、淫佚、嫉妒、恶疾、多言、盗窃。只要犯其中一款，原则上就能逼使妻子离婚。

七出条文最早见于《大戴礼记·本命》篇，称为"七法"。当时它只是一组严格的伦理规范，还没有成为国家法律。唐、宋、元、明、清诸朝正式将之列于律令正本，《唐律疏义》《宋刑统》《通制条格》《大明律》《清律辑注》中都有明文，只是七出排列次序与《大戴礼记》略有不同，为无子、淫佚、不事姑舅、多言、盗窃、嫉妒、恶疾。

七出中，除了盗窃、多言两项多少关系到个人的品德之外，其他五条都与违反古代婚姻的根本目的有关。

二、"义绝"。七出之外，离婚的另一个条件为义绝。义绝包括夫对妻族、妻对夫族的殴杀罪、奸非罪，及妻对夫的谋害罪而言。夫妻原以义合，一旦发生了这些行为，即表示恩断义绝，不能再保持婚姻关系。义绝不仅有关风俗、道德，还牵涉到国家法律，所以，它是比七出更严重的离婚条件。义绝的执行者为政府，被惩戒者为男女双方。若犯"义绝"者则必须离婚，权在国家，应离而不离者要给予处罚，如唐、宋律处刑徒一年，明清律杖八十。

三、"协离"。又称为"和离"。夫妻双方若一致同意离婚，即使不合七出和义绝条件，法律也是承认的。这种离婚为协离。

总之，古代中国的离婚规定首先必须符合封建统治秩序和社会宗法规范，所以妇女在婚姻中始终处于身不由己的被动地位。随着封建专制制度的加强，妇女身受的封建绳索的束缚也越来越紧。封建社会后期，被迫离婚的妇女被认为蒙受奇耻大辱，因而也往往被迫自尽，真正事实上的协离是极少的。

287. 什么是"媵""妾"？中国古代媵妾制度的情况如何？

中国古代有种制度叫媵妾制度，一般是跟随正妻一同嫁到夫家的女子。规格较高的是亲姐妹同嫁，规格中等的则是一个身份较高的女子偕同一个或几个宗族女子同嫁，规格最低的是侍女陪嫁。这样嫁过去的前者是妻，后者便是媵妾了。

"媵"指从女方陪嫁而来，媵者为妻之侄女和妹妹。《仪礼·士昏礼》郑玄注："古者嫁女，必侄娣从之，谓之媵。"妻之侄娣成为丈夫合法的配偶，其子女亦为本家族合法继承人。这种婚姻形式，在先秦时的诸侯、大夫阶层内确实存在过。如《左传·襄公十九年》记载齐灵公娶鲁颜懿姬为夫人，同时娶进颜懿姬的侄女；鲁襄公夫人为敬归，襄公同时还娶了她妹妹齐归。娶妻与娶媵自然并不一定非同时不可，有因为无子而再娶的，因为丧偶而继娶的，情况很复杂。一般来说，媵这种婚姻形式只能存在于贵族阶层，为媵者与为妻者具有相同的家世背景。

"妾"一开始就与妻、媵不同。古人说聘则为妻，奔则为妾。妾是买来的，不能行婚姻之礼，不能具备婚姻的种种仪式。妾者，"接也"（《释名·释亲属》），字的含义即指示其为非正式配偶。所以，妾以夫为君，为家长，俗称老爷，而不能如妻媵般以其为丈夫。妾的这种地位，由为妾者的身份决定。《说文解字》中说："妾，有罪女子，给事之得接于君者，从辛从女。"《春秋传》云："女为人妾，妾，不聘也。"总之，妾在家庭中的地位极为低下。

先秦时期，媵妾两种身份并存，媵明显高于妾。秦汉以后，媵妾逐渐合一，凡侧室都称为妾，随嫁之媵亦称为妾。如《汉书·平帝纪》载平帝遗诏："其出媵妾，皆归家得嫁。"师古注："媵妾，谓从皇后俱来者。"唐宋以来，媵渐归消亡，除了在五品以上官僚中尚保留媵外，一般家庭内再难发现原来意义上的媵了。唐宋律中，"夫妻妾媵"尚还并称，至明清律就只有"妻妾"而无"媵妾"了。所谓封建的媵妾制度，实际上就是指唐宋以后逐渐形成的一夫一妻多妾制度。拥有妾的数量，亦代表着男子的社会地位。

在这种制度下，妾不仅是男子（家长）的奴隶，而且是妻的奴隶，故"夫为男君，其妻曰女君（《释名·释亲属》），对之敬谨奉事，应如"妻之事舅姑"。妾对妻不得有侵侮的行为，妾犯妻与妾殴骂家长同罪。唐宋时，媵高于妾一等，所以，媵犯妻则减妾一等治罪；而妾犯媵，加凡人一等。明清无媵，正妻以外统称妾，故媵、妾无别。妾其实就是妻的奴隶。

由此可见，中国古代的媵妾制，实在是最典型不过地记录了封建社会中广大妇女被奴役的可悲命运。

288. 我国有哪些丧葬形式？

丧葬形式是各民族传承下来的一种特殊文化，我国古代各个地区差异很大，其形式主要有土葬、火葬、水葬等几种，其中又以土葬最普遍。采取哪一种形式来埋葬死者，与该地区的自然环境、居民的生产方式、生活习惯、宗教信仰、意识形态都有关系。

土葬是中原地区汉民族最标准的葬式。中原土壤肥沃，人民世代以农业为主业，认为土地是生命之本，所以"有地则生，无地则死"，是汉民族最根本的观念。汉代崇尚黄色，实为土色；土又居五行之中位，是一个最稳定、最可靠的基础，因此，人死后埋葬于土中，就是使灵魂得到安息的最好办法。虽然同为土葬，但由于死者身份各不相同，在等级社会中就分出了各种不同的级别和规格。如帝王要建造陵寝，往往生前就倾其国力，驱使大量民工，日夜苦干，可见规模之大。现存北京十三陵、河北东陵、西安昭陵、沈阳北陵，都是见证。皇帝以下，依官品比降，官品越高，占地越广，坟也越高。汉代法律规定，列侯坟高四尺，关内侯以下至庶民逐渐减少。唐、宋、元、明、清各朝，对各级官吏坟地的方围、标高都有明文规定。比如，品官墓地方围宽至九十步，坟冢高至一丈八尺；最少为二十步，高八尺；庶人则少至九步，高四尺。

由于汉民族重土葬，所以视火葬为异端，汉代以前都是将焚尸作为最大耻辱和最严厉的刑罪之一的。比如燕国围攻齐国即墨，掘齐人冢墓，大烧死尸，齐人"望见皆涕泣，俱欲出战，怒自十倍"；王莽作焚如之刑，烧杀陈良等。在这种心理状态下，将自己的亲人以火葬为正式葬式，自难以想象。先秦时代的墨子、列子曾指出，在边远地区存在火葬习俗，如列子说："秦之西有仪渠之国者，其亲戚死，聚柴积而焚之。熏则烟上，谓之登遐，然后成为孝子。"（《列子·汤问》）可见在仪渠国，火葬具有与汉民族土葬一样的文化意义。此外，古代甘青地区的羌人也有火葬之俗（《太平御览》卷七九四）。汉代以后，佛法东移，印度僧侣盛行之火葬也随之而来。唐宋民间已有不少奉行，以致宋太祖建隆三年（962）曾下诏严禁。南宋江南地区由于地少人多，火葬之风更盛。南宋有大臣上疏朝廷说："今民俗有所谓火化者……河东地狭人多，虽至亲之丧，悉皆焚弃。"（《宋史·礼志》）他要求朝廷发布命令，"贫无葬地者，许以官地安葬"（《宋史·礼志》）。

水葬是中国古代存在于南方一些少数民族中的丧葬形式，它是将死者投于水中，任其沉浮漂流。奉行这种葬式的民族，一般都生活在深谷大河之畔，以水为生，以鱼为食，他们视江河为自己生命的源泉与归宿，并往往拥有与水神有关的美丽神话。《南史·扶南国传》曾记载该地"国俗"："死者有四葬：水葬则投之江流，火葬则焚为灰烬，土葬则瘗埋之，鸟葬则弃之中野。"将水葬列为四法之首，可见他们的生活方式与水有关。

以上种种丧葬形式，并不能包括我国古代所有曾经存在过的葬式，但从中国基本的自然地理环境，以及基本的民族构成因素而言，大体上不过如此。

289. 我国传统丧礼有哪些主要程序？它们的演变情况如何？

《说文解字》曰："葬，臧也。从死在草中。"即将死者藏于草丛之中。由此可见，"死"与"葬"是紧密联系在一起的。有"死"便有"葬"；有"葬"，也自然就有"丧葬礼仪"。

我国先秦的一些文献，记载了周代华夏族贵族中丧礼的详细情况，其主要的程序有：

第一，停尸。人死后，脱去衣服，将其安放在屋内规定的地方，用特制的敛衾盖上。

第二，复魂。今俗称"招魂"。这个仪式含有最后一次挽留死者的意思，充满了迷信的色彩。

第三，奉体魄精神。奉体魄是对尸体做一些整治。包括用角柶将死者的口撑开，以利于后来纳"饭含"的仪式，称"楔齿"；用几案将死者双足固定，以利于以后为其着履，称"缀足"。奉精神是以酒食至于死者东侧，象征"鬼神"有所饮食。

第四，吊丧。首先使人赴告于死者的上司、亲戚、朋友等，然后这些人便先后亲自或派人前来吊唁。吊唁时，死者家属要有一套烦琐的礼节对吊唁者予以迎送，并且还要在室内"哭"。吊唁者则须向死者赠送衣被，这个仪式称为"襚"。

第五，为铭。按死者生前等级身份制成一面旗，称为"明旌"，上书"某某之柩"，以竹竿置于堂前西阶上。

第六，陈袭事及沐浴、饭含之具。将死者将用的衣物及沐浴、饭含仪式的用具分别陈列于房中和西序下。

第七，沐浴、饭含、袭尸。由管人、商祝、夏祝分别主持为死者沐浴、穿衣和在口中置入珠玉等。袭衣时，一般除内衣外，共穿三套，称为"三称"。

第八，设重。用木板刻成一块牌位，置于中庭，象征死者的亡灵，称为"重"。由祝"取铭置于重"，即以上述的明旌覆盖在重上。以上是死亡第一天必须做的仪节。

第九，大敛。即入棺。这是第三日的主要仪式。清晨，将庭中灯火熄灭后，便把大敛所用的衣服凡三十称置于房中，酒菜等奠馔及棺材亦陈列于堂上。大敛时，在商祝帮助下，由主人"奉尸敛于棺"，同时"踊无算"。接着举行大敛奠。当送宾客离开时，主人、主妇还要再一次哭踊。

第十，朝夕哭、奠。大敛后，宾客继续纷来致悼，主人一一迎送，举行奠仪，其中亦少不了哭踊一番，如此直至下葬前止。

第十一，既夕。下葬前两日的晚上，主人等做下葬前的最后一次哭。同时将启殡的日子通知来宾。

第十二，迁柩。下葬前一日，将灵柩先行移入祖庙停放，同时举行祭奠。主人袒踊。

第十三，下葬。清晨，将奠馔陈列于门外，宾客来后，先举行奠仪，就此宣布各方赠送的车马财物等。然后柩车出动，主人、宾客同行至墓地。灵柩下穴时，主人面向西，主妇面向东，皆不哭。挖土下棺后，主人、主妇方大哭，"踊无算"。

第十四，服丧。丧礼结束后，死者亲属还要按规定于一定时间内在衣着、饮食、起居等方面遵守一些特殊的仪节，以示哀悼，称为"服丧"。

由以上简介可以看到，古代中国所实行的丧礼程序是多么复杂，其中还有无数细节更是繁缛之极，难以备述，同时还有许多仪式，我们在这里就不一一赘述了。

290. 什么是"五服"？我国古代丧服制度情况如何？

"五服"有三个意义：一是统治阶级的五等服饰，即天子之服、诸侯之服、卿之服、大夫之服、士之服；二是天子直接管辖的地区（称"王畿"）以外的地方，以五百里为率，视距离的远近分为五等，依次称为甸服、侯服、绥服、要服、荒服；三是指丧服制度中的斩衰、齐衰、大功、小功、缌麻五种服色。一般所说的五服，主要指丧服的五服。

所谓丧服，是古代丧礼中亲属们根据与死者的亲疏关系而穿着的一种服饰。一般是在死者大敛的次日开始穿着，称"成服"。丧服礼结束后，还必须在为死者进行的一系列祭奠活动中穿着，直到礼制规定允许解除的期限为止。

斩衰。衰通"缞"，是五服中最重的丧服。以粗麻布为衣，麻布不缝边，斩断处外露，表示不修饰，因而称为斩衰。《仪礼·丧服》说："斩衰裳，苴绖、杖、绞带，冠绳缨，菅屦者。"据此，斩衰除衣外还要配以其他的服色。古代，诸侯为天子，臣为君，男子及未嫁女为父，承重孙（长房长孙）为祖父，妻妾为夫，均服斩衰。至明、清，子及未嫁女为母，承重孙为祖母。子妇为姑（婆），也改齐衰三年为斩衰。女子服斩衰，并须以生麻束起头发，梳成丧髻。实际服期约两年余，多为二十五个月除孝。

齐衰。齐指下衣的边，"五服"中列位二等，次于斩衰。其服以粗疏的麻布制成，衣裳分制，缘边部分缝缉整齐，故名齐衰，有别于斩衰的毛边。具体服制及穿着时间视与死者关系亲疏而定。父卒为母，母为长子，服期三年；父在为母，夫为妻，服期一年，又称"杖期"。服丧时手中执杖（俗谓哭丧棒）。男子为伯叔父母、为兄弟，已嫁女子为父母，孙、孙女为祖父母，服期一年，不执杖，亦称"不杖期"。为曾祖父母，服期三月。齐衰时，男子戴丧冠，女子用丧髻。另有绖带、绳履。

大功是次于齐衰的丧服。丧服用细麻制成，经过加工，色较白，故称"功服"。服期为九个月。据《清通典·礼服制》规定，凡堂兄弟、未婚的堂姊妹、已婚的姑、姊妹、侄女及众孙、众子妇、侄妇等之丧，均服大功。已婚女为伯父、叔父、兄弟、侄、未婚姑、姊妹、侄女等服丧，也服大功。

小功是次于大功的丧服。丧服用更细的麻布制成，服期为五个月。《仪礼·丧服》称"小功者，兄弟之服也"。《礼仪·丧服》云："小攻，布衰掌，牧麻致，即葛五月者。从祖祖父，从祖父母报；人祖昆弟；从父姊妹篇，孙嫡人者；为人后者为其姊妹嫡人者。"

缌麻。丧服用精细的熟布制成，服期为三个月。凡疏远亲属、亲戚如高祖父母、曾伯叔祖父母、族伯叔父母、外祖父母、岳父母、中表兄弟、婿、外孙等，都是服缌麻。

291. 我国古代的墓葬是怎样起源演变的？

自古以来，由于受"祖先崇拜"以及"视死如生"等传统观念影响，人们对丧葬十分重视。因此墓葬不仅仅是埋葬习俗的体现，更能在一定程度上反映出社会政治、经济、生产、生活等内容。最初，人们对尸体的处理方式很简单。所谓"古之葬者，厚衣之以薪，藏之中野，不封（没有封土堆）不树（不种树木）"（《易·系辞传下》），就是当时处理尸体的情形。

最先进入阶级社会的中原地区以土坑竖穴墓为主要的墓葬形制，但直到西周初年，地表上还没有明显的坟丘，"文、武之兆，与平地齐"。长江以南的东南地区，由于地势低下，向下挖掘土坑容易出水，在尚无法有效防潮的情况下，采取了在平地上掩尸，堆筑坟丘的办法，如在江苏、安徽等地发现的西周墓葬就是这种情况。

到了春秋晚期，中原地区也出现了坟丘式墓葬。与此相应地有了坟和墓的字义区别：埋人的茔地叫墓，墓上的封土叫坟。这时，人们开始在"寝"上定期进行墓祭活动，为了适应这种活动的需要，墓寝逐渐扩大形制，成为专供祭奠的祠堂、享堂。

战国初年，中原各国都建立了集权的君主政体，确立了新的等级制度，反映在墓葬上，就是坟墓的等级区分。殷周时代的墓葬也有等级区别，这主要体现在地下墓室中棺椁的数量和随葬品的多寡。这时，由于坟丘式墓葬普遍流行，除了在地下讲究等级外，统治者开始对坟墓的外观也予以等级的区分。从战国中期开始，君王的坟墓专称"陵"，形成一套特殊的制度，达官贵人以至一般庶民各按其地位和财势，构筑相当的坟墓。

秦汉以后，墓葬形制的演变主要反映在以下几个方面：

第一，坟丘。战国秦汉时代的坟丘以方锥形为贵，一直到唐代，仍以方形为贵。当时规定，仅皇族可使用方形坟丘，并以台阶的数目来区分等级。无论王公贵族还是一般庶民的坟丘都是圆锥形的，所不同的仅是占地的大小和坟丘的高低。

第二，墓穴和葬具。自殷周以来，墓穴的主要形制是竖穴土坑。到西汉后期，除南方的大墓还保持这种形制外，墓穴普遍转变为象征地上宅院的砖室。这种地下建筑物往往有好几个墓室，一般是拱形券顶。隋唐时代规定，不同形制的砖室墓仅王室和各级官吏可使用，这一规制基本为唐代以后的各代所沿用。死者使用的葬具一直是棺椁，但也有等级规定。

此外，墓上的附属建筑，除了供墓祭用的设施外，西汉时墓前开始树立华表，霍去病墓前虽然列有石马、石人、石兽，但这主要为了表彰墓主战胜匈奴的功勋，和以后墓前神道两旁陈列石人、石兽不同，对此，历代统治者也都有详细的等级规定。

由此可见，不同历史时期的墓葬，体现不同的埋葬制度，它总是直接或间接地反映了当时社会制度、阶级关系、社会经济和意识形态等方面的情况。从这个意义上说，墓葬就是特定历史时期社会生活的缩影。

292. 我国古代帝王陵寝制度的情况如何？

我国古代帝王陵寝，从战国时代建造陵墓始，下迄明清，大约经历了两千几百年的发展历史，形成了一套特殊的制度。

春秋时期，社会上普遍流行坟丘墓，从战国中期开始，君主的坟墓开始称"陵"。赵肃侯十五年（前335）"起寿陵"，是最早的君王墓称"陵"的记载。

秦始皇统一全国，建立了中央集权的专制王朝，他曾集中全国很大一部分人力物力为自己预修寿陵，始皇陵的规模是空前的。他将宗庙的"寝"移到陵墓边侧，"起寝于墓侧"（《后汉书·明帝纪》），西汉则继承了这一做法，同时将宗庙造到了陵园的附近，这种陵侧起寝、陵旁建庙的制度，将陵与寝、陵园与宗庙结合了起来，初步形成了陵寝制度，其陵寝制度充分体现了中央集权封建皇权的至高无上，对以后历代帝王陵园的建筑影响非常大。

到了东汉，明帝对礼制作了一次重大的改革，确立了以朝拜和祭祀为主内容的陵寝制度，对帝王陵园中的"寝"进行不断地扩大和改造。此后，随着陵寝制度的发展变化，寝的规模也逐渐扩大，成为陵园地面建筑的主要部分。

陵墓封土的形式及发展，主要经历了三个变化过程。秦汉时期，封土为陵，以方上为主。所谓方上，就是在帝陵的地宫之上，用土层夯筑，使之成为一个上小下大的方锥体，因其上部是方形平顶，故名之为方上。秦始皇陵和汉代许多帝王陵，都是方上的形式。魏晋南北朝时流行因山为体、以山为陵的筑墓方式，即利用山的峰峦作为陵墓的坟头。明清时期，虽复秦汉"积土起坟"的方法，但陵墓则由方形变为圆形，从明孝陵起，开始改为圆形。宝城的形式有圆形和长圆形两种，明朝多圆形，清代多长圆形。

自秦汉时期将寝造到陵侧，陵园的地面建筑逐步发展成为以寝为主体的大规模建筑群，包括祭祀建筑物和神道及石刻像。西汉时，"寝"有正寝与便殿之分，正寝设有座位、床、几、匣、被枕、衣冠及其他日常生活用具，由宫人对待活人一样奉伺，每日四次按时进食。唐代的陵园，将供朝拜祭祀之用的寝殿和供墓主"灵魂"生活的寝宫分开建造。唐代的寝殿称为献殿，规模较大，已脱离"寝"而单独成为朝拜祭祀的大殿，唐陵的寝宫称下宫，建在山下，多数下宫建在离帝陵五里的地方。宋代称献殿为上宫，与下宫相对。明代取消下宫建筑，扩大享殿规模，在享殿两旁分建配殿。

由于帝王陵寝的发展，管理、保护陵寝的机构也相继建立。秦始皇陵已有了庞大的护陵机构，汉代诸陵还在陵墓所在地建置县邑，徙民居住，称陵邑。明代时设护陵监，专司护陵之责，护陵监外有城墙围绕。清东陵还专门修了一座"新城"，以为护陵之用。

293. 什么是"殉葬"？

殉葬也称人殉，就是以活人从葬，它是中国自原始社会末期至整个奴隶社会广泛流行的一种古代葬俗。从考古资料上看，中国的中原地区（如河北邯郸涧沟）和西北地区（如甘肃武威和青海乐都）早在公元前两千八百至两千年前就有人殉的现象存在了。考古学家认为，当时用于殉葬的人可能是被杀害或活埋的俘虏，也可能是妾奴。

我国商代是人殉极其盛行的时代。例如，在属于商代前期的湖北黄坡盘龙城遗址中的一个墓，有三人殉葬，其中两人被直接埋在外棺外西侧的二层台阶上，一人被直接埋在北端椁顶之上。同时期的河南安阳的一个墓葬中有八人殉葬，分别埋在棺椁外的东、西、南三面，与墓主人的随葬铜礼器葬在一起。还有一个大墓，有大量人头骨随葬。上述殉葬人的身份虽然不能排除是奴隶的可能，但从他们多有随葬品来看，也有可能是墓主的随身侍卫之类。

商代后期，人殉的规模发展到惊人的地步，尤其是大规模墓葬，殉葬者经常多达几十人乃至一百多人。例如安阳殷墟侯家庄的一个大墓就有 164 人殉葬，其中与墓主人同穴埋葬的就有 96 人，分别埋在墓底、椁外侧、椁顶和墓道中，在墓道夯土内还埋有 73 个人头骨，与墓主人异穴埋葬的有 68 人，都埋在主墓室东侧的土坑中，每坑一至七人不等，这些殉葬人中有的甚至有椁木、墓室。由于遗址已经受过破坏，当初殉葬的确切人数恐怕还不止于此。

从商代人殉的布局及随葬品种类等资料来看，古代殉葬的用意是以人殉来警卫和侍奉墓主人，这显然是古代宗教观念与等级制度的一种血腥的反映。至于随葬的人头骨，考古学家多认为那是用于祭祀的人牲的遗骨，与殉葬的意义不同。但人牲与人殉一样，都表现了中国早期文明社会的残酷性。

考古资料表明，人殉在西周时期趋于没落。在已出土的西周早期中小型墓葬中，大约只有不到十分之一是有人殉的，而且殉葬人数最多的一座墓只有 4 人。到西周晚期，中小型墓中几乎看不到用人殉葬的现象，这在一定程度上说明周代对于人殉的看法已与商代有所不同。但从文献的记载来看，我国春秋时期在上层贵族中仍然存在着殉葬的习俗。如公元前 621 年秦穆公死，用贵族子车氏的 3 个儿子殉葬，另外还杀殉 177 人，引起国人的哀悼，"为之赋《黄鸟》"。考古学家在春秋早期至战国初期的秦国墓葬中也确实发现了不少用人殉葬的例子，证明文献记载是可信的。除秦国外，春秋时期宋国、晋国等都有用人殉葬的记载。

秦始皇统一中国后，秦代人殉似乎又有所发展。在二十世纪七十年代以来勘察和发掘的秦始皇陵墓区，已经发现了十七座殉葬墓。已经发掘的八座殉葬墓都有较高规格的葬式，殉葬人五男二女，系肢解后入葬，随葬品上刻有"少府"字样。举世瞩目的秦始皇陵兵马俑坑，作为这种葬俗的一个最早的登峰造极的表现，正是开了汉代这种风气的先河。

294. 我国古代传统节日有什么特点？

传统节日的形成，是一个民族或国家历史文化长期积淀凝聚的结果。中国传统节日多种多样，是悠久历史文化的一个重要组成部分。从远古先民时期发展而来的传统节日清晰地记录着中华民族丰富多彩的社会生活和文化内容。

中华民族在长期的传承和发展过程中，形成了自己独特的习俗，概括起来有以下几点：

第一，历史悠久，源远流长。

我国传统节日起源很早，大部分节日在先秦时期就已初露端倪。从西周后期开始，一年被划分为春夏秋冬四时，每时分为孟仲季三个月，共十二个月，是岁时风俗的雏形期。汉代是中国统一后第一个大发展时期，政治经济稳定，科学文化有了很大发展，这对节日的最后形成提供了良好的社会条件。我国大部分传统节日在此时已经形成，与之相关的习俗也已经产生。到了魏晋南北朝时期，风俗中加入了更多人文因素，节日活动从最早的原始祭拜、禁忌神秘的气氛中解放出来，转为娱乐礼仪型，成为真正的佳节良辰。到了隋唐宋元时期，节日风俗基本定形。纵观我国传统节日的发展线索，不难看出节日的日期一旦固定下来，则千古不变，尽管伴随着王朝更迭、时代转换，但是节日的时间始终不变。由于起源久远，很多节日起源的准确时间和原因都已经很难说清楚了，这也是中国传统节日的一大特点。

第二，内容丰富，形式多样。

我国民俗传统节日从内容上考察，可大致分为农事节日、祭祀节日、纪念节日、庆贺节日、社交游乐节日五类。我国传统节日的内容丰富、形式多样还体现在节日的时间上，每月的朔望日多为节日，像正月初一为春节，正月十五为元宵节，七月十五日为中元节，八月十五日为中秋节，十月十五日为下元节等。月日数字重复的日子常被确定为节日，如正月初一的春节，二月二日的春龙节，三月三日的上巳节，五月五日的端午节，六月六日的姑姑节，七月七日的七夕，九月九日的重阳节等。

第三，重伦理观念，礼节仪式。

我国是一个重人伦、贵亲情的国度。祭祖是春节习俗中最古老的内容之一。春节祭祖是一年里规模最大的祭祖活动，节前要把宗祠里全部祖先的画像或牌位整理好。春节前，或初一，摆上祭品，集体祭祀全体祖先。回家还要分别祭祀自家的直系祖先。祭祖的目的是感谢祖先功德（即"慎终追远"），并祈求新的一年里保佑全家幸福。祭祖也有团结家族力量，加强家庭成员关系的作用。

由此可见，传统节日的习俗不仅是我们研究传统文化的珍贵宝库，而且是窥探民族心态和观念的重要途径。

295. 我国传统节日中有哪些农事节日？它们的习俗如何？

传统节日中，其活动内容以农林渔猎等生产习俗为标志的，都属于农事节日一类。岁时源于古代历法，节日源于古代季节气候，古代历法和分季本身便是由于农事发展的需要，而在对天象气候进行观察与研究的基础上形成的，故由岁时令而产生的二十四节气大多是农事节日。

节日中最早设立的"四立""二分""二至"诸节便是预报农事季候的节日。我国古来便有谚语："二月立春雨水前，拉土送粪整田园。打井开渠修水利，再看农具全不全。"因此立春被看作标志一年农耕又将开始的节日。这一节日在古代包含一系列的祭祀礼仪活动，如《礼记·月令》所载："立春之日，天子亲帅三公、九卿、诸侯、大夫，以迎春于东郊。"这里迎春的具体活动形式是这样的："立春之日，皆青幡帻，迎春于东郭外，令一男童冒青巾、衣青衣，先在东郭外野中。迎春者至，自野中出，则迎者拜之而还。"衣、帽、幡皆用青色，是因为青色象征大地回春、万物复苏，而迎春于东郭外野中，即是为了象征五行，实际上也是在春耕前去踏看一下冬田。自汉朝以后，除上述活动外，妇女们又在立春这天用青色绸子或纸剪成小幡模样戴在头上，表示春天的到来，这给这一节日增加了游艺性的内容。

另外，在我国的农业经济中，牛是主要畜力，故立春又有鞭春牛的节日活动。"立春前一日，出土牛于鼓门之前，若晴明，自晡后达旦，倾城出观，巨室或乘轿旋绕，相传云'看牛则一岁利市'。"（宋张世南《游宦纪闻》）普通农家有用泥捏成的男女偶像各一人，手拿锄头和用泥塑成的耕牛一起立于田头的习俗，瑶族则有以三人分别扮作牛、扶犁人和荷锄人演春耕戏以兆丰年的活动。这些都是节日在长期社会传承中，终究要带上欢娱色彩这一特点在立春节的反映。至于壮族的四月初八"牛王节"，奉祭牛为牛王做寿、喂耕牛以五色糯米饭驱赶牛瘟等。虽然祭祀祈福色彩浓厚，但其节日活动内容与目的则与鞭春牛同。

农事节日是农业生产活动的标志，它在我国长期的农业社会中起着安排生产活动、促进农业生产发展的重要作用，它有着节日多、与具体生产活动结合紧密的特点。故除了一些反映信仰传承的祭祀活动内容外，它少有再复合汇聚其他游艺竞技活动的可能。我们从"谷雨不冻，抓住就种""芒种大忙多打粮""秋分没生田，准备动刀镰""处暑不出头，割倒喂老牛"等农事节日俗谚中便可看到，农事节日催促人们忙于农事，已无暇他顾了。随着社会的发展，古代农事节日的祭祀内容不断在历史长河中被淘汰，许多农事节日正在逐渐减弱它的节日特色。至于"数伏"和"数九"，由于它们本身并不是对某个特定时日的节气规定，而只是对处于季节过程中暑与寒的标记。所以虽然在秦汉时曾把伏日和腊日定为节日，也有祭扫祖墓、"烹羊炰羔，斗酒自劳"的礼仪，但在后世发展中节日性质早已消失。

296. 我国传统节日中有哪些祭祀节日？它们的习俗如何？

传统节日中的祭祀节日，其主要内容是以供献天帝、祭祀神灵、祭奠祖先亡灵、祈福辟邪，驱恶避瘟等信仰习俗为标志的。在我国各民族的传统民俗节日中，以这种节日居多数。

汉族的腊八节就是典型的祭祀节日。腊是古代的一种祭祀，即一年辛勤耕作，喜获丰收，至年底举行的一种对自然界风调雨顺的答谢祭。自先秦以来，"腊日"祭都作为年节来庆贺，日期一般定在冬至后三戊为之，至南北朝时期才固定于腊月初八日。

又如清明节，俗称为鬼节，可见是个祭祀先人的节日。上古不葬，即所谓"不封不树、弃之中野"（《易·系辞传下》），当然亦无墓祭。相传汉元帝追念前将军萧望之，故有"使祭其家"之举。直至隋唐，清明节墓祭才形成俗例，并见之于官方文书。《梦粱录》中说："清明日，官员士庶俱出郊省墓。"以至出现了"纸灰化作白蝴蝶，血泪染成红杜鹃"的现象。清明节正是大地春动的时节，故此节虽然起始于祭祀先人，但在长期的发展中也附和了游娱的内容（《五杂俎·天部》中有"北人重墓祭而南人重戏游。"）。

在祭祀节日中，其对象最明确而又最不确定的便是祭灶了。说明确，因为祭祀的是灶君；说不确定，则灶君是谁竟众说纷纭，莫衷一是。

总之，祭祀节日虽然有祭神祭祖等不同内容，各名族又有不同的活动和形式，但这类节日多是典型古俗节日的延续和发展，影响较大。

297. 我国传统节日中有哪些纪念节日？它们的习俗如何？

活动内容以追念地方上、历史上受崇拜的人物及民族英雄为主的节日称纪念节日。虽然在其节日仪礼中有相当多的祭祀祈祷形式，但其主要目的不是祈神拜佛，而在于纪念。

汉族传统节日中较大的纪念节日有寒食节和端午节。寒食节在清明节前三日，纪念的是春秋时期的廉士介子推。春秋时，介子推历经磨难，辅佐晋公子重耳复国后，隐居介休绵山。重耳烧山逼他出来，子推母子隐迹焚身。晋文公为悼念他，下令在子推忌日（后为冬至后一百零五日）禁火寒食，成为寒食节。《唐会要·卷八十二·休假》明确记载："（开元）二十四年二月十一日敕：寒食清明，四日为假。大历十三年二月十五日敕：自今已后，寒食通清明，休假五日。至贞元六年三月九日敕：寒食清明，宜准元日节，前后各给三天。"是日初为节时，禁烟火，只吃冷食，并在后世的发展中逐渐增加了祭扫、踏青、秋千、蹴鞠、牵钩、斗鸡等风俗，寒食节绵延两千余年，曾被称为民间第一大祭日。寒食节通常是冬至后第一百零五日，与清明节日期相近。清初汤若望历法改革以前，清明节定在寒食节两日之后；汤氏改革后，寒食节定在清明节前一日。寒食节是汉族传统节日中唯一以饮食习俗来命名的节日。

端午节又称为端阳节，是我国民间传统三大节（春节、端午、中秋）之一，为每年农历五月五日。据《荆楚岁时记》记载，因仲夏登高，顺阳在上，五月是仲夏，它的第一个午日正是登高顺阳好天气之日，故五月五日亦称为端阳节。此外，端午节还称午日节、五月节、龙舟节、浴兰节、诗人节等。端午节起源于中国，最初为古代百越地区（长江中下游及以南一带）崇拜龙图腾的部族举行图腾祭祀的节日。春秋之前，百越之地有在农历五月五日以龙舟竞渡形式举行部落图腾祭祀的习俗。后因战国时期的楚国诗人屈原在该日抱石跳汨罗江自尽，统治者为树立忠君爱国的榜样，将端午节作为纪念屈原的节日；部分地区也有纪念伍子胥、曹娥等说法。2006年5月，国务院将其列入首批国家级非物质文化遗产名录；2009年9月，联合国教科文组织正式审议并批准中国端午节列入世界非物质文化遗产，成为中国首个入选世界非物质文化遗产的节日。

总而言之，纪念节日多是在岁时节令的传承发展过程中不断渗入纪念内容而形成的，而且其渗入的内容又多由民间传说而来。像五月五日为端午节，是受屈原投江这一传说的影响。另外，纪念性节日在传承、发展的过程中，其附和的竞技游艺活动内容大多得到不断加强。

298. 我国传统节日中有哪些庆贺节日？它们的习俗如何？

庆贺节日是以喜庆丰收、人畜两旺、平安幸福为主要内容的节日。它和具有庆贺成分的祭祀等节日的不同在于往往构成连续性或系列化的喜庆活动，在时间上形成一组节日，有一定的阶段性。在民间，这种节日大多属于全民性的、最大的节日。其中最有代表性的便是各民族都有的"年节"。

我们拿吴越一带汉族的"过年"活动为例，来看看庆贺节日上述特点的一些反映。岁尾农历十二月二十日左右，便开始进入过年阶段了。这一天，家家户户动手拭去庭户屋顶的尘秽，俗称"打尘埃"或"掸尘埃"，男人们都开始剃头洗澡以使面目一新，故理发店二十五日后都贴出红书"年常旧规加倍"。掸尘后便开始天天外出购买过年应用之物，从鸡鸭猪羊、茶酒油酱之类的基本食料，南北炒货、糖饵水果之类的消闲食物，直到香烛元宝、爆竹甲马杂用物等，因新年无市，故要采购充足，以备宿岁之需。二十三四日送灶。三十日前亲友互赠糕点，称为"送年礼"，表示互致祝贺。三十日备筵席祭祀祖祢，墙上挂祖先像，家长率阖家长幼行礼。祀毕，阖家入席吃"年夜饭"。是日，用芝麻箕、冬青、柏枝合插于檐端，取长青、百事如意节节高之意，同时以红纸印福、禄、寿三星及和合二仙，中嵌"百无禁忌""天官赐福"等吉祥语贴于门户，以招喜纳福。农家是夜列炬田间，称"照田财"，室内明灯达旦叫"照虚耗"，都有祈祝的意思。年三十夜贴新神甲马于灶堂，祀以糕糖，叫"接灶"。阖家长幼围炉团坐，通夕不合眼，叫"守岁"，并有小辈守岁十年、长辈可延寿一岁的俗说。守岁至半夜以馄饨充饥，俗名为"兜财馄饨"，或以玉米粒、花生、蚕豆入釜炒吃，曰"炒贼脚"，俗称可避一年凶患。小孩敲锣打鼓为乐，通宵不断，称"年锣鼓"。长辈则向幼辈分发钱币，曰"压岁钱"。元旦晨起，放爆竹后开正门，称为"放开门炮"。向历书所定之喜神方位行进，叫"兜喜神方"，也称为"迎年"。然后阖家男女依次向家长拜贺新年，再出拜邻里亲族，或遣仆送帖致贺。

庆贺节日在民间属最大节日，各民族都有类似活动。拿"年节"来说，蒙古族也有这类活动，从大清扫、沐浴、更新衣直至歌舞狂欢，庆丰年，祝顺利，要延续好多天。藏族有"洛萨节"，从十二月开始准备直至三十日互祝"扎西德勒"，演藏戏，跳锅庄，活动持续近二十天。塔吉克族有"奇地前笛尔节"，和汉族一样宴请拜贺，预祝人畜两旺，很是隆重。

以上这些隆重的年节活动，在长期的演变中，不仅没有被削弱，反而不断得到加强，始终作为全民性的盛大节日被传承下来。

299. 我国传统节日中有哪些社交游乐节日？它们的习俗如何？

在传统节日中，有一些节日的主要内容是通过歌舞游艺活动来进行社交往来，我们称之为社交游艺节日。社交游艺节日和庆贺节日中的游娱竞技活动似乎不能严格区分，但它的特色是比较单纯的为社交而举行的歌舞游艺竞技活动，无祭祀、庆贺、纪念的成分。另外，这类节日也往往以群众集会的形式举行。例如各民族举行的传统歌节、歌会活动，汉族的斗牛、社戏、风筝节等活动都属于这一类。

黔中苗族的跳月节，是几千年留传下来的典型的青年男女社交游艺节日。在贵州安顺场一带，每年正月十五月亮最圆的时候，苗族青年男女在山坡下较平坦处的跳场上举行跳月节。跳场上插一些满缀绿叶的树枝，称为"花树"。各寨来的男青年涌入跳场，绕着花树边吹笙、边跳舞，而女青年也开始歌舞以和之。这时，男青年有了自己的爱慕对象，开始特别对唱。这一活动成为他们爱情生活重要的媒介。

汉民族中这种单一性质的社交游乐似乎较少，比较典型的则有金华地区的社日斗牛会。每年春秋两季社日斗牛会前，牛主人家大开筵宴，宴请亲属及众乡邻。及至斗牛会那一天，村里男女老幼都穿戴得像过年般去吃喜酒，全家去赴宴，以至十室九空。斗牛场设在一方水田里，双方牛主在田边搭上高台，或摆好桌椅板凳招待亲戚乡邻。同时，卖糕点的、卖水果的出入其间，场面十分热闹。斗牛开始，双方亲友呐喊助威。分出胜负后，胜方亲友大放鞭炮，拍手欢呼，簇拥着头插金花、背披帅字旗的斗牛凯旋。牛主则再次张筵请客，张灯结彩。主宾交相夸赞胜牛的本事，交流饲牛的经验。这种斗牛会在金华一带成为睦邻近亲、互相来往、交流饲养经验的一次大规模集会活动。

此外，大理白族的传统盛会"绕山林"、苗族地区农历三月下旬马日举行的"爬山节"、六月十九日的"香炉山爬坡节"、贵州剑河侗族人民农历七月二十日的"赶歌会"等，都如同前面所述的苗族的"跳月节"那样，主要是青年男女谈情说爱、社交往来的游乐节日。而侗族每年农历二月、八月亥日举行的斗牛节、蒙古族传统的"那达慕"大会、汉民族的社戏和风筝节等，则如同前面所提到的斗牛会一般，是人们趁农事之隙，加强亲属邻里间交往，以交友结情为目的的欢庆活动。其中特别值得一提的是"风筝节"，在长期的社会风俗传承中，它已从汉民族间的社交游乐竞技活动，发展为汉民族与世界上其他各民族间开展社会游乐、互较风筝竞技的活动了。

300. 我国民俗信仰的基本特征是什么？

中国民间信仰与民俗文化源远流长，博大精深，凝结着中华民族数千年来的文化心理积淀，是中国传统文化的重要载体，并随着时间的推移、社会的进步及中外文化的交流而不断嬗变和演进。民俗信仰的基本特征如下：

第一，民俗信仰的集体性。

民俗信仰的集体性，是指民俗在产生、流传过程中所体现的基本特征，也是民俗信仰的本质特征。民俗的集体性源远流长，在远古时代，民俗的集体性就是它的全民性。原始自然崇拜、图腾崇拜是全民共同参与创造和传承的。这种传统经过变异，一直延续至今。今天，民间传承的许多民俗事象，我们都无法找到它原来的倡导者和创造者，它完全靠一代又一代集体的心理、语言和行为传承下来，既体现了民俗文化的整体意识，也决定了民俗的价值取向。

第二，民俗信仰的传承性和扩布性。

民俗的传承性，是指民俗文化在时间上传衍的连续性，即历时的纵向延续性，同时也是指民俗文化的一种传递方式。民俗的扩布性则指民俗文化在空间伸展上的蔓延性，也是指民俗文化的横向传播过程。民俗的传承性和扩布性，使民俗文化的传承成为一种时空文化的延续体。

第三，民俗信仰的稳定性。

民俗文化是民众在长期的社会实践中创造、传承并享受的文化事象，比起民族文化中的上层文化来，民俗文化同样具有相对稳定的特征，特别是在社会不甚发达的时代。但是，这种文化在扩布演讲的过程中，也会出现变形及消亡的情况。

附试题库高考 200 题

（含 800 知识点）

第一组（1—10题）

1. 下面对古代文化常识解说不正确的一项是（　　）

A. "乡试"是中国古代科举考试之一。明清时期属于省级考试，由天子钦派各省主考官，因考试在春天举行而又称"春闱"。

B. "御史"，在秦以前是负责记录的史官、秘书官，自秦朝开始专门作为监察性质的官职，一直延续到清朝。

C. "中国"，古代指我国中原地区，中原以外的地方则称"四夷"。

D. "畿内"指京城管辖的地区，古代称靠近国都的地方为"畿"，常见的词语还有"畿辅""畿辇""京畿"等，都是此意。

2. 下面对古代文化常识解说不正确的一项是（　　）

A. "孤"指年幼丧父。

B. "受禅"，王朝换代，新皇帝接受旧帝禅让的帝位；也有以禅让之名，行夺权之实的。

C. "田赋"是指按土地多少对拥有土地的人征收的赋税，是国家财政收入最基本、最主要的来源。

D. "僭"，古代指超越自己的身份，冒用在上者的职权、礼仪行事。

3. 下面对古代文化常识解说不正确的一项是（　　）

A. "勋阀"，指功臣门第，即古代社会为朝廷建立过功勋的家族。

B. "国公"，一种爵位，隋朝设置，位次于王而高于郡公，沿用至明朝，清朝仅有宗室及藩部封镇国公、辅国公。

C. "盐引"，明清时由工部印发的商人运销官盐的凭证，是封建王朝财政的重要来源之一。

D. "驰驿"，指旧时官员入朝觐见皇帝或奉差出京，由沿途地方官按驿供给其役夫与马匹粮食。

4. 下面对古代文化常识解说不正确的一项是（　　）

A. "占对"，指不用打草稿，随口应答、应对皇帝的提问。

B. "檄"，即檄文，古代朝廷或民间用以征召、晓谕、声讨的文书。

C. "巡抚"，职官名，明初设，负责巡视地方，清代为省级最高行政长官，主管一省的军政、民政等。

D. "部曲"，指古代军队编制的单位，也可泛指军队。

5. 下面对古代文化常识解说不正确的一项是（　　）

A. "太子宾客"，古代官职名，从唐代始置，为太子东宫属官，掌管侍从规谏等。

B. "进士"，意为可以进受爵位之人，是对古代科举殿试及第者的称呼，凡应试者亦谓之举进士。

C. "侍郎"，古代官名，宋朝时在中央设吏、户、礼、工、刑、兵六部，侍郎是各部的副部长。

D. "权"，指暂代官职。在文言文中表示代理官职的词还有假、摄、领、署等。

6. 下面对古代文化常识解说不正确的一项是（　　）

A. "晦朔"，晦是农历每月的第一天，朔是农历每月的最后一天，朔是晦的前一天。

B. "五礼"指古代的五种礼制。以祭祀之事为吉礼，以丧葬之事为凶礼，以军旅之事为军礼，以宾客之事为宾礼，以冠婚之事为嘉礼。

C. 《礼记》是中国古代一部重要的典章制度书籍，是儒家经典著作之一。它与《诗经》《尚书》《周易》《春秋》合称"五经"。

D. "三公"指国君手下负责军政事务的最高长官，是中国古代朝廷中最尊显的三个官职的合称，泛指国家重臣。

7. 下面对古代文化常识解说不正确的一项是（　　）

A. "拾遗补阙"指匡正别人的缺点过失，弥补别人的疏漏之处，唐代始置为官职，同掌讽谏，荐举人才。

B. "行在"为"行在所"的省称，指皇帝居住的皇宫，也指皇帝巡行所到之处。

C. "请祠"指自请充任祠禄官。宋代，大臣年老不能任事者，朝廷常命其任祠禄官，不理政事而领俸禄。

D. "绍兴"是宋高宗赵构的年号，"己未"属于干支纪年法，帝王年号和干支连用的纪年法在古代很普遍。

8. 下面对古代文化常识解说不正确的一项是（　　）

A. "字"，古代男子大都有名有字，名是一出生就会起的（一说：三个月后由父亲所取），字是举行冠礼后才起的。

B. "释褐"，旧制，新进士要在太学行释褐礼，即脱去粗布衣服换上官服，后用来指初做官或进士及第授官。

C. "中禁"即禁中，指皇帝居住的地方，有时候也指皇帝。

D. "除"，与"拜"相对，"拜"是授予官职的意思，"除"是除去官职的意思。

9. 下面对古代文化常识解说不正确的一项是（　　）

A. 中央行政机构分六部，即吏部、户部、礼部、兵部、刑部、工部，"尚书"是部的最高长官。

B. "陛下"原来指的是站在帝王宫殿的台阶下的侍者，后来成为对帝王的敬称。

C. "工部"是古代六部之一，掌管全国户籍管理、土地测量以及赋税、钱粮等财政事宜。

D. "节"，即"符节"，是中国古代朝廷传达命令、征调兵将以及用于各项事务的一种凭证。

10. 下面对古代文化常识解说不正确的一项是（　　）

A."禄山之乱"，指的是唐天宝年间，安禄山趁唐朝廷内部空虚腐败，联合同罗、奚、契丹、室韦、突厥等民族起兵叛唐。

B."节度使"，中国古代军事将领，后来成为地方官。唐代驻守于各道的武将称为"都督"，带使持节的称为"节度使"。

C."贞元"，是唐太宗李世民的年号，这一时期，唐朝极大发展，一度出现盛世景象，被称为"贞观之治"。

D.《旧唐书》原名《唐书》，为后晋刘昫等撰，共200卷，宋祁、欧阳修等所编著《新唐书》问世后，才改称《旧唐书》。

第二组（11—20题）

11. 下面对古代文化常识解说不正确的一项是（　　）

A."讳"，古时称死去的皇帝或尊长的名字。在名字前称讳，以表示尊敬。如：光武皇帝讳秀，字文叔。

B."翰林院"，始设立于唐朝，到明朝时，成为专门考核、提拔、任免官吏的机构。

C."宦者"，即宦官，也称太监，是中国古代京城专供皇帝、君主及其家族役使的官员，自东汉始全由被阉割后失去性能力的人充任。

D."贡举"，古时地方官府向帝王荐举人才，有乡里选举、诸侯贡士之制。明清则泛指科举制度。

12. 下面对古代文化常识解说不正确的一项是（　　）

A.《孝经》是我国古代儒家的伦理学著作，《论语》是一本以记录孔子和弟子及再传弟子言行为主的汇编，是儒家经典之一。

B.《诗经》是我国第一部浪漫主义诗歌总集，其中《卫风·氓》是一首弃妇自诉婚姻悲剧的长诗。

C.《老子》又名《道德经》，与《易经》和《论语》一起被认为是对中国人影响最大的三部思想巨著。

D."木连理"指不同根的草木枝干连生在一起，古人认为是吉祥的征兆，也比喻恩爱的夫妻。

13. 下面对古代文化常识解说不正确的一项是（　　）

A."贞观"是唐朝太宗皇帝李世民的年号，年号是我国封建王朝帝王用来纪年的一种名称。

B."圹"指墓穴，泛指坟墓。圹志就是墓志铭，是一种悼念性的文体。

C."迁"是表示中国古代官吏调动、升贬的常用词语。一般情况下，用"左迁"来表示升官。

D."乞骸骨"指古代官员自请退职，意为请求使骸骨归葬故乡，类似的词语还有"致仕"。

14. 下面对古代文化常识解说不正确的一项是（　　）

A."殿试"，是科举制度中最高一级的考试，在宫廷举行，由皇帝亲自主持，只考策问一场。

B."中书舍人""给事中""吏部尚书"是古代官职，"政和""建炎"和"绍兴"是皇帝年号。

C."补"，指官员由候补而正式上任；"出"，指京官外任；"除"，指降职或免去官职。

D."行伍"，我国古代兵制，五人为伍，五伍为行，后用"行伍"泛指军队。

15. 下面对古代文化常识解说不正确的一项是（　　）

A. "谒庙"，指古时帝后等外出或遇有大事，例须谒告于祖庙。"庙"指供奉祖先的房屋，如太庙。

B. "稽首"，是古代汉族的一种跪拜礼，"稽首"与"顿首""空首"不同，一般说来，"稽首"是臣拜君之礼，"顿首"是国君回礼臣下之拜，"空首"是地位相等者互拜之礼。

C. "太守"，又称郡守，中国古代的一种地方职官，一般是掌管地方郡一级行政区的地方行政官。

D. "学田"指古时朝廷或地方政府给学校的公田，是我国封建社会学校教育的经济支柱。

16. 下列对古代文化常识的相关内容的解说不正确的一项是（　　）

A. "即位"指开始做帝王或诸侯，可以指自己打下的江山，也可以是继承位子。

B. "刺史"是古代官职名，其职权在不同的时期不完全相同。

C. "端拱"是宋太宗的一个年号，年号是封建王朝用来纪年的一种名号，比如雍熙。

D. "赠"，有一种意思是，皇帝为已死的官员加封官爵，而受封的官员往往非正常死亡。

17. 下列有关文化常识的表述，不正确的一项是（　　）

A. "九品中正制"是我国魏晋南北朝时期实行的一种官吏选拔制度。

B. 国子监的掌管人员为"祭酒""司业"，进国子监读书的统称为"监生"。

C. "六部"中吏部主管的事务有官吏的任免、考核、升降及科举取士。

D. "天干"和"地支"循环相配得60组，古代既可用来纪年，也可用来纪月、日、时。

18. 下列有关文化常识的表述，不正确的一项是（　　）

A. "鳏寡孤独"泛指没有劳动力而又无人赡养的人。

B. "台阁"在东汉时是尚书省的别称，因汉尚书台在宫禁内，因此有这一称谓。后泛指中央政府机构。

C. "功曹"是古代官名，亦称功曹史。西汉始置，除掌人事外，得以参与一郡事务。

D. "桎梏"，中国古代的刑具，指脚镣手铐。在手上戴的为"桎"，在脚上戴的为"梏"。

19. 下面四首古诗都含有我国民间的传统节令，诗中所表示的节令以及它们的排列顺序正确的一项是（　　）

①去年元夜时，花市灯如昼。月上柳梢头，人约黄昏后。

②银烛秋光冷画屏，轻罗小扇扑流萤。天街夜色凉如水，卧看牵牛织女星。

③细雨成阴近夕阳，湖边飞阁照寒塘。黄花应笑关山客，每岁登高在异乡。

④爆竹声中一岁除，春风送暖入屠苏。千门万户曈曈日，总把新桃换旧符。

A. 元宵、七夕、重阳、春节。

B. 春节、中秋、端阳、除夕。

C. 元宵、中秋、清明、元旦。

D. 元旦、七夕、重阳、元宵。

20. 下面对古代文化常识解说不正确的一项是（　　）

A. "荫补"，旧指因祖先功勋而补官。"荫"指庇荫，封建时代子孙因先世有功而得到封赏或免罪。

B. "侯"，爵位的一种，爵位在周代分为公、侯、伯、子、男五等，均世袭罔替。

C. "谏官"，指掌谏诤的官员，即古时专门规劝天子改正过失的官。

D. "宿儒"，"宿"指努力工作的人，"儒"指读书人，词语的意思是努力读书的人。

第三组（21—30题）

21. 下面对古代文化常识解说不正确的一项是（　　）

A. 古人以"稷"为五谷（黍、稷、麦、稻、菽）之长。古代帝王、诸侯祭祀土神（社）和谷神（稷），故合称"社稷"，并用来代称国家。

B. "宫""商""角""徵""羽"为古代音乐的五声，又称五音。变徵，声调悲凉。

C. 古人常用"伯""仲""叔""季"表示兄弟间的排行，"伯"是老大，"仲"是老二，"叔"是老三，"季"是老四。

D. "刎颈之交""莫逆之交""布衣之交""忘年之交""车笠之交""竹马之交"都用来形容交情很深。

22. 下列各句的叙述，有错的一项是（　　）

A. 古时以"泰山"喻父亲，以"伉俪"喻夫妇。对老师称"子""夫子""师""先生"。

B. 臣民称皇帝为"陛下"，皇帝对臣下表示宠爱时称臣下为"卿""爱卿"。皇帝的命令称"诏""敕""圣旨""谕旨""上谕"等。假托或假传皇帝的命令，称为"矫诏"。

C. "四书"指《论语》《孟子》《大学》《中庸》。"五经"指《诗》《书》《礼》《易》《春秋》。

D. 《师说》中的"六艺经传皆通习之"中的"六艺"指的是"六经"，即《诗》《书》《礼》《乐》《易》《春秋》。《张衡传》中"遂通五经，贯六艺"中的"六艺"则是指礼、乐、射、御、书、数六种学问和技艺。

23. 下面对古代文化常识解说不正确的一项是（　　）

A. "书院"，是唐宋至明清时代出现的一种独立的教育系统。例如东林书院、岳麓书院，成为官府所办、私人所创的聚徒讲学、研究学问的场所。

B. "公车"，是汉代的官署名称，因为汉朝曾使用公家的车马接送应举的人，所以以后就用这个词来指代入京应试的举人。

C. "朔漠"，指的是北方的沙漠地区，例如杜甫《咏怀古迹》中的"一去紫台连朔漠，独留青冢向黄昏"。

D. "科举"肇端于明代，是古代朝廷选拔官员的一种制度，它打破了"门阀士族"制度的桎梏。

24. 下面对古代文化常识解说不正确的一项是（　　）

A. "太傅"是古代的三公之一，又指"东宫三师"之一，例如写作《过秦论》的贾谊因为担任过长沙王、梁怀王的老师，因此，被称为"太傅"。

B. "春闱"，指的是"会试"。明清两朝，会试每三年在京城举行一次，各省的举人和国子监监生都可参与，中第一名者被称为"会元"。

C. 古人的"名"与"字"之间是有一定的关联的，古人在幼年的时候就取"字"，例如李贺字长吉、韩愈字退之。对于平辈或者尊辈称字是出于敬重。

　　D. "败北"，指的是军队打败仗时，背向敌人逃跑。

25. 下面对古代文化常识解说不正确的一项是（　　）

　　A. "关中"指的是函谷关以西的地区，秦国的旧地所在，例如《过秦论》"自以为关中之固"中的"关中"指的就是此地。

　　B. "箕踞"，指的是两脚张开，两膝微曲地坐着，形状像箕。这种姿势表示对对方的敬意。

　　C. "锱铢"，古代的重量单位，一锱等于六铢，表示极小的数量。后来用"锱铢必较"来形容人的气量狭小。

　　D. "沛公"，指的是汉高祖刘邦，由于他在沛县起兵，所以人们以地名称其为"沛公"。

26. 下面对古代文化常识解说不正确的一项是（　　）

　　A. "童试"，是童生试，是明清两朝参加科举考试的资格考试，包括县试、府试和院试三个阶段。

　　B. "学士"在古代是一种学位的称号，唐以后指翰林学士，成为皇帝的顾问、秘书，参与机要。

　　C. "史皇"指的是仓颉，古代传说中最早发明文字的人。

　　D. "牺牲"，古代祭祀的时候把宰杀的牛、羊、猪等牲畜，毛色纯一的被称为"牺"，体全的被称为"牲"。

27. 下面对古代文化常识解说不正确的一项是（　　）

　　A. "山东"指的是崤山以东的地区，例如《鸿门宴》中言："沛公居山东时，贪于财货，好美姬"中的"山东"就是这里。

　　B. "号"，又叫表号、别号，一般是自己取的，以彰显某种志向，对人称号也是一种敬称。

　　C. "期颐"，一般而言指的是八九十岁。

　　D. "箜篌"，指的是古代的一种弦乐器，分为竖式与卧式两种。其弦数会因为乐器的大小而有差异。

28. 下面对古代文化常识解说不正确的一项是（　　）

　　A. "霓裳"指的是《霓裳羽衣曲》，相传这个曲目由唐玄宗李隆基所创制。

　　B. "臣"，起初指的是男性的奴仆，后来成为君主时代官吏与百姓的统称。

　　C. "襄国县公"，为爵位名。在中国古代，被封爵的人可以获得一定的土地、人民等。

　　D. 古代的很多地方都是有别称的，例如南京又被称为石头城、建康、京口、金陵等。

29. 下面对古代文化常识解说不正确的一项是（　　）

　　A. "六合"，指的是天地四方。在贾谊的《过秦论》中有"履至尊而制六合"，其中的"六合"就是此意。

　　B. 古代将一天分为十二个时辰，每一个时辰是两个小时，每一个时辰都有自己的名称，例如"平旦""晡时""黄昏""人定"等，如果依照时间顺序，"人定"在"黄昏"之前。

　　C. "辟"，指君主招来授予官职。

　　D. "社日"，是古代祭祀土神的日子。"佛狸祠下，一片神鸦社鼓"描写了社祭活动。社祭一年分为春秋两次举行，具体时间是立春后、立秋后的第五个戊日。

30. 下面对古代文化常识解说不正确的一项是（   ）

 A. 古代的帝、后之死被称为"崩"，诸侯之死被称为"薨"，士大夫之死被称为"卒"。

 B. "襁褓"原意是背负婴儿用的宽带和包裹婴儿用的被子，现在用来指代婴儿。

 C. "驸马"是我国古代皇帝及皇亲国戚的女婿的称呼，又可称为帝婿、主婿、国婿等。

 D. "陵寝"是帝王及后妃的坟墓、墓地的宫殿建筑，其名号一般是根据帝王生前的功过和世系来命名的。

第四组（31—40题）

31. 下面对古代文化常识解说不正确的一项是（   ）

 A. "中庶子"，管理国君的车马之类的官。

 B. "庐冢"，也叫庐墓，指古人在服丧期间，为了守护父母或者是师长坟墓所建的屋舍。

 C. "嫡子"，指的是正妻所生的儿子，有的时候也专指正妻所生的长子，即"嫡长子"。

 D. "郎中"，战国时期指的是宫廷医生。隋唐以后，六部都设置郎中，分掌部内各司政务。

32. 下面对古代文化常识解说不正确的一项是（   ）

 A. "酉"，为十二属相之一，猴；是十二地支的第十位；十二时辰之一，相当于下午的五点到七点这段时间。

 B. "太师"，官名，西周时始置，辅佐君主的大臣，后多为大官的加衔，无实际职权。

 C. "校书郎"，东汉时始置，主管校勘典籍，这个官职在明代以后就不设置了。

 D. "胡吹"，不仅指的是古代的器乐合奏曲，同时也是指《乐府诗集》中的鼓吹曲，有时也指演奏乐曲的乐队。

33. 下面对古代文化常识解说不正确的一项是（   ）

 A. "大司马"，官名，在西汉时期这个官名常常授予掌权的外戚，多与车骑将军、大将军以及骠骑将军等联称。

 B. "府库"在古代指国家贮藏财物、兵甲的地方。一般来说，贮藏兵甲的地方为"府"，贮藏财货的建筑为"库"。

 C. "中岳"指的是五岳之一的嵩山，这座名山现在位于河南登封市北。

 D. "媵"，指的是古代嫁女的时候随嫁或者陪嫁的人。例如杜牧《阿房宫赋》中"妃嫔媵嫱"。

34. 下面对古代文化常识解说不正确的一项是（   ）

 A. "华盖"指的是星座名，一共是十六星，在五帝座上，现在属于仙后座。古代迷信认为，人的命中如果有了华盖星，就会有好运气。

 B. "道"，唐朝时的监察区，相当于汉朝的"州"。在唐朝的时候，全国被分为十道，后来又被分为十五道。

 C. "惠存"，是一种敬辞，其意思是"请保存"，多用于赠人书籍等所题的上款。

 D. "弃城走"中的"走"是逃跑的意思。现代汉语中的"走"在古代常常使用"行"来表示，现代的"散步"在古代用"步"。

35. 下面对古代文化常识解说不正确的一项是（　　）

A. "单于"，在汉朝是匈奴人对其君主的称呼，后来这个词就泛指外族的首领。在《塞下曲》中有"月黑雁飞高，单于夜遁逃"。

B. "廷杖"，是皇帝惩罚臣子的一种刑罚，在大殿的台阶下面杖责朝臣，也有当庭被杖死的。

C. "斋戒"，指古人在举行重大活动，或者是祭祀之前，沐浴更衣，不喝酒、不吃荤，洁净身心，以示虔诚。

D. "乡试"，指的是明清两个朝代每三年由朝廷选派考官在各乡举行的人才选拔考试。

36. 下面对古代文化常识解说不正确的一项是（　　）

A. "百越"，又被称作"诸越""百粤"。在我国古代，因为越人居住在江、浙、闽、粤各地，所以称他们为"百越"。在文言文中，这个词也用于泛指南方地区。

B. "鼎"，形制多为圆腹三足两耳，主要用它来蒸肉盛肉，腹下可以烧火。后来我们常用"钟鸣鼎食"来形容达官贵族生活的奢华。

C. "士大夫"，古代指的是官吏或者是有地位、有名望的知识分子。在韩愈的《师说》中有"士大夫之族"。

D. 古代的纪年法有多种，例如帝王年号纪年法、干支纪年法、王公即位年次纪年法等，"赵惠文王十六年"为帝王年号纪年法。

37. 下面对古代文化常识解说不正确的一项是（　　）

A. "黄金台"，相传战国时燕昭王为了延揽人才，就在易水东面修筑高台，并在上面放着黄金，故得此名。

B. "太牢"指的是古代帝王在祭祀社稷时，牛、羊、猪全齐备。"少牢"则是在祭祀的时候使用牛、羊，没有猪。天子祭祀用"太牢"，诸侯则用"少牢"。

C. "车裂"，古代的一种酷刑，使用车马来撕裂人的身体。

D. 《阳春》《白雪》是古代楚国的歌曲名，在当时被视为高雅的音乐作品，所以后来多使用"阳春白雪"来形容典雅高深的文学艺术作品。

38. 下面对古代文化常识解说不正确的一项是（　　）

A. "刺史"为古代官名，从汉朝开始设置，原本为监察郡县的官员，宋元以后沿用它为一州长官的别称。

B. "驾帖"在明朝是指秉承皇帝的旨意，由刑科签发的逮捕人的公文。

C. "令"有"美好的"含义，可以用来尊称对方的亲属。例如"令堂"，指的是对对方父亲的尊称；"令尊"，指的是对对方母亲的尊称。

D. "伯乐"，相传为春秋时期的秦国人，名孙阳，凭借善于识马而闻名。现在我们使用这个词语来称呼"善于发现、推荐人才的人"。

39. 下面对古代文化常识解说不正确的一项是（　　）

A. "左右"，我国古代专指在帝王旁边侍候的大臣，即近侍、近臣。

B. "禁中"，帝王所居的宫苑，因不许人随便进出，故称"禁中"。

C. "鼎"，在我国古代被视为立国的重器，是政权的象征。

D. "床"，在我国古代不仅是供人睡卧的用具，也是一种简易的坐具。

40. 下面对古代文化常识解说不正确的一项是（　　）

A. "起复"指封建时代官员遭父母丧，守丧未满期而应召赴任官职，明清时专指服父母丧期满后重新做官。

B. "内阁"明清时指朝廷的政务机构，设置多位大学士共同行使宰相权力，按照皇帝旨意办理各项事务。

C. "元年"特指皇帝即位后的第一年。景泰元年，指明代宗朱祁钰代替明英宗朱祁镇登上皇位后的第一年。

D. "漕运"是我国古代利用水道调运粮食的一种官方运输方式，主要供宫廷消费、百官俸禄、军饷支付和民食调剂。

第五组（41—50 题）

41. 下面对古代文化常识解说不正确的一项是（　　）

A. "四鼓"，我国古代把夜晚分成四个时段，用鼓打更报时，又称四更，如林觉民《与妻书》中的"辛亥三月廿六夜四鼓"。

B. "祭酒"是古代宴飨时尊长者酹酒祭神的礼仪，后发展为官名；国子祭酒，为国子学或国子监的主管官。

C. "北狩"一是指到北方狩猎；二是指借指向北进军；三是皇帝被掳到北方去的婉辞。

D. "教授"指古时设置在地方官学中的学官，是讲解经义、掌管学校课试的文职官员。

42. 下面对古代文化常识解说不正确的一项是（　　）

A. "擢"在古代是"提升、提拔"的意思，而"超擢"则是"破格提拔""越级提升"的意思。

B. "嗣"的本义是（经皇上恩准）父亲传位或传业给嫡长子，"嗣位"指的是继承君主之位。

C. "嘉靖"是年号，是我国古代封建皇帝用来纪年的一种名号，一个皇帝少则一个年号，多则十几个年号。

D. "谥"指古代君主、诸侯、大臣等具有一定地位的人死后，根据其生平事迹给予的具有褒奖性质的称号。

43. 下面对古代文化常识解说不正确的一项是（　　）

A. "字"又称表字，是另取的一个与本名意思有某种关系的别名。在我国古代，男女都可有表字。

B. "诏"，告知之意，先秦时上级给下级的命令文告称诏，秦汉后专指帝王或朝廷官员的文书命令。

C. "布衣"本义为布制的衣服，古时老百姓只能穿布制的衣服，故以布衣指代平民百姓。

D. "司徒"是我国古代一个重要的职官名，隋唐时置太尉、司徒、司空为三公，属正一品。

44.下面对古代文化常识解说不正确的一项是（　　）

A．"冀州"是古九州之一。九州是对古代中国的区域划分，除了冀州，九州还包括扬州、荆州、豫州、青州、兖州等。

B．"京兆尹"是中国古代官名，汉代时是治理京畿地区的三位官员之一，其职位相当于郡太守，但可参与朝议。

C．"丞相"是官职名，古代辅佐君主治理国家的最高行政官员，多由一人担任，也可由两人或多人共同担任。

D．"崩"，古代用以称帝王或王后的死。古代等级森严，对不同人的死有不同的叫法，如称诸侯的死为"卒"，称百姓的死为"死"。

45.下面对古代文化常识解说不正确的一项是（　　）

A．"牛酒"指牛和酒，古代用作馈赠、犒劳、祭祀的物品。

B．"朝贡"指古时藩属国或外国的使臣朝见君主，敬献礼物。

C．"素棺"指白色的棺材，古人下葬时都使用棺椁。

D．"觐"指古代诸侯秋天朝见天子，后用来泛指朝见天子。

46.下面对古代文化常识解说不正确的一项是（　）

A．"六经"一般是指《诗》《书》《礼》《乐》《易》《春秋》。

B．"丁艰"指遭逢父母丧事，旧称遭父丧为"丁内艰"，遭母丧为"丁外艰"。

C．"正旦"即农历正月初一，古时这天朝廷会举行百官朝贺天子的礼仪活动。

D．"枢密院"，封建时代中央官署名，主管军国机务，兵防等，至宋代与掌管政务的中书门下并称为"二府"。

47.下面对古代文化常识解说不正确的一项是（　　）

A．"举劾"，官吏代表国家控告犯罪，负有纠举犯罪责任的官吏主动纠举犯罪，形成案件；也指列举罪状，加以弹劾。

B．"岁贡生"，明清时每年或两三年从各府、州、县学中选送生员升入国子监就读，称为岁贡；如此录用的读书人便是"岁贡生"。

C．"有司"，古代朝廷中分职设官，各有专司，故称"有司"，指主管某部门的官吏，也可泛指官吏。

D．"乞休"指的是中国古代官员基于某种原因向朝廷主动请求暂时停职休整的一种行为，与"挂冠""致仕"相同。

48.下面对古代文化常识解说不正确的一项是（　　）

A．"西夏"，党项羌族在我国西北地区建立的少数民族政权，宋朝为夏国，因为在中原西部，故又被称为西夏。

B．"路"，宋元时行政区域名。宋代的路是直辖于中央的最高行政区划，高于府、州等，相当于明清时期的省。

C．"婚姻"意为儿女亲家，女方的父亲为婚，男方的父亲为姻。在《鸿门宴》就提到过，项伯和刘邦曾约为婚姻。

D. "跸"指帝王出行时开路清道，不准行人过往。帝王出行中途停留暂住称作"扈跸"，而"驻跸"则是指随从皇帝出行。

49. 下面对古代文化常识解说不正确的一项是（ ）

A. "开宝"是年号，年号是中国封建王朝用来纪年的一种名号。汉武帝首创，之后历代帝王至少使用一个年号。

B. "主帅"是统率军队的最高将领，在其麾下辅佐的副将称为"裨将"。"三个臭皮匠"中的"皮匠"其实是"裨将"的谐音讹传。

C. "休致"本义是将职位还给朝廷，在古代，官员可因年老或身体原因主动请辞，休致后仍然可能被朝廷重新启用。

D. "乡试"亦称秋闱，明清两代在京城举行的每三年一次的考试，考中者称"举人"，第一名称为"会元"。

50. 下面对古代文化常识解说不正确的一项是（ ）

A. "授""进""起""参"等词语都跟官职的授予和升迁有关。

B. "同年生"，科举时代同榜考中的人，不管年龄差别有多大，都称"同年生"。

C. "座主"，唐宋时代进士称主考官为"座主"，至明清，举人、进士亦称其本科主考官或总裁官为座主。

D. "谢病归"即因病辞官回家休养。"谢病"，称病引退居家或谢客来访。

第六组（51—60题）

51. 下面对古代文化常识解说不正确的一项是（ ）

A. "五经"，指儒家典籍《诗经》《尚书》《礼记》《易经》《论语》的合称。

B. "编户"，指编入户籍的平民。官府把民户的详细信息登记在册，并据此征收赋税和摊派徭役。

C. "商贾"泛指做买卖的人，行走贩卖货物谓之商，坐着出售货物谓之贾。

D. "践阼"，"践"为踩、踏之意，"阼"指帝王登位或祭祀所登之阶。

52. 下面对古代文化常识解说不正确的一项是（ ）

A. "国学"即"国子监"，是我国封建时代最高的教育管理机构，有时兼为最高学府；家塾，即旧时请老师到家里来教授子弟的私塾。

B. "四书"又称"四子书"。宋朝人取《礼记》中的《大学》《中庸》两篇与《论语》《孟子》配合，北宋著名理学家朱熹撰《四书章句集注》，"四书"之称始定。

C. "朕"是古代皇帝的自称，此外皇帝还可以用"寡人""孤"自称。"卿"可以是皇帝对臣下的称呼，臣下称皇帝可用"陛下""皇上"等称呼。

D. "正德"为年号，中国古代往往采用帝王年号纪年。明清以前，一位帝王往往有多个年号，更换新的年号纪年称为"改元"，明清时期，一般为一帝一元。

53. 下面对古代文化常识解说不正确的一项是（　　）

A. "上元"，节日名，中国古代以农历正月十五为上元节，也叫元宵节，七月十五为中元节，十月十五为下元节。

B. 《春秋》是鲁国史官编写的中国现存最早的一部国别体史书。

C. "锦衣"即锦衣卫，明太祖洪武十五年设置，原为皇帝侍卫亲军和仪仗队。明成祖为加强专制统治，特令监管巡察、缉捕和刑狱。明代中后期，与东厂、西厂并列，成为厂卫并称的特务组织。

D. "从弟"即堂弟。唐以前，往往以同曾祖父不同父亲而比自己年幼的同辈男性为从弟；唐宋以后，则以同祖父不同父亲而比自己年幼的同辈男性为从弟。

54. 下面对古代文化常识解说不正确的一项是（　　）

A. "宣谕"是宋代官名，主要负责考察地方政治、按察官吏、招抚起事者。

B. "札"指公文、书信等，御札指帝王的书札，亲手写的诏令等。

C. "遗表"是古代大臣临终前所写的章表，于卒后上奏皇帝。

D. "勤王"是指当君王的统治受到威胁而动摇时，臣子起兵去救援王室。

55. 下面对古代文化常识解说不正确的一项是（　　）

A. "楮币"，宋代发行的纸币。因其多用楮树皮制造的纸印成，故称。宋代的"交子"就是一种楮币。

B. "给事中"，秦置，为将军、列侯、九卿等的加官，加此封号能侍奉在皇帝左右；唐、宋以来，居门下省之要职，掌侍从规谏之职。

C. "突厥"，我国古代北方阿尔泰山一带的边疆游牧民族，曾分裂为东、西两部，先后为唐所统一。

D. "廷对"指在朝廷上应对皇帝的咨询，或指科举时代的会试。

56. 下面对古代文化常识解说不正确的一项是（　　）

A. "实封"，古代食邑制度之一。唐朝封户有虚实之别，只有加实封的，才能食其所得封户之租税。

B. "劝进"指旧时部属劝其主登基称帝。

C. "藩镇"是指唐朝中后期设立的军镇。

D. "掖"在古代有"旁边"的意思，"掖庭"指家中厢房。

57. 下面对古代文化常识解说不正确的一项是（　　）

A. "刑部"，中国古代官署名，六部之一，是主管刑法及狱讼事务的机构。

B. "大理"，官名，掌刑法，北齐置大理寺卿，隋唐以后沿之。

C. "弱冠"，古代男子二十岁时行冠礼，表示已经成人，因此时身体犹未壮，故称"弱冠"，后泛指二十岁左右的年纪。

D. "亲卫军"，中国古代皇帝的卫队，如御林军、锦衣卫等。他们一般负责保护皇帝的安全，或者替皇帝办一些皇家的私事。

58. 下面对古代文化常识解说不正确的一项是（　　）

A. "家庙"，家族为祖先立的庙，是汉民族祭祀祖先和先贤的场所。庙中供奉神位等，并依时祭祀。古时有官爵者才能建家庙。

  B. "密诏"，秘密的诏书。古代皇帝或者太后、太子等皇族直系权力人员紧急或秘密留下的文书和口谕。

  C. "典试"既指科举考试最高等第，又指官员到地方主持考试。

  D. "星变"，星象的异常变化，古时谓将有凶灾。

59. 下面对古代文化常识解说不正确的一项是（ ）

  A. "知"是主持，掌管的意思。

  B. "中官"是中国古代专供君主及其家庭成员役使的官员。

  C. "临朝"就是亲临朝廷处理国事。

  D. "大赦"是赦免的一种，指古代皇帝以施恩为名，对特定犯人免于惩处的制度。

60. 下面对古代文化常识解说不正确的一项是（ ）

  A. "幸"指封建时代称皇帝亲临。

  B. "职贡"指古代藩属或外国按时向朝廷进贡，不修职贡意味着对朝廷不忠。

  C. "四海"，古代认为中国四周环海，因而称四方为四海，用来指称天下、家国。

  D. "服阕"，古代守丧期满除去丧服。古代为官者家人去世时，要守丧三年，期间不能任职。

第七组（61—70题）

61. 下面对古代文化常识解说不正确的一项是（ ）

  A. "骠骑将军"，汉武帝时始置，东汉后历代沿置，有时加"大"，可称"骠骑大将军"。

  B. "东宫"，古代太子所居住的地方，后成为称呼太子的专用词语。

  C. "逊位"，指官员退离所任的职位，也可指帝王让位。

  D. "伏愿"，俯伏地希望，为表示愿望的敬辞，多作奏疏用语，类似的词语还有"伏惟"等。

62. 下面对古代文化常识解说不正确的一项是（ ）

  A. "中贵"泛指皇帝宠爱的近臣，其主要职责是进言。

  B. "故事"指先例、成法，泛指旧日的典章制度。

  C. "大计"，明时考核官员的制度，每三年举行一次。

  D. "温旨"指帝王所下的诏书言辞温和，情感恳切。

63. 下面对古代文化常识解说不正确的一项是（ ）

  A. "太祖"是古代帝王谥号。一般开国皇帝称高祖、世祖等，二代皇帝称太宗等。如汉高祖刘邦。

  B. "宫禁"指宫中的禁令，汉以后称皇帝居住、视政的地方。也可借指帝王的后妃。

  C. "传"即传车，古代驿站专供传递官府文书和军事情报的人或来往官员所乘坐的马车。

  D. "宏辞"即博学宏辞，科举的名目，是考选进士及第者的科目，考中后授予官职。

64. 下面对古代文化常识解说不正确的一项是（ ）

  A. "社稷"即土神和谷神，护佑农耕。古时以农为本，"本固则邦宁"，君主设坛祭祀二神，社稷遂成"国家"之代称。

B. "处士"特指古时候为皇帝处理事务的人。

C. "大长公主",汉代皇帝之女称"公主",帝之姊妹称"长公主",帝姑称"大长公主",历代相沿。

D. "行省"即行中书省,中国元代开始实施的直属中央政府管辖的一级行政区,民间简称"行省"或"省"。

65. 下面对古代文化常识解说不正确的一项是（　　）

A. "居父母丧"指古人在父母或祖父母等直系长辈去世后,子女按礼守丧三年,任官者必须离职守丧。

B. "成化"是年号。年号是古代帝王即位后用以纪年的名号。

C. "翰林修撰"指明清时期翰林院设置的修撰官一职,一般在殿试揭晓以后,由今科状元担任该职。

D. "纲常"即三纲五常的简称。封建时代以君为臣纲、父为子纲、夫为妻纲为"三纲","仁、义、礼、智、孝"为"五常"。

66. 下面对古代文化常识解说不正确的一项是（　　）

A. "宣抚"指朝廷派遣大臣赴某一地区传达皇帝命令并安抚军民、处置事宜。

B. 《左传》又称《左氏春秋》或《春秋左氏传》,纪传体春秋史,相传是春秋时鲁国史官左丘明所著。

C. "铭"是一种刻在器物或碑碣上用来警诫自己、称述功德的文字,后来成为一种文体。

D. 古代帝王筑坛祭天叫"封",祭地叫"禅"。"东封"谓帝王行封禅事,昭告天下太平。

67. 下面对古代文化常识解说不正确的一项是（　　）

A. "下车",古代可以代指新任官吏就职,后来常用"下车伊始"表示官吏初到任所。

B. "收考"指先行将嫌犯拘捕关进监狱,然后再做考察,进行犯罪事实的取证工作。

C. "车驾"原指帝王所乘的车,有时因不能直接称呼帝王,于是又用作帝王的代称。

D. "京师"古代指国家的都城,《三国演义》中就经常提到"京师",现代泛指首都。

68. 下面对古代文化常识解说不正确的一项是（　　）

A. "状元"是我国古代科举制度中一种称号,指在最高级别的殿试中获得第一名的人。

B. "近侍"指接近并随侍帝王左右的人,他们不仅职位很高,对皇帝的影响也很大。

C. "告老"指古代官员因年老辞去职务,有时也是官员因故辞职的一种借口。

D. "江左",古人叙地理以东为左,以西为右,江左即江东。

69. 下面对古代文化常识解说不正确的一项是（　　）

A. "菽水"是豆和水,指粗茶淡饭。多形容清贫者对长辈的供养,如成语"菽水承欢"。

B. "三代"指曾祖、祖父、父亲三代。

C. "趋庭",《论语》中有孔鲤"趋而过庭"的记载,后世将子承父教称为"趋庭"。

D. "契丹"是古国名，后来改国号为辽，先后与五代和北宋并立。

70. 下面对古代文化常识解说不正确的一项是（　　）

A. "首相"指宰相中居于首位的人，与当今某些国家内阁或政府首脑的含义并不相同。

B. "建储"义为确定储君，也即确定皇位的继承人，我国古代通常采用嫡长子继承制。

C. 古代朝廷中分职设官，各有专司，所以用"有司"来指朝廷中的各级官员。

D. "中宫"是皇后所居之宫，后来又可以借指皇后。

第八组（71—80题）

71. 下面对古代文化常识解说不正确的一项是（　　）

A. "移疾"指官员上书称病，实际是官员受到权臣诋毁，不得不请求退职的委婉说法。

B. "教坊司"是管理宫廷音乐的官署，专管雅乐以外的音乐、歌舞的教习等演出事务。

C. "致仕"本义是将享受的禄位交还给君王，表示官员辞去官职或到规定年龄而离职。

D. "礼部"为六部之一，掌管祭祀、礼仪等职事，礼部的长官称为"礼部尚书"。

72. 下面对古代文化常识解说不正确的一项是（　　）

A. 在《鸿门宴》中有"沛公奉卮酒为寿"一句，这句话中的"寿"与现代汉语中的"寿"含义有所不同，应该是指敬酒献物，祝人长寿的意思。

B. 杜牧《赠别》中"娉娉袅袅十三余，豆蔻梢头二月初"的"豆蔻"常用来指孩子，"豆蔻年华"指的是孩子未成年，十三四岁。

C. "三从四德"是封建社会奴役妇女的精神枷锁，"三从"指未嫁从父、既嫁从夫、夫死从子；"四德"指妇德、妇言、妇容、妇功。

D. 一个季度中的三个月可以分别用"孟、仲、季"来表示，如《古诗十九首》中"孟冬寒气至，北风何惨栗"的"孟冬"指冬季的第一个月。

73. 下面对古代文化常识解说不正确的一项是（　　）

A. 《昌黎先生文集》是韩愈的作品集，这是以籍贯命名其文集。

B. 春秋时，秦晋两国国君几代都相互通婚，后称两姓联姻为"秦晋之好"。

C. 《鸿门宴》中"竖子不足与谋"一句中的"竖子"是骂人的话，相当于今天的"小子"。

D. "江表"指长江以南的地区。如《赤壁之战》中"江表英豪，咸归附之"中的"江表"就是此意。

74. 下面对古代文化常识解说不正确的一项是（　　）

A. "察举"是中国古代选拔官吏的制度。由官吏举荐，经过试用考核，再任命官职。

B. "优"的本义指表演乐舞、杂戏的艺人。如《柳敬亭传》中提到的"优孟"，是指名叫"孟"的艺人。

C. "乞巧"是旧时风俗，农历七月七日夜妇女在庭院向织女星乞求智巧。

D. "齐宣王"是春秋时齐国国君，与晋文公、秦穆公、楚庄王、宋襄公合称"春秋五霸"。

75. 下面对古代文化常识解说不正确的一项是（   ）

A. "顿首"是古时一种拜礼，为"九拜"之一，俗称叩头。行礼时，头碰地即起。也用于书信、表奏的首尾，表示恭敬。

B. "国风"是《诗经》的一部分，主要是民歌，自《周南》至《豳风》，共十五国风，一百六十篇。

C. "斋戒"，指古人在祭祀或进行重大活动前，沐浴更衣，不喝酒，不吃荤，洁净身心，以示虔诚。

D. 古代以水南、山北为"阳"，以水北、山南为"阴"。

76. 下面对古代文化常识解说不正确的一项是（   ）

A. "免胄"，按古代礼法，诸侯的军队过天子门，战车上的左右卫士必须脱胄卷甲，收好兵器，下车步行而过，以示对天子的尊敬。

B. "望"指农历每月的十五，而农历的每月十六则称为"既望"。

C. "三秦"指关中地区。项羽灭秦后曾将此地封给秦军三位降将，故得名。

D. "流涕"指流泪，古代的"涕"指鼻涕。

77. 下面对古代文化常识解说不正确的一项是（   ）

A. "月兔"借指月亮。古神话中称月中有兔，故称月亮为"月兔"。

B. "庠"和"序"指的是地方开设的学校，如《齐桓晋文之事》中有"谨庠序之教"。

C. "微服"指改变常服以避人耳目，指嫌犯躲避官兵时的做法。

D. "庶人"是春秋时对农业生产者的称呼，也可泛指平民、百姓。

78. 下面对古代文化常识解说不正确的一项是（   ）

A. "重阳"，我国民间传统节日。《易经》将"九"定为阳数，两九相重，故农历九月初九为"重阳"。旧时这一天有登高望远、赏菊赋诗、喝菊花酒、插茱萸等习俗。

B. "拱"指两手在胸前相合，表示恭敬。如《论语·微子》："子路拱手而立。"

C. 文人的文集命名方式多种多样，如《白氏长庆集》是白居易的文集，这是以自己住所的名字命名的。

D. "士"是商、周时最低级的贵族阶层，是介于卿大夫和庶民之间的一个阶层。

79. 下面对古代文化常识解说不正确的一项是（   ）

A. "跽"指长跪，两膝着地，上身挺直。如《鸿门宴》中有"项王按剑而跽"。

B. "衅钟"是古代的一种礼制，"钟"这种重要器物制成时，人们一般会杀牲取血涂在上面行祭，叫作"衅钟"。

C. "黔首"是战国时秦国及后来秦王朝对平民的一种称呼。

D. "举案齐眉"，汉代梁鸿的妻子为丈夫捧膳食时，总是把端饭的托盘举得和眉毛一样高，以示尊敬，故后世常用本词表示夫妻相敬。其中"案"指书案。

80. 下面对古代文化常识解说不正确的一项是（   ）

A. "樽"指酒杯，如李白《行路难》中"金樽清酒斗十千"。

B. "迁客"指被贬谪在外的官吏，如范仲淹《岳阳楼记》中"迁客骚人，多会于此"。

C. "妪，先大母婢也"中的"先"指已故的，是对死者的敬称。

D. 古代的纪时法比较特殊，如平旦、晡时、黄昏、人定等。按时间先后来说，"人定"在"黄昏"之前。

第九组（81—90题）

81. 下面对古代文化常识解说不正确的一项是（　　）

A. "笞刑"，古代的一种刑罚，是一种用小荆条或小竹板抽打臀、腿、背的刑罚，隋代定为五刑之一。

B. "雍熙"是年号，年号即帝王纪元所立的名号，有些皇帝会因祥瑞或重大事件等立号改元。

C. "待罪"有两个意思：一是古代官吏任职的谦称，意谓不胜其职而将获罪；二是等待处分。

D. "行营"又叫"移营"，指行军打仗时的军营，也指率军的皇帝的驻地办事处。

82. 下面对古代文化常识解说不正确的一项是（　　）

A. "少詹事"，秦汉置詹事，掌皇后、太子家事；唐设太子詹事、少詹事、总东宫内外庶务。

B. "居摄"是摄政的意思，因为皇帝年幼不能亲政，由大臣或皇太后代居其位处理政务。如周成王年幼时周公居摄。

C. "屯田"指利用戍卒或农民、商人垦殖荒地。汉以后历代政府沿用这一制度取得军饷和税粮，有军屯、民屯和商屯之分。

D. "豪右"，汉以"右"为上，故称"豪右"，原指西汉时出现的占有大量田产的豪族，后指富豪家族，世家大户。

83. 下面对古代文化常识解说不正确的一项是（　　）

A. "谒者"始置于春秋战国，掌宾赞受事，即为天子掌传达等事，古时亦用以泛指传达、通报的奴仆。

B. "九锡"，古代天子赏赐给诸侯、大臣的九种器物，代表最高礼遇。"锡"同"赐"。

C. "四凶"相传为尧舜时代四个恶名昭彰的部族首领，舜帝即位，将其流放。

D. "削籍"指革职。"籍"指官帽。

84. 下面对古代文化常识解说不正确的一项是（　　）

A. "讲筵"，指天子的经筵，即帝王为讲论经史而特设的御前讲席。

B. "肉袒"是脱去上衣，露出肢体，以示恭敬和惶恐。

C. "驾帖"，明代指秉承皇帝旨意，由刑科签发的逮捕人的公文。

D. "掾"，原为"官僚"的意思，后作为副官佐或官署属员的通称，如掾吏、掾属、掾佐。

85. 下面对古代文化常识解说不正确的一项是（　　）

A. "鼓吹"既指古代的一种器乐合奏曲，即《乐府诗集》中的鼓吹曲，也指演奏乐曲的乐队。

B. "郡府"，指郡守的官署。"郡"，古代行政区域；"府"是唐代至清代的行政区域名。

C. "卷轴"指裱好有轴可卷舒的书籍或字画等。现在书籍都装订成册，卷轴专指字画。

D."军"是宋代行政区划名，与府、州、监同属于路。也指军队的编制单位。

86. 下面对古代文化常识解说不正确的一项是（　　）

A."博士"是中国古代学官名。六国时有博士，秦沿用之，诸子、诗赋、术数、方伎皆立博士。

B."和籴"指古时官府以议价交易为名向民间强制征购粮食。

C."伏阁"，唐朝大明宫中的紫宸殿是内朝殿堂，群臣在这里朝见皇帝，称为"入阁"，后以"伏阁"指朝臣俯伏阁下向天子奏事。

D."篆"即篆书，汉字的一种书体，通常包括大篆、小篆。大篆是秦统一后规定的书体写法。

87. 下面对古代文化常识解说不正确的一项是（　　）

A."工部尚书"是古代官职名。掌管全国屯田、水利、土木、工程、交通管理运输、官办工业等。

B."亲迎"指"迎亲"，是古时新婚亲往女家迎娶新娘的仪式，为古代汉族婚姻礼仪六礼之一。

C."禁闱"原意指宫廷门户，书中指宫内或朝廷。

D."归老"，古代称辞官回家奉养父母。

88. 下面对古代文化常识解说不正确的一项是（　　）

A."衔枚"，古代军队秘密行动时，让兵士口中横衔着枚（形如筷子），防止说话，以免敌人发觉。

B."行台"，魏晋至金代尚书台（省）临时在外设置的分支机构。

C."孔子庙"即孔庙，又称文庙，是纪念和祭祀中国思想家、教育家孔子的祠庙。

D."出"与"除"意思完全一样，都是授予官职的意思。

89. 下面对古代文化常识解说不正确的一项是（　　）

A."铨选"是中国古代的一种选官制度，考核人员的才能、资历等，授以适当官职。

B."倭贼"亦称倭寇，指元末到明中叶在我国沿海地区侵扰劫掠的日本强盗。

C."潜龙"比喻圣人在下位，隐而未显，或贤才失时未遇。

D."朕"表示第一人称代词"我"，是古代最高统治者专用的自称，太后听政时亦可自称朕。

90. 下面对古代文化常识解说不正确的一项是（　　）

A."上巳"是古代节日名，汉以前定在农历三月上旬的"巳"日，有修禊之俗，以被除不祥。

B."朋党"，指同类的人以恶相济而结成的集团，后指因政见不同而形成的相互倾轧的宗派。

C."缗"，指古代穿铜钱用的绳子，又指成串的钱。一千钱为一缗。

D. 在古代，遇重大事件或节日庆典，人们都要"沐浴更衣"，以示重视。"沐"为"洗身"，"浴"为"洗发"。

第十组（91—100题）

91. 下面对古代文化常识解说不正确的一项是（　　）

A."总角"指八九岁至十三四岁的儿童。古代儿童将头发分作左右两半，在头顶各扎成一个结，形如两个羊角，故称"总角"。

B. "主簿"是古代官名。为汉代以来通用的官名，主管文书簿籍等。中央机关及地方郡、县官府皆设有此官。

C. "翰林学士"指古代最高学府的太学士，一般从文学侍从中选拔优秀人才充任翰林学士。

D. "保伍之法"古代人民五家为伍，又立保相统摄，即为"保伍"。居民按户籍组织起来，平时耕地，若有盗贼，即承担防范和镇压之责。

92. 下面对古代文化常识解说不正确的一项是（　　）

A. "封石泉公"中的"公"是对长辈和年老人的称呼，如"公其怒，不敢献。公为我献之"（《史记·项羽本纪》）中的"公"。

B. "一舍"，古代行军三十里为一舍，成语"退避三舍"中的"舍"就是"三十里"的意思。

C. "乘舆者"指皇帝。"乘舆"特指天子和诸侯所乘坐的车子或皇帝所用的器物。

D. "浮图"初为佛与佛教徒的称呼，后又指称佛教建筑，逐渐也指称一般的高塔。

93. 下面对古代文化常识解说不正确的一项是（　　）

A. 古时把字写在竹简上，为防虫蛀须先用火烤干水分，叫"杀青"，也叫"汗青"。

B. "疏""章""策"，都是臣下给帝王上的奏章，"策"更侧重于为帝王谋划大政方针或处理问题的方法。

C. "潜邸"，指古代太子继位前所居住的宅第。

D. "阙下"，即宫阙之下，指帝王所居的宫廷，又借指京城。在古代有时还用其代称"天子"。

94. 下面对古代文化常识解说不正确的一项是（　　）

A. "生祠"指为活着的人所立的祠庙，以表示人们内心的感戴和钦敬之意。

B. "左丞相""右丞相"都属于元朝中央官名，而"行省左丞相"属于地方行政长官，总管地方政务。

C. "便宜"，既指利于治国、合乎时宜的办法或建议，也指因利乘便。

D. "符"是古代朝廷传达命令或调兵遣将的凭证，剖分为二，执有其中之一即可生效。

95. 下面对古代文化常识解说不正确的一项是（　　）

A. "尚主"专指娶公主为妻，如汉代周勃的儿子周胜之娶孝文帝的女儿为妻，就是尚主。

B. "从妹"，就是堂妹。用"从"称呼，指亲属中次于至亲的亲属，如从子指的是侄子，从兄指的是堂兄。

C. "邮驿"也称"驿传"，是从早期专人送信演变而来的机构，主要负责递送文书，"步递曰邮，马递曰驿"。

D. "乡贡进士"是指礼部贡院所举行的进士考试的及第者。参加这一层次的考试需经乡试、府试两级选拔。

96. 下面对古代文化常识解说不正确的一项是（　　）

A. "铁券"，又称"铁契"，由古代皇帝颁赐功臣，世代可据此享受某种特权。

B. "参知政事"，宋代的一个常设官职，相当于副宰相，设置这一官职的根本目的是削弱相权，加强皇权。

C. "陛辞"，指朝官离开朝廷，上殿辞别皇帝。宋代官员离京赴任时，通常要当面向皇帝辞行。

D. "黄白术"，产生于中国战国时代的哲学、政治思想流派，该流派尊传说中的黄帝和老子为创始人。

97. 下面对古代文化常识解说不正确的一项是（ ）

A. "弥旬"是满十天的意思。一旬不仅可指十天，还可指十岁，"年过七旬"中的"旬"即为十岁的意思。

B. "治"可以指社会安定太平，如"治世"；也可以称地方政府的所在地，如"治所"。

C. "神功"是武周武则天的年号，皇帝的年号纪年法是古代纪年法的一种形式，和干支纪年法一样盛行。

D. "耆老"指年老德高的人，也可泛指老年人。在古代六十曰"耆"或"古稀"，七十曰"老"或"花甲"。

98. 下面对古代文化常识解说不正确的一项是（ ）

A. "秩"在古代既可指官吏的俸禄，也指官吏的官阶、品级。

B. "笏"是古代君臣在朝廷上相见时手中所拿的长方形板子，按品第分别用玉、象牙或竹制成，以为指画及记事之用。

C. "视事"是观察、考察的意思。旧时指官吏被皇帝派往某地巡视政事，考核官员。

D. "知峨眉县"意思是担任峨眉知县。宋代多用中央机关的官做县官，称"知县事"，后简称为"知县"。

99. 下面对古代文化常识解说不正确的一项是（ ）

A. "青苗法"为宋代王安石变法的措施之一，也称"常平新法"，其最终目的是充实国库，调节贫富差距。

B. "风""骚"分别指《诗经》里的《国风》和《楚辞》中的《离骚》。《诗经》与《楚辞》分别是中国文学浪漫主义和现实主义传统的两大源头。

C. "闺"，旧时特指女子居住的内室。阃，建筑物内的小门。"闺阃"，指女眷所居内室的门户。

D. "庶妻"，正妻之外的姬妾。嫡庶制度是中国古代婚姻制度的核心内容，"嫡"指正妻及其所生子女，"庶"指姬妾及其所生子女。

100. 下面对古代文化常识解说不正确的一项是（ ）

A. "胡"是我国古代对北方边地或西域各民族的泛称，"商胡珍宝"是指贩卖胡人的珍宝。

B. "髡"是我国古代剃去男子头发的一种刑罚，是以人格侮辱的方式对罪犯所实施的惩罚。

C. "四纪"为四十年。古代以岁星（木星）绕天运行一周为一纪，一纪十年。

D. "括马"，古代官府向民间征集马匹。

第十一组（101—110题）

101. 下面对古代文化常识解说不正确的一项是（ ）

A. "上柱国"，自春秋起为军事武装的高级统帅，唐以后逐渐成为功勋的荣誉称号。

B. "循吏"指循礼守法的官吏。"循"在这里用"顺着，沿着"的引申义"依照，遵守"。

C. "束发"，清朝以前汉族男孩成童时束发为髻，因用来指代成童。归有光在《项脊轩志》中曾写道"余自束发读书轩中"，可知归有光 20 岁时开始在项脊轩读书。

D. "讣闻"又叫讣告，是向亲友报丧的通知，多附有死者的事略。讣闻是一种应用文体。

102. 下面对古代文化常识解说不正确的一项是（　　）

A. "简牍"，简为竹片，牍为木片。在纸张未发明以前，文字书写在简、牍上，后世将"简牍"作为典籍、文书的通称。

B. "昧旦、平旦、哺时、黄昏、人定"都是古时表示时间的词语，其中"平旦"指天将亮而未亮时。

C. "寒食节"是我国民间传统节日，节日里禁烟火，吃冷食。相传晋文公为悼念介子推，下令在介子推忌日这天禁烟火，吃冷食，后相沿成俗。

D. "及笄"指女子满 15 岁，表示女子已经成年，到了可以出嫁的年纪。"笄"是古人用来束发或固定帽子的簪子。

103. 下面对古代文化常识解说不正确的一项是（　　）

A. "补阙"是唐代官职名。补阙是唐代谏官，掌管规谏和举荐。其中左补阙属于门下省，右补阙属于中书省。

B. "禊"，古代春秋两季在水边举行的清除不详的祭祀。如《兰亭集序》"修禊事也"中的"禊"就是此意。

C. "城隍"，城墙和护城河。后来"城隍"成为汉族宗教文化中普遍崇祀的重要神祇之一，是佛教信奉的守护城池之神。

D. "青衫"多为低阶的官服或卑贱者的衣服，后人常用"司马青衫"形容悲伤哀痛的情感。

104. 下面对古代文化常识解说不正确的一项是（　　）

A. "望帝"是战国时期蜀国君主的称号，传说他死后化为杜鹃鸟，啼声凄切。后用"望帝"代指杜鹃鸟，也用以指悲哀凄惨的啼哭。

B. "六军"，天子所统领的军队。周制以一万两千五百人为一军，天子有六军。

C. "理学"是宋明时期的一种崇尚理性的唯心主义哲学思想，代表人物有周敦颐、程颢、程颐、朱熹等。

D. "金"是中国历史上由契丹族建立的一个王朝。完颜阿骨打统一各部后，建都立国，国号为"大金"，金曾于靖康年间攻入开封，灭掉北宋。

105. 下面对古代文化常识解说不正确的一项是（　　）

A. "黥"，古代的一种刑罚，即墨刑，是古代五刑之一。即用刀刻犯人额颊等处，再涂上墨，作为惩罚的标记。

B. "藜藿"是两种野菜的名称，古人一般把自家比较好的饭菜说成藜藿，是自谦的说法。

C. "吊"指祭奠死者或对遭到丧事的人家、团体给予慰问。

D. "鼎元"指状元。殿试一甲三名（状元、榜眼、探花），三者如一鼎的三足，总称为鼎甲。其中状元居鼎甲之首，称"鼎元"。

106. 下面对古代文化常识解说不正确的一项是（   ）

A. "宿卫"指在京城中巡逻，担任京城护卫的官员。

B. "八股文"，明清时期科举考试的一种文体，由破题、承题、起讲、入题、起股、中股、后股、束股八部分组成。

C. "学政"是古代学官名，"提督学政"的简称，掌管教育行政及各省学校生员的考课升降等事务。

D. "使持节"是魏晋南北朝时期直接代表皇帝行使地方军政权力的官职。

107. 下面对古代文化常识解说不正确的一项是（   ）

A. "明法科"，汉、唐、宋各代察举人才及科举取士的科目名称，主要考查关于法令的知识。

B. "斛"是古代容积单位，唐朝之前，斛为民间对石的俗称，宋朝开始，改为一斛为五斗，即一石为两斛。

C. "露车"指大车或没有车盖、车帷的比较简陋的车。

D. "长安"为古都城名，在今陕西西安一带，汉高祖七年定都于此，隋、唐、北宋等朝也在此定都。

108. 下面对古代文化常识解说不正确的一项是（   ）

A. "罚铜"是一种惩罚制度，违法乱纪的人向官府缴纳一定量的铜来抵销罪过。

B. "印封"也称"封印"，就是在文件封缄后加盖印记。

C. "齐鲁"原来是国家概念，是齐、鲁两国的合称，后来变为地域概念。

D. "奏"指臣子上奏给帝王的文书，同"表"的作用一样，都是表达臣子对君主的忠诚和希望。

109. 下面对古代文化常识解说不正确的一项是（   ）

A. "文渊阁"始建于明代，早期功用主要是藏书、编书。著名的《永乐大典》就是在南京宫中文渊阁开馆编纂的。

B. "玉玺"专指皇帝的玉印。秦汉以来，皇帝所用的印章称为玺，臣民所用的印章只能称为印。

C. "宸翰"，指帝王的墨迹（文章或手书）。《林黛玉进贾府》中，"荣禧堂"三字之后的又一行小字"万几宸翰之宝"中的"宸翰"也是此意。

D. "昆弟"指兄弟。成语"义结金兰""琴瑟和鸣"就特指兄弟情深。

110. 下面对古代文化常识解说不正确的一项是（   ）

A. "礼"，儒家思想的核心之一，是关于人的思想感情和行为、人际关系及社会秩序的一整套规范。

B. "甫冠"指刚刚 20 岁。古代男子 20 岁行成年礼，束发戴冠，表示已成年。古代表示年龄的词语还有"总角""豆蔻""耄耋"等。

C. "华阴子"是北魏孝文帝作为恩宠赐予杨播的爵位，子表示爵位的等级，华阴表示封地的名称。

D. "累迁"又称迁累，指多次升迁官职，迁的含义与授、拜、除相同。

第十二组（111—120 题）

111. 下面对古代文化常识解说不正确的一项是（ ）

A. "以字行"是指在古代社会生活中，某人的字得以通行使用，他的名反而不常用。

B. "姻亲"指由于婚姻关系结成的亲戚，它与血亲有同有异，只是血亲的一部分。

C. 中国的干支纪年法中的"地支"是指：子、丑、寅、卯、辰、巳、午、未、申、酉、戌、亥。

D. 私禄中的"禄"指俸禄，即古代官员的薪水。

112. 下面对古代文化常识解说不正确的一项是（ ）

A. "太子"指封建时代君主儿子中被确定继承君位的人，有时也可指其他儿子。

B. "癸巳、戊戌"都指年份。中国自古便有十天干与十二地支，形成天干地支纪年法。

C. "日讲起居注官"是清朝的宫廷官职，负责记录整理帝王的言行，作为撰修国史的材料。

D. "词科"是科举名目之一，主要选拔学问渊博、文辞清丽，能草拟朝廷日常文稿的人才。

113. 下面对古代文化常识解说不正确的一项是（ ）

A. "长老"指年纪大的人，而"长者"与此不同，长者往往指有德行的人。

B. "燕见"指古代帝王闲暇时召见或接见臣子，也泛指公余会见。

C. "拓本"是把碑刻、铜器等器物的形状和上面的文字、图像拓下来的纸本。

D. "窃"，私下、私自，谦辞，"愚""鄙""屈"等也是谦辞。

114. 下面对古代文化常识解说不正确的一项是（ ）

A. "迁贬无阕日，班列几空"中的班列指朝议时官吏的行列位次，依资历、声望在位置上有前后、左右的区别。

B. "妃"，或称皇妃、宫妃、帝妃等，是中国古代皇帝侧室的一种，也可指太子、王侯之妻。

C. "逊位"即让位、退位，是古代君主或王侯放弃自己职务和地位的一种行为。

D. "节钺"即符节与斧钺，古代皇帝授予官员或将帅，作为加重权力的标志。

115. 下面对古代文化常识解说不正确的一项是（ ）

A. "尊号"指古代尊崇皇帝、皇后的称号。

B. "入阁"是指明清时翰林院的官员加殿阁大学士衔，进入内阁草拟诏谕，参与朝廷大政。

C. "讽"，讽谏、讽喻，用直接的言语或委婉的方式劝说对方，使其理解并接受自己的意见。

D. "都督"原是军队中的监察官，后演变为统领军队的军事长官。

116. 下面对古代文化常识解说不正确的一项是（ ）

A. "六龙"，古代天子车驾为六匹马，古人认为马八尺以上为龙，所以称天子车驾为六龙。

B. "驰传"指驾传车急行；传车，古代驿站专用车。

C. 宋代，全国划分为若干个行省，河南是其中之一，地域与现在的河南省相当。

D. 《公羊传》是我国古代阐释《春秋》的著作，相传为战国时齐人公羊高所著。

117. 下面对古代文化常识解说不正确的一项是（　　）

A.《易》即《周易》，是儒家经典之一，相传为孔子所作，包括《经》和《传》两部分。

B."封事"指密封的奏章，古时大臣上书奏事，为防止泄露，用皂囊封缄。

C."岱宗"即泰山。泰山居五岳之首，为诸山所宗，故称。因地处东部，又称东岳。

D."经学"是训解或阐述儒家经典的学问。它形成于汉代，汉武帝后成为封建文化的正统。

118. 下面对古代文化常识解说不正确的一项是（　　）

A."翰林"是皇帝的文学侍从官，始设于唐朝，一般从文学侍从中选拔优秀人才充任，明清改从进士中选拔。

B."年号"是中国古代封建皇帝用以纪年的名号，一个皇帝只有一个年号，所以常常用年号来称呼皇帝。"景德"就是年号。

C."泰山"是五岳之首，自秦始皇封禅泰山后，历朝历代帝王不断在泰山封禅和祭祀，并且在泰山上下建庙塑神，刻石题字。

D."诰命"又称诰书，是皇帝封赠官员的专用文书。所谓"诰"是以上告下的意思，古代以大义谕众叫诰。

119. 下面对古代文化常识解说不正确的一项是（　　）

A."六官"即天官冢宰、地官司徒、春官宗伯、夏官司马、秋官司寇、冬官司空，又称六卿。

B."追赠"指加封官职、勋位等，一般用来表扬对政府或社会有重大贡献的生者或死者。

C."匈奴"是我国古代北方民族之一，东汉时分裂，南匈奴进入中原内附于汉，北匈奴从漠北西迁。

D."征辟"是汉代的一种选官制度，征是皇帝征聘社会名流，辟是中央和地方长官自用僚属。

120. 下面对古代文化常识解说不正确的一项是（　　）

A."皇天"，旧时常与"后土"并用，合称天地，李密《陈情表》中"皇天后土，实所共鉴"即是此意。

B."县男"是爵名，"正五品曰县子，从五品曰县男"，唐代开始设置，明代废止。

C."薨"是指古代称诸侯或有职位的大官死去。古代表示死亡的词语很多，例如"失怙"指死了父亲，"失恃"指死了母亲。

D."忠武"是谥号。谥号是古人死后依其生前行迹而为之所立的称号，诸葛亮被谥曰"忠武侯"。

第十三组（121—130题）

121. 下面对古代文化常识解说不正确的一项是（　　）

A.《春秋左传》是对《春秋》进行阐释的一部经典作品，在古代典籍中，隶属于四大部类中的经部。

B."漕挽"，"漕"指水路运输，"挽"指陆路运输。"漕挽"指水、陆运输，也指运输粮饷。

C."赐绯"，赐给绯色官服。指官员官品不及而皇帝推恩特赐准许服绯，以示恩宠。

D."孝文帝"即汉文帝，"孝文"是谥号。谥号是古代帝王、诸侯、贵族、大臣、后妃等具有一定地位的人死后，根据其生平事迹与品德修养所给予的称号，用来褒扬死者，如齐宣王的"宣"，周厉王的"厉"。

122. 下面对古代文化常识解说不正确的一项是（　　）

A. "兵部"是古代"六部"之一，掌管全国武官选用和兵籍、军械、军令等事宜。

B. "舍人"本指官名，私门之官。通常指门客，战国及汉初王公贵族常养一些食客，这些食客及亲近左右通称舍人，后来也用来俗称显贵子弟。

C. "申旦"，指从夜晚到天亮，是通宵达旦的意思。其中的"旦"指农历初一。

D. "中嘉祐二年进士第"中"第"指科举考试及格的等次，"进士"是古代科举制度中通过最后一级考试者，意为可以进授爵位之人。

123. 下面对古代文化常识解说不正确的一项是（　　）

A. "放郑"，《论语·卫灵公》："乐则《韶》《舞》，放郑声，远佞人，郑声淫，佞人殆。"后以"放郑"谓弃绝淫靡之音。

B. "大兴府"中"府"是唐代至清代行政区域名，比县高一级，相当于汉朝的郡，府的长官称知府。

C. "御史台"，古代官署的名称，长官为御史，在历史上御史的职责一直是监察朝廷百官与地方官吏。

D. "罪己诏"是帝王在国家遭受天灾、政权危难时，自省或检讨自己过失、过错的一种口谕或文书。

124. 下面对古代文化常识解说不正确的一项是（　　）

A. 中国古代科举考试中通过礼部会试者称为进士，根据排名分为进士及第、进士出身、同进士出身。

B. 汉有黄门令、小黄门、中黄门等官职，职责为侍奉皇帝及其家族，皆以宦官充任，故后世亦称宦官为黄门。

C. "赋"是我国古代的一种文体，介于诗和散文之间，最早出现在诸子散文中。

D. "幕府"是将帅在外临时设置作为官署的营帐，后泛指军政大吏的府署，也借指将帅。

125. 下面对古代文化常识解说不正确的一项是（　　）

A. "言官"是古代官僚机构的重要组成部分，包括监官和谏官，古代并称台谏，主要负责监督与上谏。

B. "武"是量词，古代六尺为步，半步为武，武泛指脚步。数武，是"不远处，没有多远"的意思。

C. "师保"，辅弼帝王和教导王室子弟的一种官职，有师和保之分，统称"师保"，也可泛指老师。

D. "国本"，立国的基础，特指确定皇位继承人，建立太子为"国本"。古代常以此来代称太子或君主。

126. 下面对古代文化常识解说不正确的一项是（　　）

A. "寰内"本指距离京都周围千里之内的地方，后引申而成新义，指国家全境，犹天下。

B. "户部"是古代六部之一，掌管全国土地、户籍、赋税、财政收支等事务，长官为户部侍郎。

C.《周礼》记载："五家为比，五比为闾。""闾"现为里巷、邻里之意。"阎闾"多借指里巷。

D. "吐蕃"是由古代藏族在青藏高原建立的政权，吐蕃王朝是西藏历史上第一个有明确史料记载的政权。

127. 下面对古代文化常识解说不正确的一项是（　　）

A. "卯、辰"属于夏历中用来编排年号和日期用的天干地支，在干支排序中，天干中"甲"为第一，地支中"午"为第一。

B. "石"是古代的容量单位，十升为一斗，十斗为一石；石也是重量单位，一百二十斤为一石。

C. "提举"是职官名。宋代设立，专门主管特种事务。元明沿其制，清以内务府大臣担任。

D. "通籍"，将记有姓名、年龄、身份的竹片挂在宫门外，经过核对后可以进出宫门。因此后来便称做官的为"通籍"。

128. 下面对古代文化常识解说不正确的一项是（　　）

A. "珰"，汉代宦官充武职者，其冠用珰和貂尾为饰，故后代用以指称宦官。

B. 汉代尊长告诫后辈或下属皆称"敕"，南北朝以后特指皇帝的诏书。

C. "世荫"，指在我国封建社会子孙因先世官爵而得官。

D. 汉代在长安东市处决判死刑的犯人，后来"东市"就指刑场。

129. 下面对古代文化常识解说不正确的一项是（　　）

A. 臣子奉诏陈述政见、对策称为"对"。

B. "从事"有刺史属吏之称，主要职责是主管文书、察举非法，后从事改为参军。

C. "党项"是女真族的一部分，两宋时建立过西夏政权，后被蒙古人灭亡。

D. "再拜"即拜两次，是古代一种隆重的礼节，一般只有向很尊贵的人才施再拜礼。

130. 下面对古代文化常识解说不正确的一项是（　　）

A. "诔"和"奠"都属于祭文，二者在写作重点及韵散要求方面没有区别。

B. "邸报"，古代地方长官在京师设邸，邸中传抄皇帝谕旨、臣僚奏章、边防战报等报给地方长官。唐时已有，宋始称"邸报"。

C. "劾"指揭发罪状，"弹劾"指君主时代担任监察职务的官员检举官吏的罪状，"劾死"指判决死罪。

D. "关西"指函谷关或潼关以西地区；秦汉时普遍用地处崤山谷地的函谷关（或潼关）作为区分东、西两大地域的界标，分别称关东、关西。

第十四组（131—140题）

131. 下面对古代文化常识解说不正确的一项是（　　）

A. "缘坐"是以家族本位、罪人以族的观念为基点，正犯本人和相关亲属连带受罚。

B. "三族"指父族、母族、妻族，"罪三族"指因为一人犯罪而牵连到亲属受罚，是古代专制社会惨无人道的刑罚之一。

C. "异史氏"即清朝小说家蒲松龄在其著作《聊斋志异》中的自称。《聊斋志异》许多篇目最后一段都以"异史氏曰"开头，对故事情节做进一步补充。

D. "总兵官"是明清两代武官名，始属临时差遣，后因边境战事时起，渐成常设官员。

132. 下面对古代文化常识解说不正确的一项是（　　）

A. "检校"是勾稽查核之意，加于官名之前。南北朝时以他官派办某事，加"检校"，非正式官名。隋唐时入衔。凡带此字样者都是皇帝下诏单批而非吏部任命的加官。

B. "酬倡"亦作"唱酬""唱和"，是指朋友之间用诗词、散文等文学作品来相互酬答唱和。

C. "西厂"，明代特有的官署名，直接听命于皇帝，不受其他任何机构的节制，与东厂、锦衣卫合称"厂卫"。

D. 中国古代文化中的"孥"除了指子女外，也可指妻子和儿女。

133. 下面对古代文化常识解说不正确的一项是（　　）

A. "兄弟为参商"，指的是兄弟不和睦。参星与商星，二者在星空中此出彼没，彼出此没，古人以此比喻彼此对立，不和睦。

B. "太上皇"是中国历史上给予退位皇帝或当朝皇帝在世或不在世父亲的头衔。

C. "南郊"多指天子在京都南面的郊外筑圜丘祭天的地方，也可指帝王祭天的大礼。

D. "中统三年"，属于年号纪年，中统是元朝的第一个年号。

134. 下面对古代文化常识解说不正确的一项是（　　）

A. "鸣鼓"和"鸣金"是古代打仗时的指挥信号。鸣鼓是进攻的信号，鸣金是收兵的信号。

B. "孝廉"，为汉武帝时设立的察举考试，孝廉有"孝顺亲长、廉能正直"之意。后来"孝廉"这个称谓也变成明、清时期对举人的雅称。

C. "辅政"指新君即位时因患疾病由他人辅佐理政，辅政者一般是宗室诸王或权臣。

D. "印绶"，印信和系印信的丝带。古人印信上系有丝带，佩带在身，借指官爵。

135. 下面对古代文化常识解说不正确的一项是（　　）

A. "二千石"，石为古代粮食重量单位，汉代郡守俸禄为两千石，因此二千石亦指获此俸禄的相应官职。汉代三公亦称"万石"。

B. "薨"，古代称诸侯或有爵位的大官死去，也可用于皇帝的高等级妃嫔，或者封王的贵族。

C.《宋史》是二十四史之一，收录于《四库全书》史部正史类。《宋史》与《辽史》《金史》同时修撰，是二十四史中篇幅最庞大的一部官修史书。

D. "淮东"，即宋代淮南东路的简称，和淮西（淮南西路）相对。淮东即淮右，淮西即淮左。朱元璋在《明太祖实录》里就曾说过"予本淮右布衣"。淮东所包括的主要范围就是今天的扬州、淮安、南通、盐城、滁州、连云港、宿迁等地区。

136. 下面对古代文化常识解说不正确的一项是（　　）

A. "黜陟"指人才的进退，官吏的升降。

B. 《唐书》是记载唐朝历史的纪传体史书，北宋以后有新旧《唐书》之分。

C. "孝友"，《毛传》："善父母为孝，善兄弟为友。"它要求事父母孝顺，对兄弟友爱。这是古代文化中重要的文明标准。

D. "僭号"，冒用上级的尊号；"僭"，古代指地位在下的冒用在上的名义或礼仪、器物。

137. 下面对古代文化常识解说不正确的一项是（　　）

A. "乘传"，指朝廷派出官员乘车发布文书、命令等，也有传檄、移书等说法。

B. "桓、孟之德"指为妇的美德。桓指东汉鲍宣妻桓少君，孟指东汉梁鸿妻孟光。旧时以桓少君、孟光为自甘守贫的贤妻的典型。

C. "自请以归"，朝廷官员上书皇帝请求辞官回到家乡，与"乞骸骨"词义相近。

D. "墓志铭"，是放在墓中以备稽考的石刻文字，记录死者生平和对死者称颂、悼念等。

138. 下面对古代文化常识解说不正确的一项是（　　）

A. "制诰"，是帝王所下文告及命令的统称；知制诰，掌管起草诰命之意，后为官职名。

B. "搢绅"，搢，插；绅，束在衣服外面的大带子。原意是插笏于带，旧时官宦的装束，专用为官宦的代称。

C. "发策"，指发出的策问。古代科举考试把试题写在策上，令应试者作答，称为策问，内容常关涉国家大事。

D. "可汗"是阿尔泰语系民族对首领的尊称，古代匈奴、鲜卑、回纥、突厥、女真等建立的汗国，其君主或政治首领皆称可汗。

139. 下面对古代文化常识解说不正确的一项是（　　）

A. "百户"，官名。明清为低级军官。明时此职务为卫所军中职务，掌军户一百。

B. "衣冠"，"衣"指衣服，"冠"指帽子。"衣冠"指士大夫的穿戴，借指士大夫、官绅。

C. "常侍"是中常侍的简称，是皇帝侍从，其职责是在皇帝左右规谏过失，以备顾问。

D. "卿"是古代高级官名，如三公九卿，卿相等；也是古代对人的敬称，如称荀子为"荀卿"。

140. 下面对古代文化常识解说不正确的一项是（　　）

A. "首实"是向官府交代本人或别人的犯罪情实；"籍没"是登记并没收家产入官。

B. "弄"，古时候称乐曲的一章为"弄"，如"梅花三弄"就是指该乐曲有三章；有时人们也以"弄"代指乐曲。

C. "迤西"，明清时称云南西部地区，大致包括现在大理、丽江、永昌等地。"道"在秦朝开始出现，起初跟县同级别，专门用于少数民族聚居的偏远地区。

D. "五岳"指我国五大名山，即东岳泰山、南岳恒山、西岳华山、北岳嵩山和中岳衡山。

第十五组（141—150题）

141. 下面对古代文化常识解说不正确的一项是（　　）

A. "郊坛"是古代天子祭祀天地的地方，因为总是设在京城的郊外，故以此为名。

B. "花翎"，清官员、贵族冠饰。清制，武职五品以上，文职巡抚兼提督衔及派往西北两路大臣，以孔雀翎为冠饰，缀于冠后，称花翎，除因军功赏戴者外，离职即摘除。

C. "扈从"，皇帝出巡时的护驾侍从人员。

D. "配飨"即陪祭，指古代帝王为了嘉奖功臣，特允许功臣进入太庙参与祭祀大典。

142. 下面对古代文化常识解说不正确的一项是（　　）

A. "北面"，方位词，指面朝北方。古代君主面南而坐，臣子朝见君主时面向北方，表示臣服。

B. "转对"指宋代臣僚每隔数日，轮流上殿指陈时政得失。

C. "缗"指成串的钱，五百钱为一缗，也指穿铜钱的绳子。

D. "编修"是古代修前朝国史、实录、会要等的史官，与修撰、检讨同称为史官，明、清属翰林院，以一甲的第二、第三名进士及庶吉士留馆者担任，无实职。

143. 下面对古代文化常识解说不正确的一项是（　　）

A. "学宫"一词在西周时期已经出现，是周天子设立的大学。历史上著名的稷下学宫则是战国时期齐国的高等学府，是战国时期"百家争鸣"的重要场所。

B. "兵家"指中国先秦与汉初研究军事理论、从事军事活动的学派，有时也是对军事家或用兵者的通称。

C. "留守"是官职名称，隋唐皇帝出巡或亲征时指定亲王或大臣为京城留守，其陪京和行都也常设留守，由地方行政长官兼任。

D. "儒墨"指儒家和墨家。儒家创始人为孔子，主张人与人平等相爱，反对侵略战争，推崇节约、反对浪费。墨家创始人是墨子，崇尚礼乐、仁义，主张德治、仁政。

144. 下面对古代文化常识解说不正确的一项是（　　）

A. "关东"指函谷关以东地区，中国古代传统意义上的"关东"由秦汉时期开始，与自明朝开始称山海关以东的"关东"不同。

B. "中旨"，唐宋以后，不经过中书门下而由内廷直接发出的敕谕，交付有关机构执行，称为中旨。

C. "会师"，行军之时，各路人马在某一地点集聚起来，也可以比喻几个方面人员的会合。

D. "起居郎"，古代官职，隋代隋炀帝时始置，以后历代均有设置，所负责管理的事务都是一样的。

145. 下面对古代文化常识解说不正确的一项是（　　）

A. "镇"最早只是百姓居住的区域，后来在边境驻兵戍守称为镇。镇将管理军务，有的也兼理民政。宋代军事色彩降低，为经济、人口比较发达的人口积聚区。

B. "黎元"，古时用以称庶民百姓，杜甫诗句"穷年忧黎元"中的"黎元"与此意思相同。

C. "宸衷"，皇帝的心意。宸，北极星（北辰）的所在、星天之枢。后借指帝王所居，又引申为王位、帝王的代称。

D. "耆艾"，古以六十岁为耆，五十岁为艾，泛指老年人，相关词语还有耄耋、期颐等。

146. 下面对古代文化常识解说不正确的一项是（　　）

A. "升斗"是古代的度量衡单位。度量衡是指在日常生活中用于计量物体长短、容积、轻重的物体统称，其进制是逢十进一。

    B. "岁考"指古代每年对官吏政绩的考核。宋代的磨勘制，官员每任的任期为三年，一年一考。

    C. "散骑常侍"，指在皇帝左右规谏过失，以备顾问的官职。魏文帝合并散骑与中常侍为一官，至唐代，已无实际职权，但仍为尊贵之官，多为将相大臣的兼职。

    D. "刻石记功"是古代的一种传统。把记功文字刻在石上，指建立或成就功勋。东汉窦宪破北匈奴，登燕然山，刻石记功，故亦称为"燕然勒功"或"燕然勒石"。

147. 下面对古代文化常识解说不正确的一项是（　　）

    A. "殉"是用人殉葬，殉葬者有被活埋的，也有被杀或自杀后陪葬的。中国的殉葬制度，最早应始于殷商时期。汉唐两朝为陪葬制度，即让皇亲国戚和达官显宦死后陪葬皇陵。

    B. "甲子"是天干地支记时循环中的第一个。古人创设十二天干、十地支，彼此两相组合用于记时，六十为一轮回，并用以记年、月、日、时。

    C. "水利"指水能给人带来的好处，对水资源的开发、利用以及减少和防止灾害等事宜。

    D. "券"，契据。古代的券由竹、木刻成，分成两半，双方各执其一，作为凭证。后世多用纸为券。

148. 下面对古代文化常识解说不正确的一项是（　　）

    A. "辱"，本义指耻辱，用作谦敬辞时，表示自己是低下的，别人对我所做的行为有辱于对方。

    B. "吊伐"是把要惩处的人或有罪的人悬挂起来，人们一齐讨伐他或他们，这是古代军队收复失地时常见的做法。

    C. 旧时从黄昏到拂晓一夜间分为五更，"乙夜"指二更时候，约为夜晚10时。

    D. "封泰山"是指到泰山举行封禅典礼，古代帝王到泰山祭天，表明自己受命于天。

149. 下面对古代文化常识解说不正确的一项是（　　）

    A. "月禀"即"月廪"，古代每月发给官吏的禄米；"廪"原义是米仓，引申为俸禄。

    B. "废朝"意思是"停止上朝"，名臣功臣死后，朝廷会停止上朝，以此表示哀悼。

    C. "长揖"，是古代的相见礼节。行礼时，施礼者屈膝跪地，右手按左手，拱手于地，头也缓缓至于地，向对方表示敬意。

    D. "三省"即中书省、门下省和尚书省，分别负责起草诏书、审核诏书和执行政令，一定程度上起到防止个人专断的作用。

150. 下面对古代文化常识解说不正确的一项是（　　）

    A. "内史"，西周时开始设置，掌管著作简册，策命诸侯、卿大夫，以及爵禄的废置。隋曾改中书省为内史省，中书令为内史令。

    B. "文翁石室"为蜀郡太守文翁所创建，是中国的第一所地方官办学校。

    C. "解褐"即脱去官服，解除职务。上古时期所谓"布"是指麻织品或葛织品，用麻葛织品做成的布衣，也叫"褐"。

    D. "束脩"，古代学生入学与教师初见面时，必先奉赠礼物表示敬意，这个礼物被称为"束脩"，后来用束脩借指入学。

第十六组（151—160题）

151. 下面对古代文化常识解说不正确的一项是（　　）

A. "军需"本义指军粮的定时定量供应，后泛指军队的一切配给物资，包括军粮、军服、装具、军械、军车、日用品等。

B. "盐政"即盐业行政。盐在古代是人们生活的必需品和国家税收的重要来源，盐政是整个国家行政的重要组成部分。

C. "老聃"即老子，姓李名耳，字聃，是我国古代伟大的哲学家和思想家，道家学派的创始人，被唐朝帝王追认为李姓始祖。在道教中，老子被尊为道教始祖。

D. "不豫"是指不事先预备。例如《礼记·中庸》："凡事豫则立，不豫则废。"

152. 下面对古代文化常识解说不正确的一项是（　　）

A. "齿发"指牙齿和头发。

B. "三皇五帝"指原始社会中后期出现的为人类做出卓越贡献的部落首领或部落联盟首领。三皇指伏羲、燧人、神农；五帝指黄帝、颛顼、帝喾、唐尧、虞舜。

C. "文王"指周文王姬昌。"经天纬地曰文"，"文"指善于治理天下的谥。

D. "廨"，旧时官吏办公处所的通称，州中有州廨，郡中有郡廨。

153. 下面对古代文化常识解说不正确的一项是（　　）

A. "公卿"，"三公九卿"的简称，夏朝始设，周代沿袭。"公"即是周代封爵之首，"卿"是古时高级长官或爵位的称谓。"三公"即最尊贵的三个官职的合称。周之"三公"指太师、太傅、太保，也有说为司马、司空、司徒的。

B. "两经及第"，唐代科举名目甚多，主要是进士和明经两科。明经科包含两经、三经和五经等，"两经"考试主要考《礼记》和《尚书》。

C. "宗正、将作"，宗正掌管王室亲族的事务；"将作"，古代官署名，掌管宫室建筑和器物制作。

D. "圣节"最早起源于唐朝，后来历代皇帝及太后生日皆称为圣节。

154. 下面对古代文化常识解说不正确的一项是（　　）

A. "家"是对别人称自己的辈分高或年纪大的亲属时用的谦辞，如家父、家母、家兄等。

B. "小"谦称自己或与自己有关的人或事物，如"小弟"用于男性在朋友或熟人之间谦称自己。

C. "雅"用于称自己的情意或举动。如雅教，指自己的指教。雅意，称自己的情意或意见。

D. "闾阎"，原指古代里巷内外的门，后泛指平民百姓。

155. 下面对古代文化常识解说不正确的一项是（　　）

A. "诸生"是明清时期经考试录取而进入府、州、县各级学校学习的生员。生员有增生、附生、例生等，统称诸生。

B. 女子出嫁叫"归"，回家省亲叫"归宁"，而被夫家抛弃回归娘家叫"遣归"。

C. "南面"，古代坐北朝南为尊位，故帝王、诸侯见群臣，或卿大夫见僚属，皆面向南而坐，因而用以指居帝王或诸侯、卿大夫之位。

D. "归朝"指的是起先做地方官，然后回到朝廷做京官。

156. 下面对古代文化常识解说不正确的一项是（ ）

A. "钤辖"，宋代的武官名，官高资深的称作都钤辖、都钤辖使和副都钤辖，官低资浅的一般称为钤辖和副钤辖等。

B. 《资治通鉴》是由北宋史学家司马光主编的一部多卷本纪传体史书，也是中国第一部纪传体通史。

C. "候卒"，守卫巡逻的士卒，在军中一般担任夜间巡查、监视敌军等任务，亦指侍候长官的士兵。

D. "胄"从由从月，头盔。引申为受到保护的帝王或贵族的子孙。

157. 下面对古代文化常识解说不正确的一项是（ ）

A. "冬至"是中华民族的传统节气，在古代，有在冬至到郊外举行祭天大典的习俗，谓之"冬至郊天"。

B. "射"指射箭技术，是古代官学要求学生掌握的礼、乐、射、御、书、数六艺的一种。起初只有贵族才能学习。

C. "法术"又称法帖，是指人们学习书法可以作为楷模的范本。有时也以此表示对古代名家墨迹的敬称，或以此表达对书法作者的尊重。

D. "炮烙"是古代有名的酷刑。用炭火烧热铜柱，令犯人爬行柱上，犯人堕入火中而死。比如"孙膑膑脚"即是。

158. 下面对古代文化常识解说不正确的一项是（ ）

A. 我国古代以铜壶滴漏计算时间，夜漏就是深夜时分。

B. "耆儒"是指年老的学者。"耆"意为年老。"儒"在汉以后泛指读书人，与春秋战国时期的儒家学派有所不同。

C. "鲁"既可以指古国鲁国，也可以指姓氏，如工匠祖师鲁班。在现代汉语中多指山东省的简称。

D. "后四史"，一般指的是《宋史》《元史》《明史》《清史稿》。

159. 下面对古代文化常识解说不正确的一项是（ ）

A. "龙门"，古代身份高的人的府邸，"一世龙门"是指文人所崇仰的人物，后起的文人登门拜访，可称为"登龙门"。

B. "高第"既指官吏考核成绩优等，也指生员参加科举考试成绩优等。

C. "员外郎"是中国古代官职之一，原指设于正额以外的郎官。隋朝于尚书省二十四司各置员外郎一人，为各司之次官，唐宋沿其制。

D. "日中"表时间，中午12点，又名日正、中午，是一天中太阳的正中时。

160. 下面对古代文化常识解说不正确的一项是（ ）

A. "藩"，封建时代用来称属国属地或分封的土地。

B. "晏驾"是古时帝王死亡的讳称。死亡的讳称还有"天子死曰崩，诸侯死曰薨、大夫死曰卒，士曰不禄，庶人曰死"。这反映了奴隶社会和封建社会里严格的等级制度。

C. "久视元年""睿宗"都是以皇帝的年号纪年的方法。此外古代还有用天干地支纪年或年号与干支合起来纪年的。

D. "判官"，古代设置的一种属官，宋代于各州府沿置，选派京官充任，称签书判官厅公事。

第十七组（161—170题）

161. 下面对古代文化常识解说不正确的一项是（ ）

A. "中堂"，为唐、宋时中书省政事堂之简称，因宰相办公于此而成宰相之别名。今多指悬于客厅的一种书、画形式。

B. "秘器"指棺材。《汉书·孔光传》中"上素服临吊者再，至赐东园秘器、钱、帛"的"秘器"就是此意，"东园"是专造丧葬器物的机关。

C. "黔黎"即黔首和黎民的合称，指百姓。黔，黑色；黎，古通"犁"，黑色或黑中带黄色。

D. "恤典"是指朝廷对有功的官吏分别给予辍朝示哀、赐祭、配飨、追封、赠谥、树碑、立坊、建祠、恤赏、恤荫等的典例。

162. 下面对古代文化常识解说不正确的一项是（ ）

A. "学究"是科举中的科目名。唐代取士，明经科有"学究一经"的科目。宋代礼部贡举，有进士、学究等十科。

B. "主事"，官名，我国古代封建品级制度中的底层办事官吏。

C. "酋豪"指的是部落的首领。如《汉书·匈奴传下》："匈奴使怒，收乌桓酋豪，缚到悬之。"此句中的"酋豪"指的是乌桓部落的首领。

D. "杖"是中国古代用大竹板、大荆条等拷打犯人脊背、臀或腿部的刑罚，与笞、徒、炮烙、死一起被定为五刑。

163. 下面对古代文化常识解说不正确的一项是（ ）

A. "九族"，一种说法是从己身往上数父、祖、曾祖、高祖；再从己身往下数子、孙、曾孙、玄孙。

B. "劓、宫、黥、刖"都是古代的酷刑，"劓"指用刀割掉鼻子；"宫"是毁坏生殖器；"黥"是在犯人脸上刺字，然后涂上墨炭，以后再也擦洗不掉；"刖"是把脚砍掉。

C. "驷"指同驾一辆车的四匹马，或套着四匹马的车。"驷介"是指由四匹披甲的马所驾的战车。

D. "草制"，草拟制书。制是宰相的命令，制书是用以颁布宰相重要法制命令的专用文书。

164. 下面对古代文化常识解说不正确的一项是（ ）

A. "五代"指唐灭亡后在中原的五个军力强盛的藩镇国家：后梁、后唐、后晋、后汉和后周。

B. "古文"指元明清时期提倡的先秦两汉的散文，与当时流行的"时文"相对。时文指的是追求骈偶，文辞华丽，注重音律，寻章摘句的骈文。

C. "东宫三师"指太子太师、太子太傅、太子太保，是辅导太子的官员，一般由位高望重的大臣担任。

D. "谱牒"指古代记述氏族世系的书籍，是记录家族血缘关系的文献。

165. 下面对古代文化常识解说不正确的一项是（ ）

A. "牙门"与"牙旗"一样，都有古人借猛兽利牙的图案彰显荣耀和威武之意。

B. 《四库全书》是在乾隆皇帝的主持下，由纪昀等多位高官、学者编撰而成。丛书分经、史、子、集四部，故名"四库"。由于其基本上囊括了中国古代所有图书，故称"全书"。

C. "润例"，过去请人作诗文书画的酬劳称为润笔，而将所定的标准就称为润例或润格。

D. "右迁"指遭遇贬官。

166. 下面对古代文化常识解说不正确的一项是（ ）

A. "阳文"指采用刀刻、植卯等传统技术方法，在器物或印章表面上形成的凸起的文字或图案。

B. "金石"，中国古代以前朝的铜器和碑石为研究对象，涉及文字、历史、书法、文学等。

C. "闲章"，中国传统文人常自拟词句或撷取格言警句来镌刻成章，内容广泛，意趣盎然。

D. "加"是加官晋爵的意思，即给官员升官，以此提高他们的身份。

167. 下面对古代文化常识解说不正确的一项是（ ）

A. "野史"是私家编撰的史书。

B. 《汉书》由我国东汉时期的历史学家班固编撰，是我国第一部纪传体断代史，与《史记》《后汉书》《三国志》并称为"前四史"。

C. "七步之才"指有七步成诗的才能，比喻人有才气，文思敏捷。原指曹丕。

D. "楷隶"指的是"汉字七体"中的"楷书"和"隶书"。

168. 下面对古代文化常识解说不正确的一项是（ ）

A. "廉能"是对官员的考核用语，意思是"清廉能干"，类似于我们今天"优秀"的考核语。

B. "榷"的意思是专营、专卖，"榷酒"是我国封建政权实行的酒类专卖制度，以增加国家财政收入。

C. "都指挥使"，官职名，五代始用作统兵将领之称。宋、辽、元、明虽名称各异，但都有设置。

D. "义仓"，是一种由民间爱国人士组织、以赈灾自助为目的的民间储备仓库，最初设在"闾巷"，由"社司"管理，所以也叫作"社仓"。

169. 下面对古代文化常识解说不正确的一项是（ ）

A. "早春"，早春的代表意象有"柳黄""莺啼""花红""小雨润如酥"等。

B. "辕门"，军营的大门，古时行军扎营，以车环卫，在出入处用两车的车辕相向竖立，作为营门，故称辕门。

C. "文房四宝"，旧时对笔墨纸砚四种文具的总称。著名的有浙江吴兴的歙墨、安徽歙县的宣纸、安徽泾县的湖笔、广东端州的端砚。

D. "秋毫"，鸟兽在秋天初生的细毛，比喻细小的东西。

170. 下面对古代文化常识解说不正确的一项是（ ）

A. "光禄寺"，北齐设置光禄寺，设卿及少卿，掌管宫廷宿卫及侍从，兼管皇室膳食、帐幕，唐以后始专掌酒醴膳馐之事。

B. "宗正寺"唐宋为宗人府，掌天子宗族事。

C. "太府寺"即大司农，掌钱谷金帛诸货币。

D. "断肠"多形容悲伤到极点，与之相似的词语是"销魂"。

第十八组（171—180题）

171. 下面对古代文化常识解说不正确的一项是（   ）

A. "保甲"，旧时统治者通过户籍编制统治人民，若干户编作一甲，若干甲编作一保，并设有甲长和保长，对人民实行层层管制。

B. "知贡举"，主试者称为"知贡举"，就是"特命主掌贡举考试"的意思。

C. "逻司"，指主管巡行侦查事务的官府。

D. "干戈"，指古代的两种兵器，即长剑与斧钺。

172. 下面对古代文化常识解说不正确的一项是（   ）

A. "春秋三传"包括《春秋战国》《春秋穀梁传》《春秋公羊传》，这三者是对《春秋》所记载的历史进行补充、解释、阐发的书，所以被称为传。

B. 《孔雀东南飞》是保存下来的我国古代最早的一首长篇叙事诗，与北朝的《木兰诗》并称为"乐府双璧"。

C. "记"是古代的一种文体，可记叙描写，也可议论抒情，主要记载事物，往往通过记事、记物、写景、记人来抒发作者的感情或见解。

D. "黄泉"在汉文化圈中是指人死后所居住的地方。打井至深时地下水呈黄色，又人死后埋于地下，故古人以地极深处黄泉地带为人死后居住的地下世界。

173. 下面对古代文化常识解说不正确的一项是（   ）

A. 古人作文起稿，写到自己的名字，往往只作"某"，或在"某"上冠姓，等到誊写时才把姓名写出。根据书稿编的文集，也常保留"某"的字样。如《游褒禅山记》中的"临川王某记"。

B. 《史记》是我国第一部纪传体通史，分为"本纪""世家""列传""记""书"五部分。作者是西汉武帝时期的司马迁，全书共计 130 篇。

C. "建安"是东汉末年的年号，这个时期的文学方面，在曹操父子的推动下形成了以曹操、曹丕、曹植为代表的建安文学。

D. 战国末期魏国的信陵君魏无忌、齐国的孟尝君田文、战国的平原君赵胜、楚国的春申君黄歇，后人称之为"战国四公子"。

174. 下面对古代文化常识解说不正确的一项是（   ）

A. "春榜"，唐宋考进士都在春季，后世称进士考试为春榜。

B. "祗候"，比较高级的衙役。

C. 《神农本草经》是我国古代最早的一部药书。

D. 《后汉书》是一部记载西汉历史的编年体史书，长于细节描写，所记人物形象鲜明、个性突出。

175. 下面对古代文化常识解说不正确的一项是（　　）

A. "日下"，京城。古代以太阳比喻帝王，帝王所在的处所称为"日下"。

B. "三尺"，衣带下垂的长度，指幼小。古时服饰制度规定束在腰间的绅（大带子）的长度，因地位不同而有所区别，士规定为三尺。古人称成人为"七尺之躯"，称不懂事的小孩子为"三尺儿童"。

C. "外"指自己一房之外的亲族。古代以亲属关系远近制定丧服的轻重。

D. "三教九流"：三教分别为儒教、佛教、道教；九流分别指儒家、道家、阴阳家、法家、小说家、墨家、纵横家、兵家、农家。

176. 下面对古代文化常识解说不正确的一项是（　　）

A. "忽微"指微小的事。忽：一寸的十万分之一；微：一寸的百万分之一。

B. "省"，探望。古代一般是看望父母、尊亲的意思。

C. "孩提"，幼儿、儿童，一般指2—3岁。

D. "格物致知"大体上指的是通过观察、分析外界事物，对事物的内在本质进行探究，从而开启智慧。此语出自《中庸》。

177. 下面对古代文化常识解说不正确的一项是（　　）

A. "慎独"的意思就是要求人在无人监督的时候，也需要遵守社会伦理道德规范。慎独的核心就是遵纪守法。

B. "木讯"指用板子、夹棍等木质的刑具拷打审讯。

C. "根"是佛家的说法，是能产生善恶的力。人的眼、耳、鼻、舌、身、意，都能生出意识，称为"六根"。

D. "勾决"，皇帝在犯人的名字上画钩，批准立刻行刑。清制，每年秋季，由刑部会同九卿各官，详审全国判死罪者的名册，一一详议，分别归入"情实""缓决""可矜""可疑"四类，情实者奏请勾决。

178. 下面对古代文化常识解说不正确的一项是（　　）

A. "舍利"，梵语"身骨"的译音。佛教徒死后火葬，身体内一些烧不化的东西，结成颗粒，称为"舍利子"。

B. "唐宋八大家"指的是韩愈、柳宗元、王维、曾巩、白居易、苏洵、苏轼、苏辙八人。

C. "劫火"，佛家认为坏劫中有水、风、火三劫灾。劫，梵语"劫波"的略称。劫波是一大段时间的意思。

D. "九宾之礼"指由傧者九人依次传呼接引宾客上殿的礼仪。

179. 下面对古代文化常识解说不正确的一项是（　　）

A. "摄尉"，其中的"摄"指的是暂停官职。

B. "羽化"，原指昆虫从蛹变为成虫的过程，道教用来称人飞升成仙。

C. "圣人"指古代圣明的君主帝王，及后世道德高尚，儒学造诣高深者。

D. "美人"，古人常用"美人"作为圣主贤臣或美好理想的象征。

180. 下面对古代文化常识解说不正确的一项是（　　）

A. 我国古代家具中，床是席子之后出现最早的家具。一开始，床极矮，古人读书、写字、饮食、睡觉几乎都在床上进行。魏晋南北朝以后，床的高度与今天的床差不多，成为专供睡觉的家具。

B. "里正"指古代的县丞，掌管一县的大小事务。

C. "龆龀"，垂发换牙之时，表示童年。

D. "教头"是宋代军中教练武艺的军官。

第十九组（181—190题）

181. 下面对古代文化常识解说不正确的一项是（　　）

A.《别录》由汉代刘向撰写，是我国第一部目录学著作。

B.《六一诗话》是我国古代第一部以"诗话"命名的诗歌批评著作。

C. "金经"指的是使用泥金书写的《道德经》。

D.《世说新语》是我国第一部笔记小说集。

182. 下面对古代文化常识解说不正确的一项是（　　）

A.《尔雅》是我国第一部词典。

B.《文心雕龙》是我国系统的古代文学理论著作。

C.《明儒学案》是我国第一部学术史。

D. "公姆"指的是岳父和岳母。

183. 下面对古代文化常识解说不正确的一项是（　　）

A.《灵宪》是中国古代天文著作，由祖冲之积多年的实践与理论研究而成。

B. "豆"像高脚盘，本用来盛黍稷，供祭祀用，后渐渐用来盛肉酱与肉羹了。

C. "皿"是盛饭食的用具，两边有耳。

D. "匕"，古代指长柄汤匙。

184. 下面对古代文化常识解说不正确的一项是（　　）

A. "甑"，蒸饭的用具，与今之蒸笼、笼屉相似，最早用陶制成，后用青铜制作，其形直口立耳，底部有许多孔眼，置于鬲或釜上，甑里装上要蒸的食物，水煮开后，蒸汽透过孔眼将食物蒸熟。

B. "角"，口呈两尖角形的饮酒器。

C.《下里》《巴人》皆为古代楚国的歌曲名，且为流行的下曲。所以后来用"下里巴人"比喻通俗的文学艺术作品。

D. "冠族"是指最下层的贫困士族。

185. 下面对古代文化常识解说不正确的一项是（　　）

A. "岁寒三友"指古诗文中经常提到的松、竹、梅。松是耐寒树木，经冬不凋，常被看作刚正节操的象征。竹常被看作不同流俗的高雅之士的象征。梅，迎寒而开，美丽绝俗，是坚忍不拔的人格象征。

B. "斩衰"，丧服的上衣叫作裳，下衣叫作衰。

C. "调补"指调任官职。张居正《答铨部李石塘书》："考功之缺，已属铨曹调补疵。"

D. "庙食"指的是古代有功之人死后，政府为他立庙，让他接受奉祀，享受祭飨。

186. 下面对古代文化常识解说不正确的一项是（   ）

A. "六畜"指六种家畜：马、牛、羊、猪、狗、鸡。

B. "四渎"指长江、黄河、淮河、济水。

C. "殇"是指不满 15 岁而死。

D. "西域"，古代的时候称我国新疆及其以西地区。

187. 下面对古代文化常识解说不正确的一项是（   ）

A. "齐鲁"是春秋时期的两个国家名称。"齐地"在泰山的南面，"鲁地"在泰山的北面。

B. "三都"，东汉的三都指东都洛阳、西都长安、南都宛。唐代的三都指东都洛阳、北都晋阳和京都长安。

C. 《三国志》是西晋陈寿所著。是一部纪传体国别史，分《魏志》《蜀志》《吴志》，共 38 卷。罗贯中的《三国演义》有很大一部分内容是以《三国志》为蓝本的。

D. "花朝"是二月十二日，相传为百花的生日。例如《琵琶行》："春江花朝秋月夜。"

188. 下面对古代文化常识解说不正确的一项是（   ）

A. "伏日"，夏至后第三个庚日叫初伏，第四个庚日叫中伏，立秋后第一个庚日叫终伏（末伏），总称"三伏"。

B. "腊日"，农历十二月初八，这一天有吃"腊八粥"的风俗。

C. "高明"，元顺帝至正五年（1345）以《春秋》考中进士，代表作古典名剧《琵琶记》："朝为田舍郎，暮登天子堂。"

D. "十二律"分为阴阳两大类，其中奇数六律为阴律，叫作六律。偶数六律为阳律，叫作六吕。合称为律吕。

189. 下面对古代文化常识解说不正确的一项是（   ）

A. "金榜"，古代科举制度殿试后录取进士，揭晓名次的布告，因用黄纸书写，故而称黄甲、金榜。多由皇帝点定，俗称皇榜。考中进士就称金榜题名。

B. "明道"是宋仁宗赵祯年号。所谓年号，是从汉朝初年开始使用的、封建王朝用来纪年的一种名号。

C. 《隋书》记载了隋朝历史的始末，它隐讳书写，措辞委婉，同南北朝诸史有异曲同工之妙。

D. "即岁稔不足支数日"中"稔"的意思是"庄稼成熟"。

190. 下面对古代文化常识解说不正确的一项是（   ）

A. "前抚王之诰、魏学曾相继绥辑"中"绥辑"的意思是安抚集聚。

B. "厘两京、山东、陕西勋戚庄田"中"厘"的意思是治理处理。

C. "寻"是古代的长度单位，七尺为一寻。

D. "诏狱"指九卿、郡守一级高官有罪，需皇帝下诏书能系狱的案子。也指皇帝直接掌管的监狱。

第二十组（191—200题）

191. 下面对古代文化常识解说不正确的一项是（　　）

A. "比部"，魏晋时设，为尚书列曹之一。尚书、门下、内史（唐代复名中书省）三省是隋唐时的中枢权力机构。

B. "夺情"是中国古代丁忧制度的延伸，中国古代规定政治人物一旦承祖父母、亲父母的丧事，"自闻丧日起，不计闰，守制二十七月，期满复转"；但是为了应对各种局势，"夺情"可以合法地不守礼制居丧，可不必去职，以素服办公，不参加吉礼。守丧期间从军作战称为"墨绖从戎"。

C. "淮南"在古代是一个著名的城镇，与长安、洛阳相似。

D. "廉访使"，宋、元时期的职官名。宋代全称廉访使者，元代全称肃政廉访使，主管监察事务。

192. 下面对古代文化常识解说不正确的一项是（　　）

A. "青庐"是指用青布搭成的棚，古代举行婚礼的地方，唐宋时期有这种风俗。

B. "游徼"，乡官之一。原为泛称，意为有秩禄的官吏中最低级人员。秦末始为官名，汉沿设，掌巡察缉捕之事。魏、晋、南北朝多沿设。

C. 西汉时，汉武帝为了加强对长安城的防护而置中垒、屯骑、步兵、越骑、长水、胡骑、射声、虎贲八校尉。八校尉之秩皆为比两千石，属官有丞及司马。

D. "爆竹声中一岁除，春风送暖入屠苏"，这里的"屠苏"指的是酒。

193. 下面对古代文化常识解说不正确的一项是（　　）

A. "文定"相传是周武王卜得吉兆纳征订婚后，亲迎太姒至渭滨。后世因此以"文定"代称订婚。

B. 我国古代有很多计量单位，比如诗句"黄河远上白云间，一片孤城万仞山"中的"仞"，一仞约相当于成年人一臂的长度。

C. "鄂尔多斯"在蒙古语中是众多宫殿的意思。

D. 《国语》是我国最早的国别体史书。共21卷，包括《周语》《鲁语》《齐语》《晋语》《郑语》《楚语》《吴语》《越语》，是分国记载一些重要史事的国别体史书，相传作者为左丘明。

194. 下面对古代文化常识解说不正确的一项是（　　）

A. 被誉为"万园之园"的是圆明园。

B. "祖"是指古代迎接打仗凯旋的将士的一种礼仪。

C. 京剧《贵妃醉酒》是根据《长生殿》改编的。

D. "一门父子三词客，千古文章八大家"，这副对联中提到的"三父子"是苏洵、苏轼、苏辙。

195. 下面对古代文化常识解说不正确的一项是（　　）

A. 孔子提倡中庸之道的理论基础是天人合一。

B. 孔子为自己的教学定睛"孔门四教"，具体指的是：文、行、忠、信。

C. "一问三不知"出自《左传》，说的是事情的开始、经过、结果"三不知"。

D. 中秋又称团圆节。农历八月在秋季之中，八月十五又在八月之中，故称中秋。有赏月与插茱萸的习俗。

196. 下面对古代文化常识解说不正确的一项是（　　）

A. "长史"，魏晋时为丞相属官，元代后成为将军属官，是幕僚之长。

B. "烽火连三月，家书抵万金"，古代书信通过邮驿传递，唐代管理这类工作的中央管理机构是尚书省。

C. 纪事本末体，首创这种体例的是南宋袁枢的《通鉴纪事本末》。

D. "颂"是宗庙祭祀的舞曲歌词，内容多是歌颂祖先的功业的，共40篇。

197. 下面对古代文化常识解说不正确的一项是（　　）

A. "赋者，敷陈其事而直言之也。"赋是铺陈，对事物直接陈述。

B. "比者，以彼物比此物也。"即比喻，明喻和暗喻均属此类。

C. "兴者，先言他物以引起所咏之词也。"即起兴，用其他事物引出要说的内容。

D. "上卿"是春秋战国时的官制，天子及诸侯皆有卿，分上中下三等，最尊贵者谓"上卿"。

198. 下面对古代文化常识解说不正确的一项是（　　）

A. "四大名花"是指河南洛阳的牡丹、福建漳州的水仙、浙江杭州的菊花和云南昆明的山茶，它们在中国文化中有着重要地位。

B. 历代帝王设七庙供奉七代祖先，太祖庙居中，左右三昭三穆。后以七庙为王朝代称。

C. "子书"，主要包括诸子百家的哲学、政治、农学、科技、医学等各方面的书。

D. "司徒"，魏晋始置。主要职责是掌管国家的土地和人民，制定贡赋，征发徒役。

199. 下面对古代文化常识解说不正确的一项是（　　）

A. 四大名剧：元代王实甫《西厢记》，明代汤显祖《牡丹亭》，清代洪昇《长生殿》，清代孔尚任《桃花扇》。

B. 临川四梦：明代汤显祖的《紫钗记》《还魂记》《南柯记》《邯郸记》四部传奇剧。

C. "折腰"是古代的一种刑法，即把人从腰部一分为二，拦腰斩断。

D. 古人的鞋，又称屦、履，分革、丝、麻、草四种。革履、丝鞋是有钱人才能穿的。

200. 下面对古代文化常识解说不正确的一项是（　　）

A. 传注体：是经汉代学者奠基的以解释先秦文献词句为主的一种体例。

B. 义疏体：是既释经文又兼释注文的一种体例。

C. 集解体：是汇集众说的一种体例。

D. "鲜卑族"是继匈奴之后在蒙古高原崛起的古代游牧民族，兴起于大兴安岭，为西周至三国时期对中国影响最大的游牧民族。

参考答案

1. A。"因考试在春天举行而又称'春闱'"错误，乡试是在秋天举行的，又被称为"秋闱"。在春天举行而被称为"春闱"的是会试。

2. A。"孤"既有年幼丧父的意思，也有父母双亡的意思。

3. C。"由工部印发"错误，盐引由户部印发，户部是我国古代掌管户籍、财政等事宜的官署。

4. B。檄文在古代是一种官方文书，不是民间文书。

5. D。在文言文中，"领"是兼任（较低职务）的意思。

6. A。"晦"指的是农历每月的最后一天，而"朔"指农历每月的第一天，晦是朔的前一天。

7. B。"指皇帝居住的皇宫"错，指天子所在的地方。

8. D。"除是除去官职的意思"错，"除"和"拜"都是授予官职的意思。

9. C。工部掌管全国工程、工匠、屯田、水利、交通等事宜。

10. C。贞元，是唐德宗李适的年号，"贞观之治"是指唐太宗李世民统治初期出现的盛世景象。

11. B。到明朝时，翰林院是专门掌制诰、史册、文翰之事，考议制度，详正文书，备皇帝顾问的机构。

12. B。是第一部现实主义诗歌总集。

13. C。左迁是贬官。

14. C。"除"，任命官职。

15. B。应为"顿首是下对上及平辈间的敬礼，空首是国君回礼臣下之拜"。

16. D。"而受封的官员往往非正常死亡"错误，过于绝对化。

17. C。"科举取士"由礼部主管。

18. D。在手上戴的为梏，在脚上戴的为桎。

19. A。这道题主要考查学生对节日的认知。

20. D。宿儒是年老博学的读书人，宿指年老的，长期从事某种工作的。

21. D。布衣之交、忘年之交、车笠之交、竹马之交这些词语虽都表明有交情，但不一定很深。

22. A。以"泰山"喻"岳父"。

23. D。科举考试开始于隋朝。

24. C。古人幼时取名，弱冠时取字。

25. B。是一种对对方傲慢轻视的姿态。

26. B。不是学位，而是官职。

27. C。指的是一百岁。

28. D。"京口"指的是"镇江"。

29．B。"黄昏"在"人定"之前。

30．C。"驸马"只是皇帝对女婿的称呼。

31．D。郎中，在战国时代指的是宫廷侍卫。

32．A。酉，是属相鸡。

33．B。贮藏财货的建筑被称为府，贮藏兵甲的地方为库。

34．A。运交"华盖"，是坏运气。

35．D。不是在乡里，是在省里。

36．D。"赵惠文王十六年"为王公即位年次纪年法。

37．B。少牢，指的是羊、猪。

38．C。令尊，指的是对对方父亲的尊称；令堂，指的是对对方母亲的尊称。

39．A。"专指在帝王旁边侍候"错误。"左右"指身边侍候的人，不是专指帝王旁边的。

40．C。"特指皇帝即位后的第一年"错误，帝王改换年号的第一年，也称元年。

41．A。我国古代把夜晚分成五个时段，而非四个时段。

42．D。古代谥号的性质有褒有贬，有的还带同情色彩。

43．B。诏在秦汉后专指帝王的文书命令。

44．D。称诸侯的死为"卒"错误，应该为"薨"。

45．C。在古代并不是每个人去世后都会用棺椁下葬。

46．B。"丁内艰"指子遭母丧或承重孙遭祖母丧。"丁外艰"指遭父丧或承重孙遭祖父之丧。

47．D。"乞休"并非指"暂时停职休整"，而是指自请辞去官职。

48．D。扈跸，指随从皇帝出行；驻跸，指帝王出行中途停留暂住。

49．D。考中者称"举人"，第一名称为"解元"。

50．A。"参"是参与加入的意思，与官职的授予和升迁无关。

51．A。五经是《诗经》《尚书》《礼记》《周易》《春秋》的合称。

52．B。朱熹是南宋的著名理学家。

53．B。《春秋》是编年体史书。

54．A。宣谕的意思是宣示皇帝的旨意，使人知晓。

55．D。"廷对"是指科举时代的殿试，不是会试。

56．D。掖庭，古代营建皇室宫城时，都以一条南北向的中心线为主，再向东西两侧去扩建其余宫区，同时在中央子午线上，除建有君王上朝议政的朝堂，还有帝后的寝宫，而在帝后寝宫的东西两侧，所营建的宫区和帝后寝宫相辅相成，又像两腋般护卫着帝后的寝宫，因此这两片宫区被统称为掖庭，且通常作为嫔妃所居之所。

57．C。"后泛指二十岁左右的年纪"错误，应是男子二十岁左右的年纪。

58．C。科举考试最高等第错误，科举考试最高等第是殿试，典试只指主持考试。

59．D。"特定犯人"错误，大赦不是针对特定的犯人，它是针对某一时期内犯一定之罪的所有罪犯（不包括特定犯罪分子）的。

60．D。古代为官者家人去世时，要守丧三年说法错误，古代为官者父母去世才会守丧三年。

61．B。东宫并非称呼太子的专用词语，东宫也可指太后。

62．A。古时中贵指中官、宦官，"进言"不是其职责。

63．A。太祖、太宗、高祖、世祖等是庙号。

64. B。处士是指有德才而隐居不愿意做官的人。

65. D。五常通常指"仁、义、礼、智、信"。

66. B。《左传》是编年体史书。

67. B。收考是"拘捕拷问的意思",选项把"考"理解成考察明显是错误的。

68. B。有些近侍的职位不一定很高,也会对皇帝有很大的影响。

69. B。历史上的"三代"一般指夏、商、周三代。

70. C。"有司"应该指有具体职务,做具体工作的官吏。

71. A。移疾指上书称病,为居官者要求隐退的委婉语。

72. B。"豆蔻年华"指女子十三四岁。

73. A。"以籍贯命名"错,应该是以"郡望"命名。韩愈并不是昌黎人,昌黎韩氏在唐是一时望族,韩愈自称"郡望昌黎",故世称"昌黎先生"。

74. D。齐宣王应该改成齐桓公。

75. D。古代以水北、山南为"阳",水南、山北为"阴"。

76. D。古代的"涕"指眼泪,而"泗"指鼻涕。

77. C。"微服"不是指嫌犯躲避官兵,而是古代专指有身份的官吏私访。

78. C。《白氏长庆集》是以年号命名的,因编集于穆宗长庆年间,故名。

79. D。"案"并不指书案,而是指端饭的托盘。

80. D。"人定"在"黄昏"之前错误,应该是"人定"在"黄昏"之后。

81. D。"率军的皇帝的驻地办事处"错,应该是指"军事长官的驻地办事处"。

82. B。"大臣或皇太后"错,"居摄"指大臣代皇帝处理政务。

83. D。"籍"指官帽错,"籍"指官员名籍。

84. D。"原为'官僚'的意思"错误,它的意思是"官署属官的统称"。

85. C。卷轴专指字画错误,卷轴专指有轴的字画。

86. D。小篆才是秦统一后规定的书体写法。

87. D。奉养父母错,是指自己辞官回家养老。

88. D。"出"是驱逐、放逐的意思,指京官外放。"除"是任命、授职的意思。

89. D。太后听政不称朕。

90. D。"沐"为洗发,"浴"为洗身。

91. C。"指古代最高学府的太学士"错,它仅是一种古代官职。

92. A。"封石泉公"的"公"应指爵位名称。古代爵位共分五等,即公、侯、伯、子、男。"公"居于首位。

93. C。"潜邸,指古代太子继位前所居住的宅第"错,应是指非太子身份继位的皇帝即位前的住所。

94. D。"符"合二为一方生效,如《信陵君窃符救赵》中的"虎符"。

95. D。乡贡进士是指礼部贡院所举行的进士考试的未能及第者。

96. D。黄白术是炼丹术的重要组成部分。古代以黄喻金,以白喻银,总称"黄白"。制取"黄白"的方法技术,即称"黄白术"。题中解释为"黄老之学",显然理解错误。

97. D。在古代六十曰"老"或"花甲",七十曰"耆"或"古稀"。

98. C。视事,旧时指官吏到职办公。

99. B。浪漫主义和现实主义应该互换位置。

100. C。古代一纪为十二年，四纪是四十八年。

101. C。古代汉族男孩 15 岁时束发为髻，成童；20 岁时行冠礼，成年。

102. B。平旦指天亮时，昧旦指天将亮而未亮时。

103. C。不是佛教而是道教。

104. D。"金"是由女真族建立的王朝。

105. B。藜藿泛指粗劣的食物。

106. A。宿卫是指在宫禁中值宿，担任警卫的人。

107. D。北宋未在长安定都，其都城为汴京。

108. D。奏是封建时代臣子对皇帝陈述意见或说明事情。

109. D。"琴瑟和鸣"指夫妻感情而不是兄弟之情。

110. D。"迁"主要有两个意思：贬谪、放逐；调动官职，一般指升职。与"授、拜、除"含义不同。

111. B。姻亲和血亲不一样，血亲是指有血统关系的亲属。

112. A。太子只能指君位的继承人。

113. D。屈不是谦辞，是敬辞。

114. A。根据语境可知，班列是指朝廷的官员。

115. C。"直接的言语"错误，应该是"用含蓄的语言"。

116. C。"宋代"错，元朝开始设立"行省"。

117. A。"相传为孔子所作"有误。

118. B。"一个皇帝只有一个年号"错，一个皇帝所用年号少则一个，多则十几个。

119. B。追赠只能针对死者进行。

120. C。"失恃"指死了母亲，"失怙"指失了父亲。

121. D。"厉"是贬义词，杀戮无辜曰厉。

122. C。"旦"是日出、天明的意思。

123. C。错在"一直"，先秦时期，御史是史官，如《廉颇蔺相如列传》中"相如顾召赵御史曰"，从秦朝开始成为监察官员。御史台的长官为御史大夫。

124. A。"通过礼部会试者"错，应为"殿试"，会试考中者叫贡士，第一名叫会元；殿试及第者叫进士。

125. D。"国本"不能指君主。

126. B。户部侍郎改为户部尚书。

127. A。地支中"子"为第一。

128. D。"'东市'就指刑场"说法错误。汉代在长安东市处决死刑犯，后来泛称刑场为"东市"。东市还可以指东面的市场。

129. C。党项是羌族的一部分。

130. A。"诔"和"奠"都属哀祭文，但在写作上是有区别的。"诔"多是"尊对卑"，"奠"没有这样的要求；诔文是韵文，奠文则不一定。

131. C。"对故事情节做进一步补充"错误，是表示接下来的话语是著书者的个人看法，表达了作者的观点。

132. B。酬唱，只用诗词，没有散文。

133．B。太上皇是给予退位皇帝或当朝皇帝在世父亲的头衔。

134．C。"因为身患疾病"错。辅政特指帝王死后新君即位时因为年幼而形成的一种短期的政权构成形式。通常有母后临朝称制、诸王监国、宗室诸王摄政、权臣辅政等几种形式。

135．D。应为：淮东即淮左，淮西即淮右。

136．D。"冒用上级的尊号"错误，应该是冒用帝王的尊号。

137．A。"乘传"意为乘坐驿车出使。

138．D。匈奴的首领不称可汗而是单于。

139．D。古代上级称下级、长辈称晚辈为"卿"，自中国唐代开始，君主称臣民为"卿"。

140．D。南岳衡山、北岳恒山、中岳嵩山。

141．D。"配飨"，即合祭，祔祀，指功臣祔祀于帝王宗庙。功臣死后附于帝王旁享受合祭，是古代帝王奖赏功臣的一种形式。

142．C。五百钱为一缗错误，应该是一千钱为一缗。

143．D。孔子和墨子的思想主张颠倒。

144．D。起居郎每个朝代管理的事务不都是相同的。

145．A。"镇"是最早的军事据点。

146．A。度量衡的进制并非全是逢十进一。

147．B。应该是"十二地支、十天干"。

148．B。"吊伐"是"吊民伐罪"的省略，在古代军队收复失地时，凭吊死去之人，讨伐有罪之人。

149．C。长揖，拱手高举，自上而下行礼，是古代不分尊卑的相见礼。应改"长揖"为"稽首"。

150．C。解褐指脱去布衣，担任官职。

151．D。不豫是指天子有病的讳称。

152．A。齿发指年纪、年龄。

153．D。唐开元十七年（729）八月五日玄宗生日，左丞相源乾曜、右丞相张说等上表请以是日为千秋节，制许之。后历代皇帝生日或定节名，或不定节名，皆称为"圣节"。

154．C。"雅"是用于称对方的情意或举动，而不是称自己。

155．D。"归朝"指的是归附朝廷，或返回朝廷。

156．B。《资治通鉴》是编年体史书。

157．D。"孙膑膑脚"不属于炮烙之刑。

158．C。鲁班的姓氏不是鲁，姬姓，公输氏，名班，人称公输盘、公输般、班输，尊称公输子。又称"鲁盘"或者"鲁般"，惯称"鲁班"。

159．D。"日中"是上午11时至下午1时。

160．C。睿宗是庙号，不是年号。

161．D。"恤典"是指朝廷对去世官吏的行为。

162．D。杖、笞、徙、流、死一起被定为五刑。

163．D。制是皇帝的命令，制书是用以颁布皇帝重要法制命令的专用文书。

164．B。"古文"指唐宋时期提倡的先秦两汉的散文。

165．D。右迁是升官的意思，古代以右为尊。

166．D。加是加封的意思，即在官员原来的官衔上增加某种荣誉称号，一般可以享受某些特权。

167．C。七步成诗说的是曹植。

168. D。义仓，是国家组织成立的机构。

169. C。浙江吴兴的湖笔、安徽歙县的歙墨、安徽泾县的宣纸、广东端州的端砚。

170. B。"宗正寺"明清为宗人府。

171. D。干戈是指盾牌与长矛。

172. A。春秋三传包括的是《左氏春秋传》《春秋穀梁传》《春秋公羊传》。

173. B。《史记》是我国第一部纪传体通史，分为"本纪""世家""列传""表""书"五部分。

174. D。《后汉书》是一部记载东汉历史的纪传体史书。

175. D。九流分别指儒家、道家、阴阳家、法家、名家、墨家、纵横家、杂家、农家。

176. D。格物致知出自《大学》。

177. A。慎独的核心是诚信与道德自律。

178. B。"唐宋八大家"指的是韩愈、柳宗元、欧阳修、曾巩、王安石、苏洵、苏轼、苏辙八人。

179. A。摄指的是暂代官职而不是暂停官职。

180. B。"里正"是指古代的乡官，即一里之正。

181. C。"金经"指的是使用泥金书写的佛经。

182. D。"公姆"指的是公公和婆婆。

183. A。《灵宪》是张衡编撰的。

184. D。"冠族"是指显贵的豪门世族。

185. B。丧服的上衣叫作"衰"，下衣叫作"裳"。

186. C。殇是指不满20岁而死。依据死者年龄的大小又分为长殇、中殇和短殇。

187. A。"齐地"在泰山的北面，"鲁地"在泰山的南面。

188. D。奇数六律为阳律，偶数六律为阴律。

189. C。《隋书》它秉直书写，较少隐讳，一改南北朝诸史的回护之风，彰显了较高的史学水平。

190. C。八尺为一寻。

191. C。淮南在古代并不是一个特定的城市名称，而是指淮河以南的区域。

192. A。东汉至唐有这种风俗。

193. A。文定相传是周文王卜得吉兆，并非周武王。

194. B。"祖"是古代饯行时的礼仪，即出行前祭祀路神。

195. D。中秋节的习俗是赏月，插茱萸是重阳节的习俗。

196. A。"长史"秦时为丞相属官，两汉后成为将军属官，是幕僚之长。

197. D。"上卿"是周代的官制。

198. D。司徒是西周时期开始出现的。

199. C。折腰是拜揖的意思，鞠躬下拜，表示屈辱的意思。

200. D。鲜卑族是后汉至魏晋南北朝这段时期对中国影响最大的游牧民族。

参考文献

一、古籍文献类书目

[1] 杨伯峻. 论语译注 [M]. 北京：中华书局，2011.

[2] 杨伯峻. 孟子译注 [M]. 北京：中华书局，2010.

[3] 王弼. 老子道德经注 [M]. 北京：中华书局，2011.

[4] 黄寿祺，等. 周易译注 [M]. 上海：上海古籍出版社，2001.

[5] 李民，王健. 尚书译注 [M]. 上海：上海古籍出版社，2004.

[6] 程俊英，蒋见元. 诗经注析 [M]. 北京：中华书局，2014.

[7] 程树德，等. 新编诸子集成 [M]. 北京：中华书局，2015.

[8] 司马迁. 史记 [M]. 北京：中华书局，2011.

[9] 司马光. 资治通鉴 [M]. 长沙：岳麓书社，2009.

[10] 何建章. 战国策注释 [M]. 北京：中华书局，1996.

[11] 班固. 汉书 [M]. 北京：中华书局，2012.

[12] 陈寿. 三国志 [M]. 北京：中华书局，2011.

[13] 范晔. 后汉书 [M]. 北京：中华书局，2012.

[14] 吴兢. 贞观政要 [M]. 北京：中华书局，2011.

[15] 陈才俊. 吕氏春秋精粹 [M]. 北京：海潮出版社，2010.

[16] 王充. 论衡 [M]. 上海：上海古籍出版社，2013.

[17] 郦道元，水经注 [M]. 北京：中华书局，2016.

[18] 孟元老. 东京梦华录 [M]. 郑州：中州古籍出版社，2010.

[19] 乐史. 太平寰宇记 [M]. 北京：中华书局，2007.

[20] 沈括. 梦溪笔谈 [M]. 北京：中华书局，2017.

[21] 李昉. 太平御览 [M]. 北京：中华书局，2006.

[22] 李昉. 太平广记 [M]. 北京：中华书局，2012.

[23] 陆九渊. 陆九渊集 [M]. 北京：中华书局，2012.

[24] 王阳明. 王文成公全书 [M]. 北京：中华书局，2015.

[25] 纪昀，等. 四库全书总目提要 [M]. 北京：线装书局，2007.

[26] 欧阳修，等. 新唐书 [M]. 北京：中华书局，1975.

[27] 脱脱，等. 宋史 [M]. 北京：中华书局，1977.

[28] 脱脱，等. 辽史 [M]. 北京：中华书局，1974.

[29] 脱脱，等. 金史 [M]. 北京：中华书局，1974.

[30] 宋濂，等. 元史 [M]. 北京：中华书局，1973.

[31] 张廷玉，等. 明史 [M]. 北京：中华书局，1974.

[32] 赵尔巽，等. 清史稿 [M]. 北京：中华书局，1977.

二、综论类书目

[1] 柳诒徵 . 中国文化史 [M]. 上海：东方出版中心，1988.

[2] 张岱年，等 . 中国文化概论 [M]. 北京：北京师范大学出版社，1994.

[3] 刘蕙荪 . 中国文化史稿 [M]. 北京：文化艺术出版社，1991.

[4] 阴法鲁，等 . 中国古代文化史 [M]. 北京：北京大学出版社，1991.

[5] 张秀民 . 中国印刷史 [M]. 上海：上海人民出版社，1989.

[6] 潘吉星 . 中国科学技术史 [M]. 北京：科学出版社，1999.

[7] 唐得阳 . 中国文化的源流 [M]. 济南：山东人民出版社，1995.

[8] 坦普尔 . 中国：发明与发现的国度 [M]. 陈养正，等，译 . 南昌：二十一世纪出版社，1995.

[9] 张传玺 . 中国历史文献简明教程 [M]. 北京：北京大学出版社，1991.

[10] 王亚南 . 中国官僚政治研究 [M]. 北京：中国社会科学出版社，1981.

[11] 张亮采 . 中国风俗史 [M]. 上海：东方出版社，1996.

[12] 乌丙安 . 中国民俗学 [M]. 沈阳：辽宁大学出版社，2002.

[13] 许地山 . 道教史 [M]. 上海：上海古籍出版社，1999.

[14] 汤用彤 . 隋唐佛教史稿 [M]. 北京：中华书局，1982.

[15] 梁启超 . 中国近三百年学术史 [M]. 北京：中国书店出版社，1985.

[16] 冯友兰 . 中国哲学简史 [M]. 北京：北京大学出版社，1985.

[17]《中华文明史》编辑工作委员会 . 中华文明史 [M]. 石家庄：河北教育出版社，1994.

[18] 张岂之 . 中国传统文化 [M]. 北京：高等教育出版社，1994.

[19] 陈登原 . 中国文化史 [M]. 沈阳：辽宁教育出版社，1998.

[20] 华孔子学会编辑委员会编辑 . 国学通览 [M]. 北京：群众出版社，1996.

[21] 王建辉 . 中国文化知识精华 [M]. 武汉：湖北人民出版社，1991.

[22] 朱狄 . 原始文化研究 [M]. 北京：三联书店，1988.

[23] 哈里斯 . 文化的起源 [M]. 北京：华夏出版社，1988.

[24] 林惠祥 . 文化人类学 [M]. 北京：商务印书馆，1991.

[25] 李勤德 . 中国区域文化 [M]. 太原：山西教育出版社，1991.

[26] 赵世瑜，等 . 中国文化地理概况 [M]. 太原：山西教育出版社，1991.

[27] 王玉德，张全明，等 . 中华五千年生态文化 [M]. 武汉：华中师大出版社，1999.

[28] 刘东 . 中华文明 [M]. 北京：社会科学文献出版社，1994.

[29] 冯天瑜 . 中华文化史纲 [M]. 北京：北京语言大学出版社，1994.

[30] 刘学林，等 . 中国古代风俗文化论 [M]. 西安：陕西人民出版社，1993.

[31] 上海古籍出版社编 . 中国文化史三百题 [M]. 上海：上海古籍出版社，1987.

[32] 干春松，张晓芒 . 中国传统文化百科全书 [M]. 北京：经济科学出版社，2013.

[33] 夏乃儒 . 中国哲学三百题 [M]. 上海：上海古籍出版社，1988.

[34] 上海古籍出版社编 . 古代艺术三百题 [M]. 上海：上海古籍出版社，1989.

[35] 龚贤 . 中国传统文化概论 [M]. 广州：世界图书出版广东有限公司，2011.

[36] 周一良 . 中外文化交流史 [M]. 郑州：河南人民出版社，1987.

[37] 于春松，等 . 文化传承与中国未来 [M]. 南昌：江西人民出版社，2004.

三、专题类书目

[1] 唐善纯．中国的神秘文化 [M]．南京：河海大学出版社，1992.

[2] 高友．中国风水 [M]．北京：中国华侨出版社，1992.

[3] 何晓昕．风水探源 [M]．南京：东南大学出版社，1990.

[4] 蔡达峰．历史上的风水术 [M]．上海：上海科技教育出版社，1994.

[5] 蒙绍荣．历史上的炼丹术 [M]．上海：上海科技教育出版社，1995.

[6] 洪丕．中国风水研究 [M]．上海：上海科技出版社，1995.

[7] 刘沛林．风水——中国人的环境观 [M]．上海：上海三联出版社，1995.

[8] 何晓昕．风水史 [M]．上海：上海文艺出版社，1995.

[9] 李文初，等．中国山水文化 [M]．广州：广东人民出版社，1996.

[10] 郑国铨．山文化 [M]．北京：中国人民大学出版社，1996.

[11] 国铨．水文化 [M]．北京：中国人民大学出版社，1996.

[12] 向柏松．中国水崇拜 [M]．上海：上海三联书店，1999.

[13] 丁俊清．中国居住文化 [M]．上海：同济大学出版社，1997.

[14] 李冬生．中国古代神秘文化 [M]．合肥：安徽人民出版社，1993.

[15] 李零．中国方术考 [M]．北京：中国人民大学出版社，1993.

[16] 周育德．中国戏曲文化 [M]．北京：中国友谊出版社，1995.

[17] 郑传寅．中国戏曲文化概论 [M]．武汉：武汉大学出版社，2003.

[18] 苏国荣．戏曲美学 [M]．北京：文化艺术出版社，1999.

[19] 张庚．戏曲艺术论 [M]．北京：中国戏曲出版社，1980.

[20] 洪丕谟，等．中国古代算命术 [M]．上海：上海人民出版社，1990.

[21] 何星亮．中国图腾文化 [M]．北京：中国社会科学出版社，1992.

[22] 岑家梧．图腾艺术史 [M]．上海：上海文艺出版社，1988.

[23] 李则纲．始祖的诞生与图腾 [M]．上海：上海文艺出版社，1988.

[24] 何星亮．图腾文化与人类诸文化的起源 [M]．北京：中国文联出版公司，1991.

[25] 张岩．图腾制与原始文明 [M]．上海：上海文艺出版社，1995.

[26] 杨和森．图腾层次论 [M]．昆明：云南人民出版社，1987.

[27] 诸神的起源——中国远古太阳神崇拜 [M]．北京：光明日报出版社，1996.

[28] 郑元者．艺术之根——艺术起源学引论 [M]．长沙：湖南教育出版社，1998.

[29] 加德纳．宗教与文学 [M]．成都：四川人民出版社，1987.

[30] 苗启明．原始思维 [M]．上海：上海人民出版社，1993.

[31] 丁山．中国古代宗教与神话考 [M]．上海：上海文艺出版社，1988.

[32] 张曼涛．佛教与中国文化 [M]．上海：上海书店，1987.

[33] 方立天．中国佛教与传统文化 [M]．上海：上海人民出版社，1988.

[34] 卿希泰．道教与中国传统文化 [M]．福州：福建人民出版社，1990.

[35] 张荣明．道佛儒思想与中国传统文化 [M]．上海：上海人民出版社，1994.

[36] 中国佛教协会．中国佛教 [M]．北京：知识出版社，1989.

[37] 任继愈．中国佛教史 [M]．北京：中国社会科学出版社，1981.

[38] 祁志祥．佛教美学 [M]．上海：上海人民出版社，1997.

[39] 葛兆光. 禅宗与中国文化 [M]. 上海：上海人民出版社，1986.

[40] 蒋述卓. 佛教与中国文艺美学 [M]. 广州：广东高等教育出版社，1992.

[41] 卿希泰. 中国道教 [M]. 北京：知识出版社，1994.

[42] 卿希泰. 中国道教史 [M]. 成都：四川人民出版社，1988.

[43] 刘泽华. 中国政治思想史 [M]. 杭州：浙江人民出版社，1996.

[44] 董家遵. 中国古代婚姻史研究 [M]. 广州：广东人民出版社，1995.

[45] 陈顾远. 中国婚姻史 [M]. 长沙：岳麓书社，1998.

[46] 陈鹏. 中国婚姻史稿 [M]. 北京：中华书局，1990.

[47] 陶毅，等. 中国婚姻家庭制度史 [M]. 上海：东方出版社，1994.

[48] 史凤仪. 中国古代的家族与身份 [M]. 北京：社会科学文献出版社，1999.

[49] 徐扬杰. 家族制度与前期封建社会 [M]. 武汉：湖北人民出版社，1999.

[50] 徐扬杰. 宋明家族制度史论 [M]. 北京：中华书局，1995.

[51] 李文治，等. 中国宗法宗族制和族田义庄 [M]. 北京：社科文献出版社，2000.

[52] 陈东原. 中国妇女生活史 [M]. 北京：商务印书馆，1998.

[53] 余华青. 中国宦官制度史 [M]. 上海：上海人民出版社，1993.

[54] 林乃燊. 中国饮食文化 [M]. 上海：上海人民出版社，1989.

[55] 王学泰. 华夏饮食文化 [M]. 北京：中华书局，1993.

[56] 姚伟钧. 中国传统饮食礼俗研究 [M]. 武汉：华中师大出版社，1999.

[57] 王毅. 园林与中国文化 [M]. 上海：上海人民出版社，1990.

[58] 杨泓，李力. 中国艺术图鉴 [M]. 北京：中华书局，1993.

[59] 王子云. 中国雕塑艺术史 [M]. 北京：人民美术出版社，1988.

[60] 金开诚，等. 中国书法文化大观 [M]. 北京：北京大学出版社，1988.

[61] 何九盈，等. 中国汉字文化大观 [M]. 北京：北京大学出版社，1995.

[62] 华梅. 中国服装史 [M]. 天津：天津人民美术出版社，1989.

[63] 华梅. 人类服饰文化学 [M]. 天津：天津人民美术出版社，1995.

[64] 石昌渝. 中国小说源流论 [M]. 北京：三联书店，1994.

[65] 潘建国. 古代小说文献丛考 [M]. 北京：中华书局，2006.

[66] 张锦池. 中国六大古典小说识要 [M]. 北京：人民文学出版社，2013.

[67] 叶朗. 中国小说美学 [M]. 北京：北京大学出版社，1982.